中宣部2022年主题出版重点出版物

"十四五"国家重点图书出版规划项目

纪录小康工程

全面建成小康社会

河南变迁志
HENAN BIANQIANZHI

（上）

本书编写组

河南人民出版社

图书在版编目(CIP)数据

全面建成小康社会河南变迁志：上、下 / 本书编写组编著. — 郑州：河南人民出版社，2022.10
（纪录小康工程）
ISBN 978-7-215-13147-7

Ⅰ.①全… Ⅱ.①本… Ⅲ.①小康建设-概况-河南 Ⅳ.①F127.61

中国版本图书馆 CIP 数据核字（2022）第 099434 号

河南人民出版社 出版发行
（地址：郑州市郑东新区祥盛街 27 号 邮政编码：450016 电话：65788077）
新华书店经销　　　河南新华印刷集团有限公司印刷
开本　710 毫米×1000 毫米　1/16　　印张　36.75
字数　445 千字
2022 年 10 月第 1 版　　　　2022 年 10 月第 1 次印刷

定价：136.00 元（上、下）

总　序
为民族复兴修史　为伟大时代立传

　　小康，是中华民族孜孜以求的梦想和夙愿。千百年来，中国人民一直对小康怀有割舍不断的情愫，祖祖辈辈为过上幸福美好生活劳苦奋斗。"民亦劳止，汔可小康""久困于穷，冀以小康""安得广厦千万间，大庇天下寒士俱欢颜"……都寄托着中国人民对小康社会的恒久期盼。然而，这些朴素而美好的愿望在历史上却从来没有变成现实。中国共产党自成立那天起，就把为中国人民谋幸福、为中华民族谋复兴作为初心使命，团结带领亿万中国人民拼搏奋斗，为过上幸福生活胼手胝足、砥砺前行。夺取新民主主义革命伟大胜利，完成社会主义革命和推进社会主义建设，进行改革开放和社会主义现代化建设，开创中国特色社会主义新时代，经过百年不懈奋斗，无数中国人摆脱贫困，过上衣食无忧的好日子。

　　特别是党的十八大以来，以习近平同志为核心的党中央统揽中华民族伟大复兴战略全局和世界百年未有之大变局，团结带领全党全国各族人民统筹推进"五位一体"总体布局、协调推进"四个全面"战略布局,万众一心战贫困、促改革、抗疫情、谋发展,党和国家事业取得历史性成就、发生历史性变革。在庆祝中国共产党成立100周年大会上,习近平总书记庄严宣告:"经过全党全国各族人民持续奋斗,我们实现了第一个百年奋斗目标,在中华大地上全面建成了小康社会,历史性地解决了绝对贫困问题,正在意气风发向着全面建成社会主义现代化强国的第二个百年奋斗目标迈进。"

这是中华民族、中国人民、中国共产党的伟大光荣!这是百姓的福祉、国家的进步、民族的骄傲!

全面小康,让梦想的阳光照进现实、照亮生活。从推翻"三座大山"到"人民当家作主",从"小康之家"到"小康社会",从"总体小康"到"全面小康",从"全面建设"到"全面建成",中国人民牢牢把命运掌握在自己手上,人民群众的生活越来越红火。"人民对美好生活的向往,就是我们的奋斗目标。"在习近平总书记坚强领导、亲自指挥下,我国脱贫攻坚取得重大历史性成就,现行标准下9899万农村贫困人口全部脱贫,建成世界上规模最大的社会保障体系,居民人均预期寿命提高到78.2岁,人民精神文化生活极大丰富,生态环境得到明显改善,公平正义的阳光普照大地。今天的中国人民,生活殷实、安居乐业,获得感、幸福感、安全感显著增强,道路自信、理论自信、制度自信、文化自信更加坚定,对创造更加美好的生活充满信心。

全面小康,让社会主义中国焕发出蓬勃生机活力。经过长期努力特别是党的十八大以来伟大实践，我国经济实力、科技实力、国防实力、综合国力跃上新的大台阶，成为世界第二大经济体、第一大工业国、第一大货物贸易国、第一大外汇储备国，国内生产总值从1952年的679亿元跃升至2021年的114万亿元，人均国内生产总值从1952年的几十美元跃升至2021年的超过1.2万美元。把握新发展阶段、贯彻新发展理念、构建新发展格局、推动高质量发展，全面建设社会主义现代化国家，我们的物质基础、制度基础更加坚实、更加牢靠。全面建成小康社会的伟大成就充分说明，在中华大地上生气勃勃的创造性的社会主义实践造福了人民、改变了中国、影响了时代，世界范围内社会主义和资本主义两种社会制度的历史演进及其较量发生了有利于社会主义的重大转变，社会主义制度优势得到极大彰显，中国特色社会主义道路越走越宽广。

全面小康，让中华民族自信自强屹立于世界民族之林。中华民族有五千多年的文明历史，创造了灿烂的中华文明，为人类文明进步作出了卓越贡献。近代以来，中华民族遭受的苦难之重、付出的牺牲之大，世所罕见。中国共产党带领中国人民从沉沦中觉醒、从灾难中奋起，前赴后继、百折不挠，战胜各种艰难险阻，取得一个个伟大胜利，创造一个个发展奇迹，用鲜血和汗水书写了中华民族几千年历史上最恢宏的史诗。全面建成小康社会，见证了中华民族强大的创造力、坚韧力、爆发力，见证了中华民族自信自强、守正创新精神气质的锻造与激扬，实现中华民族伟大复兴有了更为主动的精神力量，进入不可逆转的历史进程。今天，我们比历史上任何时期都更接近、更有信心和能力实现中华民族伟大复兴的目标，中国人民的志气、骨气、底气极大增强，奋进新征程、建功新时代有着前所未有的历史主动精神、历史创造精神。

全面小康，在人类社会发展史上写就了不可磨灭的光辉篇章。中华民族素有和合共生、兼济天下的价值追求，中国共产党立志于为人类谋进步、为世界谋大同。中国的发展，使世界五分之一的人口整体摆脱贫困，提前十年实现联合国2030年可持续发展议程确定的目标，谱写了彪炳世界发展史的减贫奇迹，创造了中国式现代化道路与人类文明新形态。这份光荣的胜利，属于中国，也属于世界。事实雄辩地证明，人类通往美好生活的道路不止一条，各国实现现代化的道路不止一条。全面建成小康社会的中国，始终站在历史正确的一边，站在人类进步的一边，国际影响力、感召力、塑造力显著提升，负责任大国形象充分彰显，以更加开放包容的姿态拥抱世界，必将为推动构建人类命运共同体、弘扬全人类共同价值、建设更加美好的世界作出新的更大贡献。

回望全面建成小康社会的历史，伟大历程何其艰苦卓绝，伟大胜利何其光辉炳耀，伟大精神何其气壮山河！

这是中华民族发展史上矗立起的又一座历史丰碑、精神丰碑！这座丰碑，凝结着中国共产党人矢志不渝的坚持坚守、博大深沉的情怀胸襟，辉映着科学理论的思想穿透力、时代引领力、实践推动力，镌刻着中国人民的奋发奋斗、牺牲奉献，彰显着中国特色社会主义制度的强大生命力、显著优越性。

因为感动,所以纪录;因为壮丽,所以丰厚。恢宏的历史伟业,必将留下深沉的历史印记,竖起闪耀的历史地标。

中央宣传部牵头,中央有关部门和宣传文化单位,省、市、县各级宣传部门共同参与组织实施"纪录小康工程",以为民族复兴修史、为伟大时代立传为宗旨,以"存史资政、教化育人"为目的,形成了数据库、大事记、系列丛书和主题纪录片4方面主要成果。目前已建成内容全面、分类有序的4级数据库,编纂完成各级各类全面小康、脱贫攻坚大事记,出版"纪录小康工程"丛书,摄制完成纪录片《纪录小康》。

"纪录小康工程"丛书包括中央系列和地方系列。中央系列分为"擘画领航""经天纬地""航海梯山""踔厉奋发""彪炳史册"5个主题,由中央有关部门精选内容组织编撰;地方系列分为"全景录""大事记""变迁志""奋斗者""影像记"5个板块,由各省(区、市)和新疆生产建设兵团结合各地实际情况推出主题图书。丛书忠实纪录习近平总书记的小康情怀、扶贫足迹,反映党中央关于全面建成小康社会重大决策、重大部署的历史过程,展现通过不懈奋斗取得全面建成小康社会伟大胜利的光辉历程,讲述在决战脱贫攻坚、决胜全面小康进程中涌现的先进个人、先进集体和典型事迹,揭示辉煌成就和历史巨变背后的制度优势和经验启示。这是对全面建成小康社会伟大成就的历史巡礼,是对中国共产党和中国人民奋斗精神的深情礼赞。

历史昭示未来，明天更加美好。全面建成小康社会，带给中国人民的是温暖、是力量、是坚定、是信心。让我们时时回望小康历程，深入学习贯彻习近平新时代中国特色社会主义思想，深刻理解中国共产党为什么能、马克思主义为什么行、中国特色社会主义为什么好，深刻把握"两个确立"的决定性意义，增强"四个意识"、坚定"四个自信"、做到"两个维护"，以坚如磐石的定力、敢打必胜的信念，集中精力办好自己的事情，向着实现第二个百年奋斗目标、创造中国人民更加幸福美好生活勇毅前行。

目　录

改变赵庄的三种力量
　　——郑州市登封市石道乡赵庄村全面小康大事记……………………1

从贫困村到明星村
　　——郑州市巩义市米河镇明月村全面小康大事记……………………12

摘掉贫困帽，建设小康村
　　——开封市尉氏县大桥乡十里铺村全面小康大事记…………………19

火车领航振兴路，新南生活不再"难"
　　——洛阳市栾川县重渡沟示范区新南村全面小康大事记……………30

集体经济大发展，强村富民奔小康
　　——洛阳市汝阳县东保村全面小康大事记……………………………38

山沟沟里的乡村艺术公园
　　——洛阳市洛宁县罗岭乡爱和小镇全面小康大事记…………………48

滴水有声
　　——平顶山市宝丰县滴水崖村全面小康大事记………………………57

穷山沟绘出幸福图
　　——平顶山市叶县辛店镇南王庄村全面小康大事记…………………68

党建引领促脱贫，清水河畔换新颜
　　——平顶山市鲁山县团城乡寺沟村全面小康大事记 ………… 81

从贫困村到"西裴小镇"
　　——安阳市安阳县白璧镇西裴村全面小康大事记 …………… 93

村庄处处新，生活节节高
　　——安阳市林州市黄华镇庙荒村全面小康大事记 …………… 101

岗上坡地生金，岗下画景变现
　　——鹤壁市淇滨区钜桥镇岗坡村全面小康大事记 …………… 111

走在乡村振兴的大道上
　　——鹤壁市淇县青羊口村全面小康大事记 …………………… 117

好制度好思路助推乡村蝶变
　　——新乡市延津县石婆固镇南秦庄村全面小康大事记 ……… 127

从"落后村"到"模范村"的华丽蜕变
　　——焦作市博爱县许良镇大新庄村全面小康大事记 ………… 139

一个贫困村的蜕变
　　——焦作市温县武德镇亢村全面小康大事记 ………………… 149

走进佛善村看小康
　　——濮阳市南乐县近德固乡佛善村全面小康大事记 ………… 157

菊香满园飘，幸福生活来
　　——许昌市鄢陵县张桥镇裴庄村全面小康大事记 …………… 166

"党建+产业"引领乡村全面振兴
　　——许昌市襄城县汾陈镇宋堂村全面小康大事记 …………… 175

多轮驱动，巩固脱贫攻坚成效
　　——漯河市舞阳县辛安镇刘庄村全面小康大事记 …………… 185

目 录

产业引领，走上全面小康路
　　——漯河市临颍县皇帝庙乡吴集村全面小康大事记……………… 192

答好脱贫攻坚"考题"瞧东坡
　　——三门峡市湖滨区东坡村全面小康大事记……………………… 206

因地制宜谋发展，农民致富奔小康
　　——三门峡市卢氏县朱阳关镇河南村全面小康大事记…………… 211

全域融合齐发力，共谱振兴新篇章
　　——南阳市镇平县凉水泉村全面小康大事记……………………… 221

牢记嘱托奋力前行，绘就壮美邹庄
　　——南阳市淅川县九重镇邹庄村全面小康大事记………………… 230

强素质、树产业、重协作，打造美丽新乡村
　　——商丘市虞城县城郊乡郭土楼村全面小康大事记……………… 237

楼畈新貌
　　——信阳市浉河区楼畈村全面小康大事记………………………… 242

脱贫致富奔小康，美好生活看董空
　　——信阳市淮滨县芦集乡董空村全面小康大事记………………… 250

息州大地上一颗璀璨的明珠
　　——信阳市息县项店镇张庄村全面小康大事记…………………… 258

打造"沉浸式"新王楼，开辟乡村文旅新天地
　　——周口市淮阳区王店乡王楼村全面小康大事记………………… 266

昂首阔步走在乡村振兴的大道上
　　——驻马店市上蔡县黄埠镇小王营村全面小康大事记…………… 274

夯实基础砥砺前行，续写郭寺振兴新篇章
　　——驻马店市平舆县万冢镇郭寺村全面小康大事记……………… 283

奋斗振兴路，幸福向未来
　　——济源市王屋镇谭庄村全面小康大事记 ………………………………… 291

改变赵庄的三种力量

——郑州市登封市石道乡赵庄村全面小康大事记

一、旧貌换新颜

沿郑(郑州)少(少林寺)高速西行60公里,在登封站下高速,再沿207省道转343国道向西南行20公里,就到了一个让外地司机摸不清头脑的五岔路口,由此右转便进入了有着"香榭丽舍"之称的赵庄村村道。

"香榭丽舍"的名字,是河南省河南日报报业集团原驻村第一书记胡心洁对赵庄村的爱称。他说,"香",是指这里常年不断的瓜果和绵延的艾草,四季飘香;"榭",是指这里红色石头遍野,村民房子大都建在石头之上;"丽",是指这里的人们有一种乡野的质朴、美丽;"舍",是指这里的民居让你油然而生乡愁,故土难舍。自此"香榭丽舍"便成了一个代号,在工作队之中流传了下来。

赵庄村北有嵩山的支脉、能遮挡住太阳的挡阳山,南有形状类似于簸箕的箕山,整个村庄夹于两山之间。中有颍源,即淮河的支流颍河的源头。按理说,这种地势地貌在农耕时代,应该是富庶之地。

赵庄村所属的石道乡,因遍地的乱石而得名,赵庄也不例外。

该村2014年被评定为河南省级贫困村，贫困的原因大致有四：土地贫瘠，浅丘陵地带，土薄石头多；干旱少雨，春旱严重影响农作物生长，水利设施落后；种植作物单一，主要种植小麦、玉米，产量低；就业无门，无村集体企业，周边小煤矿关停后就业机会少。

赵庄村全村共有4个自然村5个村民组，人口323户1338人。在外地务工的青壮年劳动力有800多人，留守的大多是"386199部队"，即妇女、儿童和老人；全村省级建档立卡贫困人口65户280人，大多是因病、因残、因缺劳动力缺技术而致贫。贫瘠的耕地大多撂荒，白色垃圾围村，村里的土路晴天尘土飞扬、雨天道路泥泞，且污水横流。

转机发生在中央发出脱贫攻坚的号召，特别是河南日报报业集团2015年8月定点帮扶赵庄村以来，这个位于"天地之中"的村庄，从此发生了天翻地覆的变化。2016年，赵庄村摘掉了省级贫困村的帽子；2019年年底，全村建档立卡贫困人口65户280人已全部脱贫；村里集体经济由原来的"负数"到实现"零的突破"。赵庄村被评为河南省卫生村、河南省"千村整治万村示范工程"创建示范村，郑州市美丽乡村示范村、郑州市卫生村，登封市文明村、登封市产业发展红旗村、登封市生活富裕红旗村……

二、蝶变背后

外地人对登封的认知，很多来自三部文艺作品：曲剧传统剧目《卷席筒》、豫剧现代戏《朝阳沟》和电影《少林寺》。尤其是20世纪80年代出品的电影《少林寺》风靡海内外，为今天登封成为旅游名城、功夫之城奠定了基础。2010年，"天地之中"历史建筑群成为中国第39处世界遗产，让登封旅游名城的成色更足。

但对于远离景区的登封广大农村来说，吃"旅游饭"还是很遥远的事情。跟他们的生计联系更紧密的是另一样东西——煤。早在成为旅游城市之前，登封更深的底色是资源型城市。大大小小的煤矿不仅是财政收入的重要来源，也是农村劳动力就业的主要去向。党的十八大以来，习近平总书记提出的"绿水青山就是金山银山"理念不断深入人心。登封市大力推进资源型城市的转型，众多小煤矿纷纷关停，让赵庄村这样的偏远农村需要重新审视自己的收入来源。

不靠山、不临水、没有矿，赵庄村这样一个无家底、无优势的村在不断探索中，找到了一条适合自己的发展道路。

（一）建强一个战斗堡垒强筋壮骨

"增强村党组织联系群众、服务群众、凝聚群众、造福群众的功能，真正发挥战斗堡垒作用，成为带领乡亲们脱贫致富奔小康的主心骨、领路人""办好农村的事情，实现乡村振兴，基层党组织必须坚强，党员队伍必须过硬"……党的十八大以来，习近平总书记的一系列重要指示，为新时代党的农村基层组织建设提供了强大思想武器。

赵庄村现有党员33名，其中常年在外的流动党员占了近一半。2015年以前，村"两委"干部和在家的党员年龄普遍偏大，村干部工作积极性不高，普通党员存在感不强。2015年8月，河南日报报业集团开始定点帮扶赵庄村，派来了首任驻村第一书记。从此，抓好基层党组织建设、抓住"关键少数"，就始终被放在赵庄村各项工作的首位,第一书记换了三任,赵庄村"两委"也经历两次换届,但这一准则延续不变。

针对村"两委"干部和党员谋划发展缺思路、少方法,赵庄村的三任驻村第一书记先后组织党员干部、群众代表赴新乡县刘庄村,辉县裴寨村,兰考张庄村、代庄村等致富先进村考察学习,邀请脱贫明星村兰考县张庄村党支部代表来村举行联合主题党日活动,分享经验,通过"走出去""请进来"帮大家开眼界、换脑筋。

针对村党支部战斗力不强、党员先锋模范作用发挥不足,第一书记充分发挥帮扶单位的后盾保障作用,协调报业集团支持,在开展各类党建培训、学习时将赵庄村党支部和集团各基层党支部"一体化"安排,具体帮助赵庄村党支部开好"三会一课",严格落实"四议两公开"制度。2020年起,河南日报报业集团推出基层党组织与赵庄村党支部"手拉手"结对共建活动,以"共建班子""共带队伍"为重点,将报业集团与定点帮扶村的党建工作"一体化",结对共建常态化形成制度。赵庄村党支部还结合登封市开展的"党建领航 六村联创 履职增效 三亮一争"活动,为所有无职党员定岗定责,把他们安排到村各项工作的专班中,发挥作用、锻炼能力、锤炼党性,形成人人争先的良好氛围,引领脱贫攻坚等各项工作全面提升。

针对党员年龄普遍偏大、缺少新鲜血液,第一书记和村党支部积极对本村年轻人的思想、学习和工作状况进行调研摸底,逐个与入党申请人谈心交流,引导鼓励更多优秀的年轻人向组织靠拢,其中一些还走上了村"两委"岗位。

尤其是2020年年底2021年年初的村党支部、村委会换届选举中,驻村工作队和乡包村领导一起与党员、群众代表谈心谈话,征集意见，保证选举平稳有序进行，实现了赵庄村党支部和村委会班子年龄、学历"一降一升"，更加年轻化、知识化，平均年龄33岁。高中（中专）以上学历的新一届村"两委"班子，在石道乡党委政府、驻村工作队和广大村民支持下，采取"走进帮扶单位报业集团学习""老'两委'干部老带新"等措施，边学边干、克难攻坚，推动赵庄村各项工作取得进步。

2021年"7·20"特大暴雨造成的洪涝灾害中，驻村工作队和新班子带领村组干部组织救援队，在乡党委政府调来的铲车等机械支援下，从齐胸的洪水中安全转移14户受困群众；将受灾群众妥善安置在石道乡东区小学宿舍，接送老幼、配送生活用品，热心帮助群众解决急难问题；灾后重建中，第一书记方舟通过报业集团协调爱心救灾物资价值十多万元，积极组织群众和青年志愿者开展生产自救、重建家园。7月31日新冠病毒来袭，驻村工作队与村"两委"干部、组长、脱贫群众等志愿者积极参与防疫检测卡点24小时值班，组织服务五轮全民核酸检测，并上门为行动不便群众采样，帮助赵庄村渡过难关。"90后"新任村党支部书记兼村委主任张庭栋被评为"郑州市百优村（社区）党组织书记"，当选为郑州市、登封市党代表。2021年，赵庄村新发展"90后"预备党员一名，入党积极分子形成梯队，党组织后备力量不断增强。

（二）弘扬一种向上文化铸魂提神

习近平总书记指出，扶贫先扶志，扶贫必扶智。扶志就是扶思想、扶观念、扶信心，帮助贫困群众树立起摆脱困境的斗志和勇气；扶智就是扶知识、扶技术、扶思路，帮助和指导贫困群众着力提升脱贫致富的综合素质。而文化是"志"与"智"的土壤，厚植文化之基,"扶志"以自强,"扶智"以自立,脱贫的内生动力才会奔腾而来,文化复兴的全面小康才会如约而至。

帮扶单位河南日报报业集团作为一家文化宣传单位,开展定点帮扶以来,发挥独特优势,以"文化"为突破口,唱响了一曲志智双扶、文化兴村的田园牧歌。

思想引导立志气,技能培训强底气。作为省级贫困村,"戴上贫困帽,一心等靠要"的思想曾经在赵庄村党员、群众中很有市场。脱贫没动力、致富没门路,是很多贫困家庭的真实写照。针对这种情况,赵庄村驻村工作队和村"两委"积极开展"扶贫扶志农民大讲堂"活动,每周为村民授课,宣讲国家扶贫政策、种养殖业技术等,让大家了解政策有奔头、掌握技能有出路。同时,协调帮扶单位河南日报报业集团出资3万元设立爱心超市,让贫困户用参与公益劳动、学习活动等所得的积分免费兑换物品,极大激发了贫困户脱贫致富奔小康的信心和热情。2017年被识别为建档立卡贫困户的村民王龙光,因为车祸和肝病失去了干重活的能力,加上四个女儿都在上学,一家人陷入困境,一度对生活失去了信心。在驻村工作队和村"两委"的帮扶鼓励下,他通过参与"扶贫扶志农民大讲堂"活动找到了养羊这一致富门路,从最初的9头羊,已经发展到24头,成功脱贫摘帽。作为爱心超市的"常客",村民张广彪脱贫后,仍然积极参加村里各项公益劳动,2020年新冠疫情暴发后,他主动报名担任环境消杀志愿者,每天没黑没白地背着消毒桶走遍全村的角角落落,用实际行动感谢党的好政策和驻村工作队、村"两委"的帮扶。

文化熏陶净风气,评比表彰树正气。登封历史厚重、文化灿烂,不仅是儒释道三家汇集地,还有历代名人留下的众多遗迹。春秋时期郑庄公"掘地见母"的故事就发生在这里,孝善文化源远流长。赵庄村充分发掘优秀传统文化,推进乡风文明建设,把孝老爱亲、助人为乐等传统文化中的优秀成果和当代生活相结合,通过每年举办"道德模范""新乡贤""好媳妇""好婆婆""卫生标兵户"等多项评选活动,积极评选一批村民身边的正面典型,在广大群众中弘扬社会主义核心价值观、引导向上向善的乡村文明氛围。2020年8月,三年如一日义务照顾邻居家庭的赵庄村"道德模范"李金柱,被评为登封市文明市民。2021年年初,村里联合爱心人士为全村90多位70岁以上老人发放爱心棉衣、棉鞋和慰问品;2020年和2021年重阳节,连续举办"孝善饺子宴",邀请全村70岁以上老人共庆节日,倡导树立"人人敬老"的孝善之风。

奖学重教有朝气,解难助困鼓勇气。扶"钱"不如扶"智",扶"今天"更要扶"明天"。赵庄村历来有"耕读传家"的优良传统,结合这一传统,驻村工作队和村"两委"通过多种措施引导鼓励孩子们读书求学,阻断贫困代际传递。2020年,由村民们和爱心人士踊跃捐款设立的"赵庄村教育奖励基金"正式启动,每学年对成绩优异的赵庄学子进行公示,并召开大会隆重颁发奖学金,形成勤学之风,培育乡村发展的蓬勃朝气。2021年高考前,驻村工作队和村"两委"逐户慰问10多户高考学子家庭,考后联合河南日报报业集团协调专业机构为赵庄村高考生进行"一对一"指导,帮助他们精准填报志愿,助力9名高考生圆了"大学梦"。结合2021年洪灾情况,工作队和村"两委"摸排困难家庭学生情况,积极向河南日报报业集团反映,通过"点亮灾后重建微心愿"活动,在报业人中募集捐款1万多元,资助了5个困难家庭的12名学生,帮助他们鼓足求学上进的勇气。

文化力量润物无声,"志智双扶"结出硕果。近年,赵庄村先后获得登封市文明村等一系列荣誉。

(三)培育一个产业体系兴村富民

习近平总书记强调,脱贫攻坚,"输血"重要,"造血"更重要。产业扶贫很艰难,但只要找准路子,踏踏实实、久久为功加油干,就一定能让贫困群众早日端上脱贫致富的"金饭碗",依靠劳动过上更加体面、更有尊严的生活。

河南日报报业集团定点帮扶赵庄村以来,选派了三位驻村第一书记。第一位何高峰是个"50后",在来赵庄村之前,有过两次驻村帮扶的经历。万事开头难,第一脚难踢。他凭着自己丰富的驻村经验,为赵庄村建强了领导班子,为村里搞了基础设施建设。第二位胡心洁是个"70后",有过在河南日报经济部、农村部做记者的经历和短暂的基层工作经验,除继续搞好村里的基础设施建设外,就是大力发展产业,增加村集体经济收入。现任的第三位第一书记方舟是一名"80后",有十几年党报采编工作和新媒体工作经验。"一代人有一代人的长征",在前两任第一书记和村"两委"打下的产业基础上,工作队将产业发展重点放在提档升级上,对村里的未来发展进行系统规划,用"互联网+"为赵庄注入新的活力。赵庄村的三任第一书记"一张蓝图绘到底,一任接着一任干",为赵庄村圆满完成脱贫攻坚并转向乡村振兴创造了良好的产业基础。

赵庄村土地贫瘠、干旱少雨,虽然不利于粮食作物生长,但嵩山地区土壤中丰富的矿物质和绿色无污染的环境,给林果、药材等特色经济作物种植提供了特有的优势。2015年以来赵庄村先后引进登封市艾丰种植专业合作社,流转土地500余亩,形成艾草种植及初步加工产业;引进登封市为民种养专业合作社,流转土地700余亩,运用智慧农业系统,种植黄桃、蜜瓜、葡萄等果木,发展生态采摘观光项目。两个项目每年带动近百名贫困劳动力在家门口务工。

以"粮头食尾""农头工尾"为抓手,发展"土字号""乡字号"品牌,进行农产品精深加工,是赵庄村工作队和村"两委"结合赵庄实际,选择的新的产业增长点。赵庄村虽然土地贫瘠,但历来就有种植红薯、芥菜的传统,而且得益于绿色无污染的种植环境品质出色,以此为原料进行加工,既为农民提供了稳定的销售渠道,又

2019年,申请省级扶贫资金建设厂房,由河南日报报业集团投资购置设备成立的赵庄村"垦田翁农副产品加工厂"正式投产,就地加工生产登封芥菜丝、红薯粉条、辣椒酱等。依靠河南日报报业集团"消费帮扶"支持,同时积极拓展市场渠道,年均销售额40多万元,带动赵庄村群众20人务工,每年为村集体经济增收10多万元

拉长了产业链条，增加了农产品的附加值。使用省派第一书记每年50万元扶贫专项资金建设厂房，由帮扶单位河南日报报业集团投资购买设备，赵庄村成立登封新创农副产品有限公司，以生产红薯粉条、纯手工芥菜丝为主，并注册了"垦田翁"商标。自2019年年底正式投入生产以来，先后带动了60余名贫困劳动力务工。帮扶单位河南日报报业集团大力推进"消费帮扶"，积极组织集团各单位采购赵庄村加工厂产品，2020年春节前已达46万多元。

在原有的产业基础上，工作队和村"两委"重点做好三项工作：对产业发展的科学规划，对原有产业的提档升级，对新业态的引进培养。

科学规划，助力乡村振兴开好局起好步。2020年成功打赢脱贫攻坚战后，赵庄村的产业基础还比较薄弱，尤其是迈向乡村振兴的主导产业方向、发展思路尚不明晰。通过深入了解村情，第一书记方舟向河南日报报业集团党委汇报，希望以申报"郑州市美丽乡村示范村"为契机，邀请专业机构为赵庄村编制一份高标准的规划，指导赵庄村今后的发展。集团领导高度重视，投入资金、资源共计40万元，聘请河南省文化和旅游规划研究院为赵庄村编制乡村旅游产业发展规划。《登封石道乡赵庄村旅游产业发展规划》结合赵庄村原有的瓜果种植等产业基础，将该村定位为"嵩山甜蜜生活体验地"，明确了绿色种植、创意农业、休闲康养、农产品电商等主导产业，为赵庄村全面推进乡村振兴指明了方向。

提档升级，激发原有产业焕发新活力。2021年"垦田翁农副产品加工厂"通过一系列措施提质增效，实现销售收入42万元，为脱贫群众和村民发放工资7万多元，为村集体增收12万元。与艾丰合作社联合举办的"2021（登封赵庄）嵩山艾草健康文化节"，在村内和报业大厦先后举行，销售艾草产品数万元。

旅游带动，促进第一、二、三产业融合发展。2021年6月近千亩的为民合作社林果种植基地首次推出黄桃等水果采摘休闲游项目，被旅行社纳入登封乡村旅游线路，6月至7月郑州等地每天有200多名游客前来采摘游玩；灾情疫情后，赵庄村又引进专业公司入驻"石道乡农产品展销中心"，打造乡村游客服务中心和农产品旅游购物超市，与登封多个"网红村"优势互补，形成全新乡村旅游线路，10月初开始试营业以来，日均接待游客量从300多人逐步提升到800多人。以乡村旅游项目带动特色种植、农副产品加工产业，初步形成第一、二、三产业融合发展的格局。2021年实现村集体经济收入34.4万元，带动近百名群众在家门口务工。

从"等靠要"思想颇有市场的省级贫困村，到基层党组织不断年轻化、知识化，群众"精气神"不断提升的明星村；从土地贫瘠的传统农业村，到第一、二、三产业初具规模的产业发展红旗村；从自然环境无优势、卫生条件拖后腿的落后村，到"郑州市美丽乡村示范村"、努力打造"嵩山甜蜜生活体验地"的旅游村，通过共同的努力和辛勤付出，赵庄村的村民们一起见证了这个小村庄的美丽蝶变。

像赵庄村一样，千千万万的中国农村经历的变迁，共同绘就了中国农村由脱贫攻坚转向乡村振兴的历史画卷，这份宝贵的精神财富，也将激励我们向着乡村振兴的目标踔厉风发、笃行不怠！

从贫困村到明星村

——郑州市巩义市米河镇明月村全面小康大事记

明月村原本位于巩义市米河镇东南的浮戏山深处，距离镇区11公里，村域面积约4.7平方公里，有5个村民组192户636人，党员58人，是米河镇海拔最高、面积最大、植被最好、旅游资源最丰富的行政村，也是交通最偏僻、人口最少、经济最差的省级贫困村。

在村子没有搬迁之前，三面环山，从村里到集镇，只有一条11公里长的羊肠小道，赶个集需要一天的时间。村民世世代代都生活在山里，向山劳作，靠天吃饭。1993年，明月村五组、大山尖上有一户人家，因为家里贫穷、生活条件极其艰难，生了病没钱医治，一年之内全家妻儿及兄长4口人相继去世，留下40多岁的儿媳在万般无奈之下带着7岁的儿子远走他乡。这样的场景让明月人如今想起还很辛酸，类似这样的家庭在明月村并不在少数。最让支部书记马树忠记忆深刻的一件事是，20世纪90年代初，全镇举行篮球比赛，明月村参赛的村民穿着印有村名的队服参赛，上场比赛时，衣服正着穿，下场后马上将衣服反着穿，因为"生怕别人知道是哪个村的"。由于穷，闺女往外嫁，小伙子娶不上媛妇，打光棍，村里人口净流失。1991年，马树忠当上村支部书记时，村里还有850口人，但是到了2013年，全村已减少到600口人，成为全镇人口负增长最快的村。

为了让村民过上好日子，村支部带领村民打井、修路，改善基础设施，付出了艰辛努力，也先后发展了农家乐、香菇种植等产业，但都没有发展出成规模、带动力强的集体经济产业。

位于大山深处如何有更好的发展，怎样让全村群众彻底摆脱贫困过上幸福的生活，成了支部书记马树忠日思夜想的问题。

2011年机遇来临，上级有了贫困村整体搬迁的政策。他敏锐地抓住机遇，与大家反复研究，决定整村搬迁入城镇。明月村在镇区选中了一块地，马树忠求人无数才拉到启动资金500万元。但是随着工程推进，还需要大批资金，乡亲们听说村里有困难，纷纷自发行动。2012年1月5日一大早，群众用编织袋提着、报纸卷着，顶着寒风排队去农行预交房款。马树忠感动之余，为让大家放心，他把明月新村建设资金全部交镇财政保管，每一笔资金的使用，都接受镇纪委的监督审核。终于在2015年，投资4000多万元的8栋住宅楼顺利竣工，全村186户600余人全部入住新居，成为全市第一个实施整村搬迁的贫困村。

如今，明月新村附近已经规划为万人社区，镇区其他村都在明月新村附近建设安置社区。当其他村陆续开建之时，明月村已在小区建成了文化广场、养老活动中心、文化走廊等，并实现了双气入户。过去因穷走出大山、离开明月村的那些乡亲们现在也纷纷回来，在明月新村买房居住，享受幸福安逸的生活。

离开了偏僻的穷山沟，住进了配套齐全的新小区，村民们在镇区就能找到工作，子女们也可以就近入学，接受更好的教育，再也不用面朝黄土背朝天，他们的发展前景也更加广阔。

一、产业发展是龙头

居住和教育问题解决了,如何发展村集体经济成了明月村发展的又一个难题。明月村早些年关闭了污染环境、毁坏山体的采石场,采取封山育林、禁止放牧等措施,明月村的森林覆盖率始终保持在90%以上,这么好的"绿水青山"怎么才能变成"金山银山"呢?

2016年,有一个机遇来临了,民安集团正在考察乡村振兴项目的选址,依托明月村优越的森林植被,还有传统石屋、明月禅院、搬刀泉等景观资源,在村支部书记马树忠的努力争取下,在巩义市委、市政府、农委、米河镇党委等相关单位的大力支持下,民安集团投资30亿元的文化旅游度假区建设项目终于落地明月村。

通过农村集体产权制度改革,明月村成立了经济合作社,将明月村的山林路田地等作为股权清点登记,每一位村民都成了股东。

明月村通过盘活土地资源,将全村6000亩土地整体流转给民安集团,每年获得土地流转收益130万元;整村搬迁后,还有40处废旧老宅子没有拆迁,民安集团按每处每年5000元的价格付给村集体租金,对部分具有豫西特色的民居进行改造、修补,建成别具一格、富有地方特色的民宿、艺术家部落。

在农委驻村工作队的协助下,明月村争取到了塘坝建设资金、贫困村土地流转资金、村改建道路资金,大大加快了项目建设进度。还争取到村级集体经济试点资金和扶贫项目资金,建成了纯净水厂。农副产品加工厂租赁给民安集团,增加了集体经济收入,还为文化旅游项目度假区项目完善了配套,使来明月村旅游的人们可以喝到纯净的山泉水，享受美景的同时还可以把特色农产品带回去。

明月村还成立了惠民农业公司，与民安集团对接，承接种养殖、基建施工等劳务项目，带动村里劳动力就业 100 多人，除带动本村建档立卡贫困户就业外，还带动周边村庄贫困户 30 多人就业。2021 年明月村共承接务工 9000 多个，带动就业 80 余人，实现村民务工收入 100 多万元。

通过以上种种举措，如今的明月村，村集体经济收入已达到 100 万元以上。村民每人每年获得土地流转金及股金分红 2300 元，在中秋节、春节等节日每人还能领到价值 500 元的月饼、米面油、肉、蔬菜等各项福利。

二、新村新风新生活

为提升生活品质，明月村不断完善基础设施，投资近 20 万元安装电子彩屏和小区广播系统，购买安装健身器材，建设活动场地。在明月新村文化广场，电子大彩屏不断播放着祖国各地大发展、大建设的画面，小区广播传递着党和政府的最新政策。健身场上，村民们集体活动、编排节目，惬意地生活。小区内大量植树，安装路灯，设计微景观，实施绿化、亮化工程，居住环境越来越好，群众的幸福指数持续提高。

注重移风易俗教育，培育新时代新风尚。明月村出台了《明月村红白事五条规定》，为红白事立规矩，掀起节俭文明之风。2015 年村里启用了公共厨房，规定办事不允许摆桌，一律吃大碗菜，不允许上烟，不允许收礼，杜绝了铺张浪费、人情攀比。村里每年平均办理20多场红白事,仅此一项,每年可为群众节约费用30万到50万元。

坚持开展多种文化活动,引导村民向上向善。明月村先后举办了传统文化学习班、重走长征路、健康养生讲座、法律知识讲座、儿童夏令营等活动,在每年的元宵节、中秋节举办猜灯谜、全民饺子宴等活动,在重阳节举办孝老爱亲文化活动,既丰富了群众文化生活,也提升了群众文明素养。如今的重阳节成了明月村最隆重、最重大的节日。

三、全民小康高质量

2018年,明月村成立了"扶贫助困孝善爱心基金会",截至目前累计募得爱心捐款108430元,救助突发疾病、生活困难等弱势群众75人次77500元,资助本科及以上学历的优秀学子9人次10500元,帮助突发重病困难户募集善款74350元,充分发挥了基金会的正能量作用,传递了真情与爱心。

2020年,明月村新建了老年照料中心,标准高、设施全,配备有厨房、餐厅、淋浴间、按摩室、理发室、综合文化活动中心等设施,电梯、空调、地暖、多媒体系统一应俱全,很好地解决了村里老年人的日间照料问题。70岁以上老人可以免费就餐,自由活动,下象棋、跳舞、唱歌,生活得满意又开心。明月村还为70岁以上老人发放60至100元不等的生活补贴。村里成立了专门的养老服务中心党小组,管好、用好养老服务中心,保障老有所养、老有所乐。

明月村每年为70岁以上老年人代缴新农合,为其他村民每人发放100元医疗补助。新农合的覆盖率达到100%。成立了村标准化卫生所,配备有专业的医生,做到小病不出村。

2022年起,明月村开启了"关爱失能老人"爱心帮扶活动,对那些丧失生活自理能力的老人进行温暖帮扶,按照每月200元标准为他们提供营养品、被褥、护理用品等物资,温暖他们的晚年生活。

如今的明月村已成为病有所医、老有所养、弱有所扶的社会主义新农村。

明月村养老服务中心对70岁以上老人免费开放,免费提供一日三餐,每月发有零花钱,每年发放春夏秋冬四套服装,养老基本不花钱。配备专业音响设备供老年文体队伍跳舞唱歌,逢年过节发福利,合作医疗由村里全额代缴。2021年又开启了关爱失能老人活动,为不能下楼的失能老人每季度提供600元的被褥、纸尿裤、奶粉等护理物资

四、党建引领聚发展

人心齐，泰山移。为激发全村干事创业的热情，2018年，明月村提出了"三带两聚"党建工作法，即"书记带支部，支部带党员，党员带群众"的模式；成立了基层党建、美丽乡村、产业发展、平安和谐、乡风文明5个党小组，每个党员分包若干户，做到党员服务群众全覆盖；充分激发村民的主人翁意识，提高村民参与建设美丽乡村的积极性，集聚民智，共谋发展。

经过多年的实践证明，"三带两聚"工作法带出了好风气，凝聚了大能量。党员群众参与党务、村务的积极性大大提高，村务各项工作都得到了稳步提升，整个明月村呈现出蒸蒸日上的良好发展局面。

2019年，明月村被评为巩义市先进基层党组织、巩义市文明村、"六无"示范村、摘星夺旗四星村。2020年，明月村被评为河南省先进基层党组织、郑州市文明村、巩义市摘星夺旗五星村、巩义市六无村。2021年，明月村被评为河南省先进基层党组织、河南省健康村、郑州市文明村、郑州市"无疫村"、巩义市"五星村"、巩义市"六无村"。

展望新一年，我们有信心，在上级党委、政府的坚强领导下，党群一心、同心同德、开拓创新、奋勇向前，将明月村的未来建设得更加美好！

摘掉贫困帽，建设小康村

——开封市尉氏县大桥乡十里铺村全面小康大事记

一、十里铺村基本情况

十里铺村地处尉氏县城南 5 公里，230 国道在村东边穿过，交通便利，生态宜居。全村包括 3 个自然村（十里铺村、骆庄村、蒋庄村），5 个村民小组，共有 302 户，总人口 1165 人。

十里铺村现有耕地面积 1400 亩，农作物以小麦为主，经济作物以花生和葡萄为主。

2019 年 10 月，稳定脱贫户 22 户 94 人，脱贫享受政策户 61 户 242 人，未脱贫 4 户 10 人。

近年，在村党支部书记骆根旺的带领下，十里铺村以"摘掉贫困帽，建设小康村，服务村群众"为目标，凝心聚力脱贫攻坚，建设文明小康村。立足村情，因地制宜，依托产业发展，稳定农村基础，开展脱贫攻坚，全村事业协调发展，出现了物质与精神同步，小康与健康同行的可喜局面。村民生活水平日益提高，村容村貌焕然一新，双文明建设喜结硕果，十里铺村先后被开封市委、市政府授予卫生村、文明村等称号，被尉氏县委、县政府授予产业兴旺村、美丽文明村、脱贫攻坚先进村等称号，被大桥乡乡党委、乡政府授予先进基层党支部、信访稳定先进村、乡村综合工作一等奖等。

二、十里铺村来了驻村工作队

2016年以来，开封大学、尉氏县政协、尉氏县畜牧局、尉氏县农业农村局先后选派多名干部到十里铺村开展驻村帮扶工作。驻村干部始终把脱贫攻坚作为驻村工作的重要任务，将焦裕禄同志的"对群众的亲劲""抓工作的韧劲""干事业的拼劲"作为工作方法运用到脱贫攻坚工作之中，强调驻村工作与脱贫攻坚精准对接，聚焦发展短板，寻找致富项目，用心用情用力做好脱贫攻坚工作，通过"基层党组织建设、教育帮扶、产业帮扶、电商帮扶、消费扶贫"开展工作，营造了良好的脱贫攻坚氛围，激发贫困户内生动力，走上脱贫致富道路，起到了良好的示范作用。加强精神文明建设，维护社会和谐稳定，逐步实现乡村振兴。

通过"队员当代表，单位做后盾"措施的落实，通过党支部共建，十里铺村党员干部干事创业的能力得到提升；通过志智双扶，贫困户思想观念得到转变；通过合作社带动，十里铺村产业单一的现状得到扭转，村民脱贫致富道路越走越宽。

三、小康路上十里铺村的三个新变化

（一）十里铺村根本性变化

强化担当作为，坚决扛起脱贫攻坚重大政治责任。成立十里铺村脱贫攻坚领导小组，建立了"队员当代表，单位做后盾，干部帮扶全覆盖"的工作模式，精准制订贫困村和贫困人口脱贫计划，并着力协调解决推进中的各种问题，保障全村脱贫攻坚工作扎实有序推进。

坚持精准施策，不断夯实脱贫攻坚基础。聚焦"两不愁三保障"等核心指标任务，突出重点、统筹推进、精准发力、狠抓落实。

2020年12月，十里铺村贫困户87户346人脱贫，完成脱贫攻坚任务。

（二）十里铺村标志性变化

加快推进十里铺村水、电、路、气、网、房、厨、厕等基础设施建设，加强教育、卫生、文化等基本公共服务和村容村貌改造提升，确保村生产生活条件和村容村貌显著改善，基本公共服务指标达到尉氏县平均水平。

十里铺村饮水工程。村内饮水安全全面巩固提升。2021年11月，村自来水普及率达到100%，集中供水率达到100%，供水保证率达到100%，确保所有村民吃上干净水。

十里铺村电网改造工程。提升十里铺村供电质量。2021年11月，完成村农网改造升级，供电可靠率不低于99.8%，综合电压合格率不低于99.6%。

十里铺村道路硬化工程。2021年11月，完成十里铺村村道、入户道路硬化。建设完成硬化道路22条，共计6公里。建设通村连村硬化路并连接到户，7路公交车终点站到十里铺村之间道路建设完成。

十里铺村天然气工程。2021年11月，完成村内所有管路铺设，每户通天然气。

十里铺村网络工程。推进十里铺村网络通信建设,2021年11月,村内全部实现光纤通达和4G覆盖。

十里铺村危房改造工程。2017—2020年,分三批对村建档立卡贫困户及低保户、分散供养特困人员和贫困残疾人家庭危房进行改造。

十里铺村厨房改造工程。因地制宜、因村施策,2021年11月,村内275个农户全部实施电代煤、气代煤洁净燃料改造,群众生活环境和生活品质得到明显提升。

十里铺村厕所改造工程。推进农村厕所革命,因地制宜完成农村厕所改建。2019年12月,完成村内243户旱厕和化粪池改造,无害化卫生厕所普及率达到100%。

十里铺村村容村貌提升工程。2021年11月,村庄垃圾得到彻底清理,污水问题得到有效处理,断壁残垣、违章建筑基本拆除,道路畅通干净,庭院整洁卫生,村子闲置院落、空地按规划综合利用,村庄墙体、外立面整洁美观,全村绿化达标。每户门口建了小花园,每户房前屋后建了散水坡,干净美丽。

人居环境持续改善,村容村貌整体较好,村庄绿化、村内公共服务设施较为健全,村内保洁开展正常;主街道环境干净整洁,背街小巷也极少看到生活垃圾;户厕改造质量大幅度提高,群众卫生意识逐步提升。

十里铺村义务教育工程。2021年11月,实现幼儿教育全覆盖,适龄幼儿能够在本村或者邻村就近入园,接受三年学前教育。落实义务教育建档立卡学生资助政策,做到"应助尽助",持续加强控辍保学,不让一个贫困家庭学生失学辍学。凝聚工作合力,形成联控联保、动态监测、关爱帮扶、依法控辍等长效机制。全面摸排辍学学生情况，梳理已复学学生情况，将控辍保学工作作为群众利益问题的重点内容。一人一策制定帮扶措施，切实解决因学习困难、外出务工等造成的辍学问题，依法依规做好劝返复学工作。统筹做好疫情防控和控辍保学工作，防止因疫情造成新的辍学。

十里铺村医疗卫生服务工程。2021年11月，村医疗卫生基础设施建设和设备配置普遍改善，医疗卫生服务人员素质明显提升，实现村内基本医疗和基本公共卫生服务全覆盖。

（三）十里铺村趋势性变化

帮助困难群众树立志向。困难群众中有相当一部分是因缺乏家庭发展志向而贫困。帮扶责任人以及党员干部们通过"不忘初心、牢记使命"主题教育，抓实抓牢扶贫政策宣传和教育引导工作，帮助贫困群众认识到家庭富裕主要是通过自身奋斗、勤俭持家得来的，倡导贫困户学习左邻右舍的致富家庭，学会分析研究别人致富的原因，找出自己的不足，认识到致富光荣，树立起通过不懈奋斗使家庭经济实力追赶甚至超越富裕户的志向。

帮助困难群众消除懒惰意识。部分群众生活困难的原因是懒惰。一是通过推荐身残志坚、踏实肯干的脱贫榜样，在全村范围内广泛宣传，传播正能量，引导贫困群众消除懒惰思想；二是帮扶责任人、驻村干部、科技指导员等根据户情，入户分别开展农业、畜牧业等指导，因户制宜地鼓励支持贫困户发展生产、培植产业、就近务工等。

四、十里铺村全面小康的基本经验

（一）党建引领，实现全面小康

如期全面建成小康社会，是党向人民、向历史作出的庄严承诺。脱贫攻坚战号角吹响以来，十里铺村党支部坚决贯彻党中央部署，奋力拼搏、全力攻坚，确保"小康路上一个都不能掉队"，脱贫攻坚各项工作扎实推进。2020年以来，面对疫情、灾情，全村更是上下同心、一鼓作气，决战决胜脱贫攻坚和全面建成小康社会，取得脱贫攻坚战全面胜利。

提高政治站位，落实工作责任。在脱贫攻坚战中，注重抓实基层党建工作，强化组织功能，结合十里铺村工作实际，使党的各项政策在基层得到贯彻落实。从推进以党组织为核心的村级组织建设入手，深入开展基层服务型党组织创建活动，不断强化十里铺村党支部堡垒作用，坚持履行党建政治责任和落实脱贫攻坚政治任务一起抓，引领十里铺村脱贫攻坚工作。

推出"党支部+"模式，开辟工作新路径。坚持组织引领，发挥组织优势，建强基层党组织战斗堡垒，优化基层党组织设置，推出"党支部+合作社+贫困户"模式，把党的组织建在合作社实体上，与贫困户构成紧密联系，让贫困户在实体发展中富起来，实现党建与脱贫攻坚相融合。同时，坚持开展"5+N"主题党员活动日，把党员组织起来，凝聚力量，为决战决胜脱贫攻坚提供强有力的后盾。

（二）发展特色种植，拓宽产业富民之路

农业产业基地的建设和发展，是助力脱贫攻坚最直接最有效的载体。近年，十里铺村加快推进农业产业发展，积极推动农业产业基地建设，带动广大群众增收致富，实现了经济效益和社会效益同步提升，形成了十里铺村特色葡萄产业，实现特色产业基地促就业、

上图：河南省开封市尉氏县大桥乡十里铺村村民孙根马展示采摘的桑葚。下左图：在扶贫政策扶持下，孙根马流转60多亩土地种植桑葚、葡萄、无花果等（无人机照片）。下右图：孙根马在他经营的桑葚种植园内采摘桑葚

助脱贫，用劳动阻断贫困，为决战决胜脱贫攻坚提供坚强保障。

十里铺村的葡萄产业是尉氏县大桥乡农业产业发展的典型，种植面积500余亩，发展出早、中、晚三个品系，有阳光玫瑰、京亚、夏黑、珍珠等20多个品种。

2020年8月，由尉氏县大桥乡人民政府主办、十里铺村承办的大桥乡首届葡萄文化节在十里铺村葡萄种植园举行。大赛邀请了尉氏县农业农村局、大桥乡政府有关负责人参加文化节活动。葡萄文化节不仅提高了农民种植葡萄的积极性，同时，打造了十里铺村葡萄产业的特色拳头产品。

（三）提升两貌，打造生态宜居环境

改善人居环境，建设美丽宜居乡村，是实施乡村振兴战略的一项重要任务，事关广大村民根本福祉，事关十里铺村文明和谐。为实现广大村民对过上美好生活的期待，十里铺村开展人居环境专项整治行动，拆除危房、围栏、杂物间等共5000平方米，空心院改造6000平方米，硬化辅路1万平方米，修建花园3000平方米，清理杂草近6000平方米，完成厕改240多户，新建村民文化广场1个、居家养老中心1个，人居环境得到极大改善，村民的获得感进一步增强。

十里铺村坚持高起点谋划、高标准建设，大力推进乡村绿化美化工作，努力为村内营造一个"畅、洁、优、美、安"的交通环境。先后投入100多万元，硬化了主街道，安装了路灯，铺设了近3000米的排水管道，完成了饮水工程，解决了村民吃水难的问题。目前，全村95%以上的农户住进了新房，100%的农户安装了有线电视，大街小巷实现了绿化、美化、亮化。

近年，在开封大学驻村工作人员帮扶下，全面发动群众，发挥村中老党员、老乡贤智慧，提升村庄规划设计水平，做好街道排水沟设计。十里铺村实施了基础设施改造、种植产业培育、水电路改造、文化建设等项目，使村民安居乐业，真正提升群众幸福指数。

（四）加强乡村治理，修通连心便民之路

加强乡村治理，倾听群众心声，回应群众诉求，是新时代新农村建设的关键一环，也是全面建成小康社会的重要保障。为构建和谐乡村，十里铺村成立了十里铺村调解委员会，做到纠纷不出村，矛盾不出乡，将所有的矛盾纠纷化解在萌芽状态，调解率达100%，被评为"全市先进人民调解委员会"。

开展全面摸排，掌握"两不愁、三保障"及饮水安全情况。重点对村内低保对象、特困人员、易返贫致贫人口，以及因病因残因灾因意外事故等刚性支出较大或收入大幅缩减，导致基本生活出现严重困难的村内低收入人口开展动态监测，动态管理。

通过乡村治理能力的提升，一项项实事落地生根，惠及十里铺村全体村民，使村民与村干部的心贴得更近，一起向着全面小康、和美幸福出发。

（五）发展集体经济，走共同富裕之路

村集体经济是联系群众、帮助群众的重要平台，十里铺村邻近县城，具备区位优势，同时有多年的葡萄种植经验，十里铺村党支部进一步厘清思路，积极探索发展壮大村级集体经济的新机制、新路子、新措施，通过多形式、多元化运作，组织实施一批可持续发展的村集体经济增收项目，不断增强村集体经济实力。切实发挥

村党支部书记"领头雁"作用和党员先锋模范作用，带头发展产业，抓住与龙头企业合作的机会，培养一批管理骨干，拉起一批致富能手，带领群众增收致富。

（六）培育乡村新文化，走上文明健康之路

十里铺村在实现全面小康之路上的实践表明，只有物质文明和精神文明双丰收，农民群众才能真正实现小康，只有提高村民的素质，建立良好的经济秩序，营造优美的生活环境，才能为创建文明村奠定坚实的基础。鉴于此，十里铺村大力加强精神文明建设，创建农村经济良好发展环境。

十里铺村坚持精神文明建设。提倡村民养成遵德守礼、孝老敬老的优良品质，激发自力更生、勤劳致富的内生动力，倡导文明健康、积极向上的精神面貌，为实现物质和精神"双文明"目标奠定思想基础、提供精神支撑。

十里铺村重视乡村文化传承。大力倡导艰苦奋斗、勤劳致富、互助友爱的新风尚，积极开展健康向上的文化活动和十星文明户的评选活动，极大调动了村民参与的积极性，使十里铺村出现了讲文明、争星级、比贡献、促发展的新气象。

五、巩固脱贫攻坚成果，乡村振兴再出发

十里铺村严格按照"四个不摘"要求，牢固树立以人民为中心的发展理念，统筹做好巩固拓展脱贫攻坚与乡村振兴有效衔接工作。按照"产业兴旺、生态宜居、乡风文明、治理有效、生活富裕"

的总要求和"产业振兴、人才振兴、文化振兴、生态振兴、组织振兴"的总部署，全面巩固拓展脱贫攻坚成果，有序推进乡村振兴战略实施。创新思路，提升成效，加快乡村振兴步伐，实现农业强、农村美、农民富，让群众有更多的获得感、幸福感、安全感。

站在"两个一百年"奋斗目标的历史交汇点，十里铺村将大力弘扬脱贫攻坚精神，乘势而上，接续奋斗，为实现乡村振兴、全体村民共同富裕奋勇前进，为高质量高标准建设小康新村再立新功。

火车领航振兴路,新南生活不再"难"

——洛阳市栾川县重渡沟示范区新南村全面小康大事记

一条铁轨蜿蜒进山村,退役的火车头和列车车厢,经过精心改造变成餐吧和茶吧;铁道一侧,依山坐落着农家宾馆、特色民宿,这里就是"新南水岸·铁路小镇"。2020年五一期间,"铁路小镇"接待游客万余人次,成为新晋网红打卡地。

一、历史中的新南村,因为穷所以"难"

"九山半水半分田",这句俗语是国家深度贫困村新南村的真实写照。栾川县曾经是国家级贫困县,而新南村更是被定为深度贫困村,地处深山,人烟稀少,人均耕地不足0.6亩。新南村全村522户,贫困户149户,贫困发生率29%,2015年人均收入仅3000元不到,曾在当地大清沟是出了名的穷村,甚至前些年当地姑娘家介绍对象时,一听说对方是新南村的小伙儿,就知道八成会凉。当地老百姓总结了"三个多":因为新南穷,新南村的"光棍儿多";因为新南穷,年轻人都外出打工,村内"老弱妇孺多";因为新南穷,老百姓的生活"困难多"。

新南村因为地处深山，又被大山、伊河天然分割成13个自然村，对老百姓出行、生活等方面造成了极大的不便。村内没有一条像样的路，进出都相当困难；伊河桥尚未修建时，老百姓需要绕行几里路才能过桥出村。在通信方面，手机在深山里几乎没有信号，一到晚上整个村子都是安静的，灯光极少，村子仿佛是静止的。如今新南村修建了两个跨伊河大桥，人员、车辆通行不再需要绕远路；近年陆续推进建设村村通、组组通、户户通道路，老百姓也家家都有代步工具，出行十分便利；现在网络信号等也实现了户户通，许多老年人都用上智能手机，家家都实现足不出户一览天下事。

前些年，村里没有像样的产业，全靠老百姓单打独斗种植香菇、中药材等，因形不成规模，就只能靠天吃饭。每家耕地多的三五亩，少的不到两亩，大多数种植玉米、土豆等农作物，每年的收成也仅仅维持温饱。如今，村里把香菇、中药、兰花等种植大户集中起来成立合作社，用集体经济引领产业发展，香菇厂、电商基地等让传统产业发展更为迅速。

如今，新南水岸流光溢彩，车辆川流不息，堰坝高筑，两岸绿树成荫。在过去只是一片乱石滩，每当夏季洪涝季，老百姓避之不及，大水过后，一片狼藉；过去老百姓看病要跑很远到乡里开药，如今小病20分钟以内就能到村标准化卫生室看病治疗，大一点的病也能到乡卫生院和县医院看病，班车、私家车极大地方便了老百姓的生活；过去村内没有文化广场，老百姓没有业余休闲活动可选，现在村内设有文化大舞台，各组也都有体育健身器材，让老百姓在家门口就能听大戏、健身娱乐。

二、思路转变促发展，解决两个难题

在脱贫攻坚期间，新南村借助国铁集团帮扶机遇，实施铁路元素主题景观建设，发展铁路人家。2020年五一期间，"铁路小镇"接待游客1万余人次，成为新晋网红打卡地。这个曾经被称为"三不靠"的小山沟，实现了乡村旅游"从无到有"的跨越。

为了带领群众脱贫致富，村"两委"班子和驻村工作队转变思路，响应习近平总书记号召，"绿水青山就是金山银山"，利用当地绿水青山发动老百姓发展旅游业。这时遇到了两个难题：

一个难题是：村里没有天然景观，发展旅游业难以靠天吃饭。当听说国铁集团决定在栾川发展铁路项目时，村"两委"和驻村干部萌生创造景观的想法，积极与国铁集团多次沟通对接，最终把项目敲定在了新南村。废旧车厢、铁道、枕木……这批原本"退役"的物资陆续"搬家"来到了新南村，并被精心打造成了现在的餐吧、茶吧、书吧。

另一个难题是：老百姓不理解。一开始村民比较抵触，普遍认为新南村没有景区，只有"穷山恶水"，发展旅游不如外出打工。村里的火车让大家感到新奇，虽然有政府帮扶和帮扶单位的资金支持，改造一个农家宾馆对于村民来说仍是一笔不小的开支。"村里人都担心：游客会不会来，未来铁路小镇能不能带来效益？"村干部和扶贫干部只好一家一家上门，转变村民思想。村民不愿意改造，村干部和党员就带头把自家房子改造成家庭宾馆，打消村民顾虑。至2021年年底，新南村共发展农家宾馆89户，民宿20家。

2020年端午节第一天，新南村正式以铁路小镇的新面貌迎接客人。在开业前，村里还特意给村民们做了营业培训。当天村里举办了一场龙舟赛，开业仪式时人山人海，虽有心理准备，但这样的情况远远出乎村民的意料，没想到会来这么多人。如今新南村游客络绎不绝，农家宾馆收入也稳步提升，许多长年外出务工人员返乡吃上了旅游饭，"铁路小镇"更是成为栾川县一张亮丽的名片。

三、建设旅游新地标，村民走上致富路

昔日的苍凉河滩变为铁路小镇，开业后近乎是一炮而红。"铁路小镇"成为河南乡村游的旅游新地标和网红打卡地，五一期间接待游客达1万人次，曾先后被中央、省、市各级媒体争相报道。在2021年元旦期间，新南村代表河南乡村振兴示范点登上了新华社面向全球的直播。

昔日贫困户成致富能手。新南村的走红，也给村民的生活带来了新的变化。村民乔玲过去外出务工，做过月嫂、饭店服务员。扶贫干部劝说其在家开宾馆搞旅游，她一开始挺担心，"现在看来这条路子走对了"。2021年5月至9月，乔玲的收入超过4万元。

村民苏建立以前在山沟里面住，因家庭条件不好，儿媳妇嫌弃住房不便、村子破烂，离家出走。几年后，村子通过脱贫攻坚发生了翻天覆地的变化，苏建立家享受到了政府的移民搬迁政策，从山沟里搬迁至移民搬迁小区，后来响应村里号召开起了家庭宾馆，居住条件也由以前的土房子变成了小洋房，后来出走的儿媳妇回来一看变化这么大，住在家里就再也不走了。

村民聂世浩在政府精准扶贫和市五院定点帮扶的共同努力下，享受易地搬迁政策改善了居住条件。在市五院帮扶人于靖波的思想帮扶下，申请小额贴息贷款，利用青山绿水的优势以及栾川县休闲农业项目的支持，对搬迁房进行改造，并参加厨师、旅游服务技术培训，开起了农家宾馆，开业仅3个月收入2万元，目前人均收入达到1.2万元。"两不愁四保障"，家庭宾馆实现稳定增收，于2017年顺利脱贫走上致富道路，工作之余也可以照顾老人和小孩，一家人生活其乐融融。不仅如此，周边村民看到聂世浩的宾馆生意好之后纷纷效仿，使新南村伊河西岸形成一片家庭宾馆度假村。现在聂世浩夫妻逢人就夸："都是党的政策好，以后老百姓在家就能挣钱，红红火火奔小康。"

郭涛家住重渡沟示范区新南村桥外组，全家2口人，耕地面积5.26亩，危房4间，他本人患风湿病，家中缺劳动力，无经济收入，2013年识别为贫困户。在政府精准扶贫和邮政局帮扶共同努力下，通过易地搬迁住进了舒适的房子；参加中原农险、大病保险等，疾病得到了有效的治疗。帮扶人胡苗苗经常入户了解家庭情况、进行思想帮扶，不定期对其本人及爱人进行心理疏导，帮助其重塑信心，以积极的心态面对生活。争取扶贫贷款5万元用于发展养殖产业。他家目前养羊40余只，每年收入达1.5万元；积极参加集体经济光伏产业，每年增收3000元，于2017年顺利脱贫。郭涛家通过养羊稳定增收，"两不愁四保障"，2018年人均收入超过8000元。

乡贤返乡带领致富。村民杜长栓自2004年购买第一棵兰草开始专心研究兰草种植，经过15年发展，目前拥有兰棚2个，面积1500多平方米，花卉种植30余亩，年收入80余万元。杜长栓致富后不忘群众，积极发挥党员模范带头作用，鼓励群众加入自己的合作社，带动群众致富。10 余户贫困户先后加入合作社，跟随杜长栓学习兰草种植技术，使每户年均增收 4000 余元。杜长栓经过 15 余年刻苦钻研，熟练掌握兰草种植、市场运营等技术，先后多次获得"新农村科技致富带头人"、优秀党员等称号，其家庭也多次获得"五星级文明户""科技示范户"等荣誉称号。

现在村民们不仅解决了温饱等基本需求，更是走在致富路上。家家门口挂着红灯笼，各个庭院里绿植成荫，夜晚彩灯流光溢彩，村民们脸上洋溢着幸福的笑容，过上了连城里人都羡慕的乡村田园生活。

四、乡村发展有法宝，总结经验谋振兴

回顾新南村从一无所有的穷山沟发展到如今网红旅游景点的历史，总结经验如下：

一是坚持党建引领，凝聚合力促建设。落实好村"两委"主体责任，激发党员示范引领作用，驻村工作队与村"两委"、先进党员深度结合。在铁路小镇建设中涌现出一批批先进典型：作为新南村领头雁，村支部书记王朝置自己县城几百万生意不顾回乡带领村民致富；国铁集团驻村干部王延辉不惜自掏腰包垫资帮贫困户装修家庭宾馆；村支部副书记聂新春为了建设好铁路小镇奋斗了无数个日夜，经常工作到凌晨；洛阳市第五人民医院派驻新南村第一书记杜丹积极协调各方资源确保铁路小镇项目顺利落地；新南村 75 名党员为办好铁路小镇开幕式和端午节活动，每人捐出真金白银为家乡助力。正是这些优秀的党员干部才让新南村从"老大难"变成了

现在的"不困难"。

二是坚持群众参与，合力兴旅促共荣。习近平总书记强调"人民是推动发展的根本力量"，只有善于挖掘群众的力量才能成功。新南村一开始发展家庭宾馆是不被老百姓看好的，"咱这穷山恶水有啥好看的"，老百姓是穷怕了才说出这样的话。随着河道治理让乱石滩变成了美丽的"新南水岸"，易地搬迁让老百姓住上了洋房，党员纷纷回乡开家庭宾馆，让伊河水岸霓虹闪烁。一点一滴的改变老百姓都看在眼里，越来越多的村民参与其中。新南村共发展农家宾馆89户，民宿20家，实现户均增收2万元，村集体经济年收入达到29万元。

三是坚持产业发展，夯实基础促振兴。发展必须要产业升级，因地制宜，转变思路，转变小农思维、耕地思维、打工思维，抓住历史机遇。新南村就是在脱贫攻坚中抓住机遇，建设成为水岸田园

2020年5月新南村建设完工的民宿

乡村振兴示范带。通过"三清两建"盘清家底,共清收集体资金7.6万元,整合流转林坡1.5万亩,建成村级股份经济合作组织10个,发展村民理事会26个,为乡村运营夯实了物质和组织基础。"三变"改革共确认集体经济成员1856人,量化股权3612.47股,量化经营性资产304万元,非经营性资产1200万元,村"两委"班子成员领衔五大股份经济合作社理事长、理事,全体村民成为村子的股东。如今村里集体经济有铁路小镇、农产品服务大厅、香菇厂、光伏发电等,集体经济从0达到现在的年入35万元,户均收入也从5000元提升到现在的1.5万元,贫困发生率为0。另外,新南村认真落实栾川县激励乡贤返乡创业"黄金政策15条",已经吸引13名乡贤返乡领办产业项目,"石文化科普馆"丰富乡村旅游文化内涵,猕猴桃基地带动一方乡邻共同富裕,研学游、康养游等新的旅游业态也正在谋划推进中。

四是坚持品牌战略,美化环境促建设。新南村紧紧把牢市场导向,成立"新南水岸旅游开发有限公司",实现村集体自营,同时举办乡村文化节等系列活动,推动文旅融合发展。实施水环境整治、园林化庭院等全域绿化项目,完善污水处理系统、垃圾清运系统和旅游标识系统等基础设施建设,同时将铁路枕木改造成环湖步道,与"新南水岸·铁路小镇"品牌紧紧贴合。2022年1月,新南村成功被评为3A级乡村旅游点,有效推动新南村生态、生产、生活、生意"四生契合"。

我们坚信只要因地制宜认真落实好工作部署,就一定能盘活资源、盘活主体、盘活市场,走出具有新南特色的乡村振兴道路,早日建成以富民为根本的乡村振兴示范村,把新南村变得更加美丽,让新南的生活"不再难"!

集体经济大发展，强村富民奔小康

——洛阳市汝阳县东保村全面小康大事记

东保村，亦名东堡村，位于汝阳县城南8公里，辖2个自然村，23个村民组，总人口1076户4843人，其中回族群众906人，是汝阳县唯一的少数民族聚居地。近年，东保村党支部、村委会统筹推进各项事业，强化党建引领，着力发展产业、壮大集体经济，完善基础设施，办好福利事业，提高农民收入，提升文明素质，党的凝聚力、号召力大大增强，呈现出支部坚强、产业兴旺、村风文明、村民和谐、民族团结、生活富裕的良好局面，居民获得感、幸福感大幅提升，成为附近有名的"幸福村""和谐村"。2021年荣获全国乡村治理示范村、全国村级议事协商创新实验试点单位，河南省民族团结进步示范村，洛阳市先进基层党组织、洛阳市文明村等荣誉。

一、强化基层党建，引领乡村振兴

（一）加强队伍建设，夯实发展基础

东保村始终坚持党建引领，抓实基层组织建设、思想建设、制度建设。一是选对选好带头人、领头雁。2021年2月新换届选举

出的村党支部书记兼村委会主任丁建胜，1986年以来连续担任村党支部书记36年，他有能力、有思路、有魄力，团结带领村"两委"干部共同奋斗、共谋发展。二是建强领导班子，营造干事创业氛围。村里每次村"两委"、党员大会，都将学习理论和党风廉政建设作为必讲议题，对重要岗位、重点职位进行重点监控，定期检查、审计，防患于未然，村"两委"干部都能做到工作有成绩、廉洁守纪律，无违法违纪现象。三是选好、用好村组干部、党员和群众代表。结合"两委"换届，组建"一约七会"，选好村民代表。与其他村相比，东保村的村组干部，事情特别多，既要保证村"两委"运转，还要分管村集体经济。村里实行分工协作机制，保证了村各项工作走在全镇前列。四是发挥党员先锋模范作用，积极推进"镇选村培"党员发展模式，优化党员队伍质量结构。2021年确定发展对象3人，发展党员3人，目前共有党员89人。深入开展党员设岗定责、分包脱贫户、党员志愿者服务等活动，引导党员当好邻里矛盾的调解员、村级事务意见的收集员、移风易俗的宣传员、防疫一线的战斗员，有力地推动了村级各项工作的开展。

（二）提升服务中心，热心服务群众

党群服务中心是连接群众的桥梁。2010年东保村在全县率先建立起了党群服务中心，2020年东保村又进行了改造、提升，为了更接近群众，把党群服务中心的柜台降低，让群众坐下与我们交流，同时放一张大桌子，方便多人一起沟通、办事。东保村始终把搞好服务放在第一位，对待办事群众，热情、耐心、周到，切实解决群众遇到的问题。

（三）加强民族团结，促进民族融合

一是注重使用民族干部。历届村干部中都有回民，民族聚居组由回民担任组长，村民代表中要有一定比例的回族村民。现任村"两委"干部中党支部书记兼村委会主任、村党支部副书记兼村监委会主任，二人都是回民。二是教育引导各族干部群众团结一致。习近平总书记在宁夏考察时说过："要加强民族团结进步教育，使各民族都牢固树立汉族离不开少数民族、少数民族离不开汉族、各少数民族之间也相互离不开的思想。"强化各族干部群众的国家意识、公民意识、中华民族共同体意识，培养回汉一家亲的感情意识，时时处处注意维护民族团结。2020年东保村荣获河南省创建民族团结进步先进村。

二、规范议事机制，提高治理水平

长期以来，我们制定和严格落实乡村治理制度，实行民主选举、民主管理、民主决策、民主协商、民主监督，按照"四议两公开"制度进行议事和决策。

一是规范议事规则。在事项上，村里的发展规划、扶贫基地的出租、土地流转、3000元以上的大额资金使用、购买农业机械、村规民约的条款、村民福利的发放和调整、村集体企业经管人的选聘和工资待遇等，都要经过"四议两公开"进行讨论和决策。仅2020年就召开11次"四议两公开"会议。

在程序上，严格按照村党支部提议、村"两委"班子商议、党

员大会审议、群众代表大会决议的程序进行，每次群众代表大会的参加人数都在80%以上，所有事项都要经过审议和通过后才能实施，从没有发生过先实施后补手续的现象。

二是实施村规民约。2020年修改完善了村规民约，制定了村规民约实施细则，规定了监督执行主体是村监委会，规定了违反村规民约条款的处理细则，将村规民约和实施细则编印成村便民服务手册，发到每家每户，在村民大会、广播上进行宣传和解释，做到家喻户晓。

三是健全完善乡村治理组织体系。2021年村"两委"换届后，进一步健全了"一约七会"的村民自治组织，新组建了村民议事会、红白理事会、综治民调会、禁毒禁赌会、道德评议会、孝善理事会、老年协会，修改完善了组织章程和制度，制定了操作程序，保证了规范运行。

四是建立矛盾纠纷调解机制，充实综合治理队伍，结合"四官"进村、一村一警，加强法治教育，及时化解村民矛盾、调解民事纠纷，做到"小事不出组、大事不出村"，30多年来东保村从未出现过黑恶势力、封建迷信和非法宗教活动，未出现过镇以上上访事件和重大治安刑事案件。

五是狠抓"三清两建"。深入开展集体资产清产核资，持续清理"村霸"，全面清查化解矛盾，推动资产资金"收"、矛盾纠纷"解"、村痞村霸"打"、村容村貌"新"，以过硬的工作作风，推动"三清两建"工作扎实开展，取得良好实效。共查清集体资产71项（其中经营性固定资产12项，非经营性固定资产59项），清除私搭乱建36处，收回款项4项65.6万元，没有欠账，做到了资产不流失。

三、壮大集体经济，实现强村富民

东保村依托特色优势，逐步形成了"以养殖场为依托、拉长产业链条、土地集约种植、发展循环农业、实行合作社运营"的集体经济发展模式。

东保村的集体经济起始于1988年成立的民工装卸搬运队，经过集体果园、造纸厂等集体经济的发展和积累，有了初步的基础。

2017年依托村里牛羊养殖传统和技术优势，投资建设了牛羊养殖场，成立了辉煌养殖专业合作社。几年来共投资近1000万元，现规模达到占地40多亩，牛棚4个，面积近6000平方米，存栏西门塔尔牛1500多头，年产值达到2000万元，利润200多万元，带动村民务工30余人，人均年收入3万元左右。

2018年将全村2000多亩土地流转至村集体，成立富润农牧有限公司进行统一土地经营，实行规模化种植、机械化耕种，调整种植结构，发展有机农业，拉长产业链条，提高农产品价值，形成了"土地入股＋统一经营＋盈余分红"三位一体的土地股份制合作模式。

2021年种植小麦1700余亩，收获62.5万千克；旱稻800多亩，收获20万千克；生姜30多亩，收获5.5万千克；饲料玉米1200多亩，为村养殖场提供青贮饲料3500吨。

同时利用养殖场牛粪生产有机肥，有机肥为土地提供无污染肥料，形成了养殖种植的循环农业发展模式。

2021年村集体土地收入90多万元，村民每年每亩土地可分350千克小麦、50千克大米和200元分红，全村2/3以上劳动力从农业中解放出来，向第二、第三产业转移。

集体经济发展了，如何富民成为村党支部的当务之急。东保村盘活香菇种植基地，租赁给洛阳荣欣生物科技有限公司，采用"公司＋村委会＋农户"的模式，打造富民工程，实行村民承包种植，公司订单式销售，香菇主要销往日、韩等国家，每年出口量近200万棒，收益达1000余万元，村民每户可增加收入3万多元。

东保村现有养殖场、有机肥厂、扶贫基地、香菇种植基地、光伏电站、专业合作社等，2020年村集体经济收入达到300多万元。

东保村在河南省农科院专家的指导下，2020年种植有机旱稻730多亩，收获优质稻谷18.5万千克，2021年种植旱稻1000多亩，收获20多万千克。同时按照"产业+文旅"模式，2020、2021年连续两年成功举办了"独稻三屯，汝此幸福"稻田音乐节，现场开展特色农产品展销，实现农耕文化与流行文化的深度融合，全国多家主流媒体对此做了报道，打造了三屯东保的新名片，综合创收80余万元。图为2020年10月31日，东堡村村民在丰收的稻田里数稻粒预测产量

四、创新乡村运营，做强股份公司

几年来，东保村先后成立了东保村股份经济合作社、辉煌养殖专业合作社、富润农牧有限公司、三屯农盛植保专业合作社、众成农机专业合作社等集体经济组织。为了做大做强集体经济，东保村积极学习先进运营理念，结合本村实际情况，自主成立了洛阳民悦实业有限公司作为乡村运营公司，业务涵盖养殖、种植、餐饮、住宿、购物、演出、娱乐等领域，对村集体经济组织进行统一管理和运营。

一是对村集体经济、土地等进行股份制改革，召集村组干部、村民代表、乡贤等共同商讨股权配置方案，通过"四议两公开"会议，决定以人口股、土地股、集体股形式进行股权分配，占比为3：5：2，人口股按不同身份进行确认，共确认股民4592人。2022年1月15日召开了股份分红大会，村民们兴高采烈到现场参与股份分红。

二是依托现有资源，发展农业旅游。按照"产业＋文旅"模式，2020、2021年连续两年成功举办了两届"独稻三屯，汝此幸福"稻田音乐节，现场开展特色农产品展销，实现农耕文化与流行文化的深度融合，全国多家主流媒体都做了报道，打造出三屯东保的新名片，综合创收80余万元。下一步将围绕"独稻三屯，汝此幸福"稻田音乐节，增设农耕体验园、童年乐趣园、现代农业园等，规划建设特色小吃一条街，村中闲置房院做住宿改造，围绕农业种植和香菇种植发展农业旅游。

三是开展农业机械服务。2018年成立了众成农机专业合作社，先后购置了大型收割机、播种机、无人机、拖拉机、玉米青贮机、深耕犁、深松机、平地机、自走式喷药机、打捆机、拌料机、喷灌设施等多种农业机械30多台套,实现了农业机械化,进行自主经营,对外提供农机服务进行创收。

四是筑巢引凤,推动乡贤创业。返乡青年王鹏欣租用村扶贫基地,投资800多万元创办洛阳岛尚纺织科技有限公司,主要从事织带、绳带、针织纺品等劳动密集型产品加工,2021年纺织品产量300万米,产值200万元,2022年产能预计500万米。公司吸纳周边妇女劳动力40多人进厂务工,人均年增收3万多元,每年为村集体带来租金收入18万元。

五、尊师重教,培养人才

乡村振兴,人才是基石。东保村历来重视教育,培养人才从娃娃抓起,营造争先创优的氛围,鼓励学生们树立远大的理想抱负,用知识回报国家、回报家乡。

一是加大教育事业投入,完善教学硬件设施,提升校园整体教学环境。2013—2014年,两层550平方米框架式教师周转房、三层800平方米框架式教学楼、砖混两层500平方米学生食堂先后建成,总投资260余万元。2014年暑假,又投资10.3万元,对老教学楼进行加固维修。先后投资265万元,新建2100平方米教学楼一座,安装多媒体教学设备13套,建设高标准塑胶跑道300米,各类体育设施配备齐全,种植各类花草树木完成校区绿化。

二是推行优惠政策,吸引优秀教师,减少群众教育支出。村集体为每名小学教师每月发放200元生活补助,每年拿出2万元奖励优秀教师；幼儿至小学阶段就读学生所有费用全部由村集体支付。

三是设立励志奖学金，激励学生用知识改变命运，实现自己的人生价值。每年召开优秀大、中、小学优秀学生座谈会，邀请德才兼备学子分享学习经验，邀请教学优秀老师传授学习方法，邀请教育界德高望重人士做谆谆教导，营造尊师重教的良好风尚。每年为考上重点高中的学生发放奖学金1000元，为考上大专的学生发放奖学金2000元，为考上本科的学生发放奖学金3000元，为考上研究生的学生发放奖学金5000元，鼓励孩子们发奋图强。村里考入重点高中、大学的学生逐年增加。近年全村走出了6名博士、20名硕士和200多名本科生。

六、完善民生保障，提高幸福指数

集体经济发展了，村里有了资金，村民的福利水平不断提高，党支部的凝聚力大大加强。

一是加强基础设施建设。村里建设有高标准村小学、幼儿园、卫生室等，规划建设东保新区——和乐家园，使200多户农民入住新居；投资200多万元建设舒适、美丽的村幸福院，老年养护楼三层24间，安排养老床位46张，住室内设有独立厨房和卫生间，让居住困难老人免费居住。2021年建设900平方米的新时代文明实践站、150平方米民族团结展览馆、1200平方米的文化广场，丰富村民的文化生活。街巷全部硬化、绿化、亮化，自来水、污水管网全部入户对接，初步实现了环境美、田园美、村庄美、庭院美的"城镇化"乡村。

二是加大社会事业投入，逐年提高村民福利水平。每年在村民大会上对评选出的"五好家庭"进行表彰，每年春节给全村70岁以上的老年人发现金200元和食用油、面粉、大米、粉条等过年物资共十几万元。为全村65岁以上460位老年人每月发放150—600元的生活、医疗补贴，年发放金额100多万元；为45至60岁村民690人缴纳养老金每人每年200元，年缴纳近14万元；对患大病村民发放2000—5000元救助金；为去世村民补贴丧葬费2000元等。群众的获得感、幸福感不断增强。

一村富不是富，大家富才是真的富！如何实现从一个村脱贫致富，到辐射带动周边村共同致富？三屯镇政府按照"示范带动、区域融合""先富帮后富、区域共同富"的发展思路，依托东保村成熟的循环农业链条，对东保村周边的三屯村、北保村、南保村、上河村、下河村进行融合带动发展。采用"订单农业"模式，在三屯村、北保村、南保村种植甜糯鲜食玉米，对接大张、丹尼斯、郑州万邦农贸市场、美团生鲜配送基地等商家合作供货；在上河村、下河村布局肉牛养殖，进一步扩大肉牛养殖规模。在东保村产业龙头的带动下，村民和村集体的收入将会持续增加，必将走出一条村村共富的发展道路！

山沟沟里的乡村艺术公园

——洛阳市洛宁县罗岭乡爱和小镇全面小康大事记

　　罗岭乡地处洛宁西部山区，距离县城30公里，总面积151.5平方公里，辖14个行政村，共1.08万人。罗岭乡为河洛文化的发源地，境内有"洛出书处"、千年古刹香山寺、孝道文化讲理村等文化资源。依托良好的河洛文化资源优势，近年，罗岭乡紧紧围绕"一轴两翼四片区"总体布局，持续推进农文旅深度融合，先后被评为"河南省园林城镇""河南省特色生态旅游示范镇"，荣获"2020年中国最美村镇生态宜居成就奖"。

　　前河村是罗岭乡下辖的一个行政村，村内柏树成林，有两山一河、绿地缓坡，环境优美，自然资源丰富，但交通闭塞，农作物单一，房屋破旧，靠天收成，是国家级贫困村。2015年，罗岭乡政府在县委、县政府的支持下，争取资金1500万元用于建设前河村旅游配套设施，并由中国陶瓷艺术大师、洛阳三彩艺术博物馆馆长郭爱和整体策划，以"世外陶源，四季画谷"为诠释核心，融合地域优势，倾情打造中国乡村艺术公园——爱和小镇。园区主要建设有陶艺展厅、四季花谷景观、陶艺雕塑景观、中国三彩艺术博物馆、中国当日艺术馆等。

　　经过艺术雕琢的山村，仍保留着醇厚的天然趣味，山间绿树遍植,传统民房、窑洞点缀其间,以陶缸为原料的创意作品随处可见,每年吸引数十万人前来观光。山沟沟里的古村落被文化艺术的火把照亮,也照亮了新农村、新农民和新生活。

一、完善设施、保留特色,艺术再造乡土文明

爱和小镇从建设之初就摒弃了大拆大建、剥离乡土元素的传统旅游开发之路,而是坚持走用艺术、文化巧妙引领,自然资源、乡土资源和谐共生的创新之路。

村庄的建设初衷不是旅游开发、对外经营,而是以完善基础设施为首要重点,修路、通水,不搞大拆大建,保留豫西农家的特点。破落的窑洞、老旧的民居,甚至歪歪斜斜的麦秸垛,这些村民眼中无用的累赘,却是艺术家郭爱和老师最看重的宝贝。哪怕是一孔破窑洞,挂上红灯笼,贴上红彤彤的春联,装饰上烧制的三彩作品,便能勾起人们内心深处的乡愁。乡村风物的价值被艺术家重新发现,稍加修饰就成了与环境极为融洽的人文景观。

不仅如此,郭爱和老师还以大地为画布,花草、农作物为颜料来打造乡村。春夏有大片的杏花、油菜花,秋天有格桑花、向阳花、菊花,到处充满了生机。春花、夏竹、秋菊、冬雪,一切以天然修饰,空气清新,纯朴自然,就像世外桃源,让人们流连忘返。9999个陶缸组成了世界上最大的陶艺装饰作品《容》。爱和小镇与其说是个景区,倒不如说是一个巨大的艺术空间,人与自然和谐共生。

罗岭乡还把农村垃圾、污水处理及绿化作为美丽乡村建设的重点环节抓实抓好。村内设置公益岗位,安排保洁员每天清扫各自的

包干区域，为全村的环境卫生提供保障。实施农村生活垃圾"村收集、乡运输、县处理"城乡环卫一体化治理模式，全面开展清扫保洁、清运、水域保洁、"牛皮癣"治理，推行门前"三包"和"美丽我家、美丽我院"创建评比，村民自觉追求洁净，主动参与治理，"小家"更美，"大家"更靓。

近年，罗岭乡连续举办了四届"油菜花观赏节"、三届"向阳花观赏节"和三届"三彩中国年"等节庆活动。其中2021年春天爱和小镇举办的油菜花观赏节期间，最高峰当天入园游客达6000余人次，车辆600余辆，特别是来自洛阳、三门峡等城市的自驾游客蜂拥而至，场面十分火爆。亚洲影艺联盟、丝路影像国际联盟、新加坡影艺研究会、国际摄影家联盟、美国纽约国际摄影家协会共同为"洛阳三彩(国际)陶艺村国际摄影基地"授牌，来自日本、缅甸、斯里兰卡、泰国、印度尼西亚、印度、新加坡、马来西亚等30多个国家的300余名摄影家，走进洛宁县爱和小镇采风，让这个名不见经传的小镇进入国际视野。罗岭乡逐渐形成了以爱和小镇为龙头，辐射带动周边石佛山摄影基地、香楸湾3A级景区、讲理村、熙居公社等乡村文旅融合项目，年均接待游客8万余人次，收入2000余万元。同时，带动周边群众大力发展核桃等林果业和农副产品销售，带动15户群众发展农家乐，逐步实现稳定增收。承办2017"扶贫攻坚洛阳论坛""第二十六届亚洲影艺联盟洛阳大会""世界书艺全北双年展""洛阳（国际）创意产业博览会"洛宁分会场等丰富多彩并具影响力的活动

安静的小镇，没有商铺，没有街道，没有喧嚣，只有恬静和清静。可以闲庭信步，可以席地小憩，可以赏花，可以发呆，可以沿谷底小河边漫步，看山水多娇，听鸟叫蝉鸣，完全放松心情。这里有得天独厚的自然景观和历史文化积淀，错落有致的梯田，俨然一幅山水画。漫步小镇内，随处可见潜心创作陶艺作品的人们，遥望远山，花香为伴，绿草如茵，忠犬在侧，陶然忘我，不知归期。露天观景台上，写生作画的艺术家不在少数，悠悠青山，便都在此刻付与丹青。土屋、窑洞和红灯笼的元素为小镇又添了几分中国文化的韵味。

爱和小镇将农业、旅游、文化、传统工艺与当地优美的自然景观完美结合，打造出一处可亲可游、独具特色的乡村艺术公园，吸引着众多游客前来，感受这大美豫西乡村风情。

二、文旅融合、智志双驱，大力带动当地产业发展

爱和小镇占地面积约 3000 亩。入口处，上千只水缸和水艺术地搭配在一起，形成的缸湖颇为壮观。每到夜里，红色灯笼亮起，映照在老民房与新打的夯土墙组成的"洛阳三彩"展览馆上。三彩釉画拼成的《八方门神》流光溢彩，上千只陶碗紧密排列组成了壁画《宙》，神秘图案"河图洛书"隐于三彩环艺作品《河洛》之中，这些都是中国陶瓷艺术大师郭爱和先生的杰作。

对于爱和小镇的发展前景，总设计师郭爱和有自己的思考：一是将传统三彩陶艺、非遗项目融入当地地域环境，打造特色景区；二是在景区内建设经营三彩陶艺品店，消费带动景区发展；三是大力发展三彩釉画烧制技艺扶贫工坊，优先选用当地有潜力的大学生

进入工坊学习技术、改变命运，通过培养人才带动当地旅游发展。为带动发展全域旅游，郭爱和先生还带领团队义务设计完成全套洛宁县旅游标识系统，义务为罗岭乡前河村、韩沟村、卧岭村、皮坡村、前阴坡等义务设计烧制三彩村标11座，并对罗岭乡美丽乡村建设进行义务规划指导。

优良的旅游市场前景，激发了当地群众发展旅游经济的信心。目前，许多村民纷纷建起了农家乐，一些村民开始销售旅游农副产品，也带动了周边蛇沟、皮坡、罗岭、前河等村70余户贫困群众实现脱贫。

三、迁出山沟、盖起民宿，农民大踏步走上致富路

进入爱和小镇之前，路边就能看到规划整齐的民宿，从一号院到八号院，每家每户都没有院墙，仅用石柱隔开，石柱上有手绘图案，其间杂种着绿竹、花草，颇有世外桃源的感觉。其中的一座三层小楼是56岁的吉京涛家，一楼自住，二楼和三楼有8间客房。走进他家，只见客厅里有个小吧台，上面放满了他的妻子韩逢肖用毛线钩织的各种工艺品，客厅正中挂着一幅三彩壁画。

吉京涛的家5年前和现在有着天壤之别。用他的话说，过去的前河村花树凹组没有路，都是架子车碾出来的羊肠小道，虽然有电，但没有自来水，吃水全靠去外面拉。村里只有十几户人家，住得都很分散，是个"要饭都要不到的地方"。

转变从2015年开始。罗岭乡政府开始投资在村里铺设污水管网、清理陈年垃圾、建设公路等，郭爱和先生更是用艺术家的眼光

倾力雕琢一草一木，这个原本寂静的小山村也变得热闹起来。为帮助群众增加旅游增收渠道，项目区内不进行游客的食宿接待，罗岭乡政府按照统一规划、统一布局的原则，对搬迁出的贫困户进行民宿安置建设。

村民的大部分土地流转给了爱和小镇，自己则从农民变成了工人。吉京涛的老宅子变成了如今爱和小镇的餐厅，他用得到的补偿款加上一部分积蓄盖了如今的三层小楼。2017年年初，在郭爱和妻子的牵线下，儿子吉芳毅结识了爱和小镇的员工郝玉静，两个热爱生活的年轻人随着交往的深入，心越来越近，最终喜结连理。

贫困户吉志中也搬出了破窑洞，获补偿7万多元，自己又筹了2万多元盖起了新房子，"以后游客多了，我卖雪糕、矿泉水改善生活，挣到钱了就寻个媳妇儿"。他的一番话，让邻居们笑出了声。如今，村子里大部分人家已经从深山沟里迁了出来，在通往景区的沿路建设了新房子，自住的同时又兼作民宿，到了节假日，客房供不应求。

"俺负责给爱和小镇管理处做饭，一个月能拿3000元工资。"57岁的村民韩凤晓说，山里地薄，种庄稼不赚钱，原来一亩地一年最多收入两三百元。"陶艺村给俺们带来了福气。"

目前爱和小镇雇用贫困员工28人，人均月收入3000元左右。对贫困户的大中专毕业学生，园区还帮他们介绍到洛阳的公司就业，人均月工资在3000元以上。同时，爱河小镇以流转承包方式，对园区内的土地进行流转，流转当地土地500多亩，流转土地一次付清三年流转费，当地农户愿意种植农作物的每亩给予50元种子补贴。逢年过节，爱和小镇还向本村80岁以上老人派发米、面、油、月饼、粽子及种子等物品。村子越来越美，游客越来越多，村民对脱贫致富的信心也越来越足。

艺术改变了乡村，也改变着这里的村民。只有将文化品牌融入旅游经济，走文旅融合发展之路，才能让乡村面貌大变样，真正推动乡村振兴。

四、以文化人、以美育人，艺术扶贫助力乡村振兴

多年来，园区都坚持通过举办"中国当日艺术展""小手画三彩""大地艺术节""三彩中国年"等各类丰富的活动，吸引全国各地的艺术家、专家学者和国内知名媒体及游客到爱和小镇进行艺术创作、学术交流、调研考察、参观游览等，用"艺术+扶贫""旅游+扶贫""就业+扶贫"等多种方式，将扶贫与艺术、旅游、文化、传统工艺相结合，以此来带动当地经济社会发展，助力乡村振兴。

从2015年开始，郭爱和老师在这里举行中国当日艺术展，"当日驻村创作、当日举行展览、当日进行抢拍、当日全款捐赠"。连续举办的六届艺术展，共募集善款124.8万元，邀请艺术家450人次，捐赠作品513幅，吸引爱心人士423人，已建成6所美育教室，共支持建设了86个当地乡村中小学校的美育教室，为上戈镇、罗岭乡、小界乡、长水乡、马店乡等12所中小学捐赠大型户外电子屏12个，资助6所学校校园美化，建设3所爱心书屋，共捐赠价值119910.64元图书6000余册，组织洛宁中小学师生研学1164人次，资助贫困艺术生30名，发放当日奖学金9万元。这一24小时公益艺术快闪被评为"中国最具关注度艺术大展"。2019年在第五届中国当日艺术展中，在中央统战部和省委统战部见证下，爱和小

镇启动"美育中国"。

"艺术扶贫、美育中国"在这里不仅仅是一句口号,更是一个个落到实处的行动。爱和小镇连续举办的九届小手画三彩全国儿童釉画大赛,收到稿件6万余份,义务为获奖小朋友烧制三彩釉画作品1507幅,累计投入83万元,捐赠绘画类学习用具等300余套,为大山深处的当地孩子们心中种下了一颗颗美育的种子,使学生们充分感受艺术的魅力,从小受到文化艺术的熏陶和教育。据统计,2017年洛宁县高考艺术生45人,2018年增加至95人,2019年达到117人,这也意味着艺术扶贫对洛宁县广大青少年起到了很好的促进作用。爱和小镇艺术扶贫、美育扶贫的新模式,得到了国内外领导和专家的赞同和认可。

五、示范引领、彰显特色,打造农文旅融合乡村振兴示范区

为了进一步促进农文旅融合,改善农业农村的基础设施和条件,改善农村人居环境,壮大特色产业,推进乡村旅游连片规模发展,洛宁县洛书文化生态旅游乡村振兴示范区创建项目,于2021年7月底,通过中央有关部门审核,拨付5000万元项目建设资金,同时县级配套衔接乡村振兴资金2690万元,吸引社会资金投入6524万元,总投资共14214万元,示范区涉及罗岭乡贾沟村、讲理村、前河村、罗岭村共4个行政村,惠及810户农户共计3356人。

示范区围绕"产业兴旺、生态宜居、乡风文明、治理有效、生活富裕"乡村振兴五大总体要求,按照"补短板、强基础"的原则,

依托罗岭乡深厚的文化底蕴和独特的旅游资源，打造形成集产业支撑、文化融合、旅游观光、休闲度假、生态宜居为一体的特色农文旅融合乡村振兴示范区。示范区内重点实施农村人居环境整治、公益性基础设施建设、促进脱贫劳动力就业增收（暨红色文化及洛书文化传承）和发展特色产业共4方面项目内容，累计建设项目22个。

通过洛书文化生态旅游乡村振兴示范区的建设，将进一步推动示范区全域旅游的形成，在产业发展、人才支撑、生态保护、文化繁荣、组织建设方面取得示范性成效，提升示范区内群众的幸福感和获得感，同时形成洛宁特色的乡村振兴模式和经验。

示范区的建成起着巨大的辐射带动作用，将成为洛宁县乃至豫西地区集特色农业种植、自然生态、文化旅游、特色农产品展销及示范推广为一体的第一、二、三产业融合发展基地。可以带动整个区域内的农业农村高质量发展，使当地农民获得更大的经济效益，从而辐射带动洛宁县域乃至周边县市农业农村现代化发展。

滴水有声

——平顶山市宝丰县滴水崖村全面小康大事记

一、村情

滴水崖村地处宝丰县西部山区，位于观音堂示范区境内，下辖3个自然村（滴水崖、郭沟、火姑庙）5个村民组（东、西、南、郭沟、火姑庙），区域面积3.6平方公里，耕地面积600亩，人均耕地近0.7亩，全村270户，人口1080人。其中脱困人口129户480人，享受政策户129户480人，监测对象5户17人，消除风险1户4人，拟纳入监测对象的7户20人正在进行县级信息比对。滴水崖村地处丘陵地区，四季分明，光照充足，干湿季节明显，主要种植传统作物小麦、玉米、花生等，农民收入来源主要以务工、种植业、养殖业和手工加工为主，有零星牛、羊、猪、兔等畜牧养殖。村主导产业为花椒、蔬菜等经济作物和手工加工产业。2021年全年村集体收入26.7万元，公益性岗位39个，获得金融扶持小额贷款户数133户。

滴水崖村已于2019年12月成功退出贫困村，村"两委"班子健全，共有党员28人，村级责任组长是观音堂示范区包村干部胡联合，村支部书记是胡旭豪，对口帮扶单位是宝丰县教体局，驻村第一书记兼工作队队长是张磊。

二、村史

滴水崖位于河南省宝丰县西南部35公里处，距观音堂乡政府所在地6公里，处于传说王莽撵刘秀所走十八里空干河中游流域，九龟朝兰王河道上游流域。这里四季分明，气候温和，雨量适中，民风淳朴。

滴水崖自然村西500米北河岸，半山腰上松柏葱郁，积翠成屏，临河石壁上在一处石天棚下有天然水秀石形成的石龙，石龙形体自然壮观，依托石天棚盘绕在半山腰。传说大约在400多年前，有个人发现这里有财宝，就常年修行于此，每年的大年初一黎明前在龙头前面烧一炷香，等到香快燃尽时，龙头下面的滴水坑内就会冒出一颗珍珠来，因此，那时候叫"珠泉村"，远近闻名。

一次这人要外出办事，出门前嘱咐大家谁也不要乱动，然后就出门了。可是，有一位村民求财心切，想到龙头下面的坑太小，冒出的珠子小，就动手把坑凿大了，谁知这样却破坏了"地气"，到第二年大年初一香都烧尽了，也没看到珠子冒出来，从那以后滴水坑再也不出珍珠了。

北河岸山坡上到处弥漫着水雾，石龙盘旋崖上20米处，满坡的何首乌和龙须草笼罩四周，泉水自山洞石缝里渗出，顺着龙头口里吐出，一滴一滴地滴下去，像珍珠一样蹦落在龙头下面的接水坑里，龙背上有一条蜿蜒的水沟，泉水随龙身自然走势流入龙尾处的井内，飞起串串水花，发出哗哗的声音。

泉水自龙头、龙背上流出，清澈至极，以手触之，甚凉，喝之，清爽甘甜，令人叹神水神泉也！此地因滴水而得名，从此以后人们就叫此地"滴水崖"。

三、滴水崖村大事记

1949年，滴水崖成立砖瓦窑厂。

1954年10月，滴水崖改制为管理区。

1954年12月，挖渠引水解民忧。滴水崖农业社社长胡玉申，领导社员开挖水渠达五华里，引宋沟黑龙潭水食用。

1956年，滴水崖成立卫生室。

1956年7月，滴水崖发生山洪。特大洪水冲毁滴水崖、杨庄、庵上民房48间，土地129亩，冲走牛3头、驴4头，什物无计。

1958年，滴水崖村生态遭受严重破坏。"大跃进"时，林业机构瘫痪，全民动员，各行各业支援大炼钢铁，开煤矿，采矿石，工地上盖新房，建伙房，打工棚，无论田头、村边，凡可用树木可以不凭任何手续无原则地砍伐，使95%的成材树木被砍伐，林业受到毁灭性损失。

1962年，观音堂划为山区，属县管单位，名为观音堂人民公社，滴水崖村改制为大队。

1967年，滴水崖村苹果经济林发展。县政府给观音堂乡拨款3000元发展苹果种植业，当年全乡搞起了13个苹果园（滴水崖村为其中一个）。

1975年9月，宝丰县水利局投资，在滴水崖村西，钻机井一眼，深 53 米，解决了吃水难的问题。

1985 年，滴水崖成立村剧团，丰富了山区文化生活，培养了一大批文艺骨干，深受群众欢迎。

1990 年 5 月，实行土地承包责任制。

2014 年，全村共有贫困户 168 户 570 人，贫困发生率为 52.78%，被确定为深度贫困村。

2014 年 5 月至 2016 年 6 月，宝丰县教体局派驻村工作队到滴水崖村，第一书记赵春良。

2015 年，全村共有贫困户 163 户 542 人，该年度实现脱贫 30 户 99 人，贫困发生率为 41.01%。

2016 年，全村共有贫困户 135 户 513 人，脱贫 2 户 7 人，新识别贫困户 2 户 2 人，回退 2 户 13 人，剩余 133 户 506 人未脱贫，贫困发生率为 46.85%。

2016 年 6 月至 2018 年 9 月，宝丰县教体局派驻村工作队到滴水崖村，第一书记翟红卫，工作队长余艳芳，工作队员李振杰、郭捷。

2017 年，全村共有建档立卡贫困户 163 户 598 人，脱贫 31 户 106 人，其中当年脱贫的有 3 户 17 人，剩余 132 户 492 人未脱贫，贫困发生率为 45.55%。

2018 年 9 月至今，宝丰县教体局派驻村工作队到滴水崖村，第一书记兼工作队长张磊，工作队员钱会杰、李兵红。

2018 年，全村共有建档立卡贫困户 160 户 589 人，脱贫 105 户 442 人，其中当年脱贫的有 74 户 338 人，剩余 55 户 147 人未脱贫，贫困发生率为 13.61%。

2018 年 10 月，通过手机建档立卡 APP，采集全村贫困群众地理位置信息。

2018年10月，修建村内小广场一个，修复了滴水崖古泉，迎接全县2018年第四季度人居环境观摩。

2018年11月，召开"四议两公开"会议，脱贫74户340人。

2018年12月2日，滴水崖村在社会爱心人士高子华老师的带领下，开展"今冬不再冷，走进滴水崖"公益活动，活动共计筹集到3万多元的物资。

2019年1月21日，平顶山市脱贫攻坚成效考核组到滴水崖村进行检查。

2019年3月6日，滴水崖村代表宝丰参加河南省脱贫攻坚成效考核。

2019年4月，县教体局为滴水崖村提供900棵果树在全村栽种，助力实现村庄果园化。

2019年5月，时任滴水崖村党支部委员胡旭豪同志成立硕源种植合作社，建立宝丰县教体局产业扶贫蔬菜种植基地，开展绿色蔬菜种植。

2019年7月，村致富带头人胡进宝承包荒山120亩种植花椒，并在林下散养柴鸡，已初具规模。

2019年8月，深度贫困村资金14万元用于修建西组道路，便于群众出行。

2019年9月，对全村供水系统进行了二级增压提升。从此以后全村所有户，全天候全时段都能够有充足的饮用水，并且安全饮水"四项指标"都能达标，还通过了每半年一次的水质鉴定，充分保障了群众饮水安全。

2019年10月17日，滴水崖村消费扶贫"爱心集市"活动第一次成功举办，当天全县教体系统共参与 300 人次，当天共获销售收入 3 万多元。

2019 年，全村共有建档立卡贫困户 159 户 570 人，已完成脱贫任务的有 157 户 565 人，其中当年脱贫的有 52 户 130 人，剩余 2 户 5 人未脱贫，贫困发生率为 0.04%；同年退出省深度贫困村，滴水崖村顺利实现贫困村出列。

2020 年 1 月，新型冠状病毒肺炎疫情来袭，滴水崖村实现零病例。

2020 年 3 月，滴水崖村召开"四议两公开"会议，确定在村南坡发展中草药种植基地项目，以种植连翘为主。

2020 年 4 月，滴水崖村邀请科技特派员王国选老师，对全村干部群众进行枣树嫁接培训，初步形成规模。

2020 年 6 月，滴水崖村深度贫困村产业项目发展资金确定用于建设蔬菜大棚 5 座，助力滴水崖村产业发展。

2020 年 9 月，滴水崖村蔬菜大棚建成并投入使用。

2020 年 10 月 17 日，滴水崖村消费扶贫"爱心集市"成为宝丰县"国家扶贫日"展示活动分会场，当天全县参与的教职工有 500 余人，销售额近 10 万元，荣登宝丰县人民政府门户网站，被评为市级扶贫"金点子"。

2020 年，全村共有建档立卡贫困户 159 户 565 人，已完成脱贫任务的有 159 户 565 人，其中当年脱贫的有 2 户 5 人，实现全村群众整体脱贫。

2020 年 12 月，滴水崖村引进帽子加工厂。

2021 年 3 月 2 日，滴水崖村老年人幸福家园正式建成，开始投入运营，当天群众自发敲锣打鼓庆祝。

2021年3月20日，滴水崖村干部群众到康龙集团学习引入先进种植技术，开展黄瓜、辣椒、豆角种植。

2021年4月，滴水崖村试验扫帚加工制作项目，邀请专业师傅到村进行教学。

2021年5月27日，滴水崖村驻村第一书记张磊被评为河南省脱贫攻坚先进个人。

2021年6月18日，滴水崖村被评为平顶山市脱贫攻坚"鹰城榜样"。

2021年7月20日，滴水崖村全体党员干部坚守岗位，保障了全村群众的生命财产安全。

2021年8月，郑州疫情扩散，滴水崖村继续统一值守，轮流值班，做好疫情防控工作。

2021年8月，滴水崖村干部自掏腰包，筹资9万元，创办滴水崖村兴农扫帚加工车间，运行状况良好，产销两旺。

2021年9月，滴水崖村共计7名考生被大学录取，3名本科、4名专科。

2021年10月，滴水崖村新村室文化广场建成，县教体局10多个乡镇中心校为滴水崖村捐助办公家具，助力乡村振兴。

2021年12月21日，滴水崖村党员干部齐聚村"幸福院"包饺子，与孤寡老人一同过冬至。

2022年1月，被中共观音堂林业生态旅游示范区党工委员会授予乡镇振兴先进村。

2022年2月，滴水崖村创新消费帮扶"爱心集市"模式，开通线上购买渠道。

2022年2月，滴水崖村集体10余亩土豆开始播种。

全面建成小康社会 河南变迁志（上）

2020年6月21日，滴水崖村土豆种植喜获丰收。滴水崖村在驻村帮扶单位县教体局的帮扶支持下成立产业扶贫蔬菜种植基地，开展绿色蔬菜种植

四、用好党建引领"金钥匙"，翻开美丽生活新篇章

充分发挥基层党组织战斗堡垒作用，大力转变干部工作作风，结合本村实际，开展"能力作风建设年"活动，加强村"两委"班子建设，进一步改善村干部工作作风。每月召开党员、群众代表大会，让村干部每个人把自己这一个月的成绩晒一晒，让党员群众评价打分。对村上老百姓最关注或急需解决的问题，认真研究、及时解决。针对预防返贫致贫工作，认真开展网格化管理，坚持"五个一"制度，做到"五个必到"。每个村的网格长不仅负责区域内的防返贫致贫

工作，还负责人居环境整治、区域内群众信访化解等工作，每月各个区域进行互查互评，相互学习，共同进步。村干部做的每件事都把群众的利益放在第一位，自己的事情往后放。

深入激发群众内生动力，发挥主观能动性。村干部们作风转变了，服务意识增强了，群众评价也好了，也有利于示范引领带动群众脱贫致富，村里脱贫典型胡进宝从脱贫户到村干部的转变，就是活生生的例子。他通过承包荒山 120 亩种植花椒和林下散养土鸡，被评为全县脱贫典型，并在县委农村工作会议上作发言。村党支部书记胡旭豪，带头发展，结合县教体局帮扶单位优势，成立硕源农业种植合作社，种植无公害蔬菜，专供学校食堂，现已实践出"土豆—玉米—白菜（萝卜）"一年轮种三茬的经验，大大提高了土地收益。

加强乡风文明建设，推动乡村有效治理，通过对脱贫户进行"评星树典"发放奖品和"五美庭院评比""帮扶政策知识有奖竞答""为村上干部群众上思政课""光伏公益岗位按劳分配管理""乡土人才座谈会""在外大学生为村上孩子讲思政课"等方式有效助力了乡风文明的建设。

大力发展村级扶贫产业。群众不返贫致贫，产业发展是关键。我们依托帮扶单位县教体系统体量大、人员多、辐射范围广等优势，积极开拓村上产业发展，让老百姓有事情做，有钱赚。现在滴水崖村有兴农扫帚车间，帽子厂，豆腐加工，蔬菜、花椒、中草药种植，土鸡、蜜蜂养殖等多方向产业。人均收入由 2018 年的 9500 元增加到 2021 年的 14068 元。群众腰包鼓起来了，村子里矛盾也少了，孝敬老人的更多了。我村有 127 个青壮年劳动力，常年在外从事中央空调通风管道安装工作。为解决外出务工人员的后顾之忧，我村建立"幸福院",关注村上孤寡老人的晚年生活,该行为赢得群众一片好评,树立了村干部的威信!

五、滴水崖村特色经济增长点

滴水崖兴农扫帚加工厂现状:在县教体局的大力支持下,扫帚加工车间经 2021 年春季的试运行和进一步谋划,暑期再次成功启动,目前运行平稳,产销两旺,实现村集体和村民双赢,有效激发了村民的内生动力。到目前为止,共生产扫帚 1.7 万余把,销售 1.6 万余把,30 余人掌握加工技术,培养技术能手 10 余人。同时该产业计件发工资,工作时间灵活,随来随干,大大解决了那些留守老人和妇女不能外出务工的问题,实现家门口就业。

蔬菜种植等项目现状:近年在教体局大力倡导和支持下,大田蔬菜种植增加了 10 余亩,蔬菜大棚 5 座(主产土豆、大葱、辣椒、黄瓜、豆角、大蒜、番茄、茄子、有机花菜及青菜之类),目前滴水崖村已同县盐业总公司(臻品食材销售公司)对接与合作,滴水崖蔬菜搭上大平台,销路畅通,生产出的蔬菜将直供学校食堂,既保证食材的安全性,也增加了滴水崖村的群众收入,一举两得!

消费扶贫集市现状:每年至少举办两次滴水崖村"爱心集市"。在 2021 年春节来临前,由于新冠疫情的影响,我们采用滴水崖村"爱心集市"模式,开通"线上"购买渠道,把统计好的农产品名称、数量、品质、单价等情况,在"线上"统一发布,单位和个人根据需要,网上下单购买。据统计,全县教体系统教师累计参加消费帮扶 6000 人次,累计购买额高达 50 万元,已成市级扶贫"金点子"。

近年，滴水崖村在脱贫攻坚中圆满完成了各项工作任务并取得了一定的成绩。下一步，我们将继续发扬伟大脱贫攻坚精神，围绕"产业兴旺、生态宜居、乡风文明、治理有效、生活富裕"的乡村振兴战略总体目标，按照"严、细、深、实、快"工作要求，下大力巩固"两不愁三保障"工作成果，持续发展壮大特色产业，着力抓好脱贫人口稳岗就业，为实现巩固拓展脱贫攻坚成果同乡村振兴有效衔接而奋斗！

穷山沟绘出幸福图

——平顶山市叶县辛店镇南王庄村全面小康大事记

一、村情

南王庄村位于叶县辛店镇南 7 公里处，全村辖 7 个自然村（王庄、关庄、李岗、陈家岗、杨树沟、高仙沟、莲花庵）、7 个村民组，总面积 15 平方公里，耕地面积 1060 亩，人均耕地面积 0.98 亩，荒山荒坡 6800 亩，林果面积 1700 余亩。全村村民总户数 262 户 1073 人，其中脱贫户 175 户 708 人，现有监测对象 14 户 38 人。主要种植传统农作物小麦、玉米、花生、红薯。村主导产业是林果和农产品加工。2021 年村集体经济收入 139 万元，有公益性岗位 21 个，获得金融扶持小额贷款户数 26 户。村"两委"班子 7 人，全村党员 26 名，发展积极分子 2 名。

二、村史

叶县辛店镇南王庄村位于八百里伏牛山东端望夫石山西南坡，周围有望夫石山、虎头山、明灯山等秀美山峦，清澈的小河穿村而过，山川自然资源得天独厚。明初，王姓由山西洪洞县迁此建村，称王庄，亦称"王死城。"据传，古时有一老者至此，遇群匪问路，老者回答："东营、西营、鬼门关、王死城"。众匪闻之愕然，疑凶多吉少，旋离去，百姓因得平安，遂以"王死城"为村名；1953年改为王庄，1982年更名为南王庄，管理王庄、关庄、李岗、莲花庵、陈家岗、杨树沟、高仙沟等7个自然村，7个村民组。

在风景秀丽的望夫石山南半坡，有一个美丽的小村庄——莲花庵。据《叶县地名志》记载和收集的有关民间资料，这个村的村名有着一段不平凡的传奇故事，是因孟姜女在此居住过而得名。

地处莲花庵自然村北面的山头远看像一位女子矗立山头。该山东坡有一个村叫砚池沟村，相传以前村上住着孟姓和姜姓两户人家，他们老实本分，世代靠打柴为生，两家的关系也非常融洽和睦，可遗憾的是他们都无儿无女。一年春天，孟家在自己家院内种下一棵葫芦，由于精心浇灌，葫芦非常茂盛，并且枝蔓一直延伸到姜家的围墙上，到了秋季，延伸到姜家围墙上的葫芦秧上结了一个硕大的葫芦。某夜大雨，惊雷闪电过后葫芦落地开裂，跳出一个可爱女娃，孟姜两家大喜，共同精心抚养，取名孟姜女。18年后，孟姜女出落成了一个亭亭玉立的大姑娘。一日，夕阳落山之时，孟家人打柴回来，见门后躲着一个衣衫破烂的年轻人。此人名叫范喜良，是为了躲避修长城逃难于此。于是，好心的孟家人就收留了范喜良。一段日子过后，他们看到范喜良忠厚老实，且长得一表人才，两家商量后就把孟姜女许配给他。不料，好景不长，范喜良被官兵抓走修筑长城（该处古时位于楚国北部边陲，今舞钢、叶县、方城一代修有楚长城抵御秦国）。两家人欲哭无泪，孟姜女更是悲痛欲绝，她整理好行装，决定去寻找丈夫，千辛万苦来到楚长城脚下，听说范喜良已被累死，孟姜女悲愤交加，可又无可奈何。当她回家走到望夫石山南半坡时，见此地林木茂密，山草丰富，且环境清净，就在此处盖起了一间草庵，过起了凄凉悲惨的生活。后来，距离草庵较近的人曾多次给她提亲，让她再嫁，她坚决不从，并且不断来到山顶遥望丈夫，希望丈夫能奇迹般地回到她的面前。最后，她化作一块巨石屹立在山头。从此，这座山便有了一个既美丽又凄悲的名字——望夫石山，而孟姜女居住的草庵也被人们称作"尼姑庵"，一直到后来有人来这里居住时，才被人们改为"莲花庵"，沿用至今。

三、大事记

2015年4月，通过民主选举，翟国松当选南王庄村主任。

2015年5月，平顶山市商务局派驻第一书记薛晓光，叶县县委农办派驻工作队开展帮扶工作，工作队队长时长河。

2015年，在官庄组发现明代界碑——"叶县南界碑"。

2015年，村里修建4公里砂石路，改善村内基础设施。

2015年全村共有建档立卡贫困户178户708人，其中当年脱贫58户261人，剩余120户447人未脱贫。

2016年6月，平顶山市商务局派驻第一书记王宏涛入村开展帮扶工作。

2016年10月，南王庄村成立社区资金互助社，启动资金50万元，向入社社员发放小额扶贫贷款，社员可从"种子"资金中每次贷出5000—10000元不等的资金，助推了贫困户致富奔小康的愿望，调动了群众发展积极性。

2016年，全村脱贫6户27人，剩余114户420人未脱贫。

2017年3月，村里修建11座拦河坝。

2017年3月23日，南王庄村被中共叶县县委评为2016年度先进基层党组织。

2017年4月，平顶山市商务局派第一书记王刚入村开展帮扶工作。

2017年4月，南王庄村党群服务中心建成投用。

2017年5月，南王庄村光伏电站建成投用，每年增加村集体收入6万元。

2017年9月，叶县县委农办派工作队队长黄红亚入村开展帮扶工作。

2017年12月，南王庄村成立村集体经济实体——平顶山市大石崖旅游开发有限公司——发展本村旅游产业。

2017年12月，叶县县委农办派工作队队长朱光亚入村开展帮扶工作。

2017年全村脱贫的有52户206人，剩余62户214人未脱贫。

2018年3月，南王庄村被叶县县委、县政府评为县级"文明村镇"。

2018年3月，辛关线柏油公路通车，结束了南王庄村不通公路的历史，方便群众出行。同年，村村通公交开通。

2018年4月，平顶山市商务局派第一书记王斐入村开展帮扶工作。叶县社保局派工作队到南王庄村开展帮扶工作，工作队队长李钦锋。

2018年4月，南王庄村委换届，翟国松当选为南王庄村支部书记。在辛店镇党委、镇政府鼓励下南王庄村实行书记、主任"一肩挑"。

2018年5月，标准化厂房开工建设，新建群众文化活动广场、拦河坝一处。

2018年5月至12月，对全村88户危房进行改造，改善群众居住条件。

2018年6月，南王庄村党支部被中共叶县县委评为2017年度先进基层党组织。

2018年9月，支部书记翟国松投资300万元，在邻村南房庄村建设6条"千头线"养猪项目，带动23户贫困户增收。

2018年12月，利用市派第一书记扶贫项目资金20万元在高仙沟组修建群众文化活动广场一处，方便群众业余生活。

2018年，全村脱贫的有54户197人，剩余8户15人未脱贫。

2019年3月，以"公司＋农户"模式，从北京昌平引入"平谷大桃"，流转土地400余亩打造经济作物群，增加群众收入。

2019年4月，南王庄村标准化厂房引入口水巾加工厂，带动贫困户26户，每年为村集体增加5万元收入。

2019年6月，平顶山市商务局派第一书记王建华到南王庄村开展帮扶工作。

2019年6月，南王庄村党支部被中共叶县县委评为先进基层党组织。

2019年12月底，养殖综合体项目建成投产。该项目共投资1000万元，其中争取上级扶贫资金180万元，村级采取村民入股分红的方式自筹资金820万元，每年为村集体增加收入127万元以上。

2019年，全村脱贫的有3户3人，剩余5户12人未脱贫。

2020年6月，南王庄村村集体经济红薯深加工基地产业项目开始施工。

2020年7月，在叶县庆祝中国共产党成立99周年暨"七一"表彰大会上南王庄村党支部被评为六星村（社区）党组织。

2020年，全村5户12人脱贫，至此南王庄村建档立卡贫困户178户708人全部脱贫，退出省深度贫困村。

2021年5月，支部书记翟国松被授予河南省脱贫攻坚先进个人。

2021年6月，国家楚长城莲花庵驿站建成投用。

2021年8月底，叶县县政府办公室派第一书记贾艳朋入村开展帮扶工作。

2021年9月2日，穿村而过的叶县南部山区旅游扶贫线路建成通车，推动南王庄旅游产业发展。

2021年10月，莲花庵特色民宿开工建设，计划2022年5月完工，可同时接纳50名游客入住，内设80平方米会议室，可满足不同人员需求。

2022年1月，南王庄村红薯深加工基地建成投产，通过了卫生、质检等食品生产经营许可验收，年产量600吨。为酸辣粉申请注册"七品芝麻官""鹰城南王庄"商标，通过线上、线下销售渠道，酸辣粉远销省内外。自此南王庄村有了自己的特色农产品，每年使村集体增收100余万元。

2022年3月，南王庄村分别在杨树沟组、莲花庵组建成50个车位的停车场。

2022年4月初，南王庄村第一个农家院开始试营业。

四、奋斗历程

南王庄村位于叶县辛店镇境内,村庄三山环抱,在舞钢、方城、叶县三地的交界处,距辛店镇政府所在地7公里,交通闭塞。境内有文化底蕴深厚的楚长城遗址及风景秀丽的望夫石山景区,林地面积达到1万亩,森林覆盖率90%以上。现在的南王庄村每年集体收入139万元。随着河南尧松食品有限公司农产品加工项目和楚长城莲花庵民宿项目的建成,除集体收入外,还可增加40万元,达到179万元。现如今驱车行驶在南王庄村平坦的柏油路上,万头生猪养殖场、千块光伏发电板、800亩桃林和村标准化厂房一一闪过车窗。每逢节假日,不少城里人来到村里赏桃花、尝美食,嬉戏玩乐。

6年前可不是这个样,那个时候的这里,人们天天面对的是"晴天一身土,雨天一身泥,一河八道弯,出村走半天"的窘境。村里人到镇上,大约7公里的路程,七绕八转要费大半天的时间,出行成了村里的大难题,外村人都不愿到南王庄来。这严重制约了村里与外界的正常往来,附近姑娘不愿嫁过来,南王庄村成了十里八乡有名的"光棍村",也是全镇乃至全县软弱涣散的深度贫困村。

今昔对比,南王庄的变化,成功诠释了一个村庄转型发展奔小康的奋斗历程,人民对美好生活的向往在这里得到了印证。脱贫摘帽不是终点,而是新生活、新奋斗的起点。南王庄村将继往开来,努力走好巩固拓展脱贫攻坚成果与乡村振兴有效衔接的新征程。

（一）勇挑重担，让村民生活环境好起来

南王庄村曾是省级的重点贫困村，既没有任何产业，也没有集体收入。提到南王庄村的巨大变化，村民们不假思索地想到村支书翟国松，感慨地说："我们村有一位踏实干事的好带头人。"

翟国松是土生土长的南王庄村人，23岁外出打工的他直至回村工作前，已是在外拼搏多年拥有上亿元资产的企业家。2004年，他回南王庄过年，看到村里处处是土路，一到下雨天，村民没有大胶鞋就出不了门，他心里很不是滋味，便出资4万多元，在村里修了一条水泥路，同时承包了一座500多亩的荒山。2014年，翟国松又一次回到家乡。村里依然没有起色，全村266户，其中贫困户就达175户。2015年，翟国松在镇党委、镇政府的支持鼓励下，在乡亲们的期盼中，当选为南王庄村村委会主任。

以前南王庄任何一位支部书记都没有干够一届。当时村委班子也是软弱涣散，缺少凝聚力。村委大院杂草丛生，几间破房子又暗又脏，已不具备办公条件。可以说，南王庄村各项基础设施已处于极其破落的境地。这个时候，只要提及南王庄村，就连镇党委、政府都感到头疼。

2015年，南王庄村新的村委班子成立。农村要发展，就要先从完善基础设施建设入手。结合南王庄村不容回避的现实，经过一番冷静思考后，村"两委"下决心：先从改变村里不通水、不通电、不通路这一现状入手，尽早尽快逐一完善并落实好村基础设施建设工作。

为改变村部破旧不堪的现状，时任村主任的翟国松率先自掏腰包垫付了8万多元，对老村部进行改造。2016年，利用项目资金

又新建一座党员群众活动中心及村里第一个文化广场,从而拉近了干群关系,同时也极大地提高了村委为群众办事的工作效率。

村委积极争取上级项目,相继完成了通村道路、农网改造、公交村村通、安全饮水等一系列的基础设施项目,南部山区旅游线路穿村而过,从此,村民世世代代出行难的老大难问题得以有效解决。

经过几年的努力,南王庄整体面貌发生了翻天覆地的变化,村内2390米的主干道得以彻底硬化,又接连在主干道上架设了3座桥梁,随后又硬化了5333米长的排房路。更值得一提的是,村委在条件极其艰难的情况下,费尽周折,终于给环绕村子的无名河先后修筑了11道拦河坝,以有效阻止每年汛期到来时,那犹如山洪暴发般漫涨村子四周的河水对村民们的肆虐。

基础设施好了,紧接着村里开始改善人居环境。先后对杨树沟、高仙沟、莲花庵、李岗这些村的人居环境进行了整治;对莲花庵至陈家沟、大良沟道路进行了加宽并全栽植了绿化树;新修陈家岗至升压站5米宽沙路;在加宽了高仙沟进村道路的同时,又全程栽上树木进行了绿化;高仙沟组建设了文化广场;每个自然村也都安放了垃圾桶,在全村"六改一增"完工率达到百分之百的同时,还对村民的房屋墙体进行了美化,进而使村民们的居住环境得到了明显的改善。

由此,南王庄村村庄基础设施、群众人居环境翻开了新的一页。

(二)抢抓机遇,让村子发展强起来

村里的基础设施基本完善了,但这些并没让支部书记翟国松和村"两委"干部放慢前行的脚步。群众要脱贫致富,发展产业是关键,这是村"两委"干部们所达成的共识。结合本地客观条件,村干部

们决定大力发展林果业。为发展林果业，村干部和党群代表挨家挨户上门做工作；村"两委"班子、驻村工作队队长和第一书记带领部分村民代表多次到南阳、荥阳及贵州的塘约、秀水和大坝等地参观考察果树种植。

起初，一些村民对发展林果业完全是不理解的，其中还不乏有人质疑村里一下子种了这么多果树，待果子一旦全部成熟时能否及时卖得出去等。

一次次的外出参观学习和现场观摩，促使村民们的思想认识悄然发生着变化。

接着，支部书记翟国松又率先在自己家500多亩荒山上全部种上了果树，并让那些有想法、有思路的乡亲负责管理和维护，让他们亲身体会到发展的希望所在，以此激发了乡亲们发展林果种植业的积极性。

其间，若遇到有些村民想大面积种植而又买不起树苗的，翟国松就慷慨自掏腰包给予资金等方面的援助……

眼下，村民们所种植的1300多亩的黑李、油桃、软籽石榴等果树正争相吐翠、郁郁葱葱。村里流转的辛店街到南王庄村公路沿线宽60米长10公里的500亩土地，与华博金秋果业集团公司合作，采取"公司＋合作社＋村集体＋农户"的模式，合作种植油桃500亩，建成了10公里桃花长廊，既发展了产业，也带动了群众致富。现如今放眼望去，树木绿意蓬勃，桃花绚烂，让人如入花果山般好不惬意。

为更进一步拓宽发展思路，大力发展村集体经济，村里组织村民代表先后到山东、河北、贵州、上海等地考察项目。

通过前期努力，确定南王庄村集体经济发展采用"生态旅游＋

生猪养殖＋农副产品加工＋民俗文化综合型"发展模式。先后注册鹰城南王庄村商标，注册平顶山市大石崖旅游开发有限公司，不断塑造品牌效应，提升竞争力，用品牌打开市场，打造集体经济发展的金字招牌。

项目建设初期为解决资金问题，南王庄村发动党员申请"先锋贷"，借助县财政的支持，修道路、建厂房、引企业，吸引3家企业落户，壮大集体经济的同时，还提供了30多个就业岗位。村党组织先后获得了县"先进基层党组织""六星村（社区）党组织"等荣誉。

目前，南王庄村已种植油桃300亩，2018年，村集体多方筹资980万元建成万头养猪厂一座，目前已投入运营，每年给村集体上交127万元。光伏发电厂每年给村集体增加收入6万元；标准化厂房童装加工厂每年给村集体增加收入5万元；村集体招商引资投资1100万元与河南尧松食品有限公司合作成立股份制公司，主要生产红薯粉、红薯干、红薯淀粉、红薯粉条、红薯粉丝、石磨面等，每年为村集体增加收入40万元。2021年，村集体招商引资投资1000万元建设楚长城莲花庵民宿，规划的楚长城文化公园莲花庵驿站及望夫石进山道路、漂流、水上乐园等项目也在紧锣密鼓建设中。这些项目每年将给村集体带来约180万元收入，同时为60多名贫困户提供就地就业岗位。村集体有钱了，项目发展也有了底气，就能带动更多的群众增收致富。

2020年，南王庄村依托"千头线"养殖基地，大力发展生态农业、循环农业，减少化肥农药使用，防治农业污染。在此影响下，村里79户村民自发开始牛羊的综合养殖，全村牛羊存栏分别达100多头和2000多只。正是由于南王庄村的产业发展如火如荼，才使全村建档立卡的175户贫困户的708人在2020年实现全部脱贫。

在发展集体经济的同时，村里不忘对原有道路和设施进行完善。特别是叶县南部山区旅游扶贫线路建成通车后，以楚长城国家文化公园莲花庵驿站为切入点，建设了富有特点的民宿、特色农家院、农产品展示中心。现如今整洁的方砖步道、清澈见底的湖水、别致优雅的景观长廊，让南王庄村成了远近闻名的"打卡地"。每逢节假日都有不少来自周边地区的游客在这里游山玩水、品尝美食，村民在山里挖出来的"山货"也成为游客争相购买的"稀罕物"。

2021年南王庄村成功引进楚长城国家文化公园驿站落户莲花庵组，总投资1000万元，在驿站东边招商引资投资300万元，建民宿一座，三个村集体每年每村分红5万元

(三)着眼长远,让村子发展快起来

脱贫攻坚胜利后,南王庄借着乡村振兴这股东风持续发力,依托得天独厚的自然条件,村里在发展种植、养殖、食品加工的同时,邀请河南城建学院专家先后为南王庄制定了《南王庄田园综合体体验区规划》《虎头山风景区规划》等一系列前瞻性的发展规划,进一步推动乡村经济多元化发展。届时,南王庄将统一规划的三角枫围村林、平谷大油桃、火炬松林、法桐林、楚长城国家文化公园莲花庵驿站、楚长城文化民宿、纯红薯粉条、纯红薯酸辣粉等与望夫石山旅游景区开发相结合,探索发展一条民俗文化、生态养殖、林果采摘、旅游观光等综合一体的发展道路,大力发展村集体经济,抱团发展、共同致富。

如今,南王庄村呈现出强劲的发展势头,大型红薯粉条、酸辣粉综合生产线,万头生猪养殖综合体项目等村集体项目全面开花,形成了特色经营实体,蹚出了一条富有生机活力的新路子。回顾过去,南王庄村为追求小康不懈奋斗;展望未来,集体经济快速增长、村容村貌不断蝶变、群众活动日益丰富,这里的农业会更强、农村会更美、农民会更富。

党建引领促脱贫，清水河畔换新颜

——平顶山市鲁山县团城乡寺沟村全面小康大事记

"过去，住这几间土房，守着几亩薄田，没有离开过这大山，生活真的没啥奔头。如今，上级给我们修了路、通了电，建了村室，修了广场，还建了景区，村里环境变了，人心暖了，日子也有了奔头，这放在过去想都不敢想。"

——村民周留成说。

一、村情概况

寺沟村地处伏牛山东麓，位于东经112°37′到112°39′之间、北纬33°36′到33°41′之间，属深山区，全村总面积约9.3平方公里，森林覆盖率在90%以上，沿清水河岸边从东至西约7公里，呈狭长之势。因四周环山，有着伏牛山麓特有的盆地气候，降雨充沛，土地肥沃，全年四季分明，天气多变，冬、夏气温变幅较大。清水河蜿蜒穿行，林丰果硕，资源丰富，环境优美。这里山清水秀，人民勤劳，家家有苗圃，户户有果园，具有一定的产业基础，生态环境较好。有14个自然村，10个村民小组，村民442户1397人。

其中脱贫户68户234人，监测户26户50人，截至目前，风险消除13户27人，其中边缘易致贫户4户10人、脱贫不稳定户9户17人。近年，寺沟村坚持党建引领，发展村级集体经济，探索基层党建与脱贫攻坚、乡村振兴相融共进的新路子，发挥区域、生态优势，整合政策、资金、土地、人才等资源，抓基础建设，发展主导产业，推动寺沟村实现了村集体经济从无到有、从有到强的巨大转变。2021年村集体经济收入21.5万元，新增小额贷款14户43万元。

二、村史大事记

1949年，寺沟村与花园沟村、牛王庙村统称清水营。

1959年，寺沟村内部修建土路，是寺沟村第一条生活生产道路。

1960年，寺沟村在桑树坪建成卫生所，是寺沟村第一个定点医疗机构，但是条件所限没有多少医疗用品。

1961年，寺沟脱离清水营成立独立大队。

1969年，设立鸡冢公社，寺沟大队归并到鸡冢公社。

1975年，寺沟村至鸡冢公社之间修建土路，是寺沟村第一条可以通往外界的道路。

1977年，寺沟村老龙庙至桑树坪清水河大堰建成，改变清水河流向，造地50亩，保护了村庄，有力地保障了村民的生活。

1978年，在鸡冢公社的号召下，寺沟大队村民开始大规模集中养蚕。

1982年，联产承包土地政策开始实施，山坡、土地、大型家畜分配到户。

1983年，改制为鸡冢乡，寺沟大队改制为寺沟村。

1985年，寺沟村樊庄、青岗坪、大坪沟建造手挖井，村中第一次通自来水，但受环境影响大，且使用寿命短，后来陆续损坏。

1987年，淮河流域进行小流域治理，寺沟村养蚕大幅度减少。

1993年12月，寺沟村全面通电。

2001年6月，袁周永作为村医分配至寺沟村，由政府扶持，在自己的土地上建成卫生室，寺沟村有了更加标准化的医疗点。

2008年4月，寺沟村正式通硬化公路。

2010年6月，寺沟村正式通客运公交。

2012年5月，寺沟村第一个移动信号塔建成。

2015年，全村贫困户68户234人，贫困发生率15.4%，同时寺沟村被评为贫困村，同年脱贫23户105人。

2015年11月，寺沟村打下西庄、桑树坪两口水井，寺沟村全面通自来水。

2016年2月，鲁山县公安局派驻村工作队到寺沟村，成为第一任驻村工作队。

2017年3月，寺沟村按照团城乡产业发展规划，正式确立乡村旅游主基调。

2017年4月，鲁山县清水河农林牧有限公司入驻寺沟村，引进梅花鹿30头，开始发展梅花鹿特种养殖项目。

2017年11月，市委组织部派驻村工作队到寺沟村，寺沟村结对帮扶单位转变为平顶山市委组织部。

2017年，新建樊庄护地堰、马老沟拦水坝、仓房庄护地堰、桑树坪拦水坝、西庄拦水坝等共7座，提升了蓄水抗旱能力，提升了寺沟村农田土地种植质量。

2018年2月，充分运用"互联网+政务办公"思维，将寺沟村村情、名胜古迹、集体经济、党员资料、脱贫户和监测户相关信息等数据化，并生成二维码进行云管理，改良传统村部文档管理模式，提高资料管理科学化水平。

2018年5月，梅花鹿特种养殖基地正式建成，每年为寺沟村带来村集体经济收入10万元。

2018年5月，鲁山县金涌旅游开发有限公司入驻寺沟村，进行旅游投资开发。

2018年11月，寺沟村摘帽，成为脱贫村。

2018年8月，寺沟村的主干道上装上路灯。

2019年4月，清水河山居正式开业，为寺沟村带来村集体经济收入每年5万元。

2019年4月，寺沟村主干道整修为沥青路。

2019年10月，寺沟村党群服务中心、卫生室、文化广场竣工，修建寺沟驿站一处，安装路灯130盏，配置体育健身器材36套。

2019年12月，位于寺沟村的团城五小新校区建成。

2020年5月，多彩田园建成开园，每年为寺沟村带来村集体经济收入5万元。

2020年，在电力部门的帮扶下，寺沟村已全部实现电网改造，并完成了增容工程，满足居民供电需求。

2020年11月，寺沟村脱贫6户6人，至此所有贫困户实现脱贫。

2020年3月，寺沟村加盖三座移动信号塔，全村实现移动信号全覆盖。

2021年4月，金涌旅游开发有限公司开发团城乡寺沟村河在岸山顶的"宝贝窝"山寨景区，建设"星涯·宝贝窝"高端高山民宿，将其建设成"清水河田园综合体"标志性高端旅游景区。

2021年10月，寺沟村公众号、抖音号完成注册，创建新媒体宣传阵地，扩大宣传覆盖面，不仅服务好在村群众，更服务好在外打拼的"游子"。

2021年12月，寺沟村村庄规划方案正式形成，确立"两周一心五片区"整体规划思路。

2022年1月，寺沟村马老沟组大面积种植辛夷树，打造主题园林，并计划建造配套活动广场，改善人居环境的同时供村民休闲娱乐。

三、党建引领赋新能

（一）坚持党建引领，建强红色堡垒

脱贫攻坚以来，寺沟村始终坚持党建引领脱贫致富、振兴乡村的工作思路，深入推进"两学一做"、党史学习教育常态化制度化，组织村内全体党员及时跟进学习习近平总书记重要讲话、重要文章和重要指示批示，引导全体党员牢固树立"四个意识"，坚定"四个自信"，做到"两个维护"，拥护"两个确立"。一是严格落实"三会一课"、党组织民主议事制度、党组织生活制度、党务公开制度、党支部目标管理制度等十项制度，党员政治意识显著提升，党支部凝聚力不断加强。二是坚持"四议两公开"，大力推进村干部周一

集中办公制度，推行"互联网+党建"新模式，不断提高村干部的执行力，坚决贯彻落实上级党组织部署要求。三是以巩固脱贫攻坚成果为契机，建立签到和奖惩机制，迅速在全村营造巩固脱贫攻坚成果、聚力乡村振兴的浓厚氛围。物质奖励和精神激励相结合，压实责任的同时激发村干部干事创业担当的热情，有效推动各项工作任务落实。四是深入剖析支部情况，撰写寺沟村党员结构分析报告，切实发现亮点、找出问题、提出建议，不断调动无职党员积极性，使其更多地参与村内事务，包括防疫抗汛、疫苗推进、入户排查、整理表格等工作。五是强化党员教育管理，严格落实"双推双评三全程"，把牢源头活水。运用远程教育平台、互联网平台，加强与外地党员沟通，敦促加强学习，促进成长；疫情防控及抗汛期间，成立党员突击队，发挥党员带头作用，鼓励广大党员冲锋在前，值班值守，积极响应疫苗接种。

（二）创新管理服务，强化组织功能

寺沟村将传统管理方式与现代化管理经验相结合，推动党支部严标准促规范、高质量促发展。一是创新管理服务制度。通过实施"两学一做"学习教育月提醒制度，每月下发要点。依据党支部党员特征，进行分类管理、弹性管理、科学管理、有效管理，实现党员管理的全覆盖。二是创新管理服务方式。深化拓展"互联网+党建"的新空间、新内涵，依托学习强国、平顶山"掌上红鹰"党建信息化系统构建出提升基层组织力和党建质量的新平台，采用"互联网+党务工作+组织工作+党员教育+考核评价+管理服务"新模式，为农村党员建立个性化的培训"菜单"，供党员"按需点菜"；运用"掌上红鹰"党建信息化系统，组织在外流动党员开会，参加党组织的日常学习，了解村党支部的重要事项。三是创新管理服务理念。创新服务方式和服务理念，因地制宜打造党内政治文化新载体，组织开展"三进"活动（党内政治文化进村部、进村组、进村内企业），力促党建元素与群众生活环境有机融合，逐步实现党的阵地建设由室内向室外延伸，潜移默化提升党在群众中的影响力；进一步健全党群服务中心、党员活动室功能，把村级组织阵地打造成政治引领、教育培训、文化活动、议事协调、便民服务"五大中心"。

（三）发挥基建功能，助推党建发展

充分发挥党群服务中心作用，以"三化"建设为目标，以"三定四抓"为抓手，深入推进基层标准化党建，以基层党建高质量发展，助推农村建设的高质量发展，在为群众提供优质服务中提高基层组织的凝聚力、战斗力，切实把党员组织起来，把人才凝聚起来，把群众动员起来。

四、结对帮扶添新力

（一）配强驻村队伍，巩固脱贫成果

选拔优秀的年轻正科级干部任第一书记兼工作队队长，配备两名副科级干部任队员，根据驻村扶贫工作相关规定，严格落实"五天四夜"驻村工作制度，不断强化责任意识，认真履职尽责，抓好请销假、考勤登记、工作例会、工作日志等有关制度的落实，按上级的政策规定和指示要求办事，切实做到在岗尽责，在岗履责，在

岗担责，增强工作实效。始终秉承"强党建、促发展、办实事"的工作理念，从中找方向、找路径、找方法，注意从实际出发，抓住主要矛盾、解决突出问题，带领村"两委"成员积极开展工作，尽心尽力为群众办实事办好事解难题。

（二）发挥桥梁作用，实现有机连接

机关 46 名党员干部分别与寺沟村 46 户脱贫户、监测户结成帮扶对子，认真开展精准帮扶。在主要负责同志亲力亲为、率先垂范、示范引领下，帮扶责任人定期走访帮扶对象，每周至少一次电话交流、每月至少入户两次面对面沟通交流，详细了解脱贫户、监测户的基本情况和困难需求，有针对性地采取帮扶措施，并力所能及地帮助他们解决实际困难。截至目前，帮扶责任人累计为贫困户办好事、办实事 487 件，送去慰问品、慰问金价值 25 万余元。

（三）结合特色产业，充分发挥党小组优势

将党支部建到产业链上，突出帮扶政策培训与产业技术培训，不断提高政策、技术普及度，结合村产业布局，定期深入 3 个产业党小组开展活动，教育、引导广大党员争当政策宣传员，充分发挥党员先锋模范作用，任用 3 名政治素质高、工作能力强、作用发挥好的优秀党员当党小组长，对推动脱贫户、监测户稳定增收起到积极的作用。

五、发展产业新经济

以前的寺沟村主要以养蚕为主,由于身处山区,人均土地面积极为有限,所以群众收入极低。脱贫攻坚以来,寺沟村以实施"红鹰创业工程"为载体,按照市、县、乡三级的安排部署,切实发挥好"村级抓落实"的作用。寺沟村采用党建引领、盘活闲置资源、人才引进、村企联建等产业发展模式,推进村集体经济多元发展,每年为村集体经济带来收入21.7万元,为乡村振兴提供强大助力。

(一)乡村旅游

寺沟村环境静谧,资源丰富,风光秀美,有着发展特色旅游的巨大潜力。在上级部门的大力扶持下,寺沟村充分发挥旅游产业党支部战斗堡垒作用,动员优秀乡土人才、致富能手返乡创业投资,携手河南省金涌旅游开发有限公司,对废弃荒地、荒沟进行改造,盘活闲置资源,让"老"资产焕发出"新"活力,打造出集休闲、娱乐、野炊、垂钓等多种功能于一体的鱼藕混养生态农业观光园。通过土地出租、资产运作和签订带贫协议,每年为村集体经济带来5万元收入,吸纳周边40余户群众务工,每户每年增收6000元以上。2022年,我们以"农耕""乡愁"为主题,对原来占地50亩的鱼藕混养生态农业观光园进行改造升级,计划建成拥有农耕馆、垂钓园、冬桃采摘园、樱花观赏园、刺玫观赏园、柳堤等模块占地100余亩的"清水河龙鳞坝多彩田园"。建成后,该项目将集观光旅游、饮食住宿、休闲娱乐、农耕文化体验、赏花采摘为一体,形成"望得见山、看得见水、唤得起乡愁"的多彩田园综合体。项目建成后，可再次吸纳周边农户20余户务工，预计每户增收6500元以上。

（二）特色养殖

采用"公司+村集体+脱贫户（监测户）"发展模式，构建村企联建平台，即村集体扶持公司发展，然后以村集体为纽带，带动脱贫户增收致富。寺沟村引进鲁山县清水河农林牧有限公司发展梅花鹿养殖，争取上级资金120万元，给予集体土地流转、道路硬化、修建拦河坝等政策性支持，让企业扎下根、快发展。目前已养殖梅花鹿300头，培育苗圃50亩，种植林果12亩，每年实现村集体经济收入10万元。通过流转土地、增加就业等方式增加村民收入，流转的林地约600亩，农户每亩土地可获得租金600元，吸纳脱贫户20余人参与务工，每人可实现增收1万元以上。接下来，拟建梅花鹿散养区、盆景和花卉种植观赏区、新品映山红培育区、林果采摘区、休闲餐饮区、民宿区、住宿区、梅花鹿及农副产品展厅区等8个区域，形成以梅花鹿养殖为主，含盆景、花卉培育，旅游休闲观光、采摘、吃住购一条龙综合基地，从而带动地方经济，助推村民增收致富。项目建成后，鹿场教授村民养鹿技术，提供鹿苗，带动村民致富的同时，努力打造"千头基地，万头乡"工程。

（三）特色合作社

为了更好地带领脱贫户、监测户增收致富，结合农村产业结构调整，围绕本地特色农业、土特产品等优势，按照"党支部+合作社+脱贫户（监测户）"的产业发展模式，成立凯钦农民专业种植合作社，统一供苗、统一指导、统一收购。目前，全村种植食用菌的有 32 户，年产值在 600 万元左右。成立永绿林业农民专业合作社，为脱贫户、监测户提供种植技术指导，带动脱贫户、监测户就近务工，12 户农户参与修枝抚育 3300 亩，户均收入 2000 元以上。

寺沟村产业大发展

六、文明精神新生活

寺沟村狠抓精神文明建设，先后开展了"好婆婆""好儿媳""好儿女""好邻里"等评选活动，大力弘扬中华孝道，培育文明新风。在寺沟村党员群众综合服务中心三楼专门打造孝道文化长廊，张贴二十四孝故事并配以图画，寓教于乐地将传统道德文化、社会主义核心价值观等知识生动活泼地展现在村民面前，使村民变"被动看"为"主动看"，让农民潜移默化地受到了教育，促进了村风、民风进一步改善。把移风易俗纳入"村规民约"，成立"五会"，即红白理事会、道德评议会、村民议事会、禁毒禁赌会、孝善理事会，实现村民自我管理、自我教育、自我服务，提升村民的文明道德素养，让社会主义核心价值观在农村落地生根，促进乡风文明工作再上新台阶。

脱贫攻坚以来，先后建成了文化广场、大舞台等惠民场所，村民有了娱乐的地方，各种晚会、广场舞、小聚会也多了起来。在市委组织部的帮助下，先后多次开展送戏下乡活动，协助村里组建了两支乡村舞蹈队，多次举办五一、七一、十一等晚会，这都极大地丰富了村民的精神娱乐生活。积极与市妇联等职能单位联系，协调多个公益项目落户寺沟村，为村民提供多方面支持。

2022年是巩固脱贫攻坚成果和乡村振兴的接续之年，寺沟村的所有同志将继续满怀激情、坚定信心，与广大群众一道勠力同心，克难攻坚，抓好旅游开发、金融帮扶、产业帮扶、乡村道路建设、电子商务等工作，逢山开路、遇水架桥，把实干贯穿始终，把成效贯穿始终，加快补齐工作短板，增强寺沟村发展后劲，脚踏实地做好乡村振兴工作，努力为鲁山县乡村振兴发展当先锋、立新功，切实让组织放心、让人民群众满意。

从贫困村到"西装小镇"

——安阳市安阳县白璧镇西裴村全面小康大事记

一、西裴村基本情况

西裴村位于安阳县白璧镇政府东南 7 公里处,处于白璧镇、瓦店乡、高庄镇三乡交接地带。东边紧邻 G341 国道,西边有省级文物保护单位仰韶文化遗址,北边紧临安阳县产业新高地,南边茶店河从村中穿过。西裴村共有 3 个村民小组 160 户 610 人,村民代表 27 名。850 亩耕地,村庄占地面积 190 余亩。西裴村党支部共有党员 32 名,划分为 2 个党小组,村"两委"成员 7 名,市委党校派驻村第一书记 1 名。

西裴村原是白璧镇 8 个贫困村之一,在各级党委、政府的关怀下,2015 年西裴村脱贫摘帽,2019 年被列为安阳县第一批省级乡村振兴试点村。2020 年西裴村全面建成小康村。近年西裴村基础设施全面提升,村容村貌明显变化。围绕试点村建设,西裴村将"打造美丽西裴小镇"项目列入了重点建设项目,委托规划设计团队,对村庄进行了高标准规划,依托茶店河治理,挖掘仰韶文化遗址内涵,全面打造以近郊休闲、民宿餐饮、农耕文化体验为主的城市近郊休闲文旅小镇。

二、大力进行基础设施建设，改善人居环境

2014年以来，西裴村多方筹措资金2000余万元，对全村的公共基础设施进行了全面改造提升，极大改善了村庄人居环境。

西裴村委托规划设计、运营团队，对村庄进行了高标准规划。依托茶店河、挖掘仰韶文化内涵，对村庄进行了整体规划，包括产业、文化、景观、生态、配套设施等各个方面。规划总体布局为"一河五区六道街"。

基础工程。铺设外墙保温层3万平方米，美化涂墙3万平方米；建成污水管网5500米，建设污水处理站一座，常住户厕所改造达到96%，常住户天然气改造达到98%，建设4座公厕和4个公园，完成了140米的沿河木栈道等工程项目。柏油铺设了村内9条道路2300米，新铺设路缘石3600米，铺设青石板街140米，西裴村已实现除记忆老街外柏油路全覆盖，对美食广场北侧5000平方米的露天广场进行了硬化。

亮化工程。西裴村先后完成了强弱电入地工程，改造线路1.6万余米，安装路灯132盏，以高标准对党群服务中心、美食广场、村南茶店河两侧、四好公路两侧、村主干道进行了亮化，西裴村美丽的夜景令人赞不绝口。

安防工程。平安西裴是发展的安全保障，西裴村先后在主要点位安装太阳能摄像头14杆37头，西裴村实现村内全方位监控。

绿化工程。在上级政府的大力支持下，近年西裴村大力植树绿化，对村庄各主干道、河两岸、街心游园和广场四周进行绿化

美化，基本实现绿化无死角。一幅美丽乡村生态振兴画卷正在绘就。

10年前，村里遍地垃圾、污水横流，风一吹，塑料袋漫天乱飞。晴天满街灰，雨天一路泥。尤其是村口，建筑垃圾堆成"山"，村民出行必须"翻山越岭"，汽车开过都磨底盘。而如今，每当夜幕降临，位于西裴村东南角的"码头音乐广场"上便会响起一阵阵嘹亮的歌声，不少乡村歌手在这里一展歌喉，歌唱美好的幸福生活。这个占地5000余平方米的码头音乐广场过去曾经是一个令人讨厌的养猪场。为促进美丽乡村建设，党支部、村委会把这块场地改建成了文化广场。夜晚来临，群众自发来到这里唱歌、跳舞。现在娱乐项目更多了

三、大力发展产业，壮大集体经济，带动共同富裕

西裴村大力发展集体经济，利用闲置院落，开发打造了1号院农家乐、2号院仰韶文化院、3号院乡村记忆馆民俗院，建设了2200平方米的美食广场，建成了占地200亩的采摘园和猪猪乐园，成立了合作社以及河南西裴旅游开发有限公司和安阳市西裴果然

农业科技开发有限公司。

　　村集体经济收入近年连年增长。村集体经济收入来源包括光伏发电、河道占地、林业占地、大棚租金、入股收益和管理费收入，合计50余万元。通过发展集体经济，安排了村民就业，巩固了脱贫攻坚成果。西裴村在发展壮大村集体经济的同时，以提升西裴村民收入为重点，以提升西裴村民幸福感为主线，让西裴人民群众在国家乡村振兴当中真正有获得感，尤其关注脱贫户、低保户和残疾户等弱势群体，西裴村产业大棚在2021年度产生租金收益5.4万元，其中用于脱贫户的4.139万元，占产业收入的77%。

　　通过发展集体经济，提高了村庄公共产品供给和服务能力。西裴村近年通过"三变"改革，理顺了机制，激发了活力。只有发展壮大了集体经济，才有能力更好地服务群众，向群众提供更多更好的公共产品。

　　西裴村的产业目前主要是发展乡村研学游和采摘园现代农业产业这两大产业。西裴村按照"一河五区六道街"的整体规划，厘清发展理念，突出自然、生态、绿色的主旋律，主打休闲游、近郊游、研学游、生态采摘游等产品。2021年五一、端午小长假及国庆节，西裴村依托坐落于茶店河北岸、建筑面积2200平方米的码头音乐美食广场，先后举办了隆重的文化节、美食节，吸引了八方游客，共接待游客10万余名，旅游收入40余万元。西裴村猪猪乐园正在紧锣密鼓建设当中。在猪猪乐园，孩子们可以亲近自然，和小猪赛跑、投喂小动物，可以挑战蹦床锻炼胆识，可以开展益智活动，可以在大自然中享受美食……这里是孩子们快乐的源泉。除锻炼身体外，西裴村还为孩子们提供了动手学习的小课堂。在手工石磨坊，孩子们可以亲手推动小小的石磨，感受豆浆制作的过程；在植物栽培坊，大家可以自己动手栽种植物，让童心伴随绿植成长；在陶艺馆，孩子们在老师的指导下可以亲手制作陶器；在戏曲学习坊，孩子们可以穿上戏服，在老师的带领下感受戏曲文化的古风雅韵……

西裴采摘园现代农业产业占地近200亩，2019年以来，使用衔接资金310多万元，先后建成总面积4.5万平方米的日光薄膜九连棚温室1座和高效农业日光薄膜温室35个；多方筹集社会资金200万元，建成高效农业大棚131个，全村大棚总数达175个，富民产业发展进入了快车道。目前，西裴村采摘园大棚内种植有草莓、西瓜、甜瓜、西红柿、黄瓜、羊角蜜等，可以做到一年四季瓜果飘香，吸引了八方游客前来休闲采摘。村民年人均收入从过去不足1万元增长到2万余元。

西裴村"两委"通过考察学习经验，在产业发展方面改变了以往的合作方式，从过去单纯的土地出租到合作共赢。村集体结合50户村民与内黄、浙江种植大户四方合作成立了一个新公司——安阳市西裴果然农业科技开发有限公司，采取"村集体+企业+农户"的现代化公司管理模式，对西裴村流转土地进行合作开发，按照1∶3∶3∶3比例进行入股分红。总投资150万元，预计年利润50万元。村集体直接入股企业，还带动50户村民入股，入股村民占全村户数的1/3。

借助合作方的技术、管理和销售途径，能增加集体收入和带动村民共同富裕，西裴村在发展上又迈出了一个新步子。过去把地租赁给别人仅得到土地流转费，现在四方合同里要求用工尽量用本村村民，而且不少村民也入了股，这样不少村民将会得到"土地流转费+务工收入+盈利分红"，收入更加有保障。

西裴村打造"数字乡村"，开发利益分享APP。习近平总书记强调"让人民群众在信息化发展中有更多获得感、幸福感、安全感"。在北京农道运营团队指导下，结合村庄的实际需求开发了数字化乡村运营软件，所有收入通过二维码扫码进入河南西裴旅游开发有限公司账户。公司采用"1+N"模式，设立研学工坊部、田园餐厅部等N个部门，每个部门独立核算，各部门农民分别入股，根据入股股东会约定的比例收入即时到账，入股农民通过手机端就可以查看入股项目每天的收入，分红满100元可以提现。数字化乡村软件体现了公开、公平、公正、透明的原则，极大地调动了农民参与乡村振兴的积极性。

四、经验总结

西裴村能够全面建成小康社会，进而快速推进乡村振兴，带给我们很多宝贵的启示。

（一）坚持党的领导与依靠群众相结合

党的领导为乡村振兴提供了坚强政治保证。西裴村近年在党建工作方面，严肃党组织生活，坚持政治学习，规范管理，落实工作责任，在村内重大事项决策上，坚持实行"四议两公开"制度。一是加强组织建设。严格落实党建各项制度，明确村"两委"干部职责分工，落实党员量化积分管理办法，建立健全党员联系群众制度。二是落实好"三会一课"制度。采取组织党员听党课、到先进村学习观摩等形式丰富党员主题党日活动。三是加强理论武装。与市委党校联合建立"乡村振兴大讲堂"，全面提升党员干部的思想素质和能力水平。

西裴村乡村振兴特别注重将坚持党的领导与依靠群众紧密结合，既强化了党的核心领导作用，又调动了群众艰苦创业的主动性、积极性。正是依靠群众，从思想和行动上帮助群众、引导群众，才形成了今天和谐的干群关系和干事创业的良好氛围。通过抓党建有力地促进了乡村振兴和产业发展，有力地推动了西裴村各项事业的发展。

（二）坚持问题导向与实事求是相结合

西裴村乡村振兴受益于坚持问题导向与实事求是相结合。任何缘木求鱼、刻舟求剑的错误实践都会给乡村振兴造成新的难题。村党支部在实践中重视问题，更重视实事求是地解决问题，始终坚持具体问题具体分析，因地制宜，精准施策。

（三）坚持政府导向与社会参与相结合

西裴村乡村振兴还受益于坚持政府导向与社会参与相结合。注重政府、社会多方参与，团结协作，发挥整体功能，凝聚发展合力。政府不仅在规划、项目、资金等诸多方面发挥了巨大作用，而且成功调动了社会各方面的积极性，动员全社会的力量参与了进来。

（四）坚持物质文明建设与精神文明建设相结合

扶贫先扶志，智志双扶。村党支部高度重视加强精神文明建设，制定精神文明建设工作方案，先后组织评选"美丽庭院""五好家庭""十佳志愿者"等，举办乡村振兴大讲堂和农民夜校，大力加强乡风文明建设，全面提升村"两委"班子队伍、党员队伍、群众队伍的综合素质，建设一支能够实现新形势新要求的党员干部队伍和懂技术、会经营、善管理的新农人队伍。

在上级党委政府的关心支持下，在社会各界的帮助下，西裴村党支部带领群众抢抓机遇，务实重干，星光不问赶路人，时光不负有心人，西裴村已从过去全县默默无闻的偏僻贫困村庄，全面建成了小康村，并且一跃成为全县乡村振兴的排头兵和安阳市乡村发展的典型。近年，西裴村先后被评为省级乡村振兴试点村、省级党建示范村、省级卫生村、省级乡村旅游特色村、市级文明村等。西裴村的发展事迹先后被河南电视台、《河南日报》、安阳电视台、《安阳日报》、学习强国、凤凰网、映象网等十余家媒体宣传报道，吸引省内外许多团体前来参观考察学习。

村庄处处新,生活节节高

——安阳市林州市黄华镇庙荒村全面小康大事记

太行山脉巍峨绵延,红旗渠水缓缓流淌。

春日的林州,植物葱茏,处处洋溢着景美人和的幸福气息。走进依山傍渠的黄华镇庙荒村,依地势而建的红墙石瓦特色民居映入眼帘,青色柏油马路通到了家家户户门口,红色步道绿色草坪交相辉映的村口游园内,休憩的村民们脸上绽放着灿烂的笑容,孩童们嬉戏玩耍……一派世外桃源怡然自得的景象。

与如今远近闻名的"网红村""明星村"的头衔形成鲜明对比的,是过去那个"闭塞、落后,村民思想保守,村内毫无生气,省级贫困村,一个连庙都荒了的"庙荒村。而这一切翻天覆地的改变,得益于脱贫攻坚的精准实施,得益于党的各项惠民政策的精准落地,得益于各级帮扶干部克难攻坚的忠诚担当。

安阳林州市黄华镇庙荒村位于林州市城区西侧,太行山下,全村有7个自然村,5个村民小组,耕地面积660亩,山地面积3989亩,是省级建档立卡贫困村。昔日的庙荒村就像全国大多数贫困山村一样,基础设施建设严重滞后,集体经济一穷二白,青壮年劳动力流失。守着红旗渠缺水,守着太行山缺资源,就是这个贫穷落后山村的真实写照。

2015年,脱贫攻坚的号角吹响祖国大地,党的扶贫政策东风吹进了这个红旗渠畔的小山村。庙荒村村"两委"认真审视自身优势劣势,以高质量党建为引领,以脱贫攻坚为主线,以建设美丽宜居新庙荒、全面建成小康社会为总体目标,党员干部足迹踏遍村里的沟沟坎坎、每家每户,和群众一起想办法、找出路、谋发展,集思广益,制定了《庙荒村2016—2018年经济社会发展规划》,科学施策、精准发力,打响了一场声势浩大的脱贫攻坚战。

黄华镇庙荒村位于林州西部太行山脚下,红旗渠一干渠穿村而过,2018年顺利脱贫摘帽

一、党聚民心,提振群众精气神

庙荒村穷,表象在经济基础薄弱,根子在基层党组织羸弱,脱贫的关键在于转变干部和群众思想。"改变贫穷落后面貌,转变群

众思想,必须靠党组织",是庙荒村第一书记陈军和党支部书记郁林英的深刻认识。安阳市扶贫办精心选派了骨干力量陈军为驻村第一书记。陈军为了一心扑在扶贫工作上,带着自己年老患病的母亲一同驻村扶贫。村党支部书记郁林英更是全身心扑在了村庄的发展上。在他们的带领下,党员干部心齐劲足,积极争取上级资金对原来破旧简陋的村委会进行了改造提升,为党员户挂牌、配发党徽,亮明身份,严格落实"三会一课"制度,健全各项制度,实行干部轮班、事项代办等措施,不断提升方便群众、服务群众软硬件,增强党员干部群众的凝聚力,坚定决战决胜脱贫攻坚的信心、决心。

二、思路"突围",规划引领绘蓝图

庙荒村守着红旗渠一干渠、林虑山风景名胜区,自然资源得天独厚,却一直没有得到很好的发展。为了提振党员干部群众的士气,增强拔穷根摘穷帽的信心,先后组织村"两委"干部到北京、陕西、浙江、河北等先进地区学习考察,最后通过各级领导指思路、定方向,庙荒村村"两委"、党群代表开会研究后决定,结合庙荒村现有自然条件、资源优势,发展乡村旅游产业,同时抢抓林州市打造世界人文山水城市和黄华镇建设文旅特色小镇的机遇,立足自然资源优势和交通区位优势,大力发展乡村旅游带动脱贫攻坚,为决战决胜脱贫攻坚和庙荒全面振兴找到了一条好路子,这也是庙荒村从贫穷走向富裕,从与世隔绝走向盛世新村的一条幸福之路。

三、夯实基础，庙荒旧貌换新颜

为改善村容村貌和群众生产生活条件，庙荒村村"两委"多方争取资金，凝聚社会帮扶力量，加强村内基础设施建设，使昔日的穷山村发生了翻天覆地的变化。

道路全部硬化、亮化。硬化村内道路5.8公里，水泥路修到了每家每户门口，并安装120盏太阳能路灯，老百姓终于告别了坑洼难行的路，踏上了平坦通畅的"小康路"。

解决安全饮水难题。建设了1200立方米的人畜饮水池，将自来水管网通到每家每户，彻底解决了"饮水难"问题。同时还新建提灌站1座，修建9230米灌溉水渠，使全村耕地全部成为旱涝保收的水浇地。

公益事业惠及群众。2016年7月庙荒村户用天然气项目全部完工并正式通气使用，92户村民告别了多年来烧柴、烧煤的历史。2017年3月完成农村电网改造项目，有效保障了村民生产生活用电。新建4个文体广场，新建农家书屋、老年活动中心和儿童"四点半课堂"。

人居环境大提升。村内雨污分流地下管网全部铺通，农户厕所基本完成水冲式改造；垃圾实现了集中收集、分类处理；新建停车场5000平方米、公共厕所3座。曾经破旧的小山村，如今焕发出了新的生机。

四、旅游拉动，走上强村富民路

基础设施改善为乡村旅游产业的发展奠定了坚实基础。发挥优势，充分利用旅游资源，将其做成富民产业。通过以区位招商、真情招商，引进乡村旅游度假村项目，完成前期投入 2000 多万元，为旅游拉动、多业并举提供了有力支撑。成立幸福庙荒旅游公司，按照红泥巴、红砖墙、石头房的原生态模式，投资打造幸福庙荒特色民俗村，奖补农户发展民宿农家乐。目前 30 多户农家乐已投入运营，彻底改变了过去大多数农民收入主要靠种地和打零工的被动局面，村中乡村旅游产业成为全市乃至全省先进典型。

光伏电站，掘出村集体第一桶金。在上级党委政府支持下，2016 年 6 月建成了林州市第一个 120 千瓦的村级光伏电站，成为庙荒村第一个落地见效的村集体产业项目，如今每年为村集体增加收入 10 万余元。争取到省级壮大村级集体经济项目，建成创客基地，每年增收 12 万元。

土地生金，合作社鼓起农民钱袋子。积极搭建农民致富平台。成立了土地股份合作社、建筑劳务合作社、农林种植合作社、旅游开发公司等 4 个组织，实现了"群众单独干"向"集体领着干"的转变，庙荒每个老百姓都有了"土地租金 + 劳务收入 + 年底分红"。农林种植合作社，流转村民土地 100 余亩，种植适合在本地生长的经济作物——胶东卫矛，经过前期的试种，每亩可收益 1000 元以上。在典型的引领下，2018 年，农林种植合作社计划再流转土地 100 亩，筹建塑料大棚，开展培育种苗，实现苗木一条龙经营。2016 年以来，联合黄华镇境内的10个果园,组织了3届"十园同开、万人采摘"大型采摘活动,获得了较高的经济效益。通过旅游公司、合作社等平台,每年为集体增收30余万元。集体经济的发展壮大,为脱贫攻坚和乡村振兴提供了资金支持。

乡村旅游,招商引资实现大发展。不断地通过对村庄全方位规划和完善基础设施,为乡村旅游产业的发展奠定了坚实的基础。2015年年底北京鼎鑫置业房地产开发公司"太行·观霖乡村生态旅游"项目落户庙荒村,截至目前已投资2000多万元;项目的实施,给村民提供了小车搭上大马的好机遇。21户脱贫户获得一次性征地补偿和流转金134万元,加快了脱贫进度。林州市红旗渠文化发展有限公司按照"秦淮人家"模式打造"渠畔人家"特色乡村旅游一条街,建设幸福庙荒特色民宿村,为乡村振兴增砖添瓦;又利用"红旗渠精神"这一红色品牌,借助红旗渠干部学院、多家研学游培训机构在庙荒建立"研学游"基地。

借助电商,林果业发展良好。庙荒村山坡地面积4000亩,原有板栗树1100株、山楂树2000株,花椒树40亩,但是多年来经济效益不佳。抓住林州市大力推进坡地经济发展的机遇,引入林州市乡邻网络科技公司建设电商服务站,通过电商平台销售村里的特色农产品,从树上长钱再到网上挣钱。

打造品牌,群众经济效益节节高。近年,庙荒村的手工红薯粉皮等土特产品获得购买者的好评,注册"庙荒村"品牌,坚持绿色、有机、生态,打造富有庙荒特色的旅游产品。

长远发展,乡村特色旅游振兴。规划的儿童游乐园、小吃一条街、商业一条街、高端民宿建设等项目正在与有关单位洽谈,并积极做好前期准备工作,确保庙荒旅游品牌得到深度推广,旅游综合效益持续提升，旅游扶贫成效逐步彰显。

五、智志双扶，扶出脱贫新动力

搞产业、促发展的同时，庙荒村重视精神文明建设，大力弘扬"自力更生、艰苦创业、团结协作、无私奉献"的红旗渠精神，通过开展"十佳自强脱贫户""'不忘初心,幸福庙荒'首届春节联欢会"等活动，引导群众自立自强；建立励志超市，鼓励脱贫户通过参加村里组织的各种活动、务工创业、孝善养老、诚信行善、家居环境改善等开展积分奖励；通过思想文化帮扶，帮助困难群众转变思想观念，推进移风易俗，树立自强、自立意识，增强内生动力。脱贫户自强不息，自主脱贫。本村村民郝心英在村口摆摊卖糠窝、板栗等土特产进行创业，顺利实现脱贫，被评为林州市2017年度十佳自强脱贫户，在各级单位帮扶下，她又申请创业贷款5万元将自己家进行民宿改造，发展农家乐致富；贫困家庭学生刘柯在各类政策帮扶下，顺利完成本科学业，如今又以优异的成绩考取了本校——华中科技大学的研究生。

六、精神建设，展现乡村新面貌

腰包渐渐鼓起来的庙荒人对多彩的精神文化生活越来越向往。通过制定完善"村规民约"，倡导"节俭养德、全民节约"，反对婚丧嫁娶大操大办，弘扬乡村传统美德，抵制不良社会风气，构筑现代文明理念和生活方式，营造崇德向善的乡风民风。村里先后建成了党群服务中心、村史展览馆、入村口小广场、皂荚树文化广场、村西文化广场等活动阵地，投放了全新的指示牌，张贴村规民约和环境卫生管理保洁制度。庙荒、古上、史家庄3个自然村建设了文体广场，并在广场附近建设农家书屋，目前书屋的书籍有哲学、历史、文学、农业等7个大类，总计近1万册。庙荒村还开展"好媳妇、好婆婆""最美黄华人""星级文明户"评选，通过树立榜样，广泛宣传先进事迹和榜样行为，营造良好的社会氛围，发挥良好家风家训的教育作用。创作了村歌，举办了万人采摘节、金秋美文赏读会、重阳节饺子宴、女子书法大赛等富有地方特色的文旅主题活动20余场次，在全村掀起弘扬正能量的"正气之风"。举办采摘节、书画比赛、传统庙会、美食节、网红大会、"庙荒八景"摄影大赛、登山比赛等各类活动，丰富村民文化生活的同时，也吸引了周边县市和省外大量的游客前来参观学习。

七、党建引领，党旗映红新庙荒

庙荒村坚持以高质量基层党建引领脱贫攻坚，而高质量脱贫攻坚又推动了高质量党建，增强了党支部的凝聚力、战斗力、号召力，成为带领群众脱贫致富、发展振兴的坚强战斗堡垒。村"两委"班子选优配强，村"两委"干部由原来的3名增加到5名。扎实开展"两学一做"常态化学习教育，全面落实四项基本制度建设，为共产党员户挂牌、配发党徽、亮明身份，增强荣誉感，永葆先进性，筑牢基层党建堡垒，为庙荒村快速发展提供了强大政治保证。村党支部坚持每周一次集中学习，认真学习习近平新时代中国特色社会主义思想、上级决策部署和各项利民惠民政策，以学习促进能力提升，以能力提升推动工作开展。投资建设便民服务中心，实行干部轮班、事项代办、方便群众、服务百姓。对事关群众切身利益和群众普遍关心的问题，坚持"四议两公开"工作法，如征地、修路、低保等全部实行民主决策，及时公示公告。通过"党建+"载体，即"党建+贫困户+帮扶单位+产业扶贫"，党员干部与贫困户"一帮一""多帮一""结穷亲"，困难群众积极主动参与，发挥了主力军作用，凝聚了脱贫攻坚强大合力。

八、乡村振兴，庙荒奋进新时代

"生活环境大改变，不出村子有事干"，是脱贫后庙荒村村民的真实写照。今天的庙荒村已发展成为红旗渠畔耀眼的明珠，先后被授予"国家2A级旅游景区""河南省乡村旅游特色村""河南省最美乡村""河南省卫生村"等荣誉称号。国家和省市主要领导来庙荒村调研指导时，对庙荒村的基层党建、脱贫攻坚、乡村振兴、精神文明建设、生态文明建设等方面，给予了充分肯定和高度评价，《人民日报》、新华社、中央电视台、中国新闻社、《河南日报》、河南广播电视台等主流媒体，多次对庙荒村的建设发展经验进行了采访报道。

人人动手创一流，户户参与当先进，是庙荒村民的新生活新风尚。崭新的庙荒，正变得越来越美。党旗飘扬风帆劲，颂歌唱响庙荒村。在以习近平同志为核心的党中央坚强领导下，在省、市、县领导的关怀支持下，在黄华镇领导的倾力帮助下，发展中的庙荒村将进一步巩固脱贫攻坚成果，紧抓乡村振兴机遇，不忘初心使命、践行为民宗旨，为实现"美丽宜居幸福新庙荒"的目标奋勇向前！

岗上坡地生金，岗下画景变现

——鹤壁市淇滨区钜桥镇岗坡村全面小康大事记

"钟灵山岗人杰地，毓秀莽苍智慧坡。"鹤壁市淇滨区钜桥镇岗坡村位于鹤壁市淇滨区东部，是城市规划区外的保留村庄。村域面积有 410 余亩，全村有 320 户 1537 人，其中党员 52 名。全村有耕地 2419 亩、岗地 1800 亩。火龙岗三面环伺，民风淳朴，基础条件较好。国道日凤线沿村而过，北临市创新引领区鹤壁东区，市中心、京港澳高速鹤壁南出口、鹤壁高铁东站都在岗坡 10 分钟生活圈内，交通便利，地理位置优越。

一、文化历史及发展背景

北宋至和二年（1055），《通利军建浮图记》中有颜村称东颜村，因和西颜村对应而得名。

后因地处火龙岗主峰玉皇顶边缘，又名沿村。

明宣德元年（1426），出生于该村的王越官至兵部尚书，故称"王大人岗"，后又改为"王大人庄"。

清光绪八年（1882），浚县政区图中，王大人庄为西乡钜桥所辖65村之一。

后因王姓迁入浚县北大街，王大人庄因地势故，改名岗坡。

民国16年（1927），浚县政区图中，岗坡为第六区公所驻钜桥集所辖71个村子之一。

民国24年（1935），第四区公所驻钜桥，岗坡为其所辖107个村子之一。

1957年，设钜桥乡，岗坡隶属于钜桥乡。1958年改公社，1984年复改乡。

2008年9月1日，浚县钜桥镇调整建制，正式划归鹤壁市淇滨区管辖，岗坡村归淇滨区钜桥镇管辖。

岗坡村丘陵地（岗地）面积1800亩，占总土地面积的40%，因降水少、灌溉设施落后，农民长年靠天收，曾是远近闻名的穷村，一直以来也都是钜桥有名的"东大荒"。近年，在镇政府的带动下，村里积极种青山、引绿水、兴产业，发展乡村旅游，带动村民家门口就业。昔日默默无闻的村庄，如今摇身一变成了远近闻名的"明星村"。

二、美丽乡村建设发展情况

（一）深入开展村容村貌整治

从村庄路、水、电、气等方面入手，全力打造生态宜居乡村。道路硬化方面，新铺设南北大街柏油道路4000平方米，维修村南围村道路1000余平方米。外立面改造方面，主干道两侧进行民房挂瓦、刷白，统一样式，白墙黛瓦。绿化提升方面，街道绿化、房前屋后栽树造景,种植樱花、鸢尾、石榴等绿化树、果树6万余棵,铺设草皮4万多平方米。线路改造方面,对村内联通、移动线路进行规范处理,共规范线路6000米。景观打造方面,打造微地形景观带,修建景观渠800余米,沿村内主要街道打造具有岗坡特色的景观。雨污分流方面,高标准、全方位规划雨污分流管线。在全镇率先铺设污水管网6800余米,覆盖9条大街、12条小巷,使岗坡村实现了雨污分流。推进厕所革命,地面以下的改造项目由村委会负责,地面以上的改造项目由各户自行承担,全村共320户,完成改厕298户,改厕率达到了93%。实施垃圾分类。自2018年11月起开始实施垃圾分类处理,采取"服务外包+村民自治"模式,每户门口配置两个分类垃圾桶,逐户示范推广垃圾不落地和分类处理,每天对各户垃圾分类情况进行检查积分,按月汇总评比。经过整治后,村容村貌大为改观,整个村庄小桥流水、绿树繁花成为常态,实现了村庄"净、齐、美"。

岗坡党群文化广场

(二)科学编制村庄规划

结合城市近郊、区域地势等实际情况,聘请河南科技学院编制村庄发展规划,确定"以龙岗郊野公园为支撑,整合岗田林水等资源,建设'一园两轴八区'('一园'即龙岗乡村振兴示范园,'两轴'即东西向参观主轴线和南北向产业主轴线,'八区'即示范园包含的8个功能区),打造集生态修复、现代农业、科普教育、文化体验、旅游休闲于一体的都市近郊休闲区"。不断丰富业态,提升乡村旅游活力,将龙岗乡村振兴示范园细分为总部区、火锅区、亲子区、活力运动区、户外拓展区、交通转换区、民俗商业街、生态停车场8个功能区。目前已建成并投入使用的项目有渝派火锅公园、中式创意餐厅、活力运动场、"黄河之礼"休闲文创主题街区、兵之味户外拓展训练基地、龙岗欢乐世界大型游乐场、亲子乐园等,区域运营模式是镇国有平台公司资产入股、村集体土地入股、第三方专业运营公司技术入股,实现共同收益分成,仅2022年春节期间,就吸引游客23万人次,营业收入280余万元,直接带动村集体经济年增收100万余元,老百姓就业300余人。

(三)构建互促互赢产业格局

一是数字赋能助推传统农业转型。依托鹤壁农业硅谷数字化产业园技术优势,深入实施"互联网+农业",以饮马泉薯业合作社为试点,在红薯基地安装智能监控、小型气象站、土壤传感器等数字化监控设备,管理者借助手机就能全方位掌握红薯种植情况,数字化分析红薯生长、生产等数据,大幅提升土地产出率。同时,推动数字化便民惠民,联合新农邦集团建立益农合作社,依托京东、淘宝等电商平台进行线上销售，破解农产品销售难题。饮马泉薯业合作社负责人蒋冬琴介绍，在数字农业引领下，大幅度缩短了种苗育苗时间，2021年产脱毒种苗1.8亿株，年销售额9000余万元。合作社带动劳动力就业150余人，带动332户农户每户年增收1.2万余元。二是以点连片打造产业示范带。采用"点状先行、面状铺开"模式，按照"一村一业、一村一品"原则，以岗坡村为核心，带动枣林、郑常村等8个村延环补链、错位发展，连片打造龙岗乡村振兴产业示范带，带动沿岗8个村乡村产业发展。如，野猪泉村推进油葵、油菜、辣椒等高效经济作物深加工，老鸦章、耿屯、三里屯、马常村扣件来料加工、生产销售，带动周边村民就业和村集体创收。三是优化产业实现第一、二、三产业融合发展。积极调整种植业结构，转变群众传统种植观念，将五七路沿线的小麦、玉米改种为经济价值高、产业链条长且具有观赏价值的油葵、油菜花，每户每亩地可增收1000元，沿岗形成了产业观光示范带，中途建设观光小火车和观光驿站等项目，促进景观效益和经济效益双丰收。与此同时，政府主导自建油料加工厂，创建自己的品牌，通过自种、自榨、自销的方式，打通产业链条的上下游，实现第一、二、三产业融合发展。

（四）带动群众持续稳定增收

一是统一农家乐经营模式。探索"一道菜、两张桌、三间房"模式，全村统一一张菜单，每家专注做一道拿手菜，每家农家乐设两张八仙桌、三间客房。通过手机点餐小程序，游客可进入任意一家农家乐扫码点餐，接单农家做好菜品后统一送至游客所在的农家乐。目前，村里已经开办农家乐9家。2021年度，村民张月拿手菜红烧肉销售收入近5万元。村里经营第一家民宿的崔红娜说："把家里的房间按宾馆的规格改造成了标间,开业不到一年就有4万多元的收入。"二是探索村企共建模式。与社会企业建立长期合作关系,互帮互助不断巩固拓展脱贫攻坚成果同乡村振兴有效衔接,带动群众多渠道就业,持续增加群众收入。如,将龙岗人文小镇交由飞仕达公司运营,发展城市近郊旅游业;将油葵等高效农作物种植交由河南助农公司统一管理,发展高效农业与农副产品深加工;鹤壁国立光电有限责任公司为游客提供贴心实用的光电体验,与村里形成风险共担、利益共享的合作机制。三是引导社会参与模式。鼓励引导农业产业化龙头企业、社会资本以及广大群众积极参与乡村振兴,引入有稳定收入来源的产业项目。如,采取"村集体土地入股、国有平台公司资产入股、项目运营公司技术入股"运作模式,创建村集体所有、经营形式多样的"火锅公园""亲子乐园""萌宠乐园"等经济实体,村集体以土地入股形式占股22%,年底按收益进行分红,带动村集体经济稳步增长。

如今的新岗坡,白墙黛瓦的民宅错落有致,道路两旁摇曳着格桑花,路灯杆上悬挂的红色中国结在蓝天白云的映衬下格外显眼。占地5200平方米的"火锅山"上假山飞瀑、小桥流水,树木成林、环境清幽,11栋巴渝风格的小木屋古色古香,每天都吸引着大批游客前来感受"坐在公园里吃火锅"的新奇体验。岗下"风景变现",数百把油纸伞掩映着永远热闹的商业街区,碧草如茵的足球场和崭新的篮球场上每周都进行各类文体活动,荒地上种起十里桃林,春天山花烂漫、秋日硕果累累。产业的发展为村民提供了更多的就业岗位。仅在"火锅山"打工的本村村民就有63人,人均月收入2000元。看着家乡越来越红火,许多原本在外地打工的村民也纷纷返乡搞起了农家乐。

走在乡村振兴的大道上

——鹤壁市淇县青羊口村全面小康大事记

站在金牛岭的半山腰上,可以俯瞰整个青羊口村。

一排排整齐的街道、屋顶上发着光的太阳能板、翠绿的麦田、忙碌的项目工地……每一处每一景都彰显着青羊口村的朝气与希望。

7年前,这个男人连媳妇儿都娶不到的小村庄,满目土色、污水横流,一阵风刮过,尘土漫天。这个当时好似是被人遗忘的村子,人均年收入只有不到2400元,贫困发生率11%,是远近闻名的穷村、差村。

"谁愿意自己的村子穷、自己的村子差呢?"青羊口村党支部书记、村委会主任裴飞翔感慨地说,"那几年,青羊口村的村民都憋着一股劲,大家都暗暗下定决心,一定要把村子建好,把日子过好。决心是有了,缺的就是机遇,没有人支持也是白搭。"

幸运的是,机遇很快就来了,因为脱贫攻坚战打响了,在党和政府的支持下,市、县有关部门派遣了驻村第一书记、驻村工作队,青羊口村"两委"有了好帮手,与广大党员群众一起,精准扶贫、倾力帮扶、引进项目、争取资金、美化家园、改良民风,青羊口村发生了翻天覆地的变化,摘掉了贫困村的帽子,走出了青羊口村自己的全面小康之路。

一、扶贫路上，从来都没有坦途

（一）裴学喜

说起扶贫，就不能不说脱贫户裴学喜。用青羊口村老百姓的说法，裴学喜是村里有名的"老歪"。所谓"老歪"，也就是不走正道的人。

"那时候俺打牌，牌场上没少输钱。"说起当年，裴学喜有点不好意思。本来已经够贫困了，家庭条件已经非常差，住的还是破破烂烂的泥瓦房，除他自己疾病缠身外，他的妻子也患有精神疾病，生活都无法自理。后来因为他喜欢打牌，经济条件更差了。

"总书记要求，脱贫攻坚不能落下一人。当时的村干部、帮扶责任人和我都没少想办法，想让他戒掉打牌的毛病，一开始没有效果，后来还是从他女儿身上入手，才算找到了方法。"鹤壁市发改委时任第一书记孙国玉笑着说。

原来，裴学喜只有一个女儿，马上该找对象了，村干部一商量，觉得是个不错的契机，就对裴学喜说："你是贫困户，本身打牌就不对，现在你因为打牌出了名，回头你女儿想找婆家，可是不好找啊！"

裴学喜听了这话，有所触动，后来又经过几次劝说，就再也不打牌了。改了打牌的毛病后，村里又帮助他实施了危房改造，申请了小额贴息贷款，搞起了副业，现在的裴学喜，已经成了村里的脱贫明星。

"一旦贫困户的内生动力被激发了，距离真正的脱贫就不远了。"裴飞翔说。

（二）裴秋平

第一次见到裴秋平，鹤壁市发改委驻村第一书记张国彪就印象深刻。

"当时我正在村里走访，看见她骑着摩托三轮车，风尘仆仆的样子好像很有故事。"张国彪回忆说。

果不其然，裴秋平的大儿子当年出过车祸，落下了终身残疾，生活无法自理，她和老伴年龄也大了，除种地外，只有通过打零工挣钱，虽然有时候小儿子会帮衬，但日子仍然过得紧巴巴的，是脱贫的难题之一。

"后来有一次，她到村委会找村主任要工钱，我以为是一笔不小的数目，没想到只是有段时间村里整治环境，用了她的板车，说好给她算一人工资，也就200块钱，结果后来一直没给。"张国彪感慨地说。

因为200块钱，就让她牵肠挂肚，让张国彪很受触动，他心想，关键还是群众收入太低，提高收入是解决问题的根本。

他后来在村里的会议上提到这件事，了解到裴秋平有养殖经验后，决定为她争取小额贴息贷款，发展养殖产业。裴秋平知道消息后很高兴，贷款到账的时候，她专门起了个大早去买小羊羔。

现在，经过精心的经营，她已经有了30只羊的养殖规模，收入水平有了很大的提高。

"俺的理想是有一天能养100只羊，自己也当当老板。"裴秋平大笑着说。

(三)宋纪生

"党的政策就是好,真是解了俺的燃眉之急,太暖心了。"宋纪生擦了擦眼角,感动地说。

宋纪生做梦也没想到,下雨下坏的房子,党和政府会拿出补贴款给他修。

他是村里"有名"的脱贫户,2021年5月释放出狱,刚出狱没多久,就和媳妇离了婚,两个孩子的学业、家庭的重担一下子压在了他的身上,他一开始有些迷茫,后来在村干部和朋友的劝导下,他坚定了信心,在周边城市干起了砌砖活,收入不低,只要肯干,生活准会有起色。

没想到,2021年的"7·20"洪灾给了他当头一棒。

"当时雨越下越大,我们经过排查,有几户家庭存在风险,需要撤离到安全区域。我们挨家挨户去通知,宋纪生家也在撤离范围内,他和孩子们一起到他哥哥家居住。"裴飞翔说。当时走得急,也没有带多少东西,后来大雨停了之后,宋纪生回到家里发现,房子已经漏雨漏得没法住人了。

"后来镇上安排人来给俺鉴定,给定了D级,要俺拆房,俺当时都急了,我这条件哪有钱建新房啊!"宋纪生说。

急也没办法,D级危房不能住人,裴飞翔一边给他做工作,一边联系镇上,向镇上说明他的情况。

"镇领导很重视,立即给安排了灾后重建农房资金4.8万元,后来又给特别申请了2.5万元的补助资金,支持他新建房子。"裴飞翔说。

上级资金的支持,给宋纪生吃了定心丸。他又求助亲戚帮助,借了一笔资金,终于重建了房子,算下来,自己实际没有花多少钱。这一切,都要得益于党的好政策。

"以后俺更要努力,党和政府对俺这么好,俺一定要干出个样子来,把孩子养大,把日子过好!"宋纪生信心满满地说。

二、没有产业,小康就无从谈起

全面小康不只是广大村民的小康,也是村集体的小康。村集体要想小康,完全要依靠发展产业。

把时针拨到 7 年前,那时的青羊口村,集体经济年收入只有 4.5 万元,这点收入,要承担村里的各项开支,实在是捉襟见肘,更别提为老百姓办点儿实事了。

但短短的 7 年时间,青羊口村的村集体年收入就增长到了 19.5 万元,相比 7 年前增长了 3.3 倍。这要说到青羊口村的"三引"。

第一引:引进果园盘活资产。

"多年之前,有外来客商在我们村南部投资建设了一个果园,当时承租了村集体的 100 亩土地,租金也便宜,每亩地每年大约 280 元,一年租金大概 2.8 万元。"裴飞翔回忆说。

如果果园运行好,村集体也可以一直受益,但没想到,原来的果园开了没几年就不行了。果园倒闭之后,村委会连这点儿集体收入也没有了,只能靠一点土地租金维持。

那段时间村集体过得很难,要想改变这种状况,只有"走出去",去主动找人来租。当时的村"两委"明确了目标,开始多方联系客商,积极争取县、镇的支持,引进了裕丰果业承租了果园。

"不光果园盘活了，当时我们积极与裕丰果业商议，根据市场行情重新议定了租金的价格，改为每亩地每年650元，这样，村集体的年收入一下子增加了6.5万元，大大减轻了村集体的财政负担。"时任村委会主任宋学洪回忆说。

村委会初次尝到了发展产业的"甜头"，为接下来的"第二引"打下了基础。

第二引：引进光伏群众受益。

村集体的收入增加了，但村集体产业还是一片空白，这与打赢脱贫攻坚战的要求还相差很远。

"当时周边有些村已经开始建设酒厂、养鸡场等集体产业，俺村没有什么特色产业，在发展势头上有点偏弱，村干部的劲头就被激发起来了。"时任村党支部书记耿小华笑着说。

为持续壮大村集体经济，2017年，青羊口村积极向帮扶单位鹤壁市发改委汇报对接，借助帮扶单位的资源优势，抓住了项目的发展机遇，争取了210万元节能减排资金作为村集体股份，与河南欧斯滕光伏电力发展有限公司以及部分村民，以6∶3∶1的比例，采取"村集体+村民+新能源企业"的出资模式，共同成立了淇县鸿光光伏发电有限公司，并通过租赁村民的空闲屋顶，投资700万元建设了总规模1兆瓦的"新能源公社"项目。

"目前我们这个项目已经累计发电超过200万度，青羊口村集体分红已经达到20万元。"淇县鸿光光伏发电有限公司负责人冯智全介绍说。

"不光村集体能够得到分红，参股的7户群众也可以根据发电量得到分红。同时，我们这个项目租赁了老百姓的闲置屋顶，出租屋顶的老百姓平均每年也可以得到2000元左右的租赁收入，这其中就包括14户脱贫户，有很好的带贫效益，可谓一举三得。"裴飞翔介绍说。

"其实在项目建设之初，村民们并不支持，大家一是担心安全问题，二是担心收益问题。后来，为了推进项目，村集体专门把自己的分红拿出来一部分，奖励参与建设的村民，这才促成了项目的顺利建成投产。"张国彪说。

第三引：引进养殖增加收入。

扶贫产业不能拘泥于形式，要根据形势予以调整。

2019年，青羊口村争取了30万元资金，建设了3座种植大棚。大棚建好了，但是配套设施没有跟上，所以一直没有出租。

"当时很是费神，一直找承租方，但是一看没有路、水、电等配套设施，人家就不租了。"时任村委会主任裴海青说。

扶贫项目长期无法出租，就没有经济效益，脱贫群众就无法享受到项目带来的效益。后来，这个问题没有持续多久，就迎来了转机。

既然搞种植不行，那么搞养殖行不行？张国彪与村干部立即向上级汇报，申请将大棚的使用属性修改为养殖，并争取到了15万元配套资金，修建了道路等配套设施，同时在北阳镇领导的协调下，引进了鹌鹑养殖大户，承租了3座大棚，每年为村集体增加了3万元的收入，问题得到了圆满解决。

青羊口村的这三"引"，不只使集体收入增加了，更是做好精准扶贫、打好打赢脱贫攻坚战的生动实践。

三、村里变美了，人心更齐了

全面小康，不只是群众收入水平的提高，更是人居环境的持续改善。

7年前的青羊口村，入眼没有什么绿色，没有下水道，没有污水管网，谁家一洗衣服，街道就变成了小河。

"那时候村里环境很差，荒废的宅基地杂草丛生，垃圾遍地，污水到处乱流，残垣断壁随处可见，外村的姑娘都不愿意嫁到俺村。"裴飞翔感慨地说。

青羊口村环境的差，村干部看在眼里，村民们急在心里。特别是脱贫攻坚战打响以来，大家的收入越来越高，对生活环境的要求也越来越高，谁也不愿意生活在脏乱差的环境里。

但环境的改变，需要一个契机。这个契机，张国彪看得很清楚。

"前两年修建扶贫路的时候，扶贫路东有一排房屋需要拆除，当时赔偿款已经赔付过了，房子一直没拆，既影响村容，又让其他村民不满意。我当时打算从这个上面着手。"

之所以没有拆除，是因为那排房里有党员的房子，党员不带头，普通村民都不愿意拆。

弄清楚这个原因，张国彪带着村干部连续去给党员做思想工作，终于得到了那名党员的支持，他带头拆除房屋后，其他的房子也迅速拆除。

后来，村里又争取了20万元的资金，对扶贫路两侧进行了美化，村容村貌立马得到了改善。尝到了这个甜头，村民们都很支持人居环境整治工作。

2021年以来,村里连续投入了数十万元资金,争取了森林乡村建设项目,种植了景观树、果树等8000余棵,打造了"邻礼菜园"60余处,街心小游园4处,大幅提升了村容村貌水平,人居环境得到了很大的改善。

"现在俺村就跟花园一样,没事儿了去逛逛小花园,去公园散散步,花一开,满村都是香的,跟之前比,真是一个天上,一个地下。"村民裴炳琪感慨地说。

四、走在乡村振兴的大道上

青羊口村的脱贫攻坚战成果丰硕,2021年,全村人均年收入达到1.1万元,比2015年增加了358%,贫困发生率降为0,取得了脱贫攻坚战的圆满胜利。

青羊口村的全面小康已经实现,乡村振兴的画卷也已经徐徐展开,但发展任务仍然很重。

作为市里确定的乡村振兴示范村之一,近两年青羊口村将投资500万余元,对村庄的基础设施进行进一步完善,并将进一步壮大村集体经济,建设"青羊口村小商品交易中心",继续探索发展特色产业,为将脱贫攻坚成果与乡村振兴有效衔接打下坚实基础。

"不发展就会被抛下,以前的成绩已经成为过去。未来,我们青羊口村将更加美好。"张国彪说,"党中央提出'五大振兴',产业振兴、人才振兴、文化振兴、生态振兴、组织振兴,青羊口村的各项事业与'五大振兴'还有很大的差距。作为全市的乡村振兴示范村之一，青羊口村也将狠抓政策机遇，推进村庄振兴，并必将在我市的乡村振兴试点示范工作中发光发热，为探索乡村振兴发展模式贡献力量。"

除乡村振兴示范村项目之外，2022年，青羊口村还申报建设了总投资236万元的养殖项目，预计2022年5月底建成投产，届时将为村集体增加15万元以上的年收入。

"下一步，我们将在上级的正确领导下，以建设乡村振兴示范村为契机，大力弘扬脱贫攻坚精神，关注支持脱贫人群生产生活，确保不出现返贫现象，并积极争取政策和资金支持，加快推进项目建设，探索发展乡村旅游、特色养殖等产业，持续巩固脱贫攻坚成果，为全面推进乡村振兴开好头、起好步。"裴飞翔说。

好制度好思路助推乡村蝶变

——新乡市延津县石婆固镇南秦庄村全面小康大事记

我的家乡名字叫南秦庄，位于新乡市延津县城西北约十公里处，现隶属延津县石婆固镇。南秦庄西临著名作家刘震云笔下的塔铺，北临黄河故道森林公园，县道贯穿村内，位置优越，交通便利。

南秦庄地处黄河故道，沙质土壤，农作物以小麦、玉米、花生、红薯为主，品质优良。全村人口1158人，耕地面积1800余亩，分4个村民小组，党员34名。

一、南秦庄村村史及成就

明末清初，南秦庄与东秦庄、西秦庄同属一个村庄——秦家庄，约180年前，由于沙压村庄原因，村民被迫从原址迁移，渐成三个秦庄，按方向论，分别称南秦庄、东秦庄、西秦庄。

随着人口的繁衍生息和外来人口迁入，南秦庄渐成一个千人以上的村庄。其中秦姓人口占80%，其他姓氏分别有姚、陈、杨、高等姓。诸姓之间，互帮互助，和睦相处。

2019年，南秦庄村被定为石婆固镇唯一一个河南省乡村规划千村试点村，同年，又被评为新乡市"美丽庭院"示范村；2020年1月被评为2019年度乡村振兴工作"产业富镇先进村"和"生态美镇"先进村；2020年6月，村支部被评为"先进基层党组织"；2020年7月，被河南省妇联、文明办、农村办、住建厅等部门联合评为2018—2019年度河南省"美丽庭院"创建示范村。

2020年9月，南秦庄村在全县率先完成"三变五合"土地整合工作，为着力打造特色田园综合体，开展美丽乡村建设，打下了坚实基础；2020年12月5日，南秦庄村"三变五合"第一次分红大会在村委党员活动室举行，分红股东60多户，分红金额32万余元。

二、南秦庄有一套好制度

南秦庄村新的党支部成立之初，村"两委"就建立健全了村干部工作制度、坐班制度、党员干部会议制度、村务公开公示制度、一事一议制度、党员干部网格化管理制度等一系列规章制度。并将各项工作制度向村民透明公开，实现了村内事务规范化、制度化、科学化管理，同时坚持"遇事勤商量"的工作原则，遇到重大事项、困难事项，必须通过"四议两公开"，按程序进行，其他事项按照小微权力运行程序认真处理。形成了团结协作、务实高效的工作作风，使村里各项事务真正做到了公平、公正、公开、科学、合理、规范。

村"两委"定期召开月末例会，召集全体党员干部、群众代表参加联席会议，由党支部汇报近期工作，规划下一阶段工作方向，并邀请党员、群众代表发言、提意见，将群众的心声和诉求信息，传达到村"两委",为拓宽工作思路提供动力和源泉。

只有铁班子才能带出硬队伍。南秦庄村"两委"班子健全,政治生态良好。日常工作中保持政治理论学习常态化,充分利用书籍、网络等渠道完善知识结构,提高工作的能力。注重廉政建设,增强拒腐防变能力。

2020年春节期间,面对突如其来的新冠疫情,按照上级部署,南秦庄迅速组成以驻村工作队、村党支部为统领的领导小组,党员干部站到了第一线;2月26日,对疫区归来和其他外来人员进行14天隔离。值班的党员干部24小时坚守岗位,充分彰显了党组织的先进性。

三、南秦庄村有一个好思路

经过多次论证,南秦庄村理出一条适合村庄全面发展的新思路:大力建设田园综合体,调整种植结构,多业并举,全面发展,大力提升村集体经济。

(一)大力打造高效农业

做强一产、做优二产、做活三产,推动农业由平面扩张向立体拓展,形成资源有效利用、功能充分发挥的现代农业产业体系。

南秦庄村地处黄河故道,沙土质,非常适合瓜果生长。以村内国泰农业合作社为依托,鼓励群众发展瓜果种植业,并选定附加值高的绿宝甜瓜进行种植。这种甜瓜甜度高,外形美观,香味浓郁,口感好,上市早(一般4月即可上市),深受消费者青睐。种植绿宝甜瓜，每亩收入一般可达1.5万—2万元，相当于种植粮食作物的10多倍。为了提高群众的积极性，村里在土地、资金、贷款、宣传、销路等方面提供大力支持，并鼓励合作社负责人徐敏积极为群众提供技术和销售方面的服务。历经数年的滚动发展，现在村里已发展出甜瓜大棚60座，占地300余亩，群众每年增收500余万元。其他瓜果蔬菜大棚种植面积200多亩，注册的"绿宝"甜瓜闻名全县，享誉豫北，除牢牢占领本地市场外，还在郑州、新乡、安阳等地声名远播，进入高端市场新乡市胖东来等大型超市，产品供不应求。注册的"南秦庄"商标品牌，已投入使用。现在，甜瓜种植已成为南秦庄的一项支柱产业，村里还计划进一步扩大种植面积，力争在一两年内将种植面积扩大到500亩左右。

（二）实施废旧沟渠整治

南秦庄村在发展的道路上，始终坚持人与自然和谐共生。统筹村内沟渠河塘系统治理，以绿色发展引领乡村振兴。

2017年4月，村"两委"干部带领党员、群众代表首先改造了300米长的废水河沟，从村南河道里引进活水种植莲菜，放养鲇鱼。当年全村按人头每家都分得了莲菜，剩余部分拉到市场上销售，村集体一下子增加了2万元的纯收入。全村干群备受鼓舞；2018年又改造废水河沟600余米，村里的一个垃圾场也改造成莲菜池；2019年再次将村南、村西改造的莲菜沟，沿沟岸2000米种上果树，改造村北五支河500米用于养鱼、种莲菜；2020年3月新增加莲菜沟500米。臭水沟变成了风景带，一出门绿荷满池，花香扑鼻，村里的变化让广大村民们看在眼里，喜在心里。群众看到了希望，干部铆足了干劲。现在，南秦庄已经把全村剩余废弃水沟全部种植上莲菜，总长度可达 4000 米，仅此一项可使村集体收入每年增加 5 万元左右。

（三）狠抓环境卫生综合治理

南秦庄村在上级部门和驻村工作队的大力支持下，先后筹措资金 100 余万元，铺设硬化村内道路总长度达到 5 公里，实现了通村公路全部硬化；投资 200 余万元，铺修下水道 6000 米；专门建立了南秦庄污水处理站，生活污水进入处理站统一处理；投资 100 多万元，大抓村庄美化，道路两侧栽上桃、梨、柿子、葡萄树，改造成文化墙、廉洁墙、党建墙等；安装路灯 150 余盏；栽植绿化行道树 1200 余株，铺栽绿化带 6000 余平方米。村内街道做到每天清扫一次，全天保洁。同时在村内主要道路两侧安放塑料栅栏。积极推进厕所革命。下一步计划将建筑垃圾送到专门的建筑垃圾处理场，实现再生再利用；树叶、杂草、秸秆统一打捆送生物发电厂使用；鸡粪、猪粪通过发酵制成有机肥料。规划养殖小区，争取在短时间内养殖户全部搬进养殖小区。

现在的南秦庄村内，实现了三季有花，四季常绿，街道干净规整，村容村貌焕然一新。

（四）稳步推进"田园综合体"建设

南秦庄村在镇党委政府的大力支持下，重新整合了村内的承包地，规划种植小区和养殖小区。目前种植小区已入股承包耕地 600 亩，通过土地合作社向外发包，每年可增加集体收入 3 万元；整合土地量增加了 60 亩，作为村集体资产每年可增加收入 5 万元。村北设养殖小区，通过土地置换将村内养殖户全部集中到一块，计划到 2021 年年底将养殖户全部搬进养殖小区。还规划对村北 40 亩老槐岗进行改造，逐步改造成儿童乐园。

在村西打造百果园，按照整体规划，全村所有种植果树的农户重点向村西发展，既成方连片，又便于交流管理。目前已种植上雨露香梨树、桃树、李子、苹果、软籽石榴等品种 2000 余株，总面积约 200 亩。植物采摘园已具雏形。

在村南河堤上打造葡萄长廊，长度为 3 公里，2020 年春天已将河堤整平，种植阳光玫瑰葡萄 2000 多棵，长势良好，预计 2021 年可以搭建长廊，形成绿色廊道，届时即可吸引人们观光游玩。

在村南是成方连片农田，通过土地流转或入股形式，完善路林河渠网络，形成机电配套灌溉条件，打造现代化高标准农田。由原来的传统种植逐步改造成有机农业，大力调整种植结构，实现无公害绿色农产品种植，增加经济效益。计划总投资约 200 万元。

南秦庄村民在田间劳作

(五)狠抓精神文明建设

南秦庄在小学围墙、卫新路两侧家庭墙面上绘上群众喜闻乐见的图画,宣传中国优秀的传统文化、村内好人好事等。在村小学的围墙上书写了传统文化读物《弟子规》的部分篇章,在村委会墙面上书写了传统文明礼仪宣传语,在村主干道部分墙面上书写了村民规范制度等。倡导优良社会风尚、社会正能量,积极宣传劳动模范、先进典型,助推爱老敬老良好风尚,构筑全村敬老养老、互帮互助的好风气。

教育、医疗卫生等基础设施逐步完善。在村委会建成了儿童之家、电脑室、图书室等,供青少年和广大村民学习娱乐使用。在村中心建成了卫生院,方便村民看病就医。

村里成立了红白理事会,村民遇到红白事儿,待客规模、标准都有明确规定,每年都可为群众节约大笔资金。

(六)抓好法制教育

村"两委"定期不定期利用广播、板报、党员会、群众代表会、以身说法、以案说法等形式,引导教育村民学法、懂法、守法、用法。南秦庄还健全了警务室、矛盾纠纷调解委员会、孝善理事会、村民议事会、禁毒禁赌会、道德评议会等基层治理组织,力争小纠纷不出村,大纠纷不出镇,将各种矛盾化解在基层,确保了社会稳定,促进了经济发展。南秦庄已经连续多年未发生一起刑事治安案件,连年被镇、县评为社会治安管理先进村。

四、"三变五合"增动力

按照上级部署,南秦庄村自 2019 年下半年开始,以"三变五合"("三变"即农村资源变资产、资金变股金、农民变股东,"五合"即组建资产股份合作社、土地股份合作社、劳务股份合作社、三次产业融合股份合作社、房屋股份合作社)为切入点,积极推进农村产权制度改革,探索拓宽村集体收入路径,采取多种措施,增加集体经济收入,激活了内生动力,为全县稳步推进农村五项改革树立了榜样、积累了经验。

(一)"三变五合"点燃了农村产权制度改革的激情

南秦庄村是延津县最早被确定为实施"三变五合"改革的三个试点村之一。南秦庄村本着"资源变资产、资金变股金、农民变股东"的"三变"原则,在全国著名农改专家卢水生教授的亲自指导下,于 2019 年 10 月 30 日正式挂牌成立了五大合作社。通过一系列农村产权制度改革,先后收回集体土地 146 亩,仅此一项村集体每年就可增加经济收入 10 万元;整合开发利用村内外排水沟渠及坑塘,合计面积 15 余亩,全部种上了莲藕,不仅美化了环境,而且还为村集体增加了收入。

(二)清理不规范合同,推动农民承包地"三权分置"

南秦庄村巧借农村不规范合同专项清理的东风,将多年前分包出去的 146 亩林场耕地收归村集体所有,在公开公平公正的前提下,通过竞价方式向村民对外发包,增加了村集体收入,增加了村里办事的透明度,平衡了部分村民的心态,舒缓了部分村民的积怨。为鼓励村民发展集约经营和高效农业种植,村委会于2019年年底从收回的146亩耕地上专门划出20亩蔬菜大棚区,重点扶持高端瓜果蔬菜种植。其后,南秦庄村的绿宝甜瓜和彩虹西瓜广销省内外,每亩大棚最高收益达到2.6万元。村民看到种植高档瓜果能挣钱,竞相在村北建设蔬菜瓜果大棚,村民之间土地流转承包价格也从以前的每亩800元提高到了1200元,无形中提高了土地价值,增加了农民收入。目前,全村已建成日光温棚60多座,占地300多亩。

值得一提的是,村里通过土地股份合作社吸纳村民自愿入股,入社土地现已超过600亩。村里准备通过置换方式将这600亩耕地整合在一起,平整沟塘路渠,进行规模经营。届时将会产生50亩以上的"量差"和200元左右的"价差",仅此两项,村里还会增收6万—8万元。

(三)因地制宜,平稳推进农村宅基地改革

南秦庄村259户人家,共有宅基地287宗,其中一户多宅28宗。围绕如何确定"一户一宅"基础面积,村里群众起初意见不一。后来在镇党委的指导下,村党支部启动了"4+2"工作法,先后通过党支部提议、村"两委"商议、党员大会审议、群众代表决议四个程序,最终确定"一户一宅"标准面积为352平方米,低于或等于352平方米的宅基地不纳入有偿使用费征收范围,高于352平方米的宅基地则需按每平方米2.5元征收有偿使用费。该决议目前正在公示,实施结果届时也将全部公开。截至目前,村里已收回五保户宅基地1宗0.6亩,收回空闲院2宗1.3亩,回收"一户多宅"4宗2.5亩。

（四）资源整合，筹备农村经营性集体建设用地入市改革

延津县县级公路司塔线东西横贯南秦庄，使村庄商业发展优势明显。南秦庄村计划整合全村收回的宅基地，通过置换集中到县级公路两侧对外租赁，待具备条件后再进入集体建设用地入市交易程序。另外，村东路北现有村集体建设用地1800平方米，村委会正在通过县自然资源局完善相关用地规划手续，筹备经营性集体建设用地入市交易。

（五）及早规划，大力推进土地综合利用综合改革

南秦庄村是延津县开展村级发展规划的第一村。南秦庄村利用本村村民秦守亮在深圳开设品盛景道规划设计有限公司的有利条件，于2019年6月率先完成了全村未来10年的发展规划。该规划不仅为南秦庄村规划出了住宅区、商业区、文化休闲场地、公共厕所和幼儿园等功能元素，还围绕村庄设置了5公里长的自行车慢骑道、4000米莲花围村景观带、3000米环路葡萄长廊。此外，该规划还在村北设计了600亩高档瓜果种植基地，村南村西设计了400亩小果林采摘区，在村北规划了200亩畜禽孵化养殖区。目前，村"两委"班子正在围绕该规划全力打造"出门见绿、移步换景、春天看花、夏秋摘果"的美丽乡村风景线。

（六）成立劳务合作社，多方增加群众收入

多方动员村内无技术、无资金的闲散劳动力，加入劳务合作社，在村内外承担劳务工程。目前合作社社员已达96人。现已

承接的工程有南秦庄太阳能路灯安装、东史庄路缘石安装等工程。让村民忙时干农活，闲时打零工，预计每个社员每年可增收1万元左右。

五、增收致富"有奔头"

由于土地瘠薄，农业基础设施落后，生产条件差，虽历经改革开放几十年的发展，南秦庄村内道路、照明、饮水、村容村貌等均大大逊于一些先进兄弟村。2014年，南秦庄村被镇党委政府确定为重点贫困村，认定建档立卡贫困户61户259人。村"两委"按照习近平总书记脱贫攻坚战略部署，结合村内实际情况，有的放矢，精准帮扶，取得了显著成效。经过几年的艰苦努力，目前全村贫困户已全部脱贫，其中村党支部通过"结对帮扶"活动，直接带动45户困难群众走上脱贫致富道路。南秦庄也顺利退出贫困村序列。

（一）因人施策，多策并举

引导有意向有能力的贫困户种植瓜果建大棚，免费提供技术培训，协调农商银行提供金融扶贫资金支持。依托国泰农业种植合作社，通过发展典型、提供技术支持、结对帮扶的路径，先后帮助10多户贫困户建起塑料大棚，拓宽增收渠道，帮助贫困户脱贫致富。

（二）建立激励机制

村内建立了扶贫超市，每周一、周六村干部带领贫困户对全村进行集中卫生大扫除,根据贫困户出勤率兑换积分,给予一定的物质奖励,从而提升内生动力,改善家庭生活水平。

(三)完善农业基础设施

争取上级扶持资金20余万元,对村里农田灌溉设施进行改造。新打机井20眼,配套电力、水泵等设施40套,开挖整修沟渠2000米,全村耕地全部实现旱能浇、涝能排,大大改善了农业生产条件。同时,解决了留守家庭灌溉难的问题,使在外务工人员能够安心务工,避免农忙时两头跑,减少路途开支。

农村是一片大有可为的天地,如今的南秦庄更是一片充满希望的热土,返乡创业正当其时,乡村振兴前途无限。

从"落后村"到"模范村"的华丽蜕变

——焦作市博爱县许良镇大新庄村全面小康大事记

暮春时节,行走在许良镇大新庄村会看到,湛蓝的天空下,一幅幅美丽画卷渐次展开:一条条道路干净整洁,一行行树木挺拔碧绿,一排排房屋整齐划一,一个个庭院洁净有序,处处洋溢着美好的时代带来的幸福。

大新庄村位于博爱县西北部,是晋东南、豫西北的接合点,属许良镇辖区,全村居民8000余人。其中,回族占总人口的80%,是回汉人民聚居的大村,占地面积1.3平方公里。全村共有耕地750亩,人均不足0.1亩。村里有三大私营支柱企业,即五马公司、奔龙制革、同豫兴马记烧鸡。

大新庄村是焦作市第二回族大村,有男女清真寺各三坊、三官庙一座,全村有6000余名回族群众信仰伊斯兰教。因为大新庄是河南赵派的发祥地,赵派弟子遍及全国各地,所以在宗教界有着很大的影响。同时,大新庄是武术界闻名全国的查拳发祥地,查拳创始人丁吉林大师将查拳传到周口地区,再传弟子先后将查拳传到湖北、上海、天津等地。为了发扬传承查拳精髓,大新庄回民中学专门开设了武术课程,现在该中学已成为焦作市武术特色学校。

2003年至今大新庄村连续被市、县、镇评为先进党支部、民族团结进步先进单位、省市"卫生先进村",村容村貌发生了翻天覆地的变化,由原来的后进村一跃跻身于全县先进村行列。

一、民族团结的典范——"邘新社亲"

因一场官司而延续500余年的回汉情缘"邘新社亲"的故事,在河南焦作地区广为流传。这是个发生在焦作沁阳市西万镇汉族村庄邘邰村和博爱县许良镇回族村庄大新庄村之间的传奇故事。"邘新"指的就是沁阳市邘邰村和博爱县大新庄村,邘邰村是汉族村,1万多口人;大新庄村是回族聚居村,8000多口人,回族占80%。"社亲"是村与村、社区与社区结成友好关系的一种古老形式,意思是像亲戚一样走动和交往。这两个村结社历史可上溯到明朝,当时在山西做官的陈知县是邘邰村人,他秉公执法,巧用智慧,使一位在当地做买卖的大新庄村民免遭杀身之祸。为感谢陈知县的恩情,大新庄村民备厚礼到陈知县的故乡邘邰村致谢,经双方族人商议结为社亲,自此两村世代友好,传承至今已500多年。

每年春节,是"邘新"两村群众最盼望最热闹的节日,几千人相互走动慰问,俗称"千人走亲戚"。现场彩旗飘飘、锣鼓喧天、鞭炮齐鸣,场面十分震撼。跑旱船、耍老虎、扭秧歌、武术表演、篮球比赛等活动,令人目不暇接,眼花缭乱。

两村干部座谈每年不少于4次,通过座谈的形式互相学习交流,在为民办实事办好事,加快新农村建设,共谋经济发展过程中起到了积极作用。

两村树立传统友谊纪念碑,签订了《两村睦邻友好协议》。通过保存两村回汉群众历年联欢活动影像资料、深入挖掘整理两村老人亲身经历的社亲友好感人事迹、深入开展民族团结"进校园、进宗教场所"活动等形式记录了两村的友好团结。目前，大新庄村投资10万余元出版了收录71篇记载两村之间各类民族团结和友好往来故事的《友情的力量》一书，并已广泛赠送两村村民及社会各界人士。

党的十八大以来，两村积极践行习近平总书记"中华民族一家亲，同心共筑中国梦"的重要指示精神，给古老的"社亲"活动赋予新的内涵，建立了民族宗教工作领导小组、民族团结进步促进会等，并将"邘新社亲"工作写入了"村规民约"。2007年春节期间，两村分别树立了"传统友谊纪念碑"、制作了"民族大团结"雕塑。2018年，邘邰村投资15万元建起了一条70多米长的"民族团结进步宣传长廊"，大新庄村从焦克路到友谊路修建了1.5公里长的"民族团结文化长廊"，营造了浓厚的民族团结宣传氛围。

回汉一家亲，兄弟鱼水情。随着"邘新社亲"影响力的扩大，如今，两个村先后和周边县（市）的13个乡镇、59个行政村结为友好村庄，民族团结一家亲的和谐前景正在深入人心、行稳致远。

"邘新社亲"2013年至2015年先后被市、省人民政府评为"非物质文化遗产"。同时授予村支部书记赵长礼为河南省"非物质文化遗产"代表性传承人称号，并颁发证书。2019年大新庄村荣获"全国民族团结进步模范集体"称号。

历史长河，斗转星移，总有一些事物随着时间的流逝而难觅踪迹。但是，博爱县许良镇大新庄村和沁阳市西万镇邘邰村，虽地处丹河两岸，相距10余公里，风俗习惯各异，但自明代结为"社亲"以来，情同手足，历经500多年风雨依旧世代友好，并且与时俱进，随着新时代的发展不断赋予其新的内涵，使"邢新社亲"历久弥坚，更加朝气蓬勃、充满活力，展现了新时代回汉一家亲的民族团结新风貌。

二、立足协调发展，共建和谐美丽乡村

搞好民族团结，是确保全村稳定的基础。大新庄村结合村内实际情况，为提高村民法治观念，化解内部矛盾，提出"五种关系"治村理论：一是村与村之间的关系；二是邻里关系；三是干部与群众的关系；四是回汉民族之间关系；五是权利与义务的关系。同时又提出解决两类不同性质矛盾工作准则：一是不要把两村个别人之间的矛盾上升到村与村之间的矛盾，二是不要把不同民族个别人之间的矛盾上升到民族之间的矛盾。多年来，大新庄村回汉群众和睦相处，生活习俗互相尊重，红白喜事互相帮助，邻里团结亲如一家。

大新庄村在改造修建男女清真寺、危房、殿堂时，汉族同胞也会自发地慷慨解囊，给予资助；汉族群众遇到困难时，回族群众也无私地给予资助，上述情况双方均有勒石铭记；回汉青年自由恋爱通婚的，目前已有200余户。

大新庄村是焦作市第二回族大村，全村有6000余名回族穆斯林群众，因此，清真寺是社会稳定的重要阵地。大新庄村坚持清真寺管委会换届审批制度，管委会成员由清真寺推荐候选人，上报村支部审批把关，让遵纪守法、德高望重、热心宗教事务的人去管理清真寺；坚持村支部组织召开寺管会例会制度，并向支部汇报本坊

教务管理工作；坚持每周五回族聚礼时，要求阿訇在讲解教义的同时宣传党的民族政策，牢固树立爱国、爱教的观念；坚决制止跨地区传教活动，防止宗教派系的产生和邪教的入侵，清真寺未经允许不得接待外来传教人员；清真寺管委会主任、阿訇要配合村"两委"协调工作，化解矛盾。由于支部对宗教阵地有专职干部的监管，十多年来形成了教务稳定无争执、上下团结促发展的稳定局面。

三、党建引领科学规划，提升乡村价值

大新庄村用地紧张，村委会的设计很重要，村委会的各项工作是面向老百姓的，不是关起门的，村内办公场所不宜封闭，应面向村民，应该敞开大门，把"邢新广场"和村委广场融合到一起，功能集聚、服务一体，这样才能和群众心连心。经村"两委"研究，报镇、县两级领导同意，计划在大新庄村奔龙皮革厂以北划拨 30 亩建设用地，打造新的党建综合体，计划总投资 700 万元，设计五个功能区（报告厅、邢新社亲展厅、村委综合办公楼、邢新社亲广场、幸福院），分三期建设。第一期计划打造报告厅、邢新社亲展厅、村委综合办公楼；第二期计划打造邢新社亲广场（包括舞台、雕塑、两个篮球场）；第三期计划打造幸福院。大新庄村依托"邢新社亲"文化底蕴，改善村庄生态，改善村民生产生活条件。

四、优化人居环境，让小康生活更美好

提起农村，人们首先想到的是道路泥泞，人居环境差，"晴天一身土，雨天两脚泥"，而党的十九大报告提出了"乡村振兴"的伟大战略，大新庄村在农村人居环境整治提升中解放思想，转变理念，发动群众力量，着力完善长效机制，通过开展环境整治、改厕改圈、设施配套、美化、绿化等整治行动，"里子""面子"一起抓，打造美丽宜居乡村，短短几年时间，村子发生了大变化。

一进村，首先映入眼帘的是村子里干净整洁的柏油路。俗话说，衣食住行是民生之本，兴产乐业是发展之需。在人居环境整治大潮中，许良镇大新庄村，瞄准目标、精准发力，全力整治路域环境。累计投资140余万元，完成了村内友谊路、主大街、十二米路共2.9公里的"白改黑"柏油铺设工作，有效改善了村内道路环境，进一步擦亮了人居环境整治"新底色"。

没有了土路，家家户户、街头巷尾实现亮化、美化，路宽了，干净了，孩子们穿着旱冰鞋，骑着滑板车开心地在路上玩耍，村里爱美穿高跟鞋的人多了，以前村里很少有人穿高跟鞋，因为很容易崴脚。这些都是修路之后人们生活方式的改变。

在晚上，最热闹的是村里的快走队，吃完饭后，村民三五成群地去走路，快走队成了大新庄村一道亮丽的风景线，劳作了一天后，人们放松地活动着身体，尽情释放着白天的烦恼和疲惫。

垃圾分类，人居环境不断升级。大新庄村将开展环境卫生整治工作作为推进美丽乡村建设、改善农村人居环境的重要抓手，在村

里,不仅路修好了,垃圾也不见了。以前还是土路的时候,一刮风,尘土、垃圾满天飞,人走在路上根本睁不开眼睛,现在,村子里有了清洁工,每天早晨按时清扫街道,在路上每隔一段距离放着一个垃圾桶,每家每户的垃圾都倒进了垃圾桶里,垃圾清运车每天及时清运垃圾,实现了街道清扫常态化,保障了村容的整洁、干净;同时,在绿化提升方面,在征求群众意见建议的基础上,按照"美起来、亮起来、绿起来"的原则,对各村背街小巷、空闲地、进出村路补植绿化,因地制宜着力打造"桂花街""槐花街"两条示范街。

"过去,我们习惯将生活垃圾随意倾倒在路边小沟里,蚊子苍蝇满天飞。现在村里干净了、美了,老百姓的生活也美了。"大新庄村村民闪柯说。

冲刺全面小康,补短板是关键,而农村的短板主要是住房条件。三年来大新庄村对老宅区进行规划改造,对危旧房屋进行拆除,解决了危旧房屋的安全隐患;解决近100户村民的住房紧张问题;同时,为补上短板,大新庄结合土地紧缺、宅基地问题突出情况,积极筹备建设安置小区,科学规划房子的设计、道路的设计、小区的绿化等,建一个漂漂亮亮的花园式新村,解决了84户村民的住房问题。

弘扬中华文化,树立文化自信,整治阿文标识。大新庄从根本上予以治理,改阿文为汉文,践行党员干部带头先行,老牌渐改,门面先行,背街随后;有条件的重刻汉字牌,没条件的统一绿色覆盖,村委统一购料;各街安排实施,利用大喇叭,加强对群众解释和宣传的力度,争取群众最大理解和配合。

在村民家里,变化最大的是厕所。旱厕不见了,取而代之的是水冲厕所,更符合现代人的生活要求。小厕所的改变,提高了家庭的生活质量，改善了村里的环境卫生面貌。

如今，村里先后拆除残垣断壁，硬化大街小巷，绿化村庄，安装天然气，整修饮水管道，完成"双替代"清洁取暖、"厕所革命"等工程，大新庄村实现了华丽"转身"。大新庄村，人美、景美、心更美！人们正乘着国家政策的东风，开启小康生活……

五、小丸子、大产业，小丸子开启致富之路

大新庄村是博爱丸子发源地。清真牛肉丸子的制作，在遵照民族传统制作程序的基础上，历经几代对不同产品和不同区域饮食习惯的适应，及时因地制宜对原料的选择和各种作料的配比进行调整，确保各类产品大众化、实用化。几十年来大新庄清真牛肉丸以质量促销量，在晋豫两省赢得了很高的声誉。

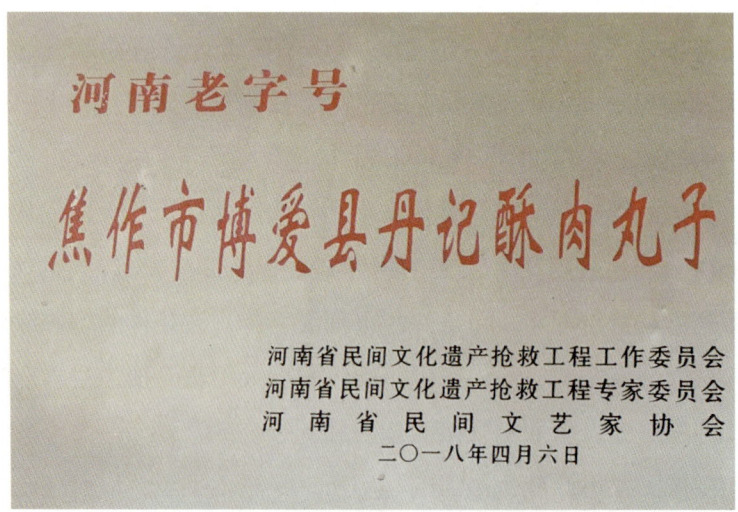

大新庄村是博爱丸子发源地

由于人均耕地少，近年，大新庄村"两委"、广大村民结合地域特点、传统产业，积极鼓励引导群众发展牛肉丸制作、汽车运输、餐饮等产业，特别是牛肉丸方面，经过多年的发展，已成为大新庄村经济发展的主导产业，全村从事牛肉丸生产、运输、销售相关产业的户数达到常住户数的40%以上，总产值达到1000万元以上，占全村生产总值的60%以上。

大新庄村牛肉丸，经过近年的发展，在生产加工、流通、销售等方面已逐步走向规模化、产业化，生产加工由原来的散户经营向大户化、企业化、品牌化转变，流通区域由原来的周边地区逐步扩展至焦作、济源、郑州、安阳和山西等地，销售模式也逐步变为真空袋包装、散装批发、煮售、礼品包装、电子营销，参考沙县小吃、兰州拉面等的经营模式进行转变，还带动了一批周边地区群众。

目前，大辛庄村从事肉丸相关产业的大个体户有20余户，企业有4家（同豫兴、拜师傅丸子、大槐树丸子、伊辉酥肉丸子），这些大个体户和企业目前已成为大辛庄村牛肉丸发展的龙头单位，在积极向外拓展市场的同时，带动大辛庄村散户发展牛肉丸产业，吸纳500余户群众务工、运输、销售。大新庄牛肉丸年产200吨，产值1000万元以上。

由原来的家庭作坊式改为由村集体统一配方、统一工序、统一管理，建设食品加工园，作为加工业转型的重要部分。家庭作坊式生产安全没有保障，食品质量也没有保障，分散的经营方式没有市场竞争优势。规划食品加工园，可以将有实力的作坊式企业统一规划，实现将来实质上融合形成一个大企业的计划，将村内产业做大，并且做到产业升级，提高自身科技含量，打造一个品牌。为了将这一传统产业全面推广，村"两委"计划在大新庄教育路以东划拨40

余亩建设用地，打造食品园区，计划总投资 1000 万元，建成 30 个标准化生产车间。目前，村委会已进行民意调查，全村 90% 以上的加工户愿意进入园区，初步的园区规划设计图已完成。依托食品产业园，群众参与度将会更大，群众收入将会更高。

美丽的大新庄村洋溢着青春的气息，散发着青春的活力，处处展示着环境之美、产业之美、人文之美。眼前大新庄和谐秀美的景象，不仅让村民们直言"日子舒心幸福"，也让许许多多外来参观者连连赞叹。

一个贫困村的蜕变

——焦作市温县武德镇亢村全面小康大事记

温县武德镇亢村地处温县、博爱、沁阳三县交界处，距镇政府所在地约7公里，北依沁河，南濒济河，西有五干排渠，特殊的地理位置，形成了独特的地理文化。全村有14个村民小组，889户3355人，耕地面积3700亩，人均耕地面积1.1亩。自20世纪70年代，亢村树立了"兴农办副业，脱贫建工厂"的发展理念，建起了农业试验站，初步实现了农业机械化。从1963年至1991年，村里相继建起油料加工厂、棉花加工厂、机械厂、小麦面粉厂等企业，这一现象在亢村到90年代中期达到了顶峰，之后每一步都是在走下坡路，工厂相继倒闭、关停，村里的百姓慢慢又走向贫穷。2014年，亢村被认定为省级贫困村，建档立卡贫困户166户758人，脱贫攻坚任务艰巨。

自2015年9月焦作市教育局和亢村结成帮扶对子以来，焦作市教育局驻村工作队以加强基层党建为引领，根据亢村实际，创造性地开展了一系列打基础、惠民生、利长远的工作，使亢村的党组织建设、产业发展和教育提升等方面都发生了可喜变化。亢村于2019年摘掉贫困村帽子，村里的建档立卡贫困户也于2020年全部脱贫，昔日十里八乡有名的"贫困村"变身为美丽和谐的"富裕村"。

一、聚力"党建+脱贫攻坚"推动乡村振兴

农民富不富,关键在支部;村子强不强,要看领头羊。2016年,王永富同志成为亢村党支部书记,给这个古老而年轻的村子注入一剂"强心剂"。王永富是亢村的老党员,一直在外跑运输,政治素质高、群众基础好、工作作风硬、办事能力强,看到村子的乱象,也一直想做点什么。但是担任这个村子的"当家人",他从没想过,也不知道怎么干,经过组织的反复劝说,他毅然挑起了这副担子。

建强党建阵地。亢村党支部以建强基层组织、夯实基础工作、提升基本能力为目标,立足村情实际,重点打造便民服务、有效发挥了基层组织推动发展、服务群众、凝聚人心、促进和谐的职能作用。筹资 37 万元对亢村村委会大院进行修缮,配齐了电脑、打印机和屏幕等办公设施设备。扩建便民服务中心,根据党员群众需求,科学设置了民政、社保、计生等多个服务窗口,村"两委"干部全天在岗办公,秉承"高效务实、方便快捷"的服务理念,让广大党员群众"只进一个门,事情就办成",真正享受到零距离一站式便民服务,真正拉近了与群众的距离。

突出党员教育。党支部始终坚持以党的政治建设为统领,在学习内容、学习形式、学习举措上注重"三融入",帮助广大党员深入学习习近平总书记重要讲话精神,深刻领会新时代中国特色社会主义思想,树牢"四个意识",坚定"四个自信",坚决做到"两个维护"。严格落实"三会一课"制度,在学习对象上,党员干部重点学,

非党员干部参与学；在学习内容上，组织全体党员学习习近平新时代中国特色社会主义思想和党的十九大精神。建立了亢村党员微信群，让党员特别是在外务工党员能够及时参加组织活动；新冠肺炎疫情防控期间，支部积极开展线上防疫工作，引导群众坚持正确的舆论导向，不信谣、不传谣，不转发未经审核的信息，增强战胜疫情的信心和决心。不断创新学习形式，先后举办"学党史颂党恩助振兴"庆祝建党100周年文艺汇演、献礼百年唱响红歌、党旗下重温入党誓词等活动，召开"凝聚共识接续奋斗乡村振兴"座谈会，为脱贫攻坚、乡村振兴献计出力，充分发挥党员的先锋模范作用。

提升党建活力。创新工作思路，坚持开展"三培养"工作，即把致富能手培养成党员，把党员培养成致富能手，把党员致富能手培养成农村后备干部，让党员在脱贫攻坚中发挥示范带头作用，增强党支部的凝聚力和战斗力。如村民张建光，是有名的致富能人，多年来在外从事建筑工程，眼界开阔，头脑灵活，为人正直，有很强烈的为乡亲做事的愿望。经多方了解，村党支部决定把他作为党员培养对象，经过严格培养考察，发展成党员。他利用自己承揽工程的便利条件，带领贫困户和群众外出务工，为村里的脱贫攻坚贡献了力量。现在的亢村，谋事的人多了，干事的人多了，把亢村的事办好已成为全村党员群众的共识。

培育乡土人才。组织村"两委"成员和脱贫户到郑州蔬菜研究所基地参观学习，并聘请该所专家和焦作农林科学院专家进行蔬菜种植技术培训，并适时解决蔬菜种植过程中遇到的问题。组织村党员干部进行全面摸底，详细登记每个乡土人才的姓名、年龄、联系方式、特长等信息，建立乡土人才资源档案信息库，全村种植、养殖能手达到20户，发挥了农业技术推广中流砥柱的作用。围绕贫困群众发展产业和就业需要，组织开展种植养殖技术培训12次，培训贫困户、村民160余人次，持续增强脱贫致富本领，使脱贫群众成为有本领、懂技术、肯实干的劳动者。坚持用身边人身边事教育引导身边人，选树了王有才、王三江等一批立足自身实现脱贫的奋进典型和带动他人共同脱贫的奉献典型，发布脱贫光荣榜，让贫困群众学有榜样、干有方向，形成自力更生、脱贫光荣的鲜明导向，铆足精气神，撸起袖子干，立志拔穷根。

推进乡村治理。积极落实"四议两公开"工作法，加强"三资"清查管理，开展矛盾纠纷排查化解，强化党风廉政建设和党务村务公开，主动接受群众监督；依托人民调解委员会，开展矛盾纠纷大排查大化解活动；营造良好风尚，以群众文化自乐班为载体，依托文艺演出队，表彰道德模范，以群众喜闻乐见的方式"扬正气、树清风"。

做好防返贫监测。建立健全防止返贫监测和帮扶机制，对脱贫不稳定户及因病因灾因意外事故等导致基本生活出现严重困难户，加强定期检查和动态管理，重点监测收入水平变化和"两不愁三保障"巩固情况。坚持预防性措施和事后帮扶相结合，对纳入帮扶政策范围的不稳定户和困难户，精准分析原因，及时采取针对性帮扶措施，实行动态清零，确保不出现返贫现象。

近几年，亢村先后获得了"五好先进党组织"、县"先进基层党组织"、县党建示范村、温县十佳农村集体经济组织等荣誉称号。

二、聚焦特色产业，增强发展能力

老百姓最大的愿望是过上幸福富足的生活，而这最重要的就是要有支撑村子发展的产业，有稳定而且源源不断的集体经济收入。近年，亢村坚持把生态文明小康村建设作为打赢脱贫攻坚战、全面建成小康社会的重要抓手，聚焦产业扶贫，以光伏发电、蔬菜种植、食醋酿造等特色产业为主的生态经济渐入佳境。目前，村级集体经济收入逐年增长，2022 年预计达到 26 万元。

实施生态观光扶贫项目。2017 年，在上级的帮助支持下，积极争取省发展集体经济试点村项目资金 161 万元，实施生态蔬菜大棚项目。为了加强项目的后续管理，实现预期效益，有力保障脱贫攻坚目标实现，驻村工作队和村"两委"干部多次赴外地考察，吸纳贫困户入股成立蔬菜种植合作社，令其负责大棚和采摘园管理运营工作，但多数贫困户对项目心存疑虑，不愿投资。驻村工作队和村"两委"干部一方面深入群众，反复讲政策，分析发展前景，打消了大多数贫困户的顾虑；另一方面，又多方联系了爱心企业，为 10 户想入股又拿不出钱来的贫困户垫资入股。2021 年，在武德镇党委的支持下，采取"支部引领、党员带头、群众参与、集体增收"的工作方式，积极推行党支部领办蔬菜种植合作社。通过以村党支部领办合作社提升组织力为举措，将党支部的政治优势、组织优势和合作社的经济优势有机结合，把党员集合起来、把群众组织起来，建立起村集体与群众利益共享、风险共担的经济利益共同体。目前该项目 7 座大棚种植的黄瓜、西红柿、茄子、辣椒、西芹等蔬菜累计实现销售收入230万元，41户入股贫困户每户累计分红2300元，带动了近50户脱贫户实现增收。脱贫户王机机，今年63岁，妻子去世早，无儿无女。我们对他的帮扶措施是使他入股大棚合作社，参与分红，并介绍他去大棚务工，每月收入1500元，年均收入达到1万元以上，2018年年底王机机实现脱贫。

亢村争取资金160多万元建成生态观光采摘园

实施光伏发电扶贫项目。筹资80万元建成123千瓦集中光伏发电站，预计年发电15万度左右、收益13万元左右，80户入股贫困群众每户每年分红500元以上，目前已经分红3800元。通过改变光伏发电收益分配模式，完善公益性岗位设置，把"公益性岗位＋就业帮扶"作为巩固拓展脱贫攻坚成果同乡村振兴有效衔接工作措施，吸纳更多的收入较低户积极就业，增强农民增收稳定性和长效性，推动农村各项公益服务事业的发展。

实施特色产业扶贫项目。亢村原有一个家庭作坊式香乐醋厂，主要产品为手工酿造醋，但经营者小农思想较重，小富即安，不愿意扩大生产。经多次做工作，经营者愿意扩大生产，在驻村工作队和村"两委"的帮助下，贷款新建了厂房，请来市食药监局专家，实地考察指导，帮助香乐醋厂改进生产工艺、规范生产流程、申请食品生产卫生许可证，积极开发大米醋、小米醋、玉米醋、山药醋等产品，年产能达 500 吨，产值 300 万元，安置脱贫人口就业 5 户 6 人，产品供不应求。

三、办好民生实事，凝聚人心民意

推行教育帮扶。累计投入资金 120 余万元，改扩建亢村小学、幼儿园，特别是为亢村小学安装"班班通"和"同步课堂"信息化教学设备。为提升亢村小学教育教学水平，协调焦作市实验小学与亢村小学开展常态化帮扶教学，组织市实验小学优秀教师定期到亢村送课下乡，亢村小学教师定期到市实验小学开展交流学习。温县教育部门也在全县选派优秀年轻校长、优秀年轻教师到亢村小学任教，使亢村小学的师资力量得到快速加强，教学质量明显提升。

开展爱心活动。节日期间看望慰问脱贫户，帮助脱贫户销售水果等农产品。积极争取蒙牛集团支持，为亢村小学、幼儿园学生每天免费供应学生奶；开展结对帮扶献爱心活动，为亢村小学全体学生免费定制校服，向亢村幼儿园捐赠爱心义卖款 5000 元及图书、画笔、跳绳等学习游戏物品；向全村 70 岁以上老人捐赠棉衣 300 套。

强化基础设施。在镇党委、镇政府的大力支持和焦作市教育局驻村帮扶工作队和村党支部的带领下，亢村还争取到各类资金 550

多万元，新修道路 3500 多米，整修排水沟 1500 多米，新配置 400 千伏安电力台区 5 个，更新村内供电线路，新打农用机井 16 眼，更换村内路灯 240 余盏，建设标准化卫生室、幸福院。深入推进农村生态环境整治保护，绿化美化亢村内外主要道路，开展空闲宅基地集中整治，积极推进改厕，治理小散乱污企业和距离河道较近的养殖场，拆除私搭乱建违章建筑，村容村貌焕然一新，一个亮起来、美起来的亢村被人重新认识。

走进佛善村看小康

——濮阳南乐县近德固乡佛善村全面小康大事记

在河南省东北部豫鲁冀三省交汇处的南乐县,有一个人杰地灵的小村庄,这就是历史悠久、经济繁荣、民风淳朴、风光旖旎的佛善村。1927年这里建立了中共豫北第一个党组织——佛善村党支部。

近德固乡佛善村紧邻县城西北郊,面积7.74平方公里,共7835人,其中党员172人,是南乐县人口大村。佛善村地理位置优越,村西南是大广高速南乐站,村东是马颊河国家湿地公园,村北是乐泰森林公园。近年,佛善村发挥"濮阳市第一党支部"纪念地的作用,大力弘扬红色革命精神,提升村"两委"干部队伍素质、改善村居环境、激励产业发展、传承红色文化,实现了从脱贫攻坚到全面小康的转变,踏上了乡村振兴的新征程。2021年6月,"濮阳第一党支部纪念馆"被评为"河南省中共党史教育基地""濮阳市爱国主义教育基地"。2021年9月,佛善村入选河南省乡村旅游特色村名单。

一、赓续红色血脉，战斗堡垒更加坚强有力

佛善村党支部是濮阳第一个中共基层党组织。濮阳一带于1926年开始有中共地方党员的地下活动，主要活动内容是秘密发展党员，宣传马列主义、俄国十月革命的胜利，发动贫苦农民开展土地革命等。1927年4月，就读于大名七师的有志青年刘大风回到南乐，在老家近德固乡佛善村成立濮阳市的第一个基层党组织——中共佛善村党支部，积极在劳苦大众中宣传革命思想，并将觉醒的贫苦群众组成了"穷人会"，开展同豪绅地主的斗争，比较著名的有算公账斗争、麦收暴动、铲麦茬和打高粱叶斗争、蟠桃会斗争等，在整个濮阳地区播下了革命的星星之火。2001年7月，中共佛善村党支部纪念地被评为"濮阳市文物保护单位"，2014年

南乐县委组织部、人社局党员在濮阳第一党支部纪念馆前重温入党誓词

6月被定为"濮阳市中共党史教育基地",2020年3月被评为"濮阳市爱国主义教育示范基地"。几十年来,濮阳第一党支部红色历史、红色精神成为濮阳党组织的丰碑,指引着革命斗争、改革开放和现代化建设。

佛善村是全县人口第三大村,村里有建档立卡户305户1368人。为提升村干部为村民办事的能力,由驻村书记带头加强全体村干部的学习培训,积极组织村干部进行政治学习,学习第一党支部先烈的英勇事迹,开展党史学习教育专题党课,提升思想高度;邀请上级党委及行业专家到村授课,重点就民政、医疗、残疾、优抚等方面开展学习,确保政策真正惠及每家每户;定期召开民主生活会让全体干部通过自我批评提升为村民办事的能力。

建设一支以高学历、有头脑、有干劲的年轻干部为主体的干部队伍。驻村书记陪同乡党委领导多次走访老党员、村民代表征求意见,将能力强、思想先进的村民优先发展为党员,让致富能手优先成为入党积极分子,让更多有头脑、有文化、有群众基础的同志加入党员后备或村后备干部行列当中。四年来经过两次换届,佛善村村干部队伍平均年龄由原来的59岁变为了45岁,干部队伍明显年轻化;发展入党积极分子8名,发展党员干部15名,更多有思想、有能力的年轻干部的加入使佛善村在落实上级各项工作任务时有了明显的改善。2020年增派"85后"年轻干部加入包村队伍,2021年又将"95后"硕士研究生学历选调生安排到佛善村任村主任助理,党员干部的年轻化使佛善村工作更加高效、规范,下一步目标更加明确,未来的发展规划更加清晰。

新的支部班子建成后严格落实"三会一课""十二分制管理""落地工作法"和民主评议等党建制度,不断加强班子的战斗力,做到村集体事务公开、透明，增加群众对村"两委"的信任，2020年佛善村党支部被评为"五星党支部"。

二、用好红色资源，村居环境更加美丽宜人

"濮阳第一党支部"作为红色教育基地，吸引大量游客前来参观学习，良好的"参学"环境逐渐成为刚需。在全面脱贫奔小康的助推下，佛善村也在利用独有的红色资源优势加快村居环境改善的步伐。以前村室前的道路十分狭窄，约3米宽，中巴车勉强可以通过，雨雪天气更是泥泞难走。为了便于村民出行，2018年村"两委"向上级党委申请道路硬化项目，争取资金97万元，对从村室到县城西环路的入村道路进行重新规划、硬化，并新增了100盏路灯，使村民的出行更加安全。四年来，佛善村共向上级争取道路硬化资金426万元，对全村10余条主干道进行硬化，打通多条"断头路"，有效改善了村民的生产生活条件。为让干净整洁的街道长久维持下去，乡党委政府成立"环卫办"，由环卫工人专门负责村内主要街道卫生，并针对贫困户专门设立"环卫公益岗"，鼓励更多身体条件允许的贫困户用自己的劳动换取生活补贴。目前村内共有33名环卫工人，其中16名在"环卫公益岗"工作。

主路修好了，可是数百条事关村民出行的小胡同却是难办的大民生，上级项目资金不能用于胡同硬化，村集体直接对数百条胡同进行硬化又不太现实。近德固乡党委书记王彦强有着丰富的基层工作经验，在走访的过程中他发现，农户家门口经常有堆放多年的废旧砖块，既影响车辆通行又影响美观，于是经过与乡党委的商议，

提出由村委负责收购农户家门口废砖,用于胡同铺设。说干就干,在前期让有村干部和党员的胡同带头铺设,驻村书记主要负责动员贫困户,让他们家门口的胡同发生改变,由点到面,用干净整洁的新胡同吸引和鼓励更多的村民参与到自家门口胡同的铺设中来。县领导也高度重视"废砖铺胡同"的创新做法,看到效果很好,经商议决定在全县开展"铺胡同、绿墙根"改善村居环境的整治工作。为避免"干部干群众看"的现象发生,由县委书记、县长带头并号召全县各级领导干部、村"两委"投工投劳,积极与乡村对接,认领胡同并进行铺设,并在认领的胡同口悬挂"公仆巷"标识牌,标明认领干部姓名,引导更多干部参与到"铺胡同、绿墙根"工作中来,密切了党群、干群关系,真正实现了从"干部干群众看"到"带动群众一起干"的转变。通过村"两委"的动员共建,截至2021年年底共铺设完成砖铺胡同138条。

佛善村面积大,村里老寨沟、废旧坑塘比较多,以往在坑边倾倒垃圾的群众比比皆是,哪怕是路边就有垃圾桶,他们也要多走两步倒在坑里。布满生活垃圾的坑塘,气味难闻,苍蝇成群,与其说是坑塘倒不如说是大型的垃圾池。近年近德固乡党委、乡政府利用挖掘机等大型机械对村内坑塘进行垃圾清运,村"两委"干部、保洁员对垃圾坑塘进行逐个清理,之后用新土对坑塘周边进行回填美化。如今村内的12个坑塘全部得到治理,工作取得了明显的成效。为了使坑塘治理长期有效,佛善村实行了"坑长责任制",对包村干部、村干部和保洁员进行坑塘责任划分,让责任落实到人,形成长效管护机制。

现在街道宽敞了,胡同铺好了,村民们再也不用为出门发愁了,但走在宽敞整洁的街道上,一些堆积着闲置木料、败落树枝、破旧瓦片的废旧院落和残园显得格外扎眼，尤其是春种秋收时节，与旁边农田里绿油油的麦苗和金灿灿的麦穗形成鲜明的对比，显得格外荒凉。2019年佛善村借助全县大力开展"一宅变四园"（即把荒废宅基地变为菜园、果园、花园、游园）行动，在县委、县政府和乡党委、乡政府的带领下，积极摸排村内荒废宅基地的情况，走访有荒废宅基地的村民，从村民最关注的宅权归属、资金拨付和建成管理等方面下手，逐户讲政策讲意义，挨家挨户征询意见建议，做通每一户村民的思想工作。之后开始整改闲置荒废宅基地，拆除残垣断壁、清运垃圾杂物，充分利用闲置的木料和砖瓦围花园、改菜园、建果园、修游园。每年由乡党委、乡政府发放油菜籽，村民自主种植、自主管理，现如今荒废宅基地已经由一片荒凉转变成满园春色了，是村民休闲游玩的好去处。截至目前村内共打造游园、菜园等十余处，"一宅变四园"的成功行动既改善了村容村貌又提升了村民的生活幸福指数。

三、发扬红色传统，脱贫成效更显著

刘大风的英雄革命事迹始终鼓励着佛善村干部和村民遇到难题迎难而上、攻坚克难。2017年，为有效提升贫困户增收能力，驻村工作队鼓励贫困群众发展产业，重点宣传贴息贷款和"到户增收"政策，鼓励有能力、想发展的贫困户发展特色养殖、特色种植和自主创业。席敬选作为村里依靠养殖创业成功的代表，起初仅仅是为了得到"到户增收"的奖补资金，抱着试一试的心态买下10余只羊进行养殖。第一次养羊的他在没有经验没有技术的情况下摸索前行，驻村工作队多次到家中了解养殖情况，帮助他克服技术上的难题。随着养殖的深入，席敬选的技术和经验得到了积累，小羊崽也越来越多，如何自制饲料、何时卖羊、如何买进小羊、生病了用什么药，席敬选都了如指掌，可以说已经成了一名养殖专家。如今他的养殖规模已达到50余只。

金融政策的落实使许多想创业的贫困户不再为资金发愁，被评为"最美脱贫致富能手"的席勇强就是很好的例子。席勇强近几年被查出患有黑色素血管瘤，大额的医药费掏空了家里多年的积蓄，家中女儿和儿子都在上学，负担一下子重起来了。考虑到席勇强的妻子王金红一直从事缝纫工作，并且与之前的服装代加工老板还有联系，驻村工作队便帮助席勇强夫妇申请了扶贫小额贴息贷款，席勇强夫妇购置了10多台机器，又在村里招了十几个工人，成立了自己的缝纫小作坊，夫妇俩凭着精湛的手艺和良好的信誉，作坊订单源源不断。在脱贫致富路上席勇强夫妇从未止步，元旦和"五一"是加工的淡季，王金红干脆自己出去拉订单、学新技术，一走就是十天半个月；遇到失信客户，王金红就四处联系另寻销路，力争不让一件成品滞留仓库。席勇强则利用空闲时间到周边找建筑零工增加收入。用了一年多的时间，他们将庭院重新规划翻盖，缝纫机数量从2台发展到30台。2020年席勇强夫妇的女儿顺利考上大学，现如今席勇强夫妇的女儿在大学品学兼优，课余时间还能做家教来供给自己日常花销。"我们夫妻俩没有读过大学，希望女儿可以在大学里多学知识，将命运掌握在自己手中。"

着力提升产业发展水平，增加农民收入，是脱贫攻坚取得全面胜利实现乡村振兴的重中之重。2017年，佛善村集体收入主要是靠西湖和215省道的占地补偿费10万余元，再无其他村集体产业或其他经济来源，对于一个拥有 7400 余人的村来说，无村集体产业、村集体收入低一直是困扰村里的难点。2019 年，经过多方论证，依托上级扶贫专项资金，投资 160 万元建设绿色无公害蔬菜大棚 12 个，投资 80 万元建设绿色无公害养殖基地 2 个。村委会以每年 14.4 万元价格将大棚承包给村里的致富能人发展甜瓜种植，闻着大棚里的果香，听着"绿宝""牛角蜜"等品种在市场上的价格，果农的眼神里没有疲惫，只有对未来发展的期待。而佛善村位于豫鲁冀三省交汇处、大广高速口的独特区位优势使得乡、村两级党委在 2018 年便开始谋划建设农贸市场，下一步该市场将大大提升周边农业相关产业的发展，拉动主导产业的形成，村集体收入模式也将有质的变化。

四、传承红色精神，文化动力再激发

"濮阳第一党支部"是佛善村对外最响亮的"招牌"，但从前纪念馆不过是在村室后建的一间平房，旁边老旧的"人民影剧院"大舞台已经多年没有举办过演出。2018 年在县委、县政府的大力支持下，近德固乡投资 200 余万元在原址重新建设"濮阳第一党支部纪念馆"，并于 2020 年 7 月 1 日重新开馆，开馆后吸引了数万人前来参观学习。2019 年利用扶贫专项资金 55 万元围绕纪念馆建设"初心广场"，并对"人民影剧院"大舞台进行了翻修。该广场成功承办"舞台艺术送基层""快乐星期天""庆祝中国共产党成立 100 周年"等大型文艺会演活动。2021 年，正值建党百年之际，每天到纪念馆参观学习的就有十几拨人，最多的一天接待近 300 余人，佛善村光荣的红色历史也因此得以让更多的人了解。

2021年年初,新一届村"两委"班子谋划在村西部打造一处便于群众休闲的文化广场,即在刘大风同志的故居旁打造一个文化广场。经乡党委、乡政府商议后便开始动工,充分利用村周边的渣土进行回填、硬化,半年后"刘大风广场"建成了。为了更好地发挥"文化阵地"作用,在广场设置"农村公益电影固定放映点",定期放映《地道战》《建国大业》《智取威虎山》等红色革命电影,进一步丰富了群众的精神生活。每逢傍晚,广场上总能看到跳广场舞的村民和嬉戏的孩童,呈现出一片祥和的景象。

佛善村依托丰富的红色资源优势,除了整修了"濮阳第一党支部纪念馆""初心广场""刘大风广场",还别出心裁地以革命英烈的名字命名村内道路,设有英烈墙、党史墙……如今,走在佛善村的大街小巷,浓郁的红色气息扑面而来,置身其中,无不深受鼓舞。2021年9月,佛善村入选2021年河南省乡村旅游特色村名单,未来佛善村将通过文旅融合刺激产业发展,依托红色资源打造特色红色文化旅游,向红色康庄大道迈进!

菊香满园飘，幸福生活来

——许昌市鄢陵县张桥镇裴庄村全面小康大事记

一、裴庄村大事记

6月骄阳似火，在鄢陵县张桥镇裴庄村金丝皇菊种植基地，一眼望去，长势喜人的金丝皇菊，碧绿油亮，"惬意"生长。

说起金丝皇菊，村党支部书记裴得功满脸自豪更是满含期待："待到农历十月，秋风劲吹之时，满地金黄，非常壮观！"

裴庄村位于鄢陵县张桥镇东北2.5公里处，辖2个自然村（前裴、后裴）5个村民小组，共298户1409人。"一把锄头一亩田，面朝黄土背朝天"曾经是近300户村民贫困生活的真实写照。

就是这样一个平原上的普通村庄，缘何选择种植金丝皇菊？事情还得从几年前说起。2017年4月，为了改变贫穷落后状况，裴庄村党支部牵头成立了鄢陵县鑫佳农牧农民专业合作社，将一家一户的土地流转出来，由村集体统一种植、管理和经营，提高土地附加值，壮大村集体经济。从此，一个长期贫困没有任何村集体收入的村子涅槃重生。

"俺们村是典型的农业村，土地资源丰富，只有多想办法向土地要效益，才能让祖祖辈辈耕耘的土地长出'金疙瘩'。"裴得功说。

由于地理位置较为偏僻,没有支柱产业,村集体经济几乎为零,农业种植和外出务工是群众增收的主要方式。

望着破败的村子,裴得功陷入了沉思,村"两委"陷入了沉思。如何发展村集体经济,彻底摆脱贫穷落后面貌,让父老乡亲过上富裕的生活,村"两委"苦苦思考,上下求索。

村"两委"结合村内实际情况,从群众意见最大的十几亩的荒坑着手,开始进行变废为宝。2017年7月,以裴得功为首的村"两委"冒着蚊虫和酷暑,硬是用双手把昔日蚊虫遍地、污水横流的废坑变成了14亩养殖垂钓鱼塘,当年收入5万余元。开垦时的汗水和群众的白眼、冷嘲热讽消失在碧波荡漾、整洁规范的鱼塘中,裴得功笑了,村"两委"也笑了。这"第一桶金"让裴庄村的老少爷们看到了甜蜜生活的希望。

乡村振兴,产业先行;脱贫致富,产业铺路。农村发展离不开产业支撑,产业振兴是乡村振兴的重中之重。裴庄村一带为沙性土壤,适宜菊花生长,群众曾在自家责任田里零星种植,借以补贴家用,只是没有形成规模。2018年春节刚过,裴得功带领村"两委"干部千里迢迢奔赴湖南、江西等地,辗转多地考察特色农业种植项目,经过考察、遴选,决定与江西婺源一家农业公司签订金丝皇菊种植合作协议,开始试种金丝皇菊。

当年春天,从江西引来的数万棵优质金丝皇菊,在裴庄村落地生根,后期灌溉、锄草等管护措施到位,金丝皇菊长势不错。年底,20亩金丝皇菊喜获丰收,花朵大,香味浓,远销江西、湖南等省外地区,深得客户青睐,仅此一项,当年即为村集体增收20多万元。

2019年,裴庄村继续扩大金丝皇菊种植规模,引进鄢陵皇菊、墨菊等新品种,种植面积达到60亩,仅金丝皇菊一项,就为村集体增收50多万元。同时，为了进一步延长金丝皇菊产业链条，村里还利用村内荒地，投资10多万元建成了金丝皇菊烘烤厂房，并吸纳赵庄、和寨等附近村庄的部分贫困群众就业，助其脱贫增收。2020年，抓住全县"三变改革、五大合作"试点村的机遇，以党支部领办合作社，利用"三荒"治理、流转土地等形式，将土地、劳动力、房屋、资金等资源整合起来。到2021年年底，村里种植金丝皇菊、冬枣、软籽石榴等500余亩，建设垂钓养殖渔业基地1个，新增彩箱生产线2条，打造民宿一条街，包装生产线2条，形成了集赏花、垂钓、采摘烘烤、包装、销售及民宿于一体的乡村旅游产业，实现了第一、二、三产业融合发展。2020年村集体经济达到100万元，2021年在受灾严重的情况下仍达到120万元。

村集体经济是基础，环境整治更是抓手。为了扎实开展美丽乡村建设，党员干部带头，群众积极参与，采取垃圾分类、"厕所革命"、果树进村、"三荒"治理，共整理荒坑荒园荒片63亩，改造提升文化广场3个、文化图书室1处，修建下水道2400米，栽植各类果树1500棵，打造具有农家特色的民宿18处，裴庄村被评为省级卫生村、省级乡村旅游特色村、市旅游示范村、鄢陵最美村庄。

在自身发展的同时，还利用成熟的种植养殖技术和市场渠道，带动周边村发展冬枣、金丝皇菊等产业，着力实现从"一村富"向"村村富"的转变。目前，裴庄村已经形成集金丝皇菊繁育、栽培、烘烤、包装、销售等为一体的完整产业链条，并辐射带动冯岗、赵庄、和寨等附近村庄种植，在规模逐年扩大的同时，品牌效应逐渐凸显，越来越多的群众通过金丝皇菊繁育、种植等，腰包渐渐鼓了起来，过上了小康生活。

群众是改革的主体，也是改革的最大受益者。只有激发群众的改革意愿，才能确保改革的顺利推进。离开了群众参与，改革就成了无源之水、无本之木。在"三变改革"过程中，裴庄村多次召开"两委"会、党员会、群众代表会，采取悬挂横幅、召开广播会、入户上门专访等方式，广泛宣传发动，向群众讲明"三变改革"的目的和意义，最大限度地争取群众的理解、认同、支持和参与，做通广大群众参与改革的思想工作。在集体组织成员身份界定、股份设置和量化、成立股份合作社等环节，群众都积极响应，成立理事会和监事会，推选股东代表34人。经济合作社参股373户1369人，参股率达97%；土地股份合作社流转土地473亩；劳务股份合作社与76人签订劳务合同，并吸纳贫困户8户9人；置业股份合作社登记闲置老宅庭院18户，先期改造提升6户。由于宣传发动到位，群众认可度和参与度高，"三变改革"迅速打开了局面。

裴庄村已初步形成了"鱼虾'养殖+垂钓'""皇菊'种植+烘烤+包装'""冬枣、软籽石榴'种植+采摘'""民宿'体验+旅游'""土地'流转+种植'"等五大发展模式。

裴庄村获得了2020年河南省脱贫攻坚先进集体、2020年河南省乡村旅游特色村、2020年河南省农村人居环境"千村示范万村整治"工程的示范村、许昌市"五好党支部"、许昌市十大特色农产品品牌等荣誉。

二、幸福的喜悦

"俺的5亩多责任田入股到合作社后，统一种植金丝皇菊，每亩土地租金800元，仅租金一项就能收入近5000元，年底分红、劳务工资加在一起，也有一笔可观收入，比自己种地强多了。"说起如今的好日子，裴庄村村民裴红喜眉梢眼角都是笑意。

值得一提的是，裴庄村作为鄢陵县"三变改革、五大合作"股份合作社试点村，裴庄村集体资产股份合作社、裴庄村土地股份合作社等5个合作社挂牌成立，将土地、劳动力、房屋、资金等资源整合起来，发展壮大村集体经济，推动乡村振兴战略实施，助力群众增收致富。

"俺家10亩土地入股合作社，土地股分红7000多元，股东分红1000多元，一共分红8000多元……"2020年10月26日，在鄢陵县张桥镇裴庄村首届菊花节暨股东分红大会上，63岁的股东裴春亭攥着厚厚的"红票子"，两眼笑得眯成一条缝儿。

和裴春亭一样，裴庄村今年得到数千元分红的股东还有不少：全村1369名股东分红68450元，473亩土地分红331100元，分红金额近40万元。

村民以土地入股村集体经济合作社，由合作社统一规划种植金丝皇菊、冬枣等，不仅股东实现了稳定增收，壮大了村集体经济，还带动了赵庄村等附近村庄的群众增收致富，实现了多方共赢。

将一家一户分散种植的土地流转出来，由合作社统一种植、管理和经营，发展农业特色产业，努力让乡亲们的钱袋子鼓起来，过上小康生活。

这种独特的模式加上农业特色产业使裴庄人尝到了甜头，更是让村"两委"下定决心将金丝皇菊产业做大做强。2019年7月，裴庄村组建的经济合作社、土地股份合作社、旅游股份合作社、劳务股份合作社、置业股份合作社等五大合作社正式挂牌运营，参股村民373户1369人，其中贫困群众79户352人，并优先吸纳贫困群众务工,从事锄草、灌溉等劳动,让他们在家门口就业增收。

通过对品种进行改良、培植以及对金丝皇菊进行深加工,进一步延长产业链条,进一步提高产品附加值。精心打造农业经济作物种植,绿色食品深加工、包装、销售,乡村旅游开发等一村多业的特色产业体系。通过实行规模化、延长产业链、提升附加值"三步棋",裴庄村把黄土地上的"小菊花"变成了老百姓腰包中的"钱串串"。

这些村集体经济更是裴庄村在乡村振兴中的基础和底蕴。

裴庄村种植的金丝皇菊

三、现代生活进乡村

凡是到过裴庄村的人,都为这里干净整洁的村貌、窗明几净的农舍、精神十足的村民、充满现代气息的生活而惊叹。这几年,为了让现代生活进乡村，村里在上级支持下，主抓提升村容村貌、推行垃圾分类、推进厕所革命3件事。

在提升村容村貌方面，通过修建水泥路、下水道、观光环路、硬化街巷、架设路灯，使群众出行、游客进村都更加方便。还通过改造危房，对贫困户、边缘户和低保户的住房进行了修缮，使居民住房条件得到显著改善。同时，还实施了院墙改造、村路绿化、路缘石铺设、花墙修建等工程，使村庄的田园风情十分浓郁。

在垃圾分类方面，按照有害垃圾、生活垃圾等制定了垃圾分类方法和公共卫生标准，将村庄卫生保洁纳入村规民约，分片分区，厘定责任。村里为此设计建设固定垃圾收集处，安放分类垃圾箱，由专人定时维护、清运处理。良好的环境，使村民养成自觉主动爱护公共卫生的习惯。如今，讲卫生、爱干净在裴庄村蔚然成风。

在推进厕所革命方面，采用"户承包、村集中、统一无害化处理"的模式。从旱厕到水冲、从户外到室内、从蹲便到马桶，小小厕所的变化，推动了村民良好生活习惯养成和优美环境的形成。

四、幸福生活是干出来的

"村民富不富，关键看支部；村子强不强，关键看头羊。"2021年10月，望着摇曳的金黄菊海，裴得功发自肺腑地感慨。

2020年6月2日6时，支部书记裴得功带着满嘴燎泡对驻村第一书记马波说："天旱，2天了，灌溉一直跟不上。我和伟峰（村主任）先去看看灌溉设备，你在家召集村委开会，讨论购置灌溉设备的事。"

6时45分，马波利用村"两委"群召开村委会，通报目前大旱急需灌溉等事宜，村委一致同意购置灌溉设备。同时，裴得功得到上级部门同意后，利用村委群展示相关信息。10点30分，机器开到村头，10点50分，村集体流转的435亩土地开始浇灌。

望着喷灌机打出的水雾，裴得功嘴上的燎泡似乎也小了许多。

2021年7月一个暴雨倾盆的凌晨，裴得功被急促的雨声惊醒。当他来到菊花地时，村委成员也陆续赶来。排水、加高，闪电里，一个个忙碌的身影与雷雨搏斗，柔弱的菊苗在风雨中摇摆，坚定的身影为它们遮挡着风雨。

发展壮大村级集体经济中，裴庄村着力把建好党支部、育强"领头雁"作为主要抓手，通过坚强的堡垒和信念，裴庄村把幸福通过辛勤的双手干出来、拼出来。

五、美丽乡村是大家的

美丽乡村是大家的，群众的归属感和幸福感是由大家共同营造的。

2021年7月21日23时5分，裴得功接到上级电话，24时前组织15名突击队员上堤值守防涝。23时30分，由22人组成的突击队冲上了堤坝，彻夜防护，使洪水顺利通过。

村"两委"还通过摸底排查、上门邀请、以商引智等方式，培育了一支有本领、懂经营、能带富、肯奉献的带头人队伍。

"我们不仅要把能人引回来，更要把他们留下来。"裴得功在村民大会上坚定地说。乡村振兴离不开人才，村集体经济的发展更离不开人才。与学校、科研单位的合作，产品的研制和产业链的延伸，使村里年轻人看到了在村里发展的前景。目前回村发展的年轻人已达6人。

六、黄土地上幸福长

裴庄村的探索和实践，得益于村里有一个带领大伙脱贫攻坚、勤劳致富的好班子。在乡亲们饱受贫穷之苦的日子里，是他们率先示范、大胆探索，为乡亲们找到一条行之有效的脱贫之路、发展之路。特别是在村集体经济的艰难时刻，是他们四处奔波跑销售、找门路，护住了产业发展之根。也是在他们以身作则的带领下，裴庄村邻里和睦、村风和谐，乡里乡亲相互帮衬，先富带后富，不落贫困户。如今，连过去村里一些公认的"懒汉"都变得勤快了，他们把自己穿得干干净净，把家里拾掇得井井有条。群众更是用加油干来表达感党恩、跟党走、当先进、作贡献的决心意愿。

"不久的将来，那里将是一个奶牛遍地、充满生机的现代化牧场，父老乡亲将会喝上村里产的牛奶。"裴得功指着不远处的空地，满怀憧憬地说。依靠党的好政策，村集体经济不断壮大，一个产业兴、乡村美、农民富的美丽而又富裕的裴庄村，必将早日呈现在世人面前。

"党建+产业"引领乡村全面振兴

——许昌市襄城县汾陈镇宋堂村全面小康大事记

习近平总书记指出,乡村振兴不能坐享其成,等不来也送不来,要靠广大农民奋斗。村党支部要成为帮助农民致富、维护农村稳定、推进乡村振兴的坚强战斗堡垒,把党中央提出的重大任务转化为基层的具体工作,抓牢、抓实、抓出成效。汾陈镇宋堂村近年严格按照习近平总书记要求,走"抓党建、促发展、奔小康"的路子,在做好精准扶贫工作的同时,依照"党建+产业"模式,走在了乡村振兴的前列。

一、中原腹地平常村

宋堂村,位于千年古县襄城县正北方20公里处,除了往南通向镇区,其余东西北三面同禹州市范坡镇相邻,原是"两不管"村庄,有名的"脏乱差"。宋堂村由宋堂和小邵庄两个自然村组成,1306口人,其中党员36名。2009年,邵子峰在党组织的支持下走马上任,几年下来,自己为村里修路、挖下水道、安装路灯等垫资几十万元。经过努力经营,摘掉了贫困村的帽子,改变了村容村貌,各项工作也得到了乡党委、乡政府的肯定，但是基层组织战斗堡垒作用发挥不够，没有集体经济产业发展项目，这使巩固脱贫攻坚成果与乡村振兴衔接缺乏后力。为此，作为支部书记的邵子峰认为自己能力有限，曾经一度向组织提出"让贤"，然而，没有人愿意接这个担子。正在迷茫之际，2017年11月，党组织向村里派来一位第一书记，经过一段时间的磨合交流，两人有了共同语言，打开了宋堂村乡村振兴的新局面。

二、聊天聊出来的工作思路

宋堂村99%的村民姓邵，但是家族较多，嫌隙不断，貌合神离，历届村"两委"为此头疼不已。邵子峰自2009年担任支部书记后一心为群众谋利益，但是群众有支持的、有观望的、有看笑话的，还有反对的。"我自掏腰包，在中秋节、春节为党员发放米面油，他们也不说你好。"邵子峰说，"我自己拿钱修路，群众说这是公家出钱，你有那么傻？"这些闲言碎语让他和其他干部很是无语，时间长了，干部们的热情逐渐淡下了，会也不开了，项目也不申请了，对于发展，邵子峰他们不再谈论。这些情况让第一书记感到了工作的压力。"因为发展就会触及个人利益，触及谁的利益，谁都不会同意。"邵子峰对第一书记崔战伟说。还有很多让这个身为党校教师的第一书记感到不安的：村部被种上了菜，路灯老旧不会亮，两个污水坑在冬天被雪覆盖还发出刺鼻气味，有的群众找上门反映要当贫困户、享受低保政策，还有的党员十分直接："崔书记，你来俺村能带来什么项目？"

"问题真不少,困难也不小。"一起吃饭时,崔战伟对邵子峰说,"不过,正是因为我们宋堂村有问题、有困难,党组织才派我来和你一起干,坚强基层党组织,发展产业项目,让群众脱贫致富过上美好生活。只要我们俩团结一心,情况会好起来的。我有这个信心和决心,就看你了。""好,要的就是你这句话。就怕你是下乡'镀金'为提拔走过场。"邵子峰说出了自己的心里话。

之后,两人经常在一起聊,聊着聊着,他们就"抓党建、促发展、奔小康"的工作思路达成了共识,还谋划了三年"三步走"的工作计划:第一年打基础,抓党建凝聚人心谋发展;第二年上台阶,发展集体经济,促脱贫致富,让群众看到希望;第三年见成效,建家庭农场,奔小康生活。这个思路和计划在后来的"两委"会和党员大会上得到一致通过。

三、党建工作,不抓不知道,一抓吓一跳

"你们村的崔书记是党校教授,抓党建那是行家里手。我们村就没有像他那样专业、敬业的第一书记。"邵子峰转述其他村支部书记的话给崔战伟。崔战伟听了,只是笑笑,并未说什么,个中原因只有他自己知道。因为,他们这样说,是以为崔战伟为乡镇干部和支部书记讲过党课,还是党校副教授,应当是党建专家。其实,崔战伟在单位是搞法学教育的,通过了司法考试。党建尤其是农村基层党组织建设,对他来说可是跨专业的。"隔行如隔山"的道理人人都明白。

开弓没有回头箭!不管怎么样,崔战伟边学边实践,法学和

党建还是有相通之处的。

　　2018年宋堂村"两委"换届后，为尽快使新班子成长规范起来，崔战伟和邵子峰带领宋堂村党支部开展以下工作：一是定制度。先后制定了《宋堂村基层组织建设实施方案》、《宋堂村"一编三定"工作实施方案》、"两委"干部坐班制度和周一例会制度。二是换思想。村支书必须带头学习党的政策，按时参加上级党组织召开的会议，及时向党员群众传达。思想上，逐步转变干部思想散漫状态，向党的决策部署聚焦。三是按章办事。村"两委"干部每天必须按时值班，为群众服务好，做好值班记录；周一晚上及时参加"两委"例会，汇报上周工作，支部书记安排本周工作。四是划分小组。将全村36名党员划分为4个党小组，任命有思想、意见多的老党员老干部为党小组组长。五是亮身份。要求党员在履行岗位职责时必须佩戴党徽亮身份，接受群众监督。六是坚持"三会一课"制度，发挥"一编三定""四议两公开"工作法优势。七是积极开展乡风文明建设。组建广场舞蹈队，评选表彰"好婆婆、好媳妇"、文明家庭、"五美"庭院、"孝道之星"、"优秀学子"等，弘扬文明风尚；举办以"爱在宋堂 情暖重阳"为主题的九九重阳节关爱老人活动，让宋堂村子女明白"家有一老，胜有一宝"的生活道理。总之，经过抓党建和举办乡风文明活动，凝聚了党员干部干事创业的力量，鼓舞了群众齐心协力谋发展的干劲，彰显了宋堂村干群关系融洽和谐努力奋斗的精神面貌，为发展集体经济打下良好基础。

　　慢慢地，村里变了。原来不爱学习开会的支部书记成了襄城县"不忘初心、牢记使命"微党课宣讲团成员，"两委"干部更加团结了，党员也主动参与村务工作了，群众也不再找第一书记要这要那了，反而干劲更足了。沉寂的小乡村变得活跃起来，成了全镇的一面旗帜！

"党建工作，不抓不知道，一抓还真吓我一跳！以后，我们要继续把党建和乡风文明工作做好。"这是邵子峰作为村党支部书记对农村基层党建工作的新认识。

说起来，这一系列的动作一气呵成，其实这里面有不少故事。随便挑出两个来：一个是2018年"三八"妇女节表彰"好婆婆""好媳妇"后，有一位老太太听说没有她的儿媳妇，就找到支部书记，问道："我的儿媳妇平时对我很好，为什么没有把她评为好媳妇？"

第二个是村里任命党小组组长时在人选问题上犯了难。"不行就任命这几个党员当党小组组长，怎么样？"邵子峰对崔战伟说。"我也是这样认为的，就怕你不敢！他们几个可是一直都反对你的，可要想好了！"崔战伟回复。"我坐得正行得直，既不吃他们的又不喝他们的，只要他们提出的意见有利于村里发展就行。先试试再说！"邵子峰信心十足地说。

四、集体有，跟着走，产业带富群众

"集体空，没人听；集体有，跟着走。"这是新乡刘庄村老书记史来贺的乡村治理名言，也是邵子峰从新乡学习归来的一大收获，这说的是村集体经济发展的重要性。"现在党员干部心齐了、气儿顺了，我们得干点儿什么，不然评选表彰、爱心超市、路灯照明都得花钱，政府拨的那点儿经费根本不沾弦（不沾弦，河南方言，不行的意思）。一个村就像一个家，家里没有钱，孩子都不服。"邵子峰在向党员干部汇报学习情况时说。

宋堂村的情况，党员群众是清楚的，一不靠山，二不靠水，三不靠近国道省道，即便距离最近的县道也有七八公里，是一个"三不靠"型小村庄，土地面积1480亩，其中还有三分之一是岗地。在这种条件下发展产业谈何容易！

只要思想不滑坡，办法总比困难多！邵子峰暗暗下定决心，要发展就必须解放思想，大胆探索、勇于尝试！但是，尝试什么、怎么尝试、钱从哪里来、风险谁来担？这些现实的问题不是靠拍脑袋就能解决的。恰好这时村里发生的一件事，成了宋堂村产业发展的一个引子。

2018年7月的一天，贫困户邵俊坡找到邵子峰说，他准备养豆丹（豆丹，就是我们常说的芝麻虫、豆青虫，是豆天蛾的幼虫，一种高蛋白高营养的昆虫，连云港灌云县为集散地，其养殖周期短、价格高、效益好，人工养殖以大豆叶为主要饲料），但是豆苗不好，想借邵子峰3亩豆地用。虽然对豆丹不了解，但邵子峰还是答应了他的请求，毕竟对贫困户养殖热情他们还是肯定和支持的，但是他们俩更加关注结果。每天他们都要去豆丹地里查看。一天天过去了，豆叶子慢慢在减少，不到一个月，豆叶被吃光了，邵俊坡开始收获了，亩产100斤有余，43元一斤，三亩地除去成本还赚八九千元。这让他们很是惊奇，但更多的是启发。真是踏破铁鞋无觅处，得来全不费工夫！

大豆是本地的传统农作物，豆丹投资少、周期短、收益高，还有人专门在地头收购，现金结账。这不正是在土里刨金吗？2018年11月，第一书记和支部书记带领村"两委"干部到江苏连云港等豆丹养殖基地考察学习，将考察结果向党员群众做了介绍，党员大会确定2019年集体经济发展项目为豆丹养殖，带动群众脱贫致富。

项目有了,钱从哪里来?邵子峰在会上说:"党员干部带头,如果不愿意,我自己来!"很快,10万元凑齐了!春节回村的乡贤被村"两委"干部的举动感动,纷纷慷慨解囊,又凑了30万元。村集体拿着40万元建成13座豆丹养殖大棚。

豆子出来了、虫卵挂上了、长出小虫了,大家都非常高兴,对待这些虫子就像他们的孩子一样,不!比孩子还要亲,生怕它们冻着、饿着、病着!支部书记邵子峰凌晨三点到大棚观察豆丹的夜间生长习性,天微亮他又在观察豆丹,每天的中心任务就是观察这些虫子的成长。即便是下了那么大的功夫,但是豆丹在成长过程中数量越来越少,还不明原因地倒挂而死,豆叶还有很多没有被吃掉。咨询多个技术员和养殖户,他们说出了虫卵没有消毒、农药残留、被鸟吃掉、害虫咬死等很多原因。总之,春季的收获与预期相差很大。大家都开始灰心丧气,群众的目光也不一样了。怎么办?还干不干?在村"两委"会上,邵子峰大手一挥:"干!怎么不干?我们才刚刚开始尝试,总结出了一些经验,只要把豆种好,把蚂蚁、蜘蛛等害虫杀死,把麻雀、喜鹊等挡在网外面,就没有问题。养豆丹,不是造原子弹,没有多高的技术含量。没钱,我来拿!"功夫不负有心人,他们秋季露天养殖获得成功,春秋两季为集体经济带来了10万元收入,也得到了群众认可。

经过3年的实践,邵子峰掌握了豆丹养殖技术,成立了襄城县万盈农业发展服务有限公司,又将连云港一家豆丹卵孵化基地引进来,形成了虫卵孵化、技术指导、成虫回收一条龙。

为了带动更多群众致富,保障养殖户利益,邵子峰实行"公司+农户"模式,让养殖户和村集体公司签订协议,承诺市场价格若低于协议价则按协议价收购;若高于协议价则按市场价收购。根据统计，宋堂村的养殖户2020年平均亩产160斤，最高亩产260斤，协议价格每斤35元；2022年目前平均亩产200斤，最高亩产300斤，春季协议价格每斤35元，秋季每斤28元。除去成本100斤后都是净赚。2021年春秋两季养殖面积约1000亩，每亩净收益均在2500元以上。

另外，他们还将本村和周边村庄群众组织起来，组建了挂卵、除草、盖网、采收专业服务队。有的群众白天务工，晚上就去采收豆丹，两份收入近200元，现金日结。用工多的时候，一晚上有100多人采收，每人头戴紫光灯，将豆丹照得发亮，成了一道夜间风景线。

宋堂村豆丹收购现场

五、栽下梧桐树，必来金凤凰

宋堂村经过近几年的发展，由原来的不受人关注的普通贫困村，到如今的市级文明村、市级"五好"党组织和市级乡村振兴试点村，作为全省优秀驻村第一书记的崔战伟和全市优秀党务工作者的邵子峰总结出了一套经验：党建引领，干部团结，产业致富。他们经常说的一句话就是"栽下梧桐树，必来金凤凰"。

抓支部建设，统一干群思想。根据生产力决定生产关系理论，人是生产力三要素中最重要最活跃的。但是思想问题是人作为人最重要的问题。思想问题解决了，人在生产中就可以发挥出巨大的能量。支部书记思想的转变带动党员干部转变，党员干部的思想作风转变了，群众就跟着往前走了。因此，"村看村，户看户，群众看党员，党员看干部，干部看支书"的说法说的就是这个道理。党支部任命的三名党小组组长以前对支部书记都不怎么支持，现在支部工作遇到什么困难和群众矛盾，他们都会积极去调解化解，因此，是党建让党员干部团结在了一起，让支部书记能够集中精力发展村集体经济。

搞乡风文明建设，提升群众幸福指数。为了丰富群众精神生活，宋堂村党支部购置了锣鼓镲和广场舞音响。到了晚上，灯光之下，老老少少在广场上伴着曼妙的音乐翩翩起舞，笑容满面，其乐融融。他们还把那些把房前屋后除草栽花、院子整洁的家庭，评为"五美"示范庭院，挂上牌子；为收到大学录取通知书的村民颁发"宋堂村优秀学子"荣誉证书并发放助学金；邀请老人聚餐过重阳节；为主动参与村内集体活动、清除路边垃圾杂草等公益活动的群众发放积分，用于在爱心超市兑换日用品。宋堂村党支部组织这些活动让群众有了归属感，提升了群众的幸福感。

振兴村级组织，实现村民自治。根据传统该村划分为5个生产队、若干个村民小组。为了工作方便，党支部根据群众推荐，任命5个队长，分别管理代办本生产队群众生产、低保、社保、调解等事宜，做到小事不出队，大事不出村。针对村内修建排水沟、修路、打井等项目设立项目质量监督组，由党小组组长、队长和党员群众组成，按照质量要求对施工队进行监督，党支部为其发放爱心超市积分。这种把群众的事情交给群众办的方式既调动了群众积极性，又让群众提升了安全感。

用好帮扶资源，助推乡村振兴。宋堂村党支部书记邵子峰对驻村第一书记有着独特的认识：第一书记是来帮扶我们的，为搞好党建出思路，为发展产业想办法，指导建设乡风文明等，我们村干部要配合第一书记工作而不能让他受委屈，更不能让他陷入村内群众矛盾纠纷中，不奢望派出单位为村里捐钱捐物。这种思想认识和做法为外来帮扶力量提供了良好的工作环境。宋堂村这几年之所以能够华丽转身，与邵子峰对待帮扶人的态度有着密切关系。群众都称赞他和第一书记崔战伟是一文一武的"黄金搭档"。

以上做法和经验被崔战伟和邵子峰称为"梧桐树"。只有栽下梧桐树，才能引来金凤凰；只要养护好了"梧桐树"，必引来"金凤凰"。这两年，改造路灯、治理环境、建设高标准农田、打井、修路、修建烟叶炕房、修建豆丹养殖大棚等项目相继实施，而这些项目就是他们所说的"金凤凰"，因为"金凤凰"落在这里放心。只要宋堂村的基层组织建设不松劲，乡村振兴的步伐不停歇，我们相信，更多的"金凤凰"会落在这个村的"梧桐树"上！

多轮驱动，巩固脱贫攻坚成效

——漯河市舞阳县辛安镇刘庄村全面小康大事记

辛安镇刘庄村，原名青冢刘村，辖刘庄、谢庄、高庄3个自然村，5个村民组，共315户1262人，耕地1729亩。全村党员33名，村"两委"干部5人，原有建档立卡脱贫户139户527人，2015年实现了整村脱贫。从穷刘庄到学刘庄，从"破烂村"到文明村、示范村，舞阳县辛安镇刘庄村在党支部书记张士兴的带领和全体党员群众的共同努力下，成了远近闻名的富足村。

近年，刘庄村紧紧围绕生态振兴、产业振兴、组织振兴等"五大振兴"，实施"党建＋扶贫""产业＋扶贫"模式，通过干部引导、能人带动、集体经济增长、合作社助力等方式，多渠道增加农民收入，深入推进巩固拓展脱贫攻坚成果同乡村振兴有效衔接。先后获得"全国先进基层党组织""全国乡村治理示范村""第六届全国文明村镇""2017—2019年度河南省文明村镇"等40多项荣誉称号。

一、"换血铸魂"强轴心，锻造"红色引擎"

要想火车快，全靠车头带。2008年刘庄村"两委"换届，一批有思路、敢干事的优秀干部选进村"两委"班子。先后对党群活动中心、村委布局进行合理规划，电视、电脑、打印机、远程教育设备等硬件配齐，让规章制度等"软件"上墙，在村"两委"内坚持民主集中、维护班子团结。为增强党支部凝聚力，规定每月10日为党员活动日，带领全体党员开展学习教育，增强基层党支部的战斗力，同时坚持村内各项事务民主决策，坚持公平公正处理各种矛盾纠纷，让群众放心、舒心、安心。刘庄村在全县率先建立新时代文明实践中心，聚焦党的创新理论、农村实用技术、股份制合作社等内容开展专题培训，累计举办培训班50多期、受训人员达8000余人次，实现干部素质过硬、群众致富能力过硬。先后说服本村4名中专学历以上有志青年返乡创业，并组织党员、群众赴省内外先进村考察学习，打破思维定式。党支部当好"火车头"、党员向前冲、群众积极参与，刘庄村终于摆脱"一盘散沙"状况，党员群众一条心，党支部成了群众的主心骨。

二、"党建引领"促攻坚，助推"脱贫摘帽"

"脱贫摘帽不容易，三大抓手齐引领。"十多年来，刘庄村蹚出了一条脱贫致富的新路子。一是发展特色产业释活力。采取"党支部+合作社+贫困户"模式，流转全村土地1600亩，发展红薯基地300亩、苗圃基地500亩、优质粮基地800亩、蔬菜大棚42座，种植黄瓜、西红柿、芹菜、土豆、哈密瓜等蔬菜和瓜果，每座大棚净利润2.6万元，村民除每年每亩800元地租外，还能从产业收益中获得分红。该园区由河南小红孩农业开发有限公司生产经营，高薪聘请河南农业大学毕业生进行技术指导管理，从业人员20人。二是壮大集体经济增实力。党支部书记张士兴将个人建筑材料公司无偿捐献给村集体，带动贫困户60多人就业，年创收120万元，累计为村集体分红20万元，每户每月增收3000元。成功创建扶贫就业创业示范基地，招引广东母婴用品公司落户，安排就业23人（其中贫困群众12人），人均年增收2万元以上，让农村"留得住妈，拴得住娃"成为现实。同时，建成200千瓦光伏电站，每年为集体增收8万元，以村级"公益岗位"的形式，带动14户贫困户稳定增收、稳定脱贫。刘庄村坚持"围绕脱贫抓党建、抓好党建促脱贫"总体思路，通过干部引领、能人带动、合作社助力等方式，统筹谋划，先行先试，在2015年率先实现整村脱贫，2020年实现所有贫困户脱贫。

三、"争先创优"谱新章，引领"乡村振兴"

2020年，刘庄村围绕脱贫攻坚向乡村振兴的重大转移，立足村情做文章，因地制宜挖潜力，推动社会和谐稳定、村民安居乐业。

刘庄党支部立足现状，对全村进行了总体规划，尤其对文旅产业进行了前瞻设计。一是发挥品牌效应强动力。邀请河南城乡建筑设计院对石磨面作坊、手工粉条作坊、小磨油作坊和村游园进行规划设计，并按照设计进行建设。投资43万元的石磨面粉作坊年生产20万吨，石磨面畅销周边地区；舞阳士兴种植农民专业合作社与山东寿光签订红薯购销合同，按订单种植红薯500亩，大力发展红薯种植主导产业；投资10多万元的纯红薯手工作坊生产的"舞阳一根儿"纯红薯手工粉条，市场前景广阔；占地3亩的刘庄村标准化食品加工厂房已完成装修；清香小磨油年产1.5万千克，深受消费者的喜爱。2021年5月，舞阳士兴种植农民专业合作社被农业农村部评为国家农民合作社示范社。

刘庄村健康步道

二是打造宜居乡村美家园。聘请上海同济城市规划设计研究院有限公司对刘庄村进行"多规合一"的实用性村庄规划，依据设计方案高标准进行美丽乡村建设，致力打造中原地区乡村振兴文化旅游标杆。三个自然村全部实现"巷巷通"，投资220万元建设生活污水处理厂，铺设排污管道，党群服务中心功能齐全，综合文化服务中心配套完善，投资60万元的刘庄村彩牌坊气势恢宏，成为刘庄村的标志性建筑。村内建有标准化卫生所、幸福大院、幼儿园、公厕，安装健身器材16套，修建健身步道1800米。村"狄青河"西侧建有百亩植物园，村北建有标准化足球场，安装路灯150盏，铺设彩砖3.8万平方米，种植绿化树3万多棵，种植多年生花草1万平方米。同时，在全村发起建设整洁美丽刘庄号召，组织党员干部、村民代表参加义务劳动，引导村民签订"三包承诺书"，采取"户分类、组收集、村中转"模式定时清运，并建立卫生督导机制，每半年进行一次评比，村容村貌焕然一新，人居环境更加舒适宜居。

三是持续做好重点群众民生保障。刘庄村按照上级要求，强化对脱贫户及重点户的预警监测，做到及时发现、快速响应、动态清零。同时强化精准帮扶，对有劳动能力的脱贫户，有针对性地支持他们发展产业、转移就业、自主创业，靠自身努力发家致富；对没有劳动能力的，有针对性地落实好低保、特困人员救助供养、临时救助、医疗保障、养老保障、残疾人救助等政策。同时，落实好"三社联保、六个一批"兜底保障制度，做到应保尽保、应兜尽兜。村责任组定期排查脱贫户及重点户的生产、生活情况，发现问题及时采取帮扶措施给予解决。村"两委"持续加强对脱贫劳动力的技能培训，积极拓宽就近就地就业渠道，安置86名劳动力在村内企业瑞和建材、东兴塑胶和扶贫产业园区就业，同时继续将60岁以上有劳动能力的村民安排到光伏公益岗位和其他公益岗位上，实现有劳动能力的村民全部有就业收入。继续落实扶贫小额贷款政策，扶贫产业园区采取抱团发展模式，为 65 户脱贫户每户提供 5 万元小额贷款，有力地支持他们发展大棚蔬菜种植。村"两委"将扶贫项目资产全部界定资产权属，建立扶贫资产管理台账，加强对扶贫资产后续管护、经营运营、收益分配、监督管理，提升管理水平，确保了扶贫资产在巩固拓展脱贫攻坚成果和推进乡村振兴中持续发挥作用。

四、"文化惠民"暖人心，绽放"文明之花"

刘庄村充分利用北宋名将狄青这一历史文化资源，挖掘历史故事，宣传推介"青冢刘"的由来，建好管好"狄青河"，通过组织开展经常性的大型公益演出和戏曲演出，促进文化振兴。村"两委"每年开展"文明星级户""好婆婆好媳妇"等评选活动，弘扬中华民族尊老爱幼，以"孝"为先的文化传统美德，最大限度地调动群众参与乡村振兴、人居环境改善的主动性，引导村民自我管理、自我约束，破除陈规陋习，群众文明素质明显提高。村百亩植物园规划设计标准符合发展乡村文化旅游景区要求，梨花和紫槐观光带成为周边游人的摄影景区，农业采摘观光让城里人体验农耕文化。2021年将继续完善 3A 级景区设施，提升服务管理水平，按照规划，着力将刘庄村打造成豫中南乡村振兴的标杆。2020 年以来，刘庄村组织和承办了大型文化演出 6 场，为 3 万名群众提供了文化视觉盛宴，丰富了群众的精神文化生活。

"雄关漫道真如铁,而今迈步从头越。"成绩属于过去,在乡村振兴的路上,刘庄村以产业发展为引领,以村强民富为目标,探索出了一条符合实际的工作新路子。如今的刘庄村,路面宽敞整洁,图书室、文体广场、卫生室、养老院、幼儿园等一系列基础设施应有尽有。面对未来,刘庄村村"两委"和全体村民有信心、有决心、有能力,通过努力使村集体经济稳定增长,村容村貌焕然一新。促进刘庄村在乡村振兴的大路上阔步前进,争做排头兵、领头雁,为我国稳步实现共同富裕贡献刘庄力量。

产业引领，走上全面小康路

——漯河市临颍县皇帝庙乡吴集村全面小康大事记

"小康不小康，关键看老乡。"脱贫攻坚、乡村振兴是全面建成小康社会的题中应有之义和必由之路。习近平总书记强调，产业振兴是乡村振兴的重中之重。漯河市临颍县皇帝庙乡吴集村从培育壮大大蒜种植产业着手，探索出依托大蒜种植脱贫致富的新路径。以产业振兴带动全面振兴，走上全面小康路。

吴集村位于中原腹地河南省临颍县皇帝庙乡政府东南5公里处，距离107国道4公里，东与贺坡村毗邻、西与大袁村毗邻、南与郾城区李集镇大朱村毗邻、北与李小坡村毗邻，属于典型的中原内陆乡村。全村耕地面积3500亩，辖4个自然村，8个村民小组，共有553户2120人，其中党员47名。村主导产业为大蒜、辣椒、小麦、玉米等种植。2018年6月，吴集村被临颍县委、县政府评为2017年度脱贫攻坚工作先进村；2018年7月，被市委、市政府评为2017年度"阳光漯河"建设工作先进村；2019年9月，吴集（大蒜）入选农业农村部评定的第九批全国"一村一品"示范村镇名单；2020年9月，被市阳光漯河建设工作领导小组评为"阳光村务"建设规范提升工程先进单位；2021年4月，吴集村被评定为全市乡村振兴"十朵金花"示范村；2021年5月，投资300余万元的大蒜农产品地理标志保护项目在吴集村试点；2021年6月，村党支部被中共临颍县委评为"临颍县先进基层党组织"；2021年6月23日，《中国组织人事报》以《吴集村："蒜"出美好生活》为题进行专题报道。

吴集村在2014年被评定为省级贫困村，漯河市纪委从2015年开始派驻村第一书记进行帮扶。六年来，三任驻村第一书记一任接着一任干，一张蓝图绘到底。吴集村一年一小变，三年一大变，在从脱贫攻坚到乡村振兴的路上行稳致远。2017年，村级脱贫。2020年年底，村现有的建档立卡45户142人全部实现稳定脱贫。六年来，驻村第一书记先后协调1000多万元资金，用于发展村集体经济，改善村内基础设施和生产生活条件。村集体经济收入从2014年的1800元，到2020年的21万元，增长了100多倍。吴集村从一个落后的贫困村，蜕变成一个富足的明星村。

一、产业振兴，巩固全面小康

脱贫攻坚中，吴集村打了一个漂亮的翻身仗。在乡村振兴的征程上，吴集村以产业发展带动农民增收、集体增收，不断探索内陆普通乡村民富村强的新路径。

（一）种下希望树，呵护成长路

每个村的发展，必须有自己的优势产业。这是一个从无到有、培育壮大的过程。没有的要先行培育，有了要想着如何壮大。发展产业必须实事求是，围绕农村实际，在土地上做文章，大力发展农田高效种植,增加现有土地存量的收益率。选择一个合适的农作物品种,把它培育成本村的优势产业。

吴集村地处中原腹地,地理位置优越,土地肥沃。全村553户2120人,耕地面积3500亩。种植大蒜历史悠久,每年的种植面积稳定在1200亩以上。2015年开展驻村帮扶以来,驻村第一书记围绕如何把大蒜种植发展成村里的主导产业,带动村民增收致富,进行了卓有成效的探索实践。2016年4月,大蒜上市前夕,驻村第一书记带领村"两委"干部,召集大蒜经销商进行谈判,改变以往蒜农直接对准经销商销售的模式,由村委会出面协商当年大蒜销售的价格和品质要求,在村里设置几个固定的收购点,由村干部监督经销商从蒜农手中收购大蒜。当年的大蒜在不到半个月的时间里,就销售完毕。整个过程平稳有序,经销商节约了时间和精力,蒜农的大蒜卖出了历年来最满意的价格,真正实现了产销双赢。2020年5月,受新冠肺炎疫情的影响,漯河市临颍县皇帝庙乡吴集村大蒜遇到丰产但不增收的尴尬局面。驻村第一书记安康出镜为贫困户代言卖大蒜,倡导消费扶贫,助力脱贫攻坚。代言视频在漯河网、大河网、"学习强国"平台等媒体广泛传播,短短一周的浏览量超过1万条。一时间,社会各界纷纷致电询问购买大蒜事宜,用实际行动参与消费扶贫。在不到一个月的时间里,吴集村贫困户以高于市场价格售出大蒜共计3万余斤,贫困户直接增收近2万元。2019年,吴集大蒜注册了"利皇"商标,提高了吴集大蒜的品牌价值。2019年,吴集村(大蒜)入选农业农村部评定为第九批全国"一村一品"示范村镇名单。2021年,吴集大蒜列入全国农产品地理标志保护工程。2021年12月,驻村第一书记刘乐参加了在广州举行的全国农产品交易会,向海内外客商介绍吴集大蒜的优势和下一步大蒜产业的发展打算。经过6年多坚持不懈的努力，吴集村完成了大蒜产业的培育发展，更完成了吴集大蒜品牌价值的积累。大蒜种植，已成为吴集村一张闪亮的名片、一个具有优势的产业。

（二）栽下梧桐树，招引金凤凰

改革开放的成功经验昭示我们，乡村振兴不可能像吃大锅饭一样，一拥而上。选择一些有优势的产业、有基础的地方先行先试，形成示范带动效应，这是符合实际的。谁能乘上这股东风，谁就能在乡村振兴中赢得国家政策和资金的先机。我们要做的就是在村里打造一支干事创业的干部和人才队伍，营造好迎接东风的大环境。

连续6年的持续帮扶，在历任驻村第一书记主导下，吴集大蒜逐渐完成了品牌的积累，为吴集村大蒜产业发展奠定了坚实的基础。2020年11月，新一届村"两委"班子选举产生。新班子更年轻，平均年龄下降了16岁。新班子素质更高，新增本科学历者1人，大专学历者2人，全部会电脑懂政策，学习能力更强。2021年，大蒜农产品地理标志保护工程项目落户吴集村。该项目旨在在有产业基础的吴集村先行试点，摸索出一套高效种植大蒜的新经验，村民增收、村集体受益的新模式，以此带动全乡、全县大蒜种植产业的高质量发展。项目投资300余万元，以村集体经济合作社为主体，对流转出的280亩地进行高标准改造，配备大型农机8台，建设大蒜展示馆1座，并对管理和种植人员进行系统化培训。同时，将"5G智慧农业"和数字乡村试点项目建设融入其中，打造高科技大蒜种植新高地。通过拍摄专题宣传片，在省级以上媒体进行专题宣传，参加全国农产品展示会，集中进行品牌推广，扩大吴集大蒜社会影响力。同时，吴集村积极申报市级大蒜产业园区，将吴集大蒜种植产业纳入全市产业规划大局，实现吴集大蒜产业可持续发展。2021年12月，大蒜产业园通过专家团评审，并获得审批。

人才振兴是乡村振兴的关键。在人才的引进上，吴集村聘请河南百亩田农业科技有限公司董事长郭建成担任吴集村产业发展顾问。郭建成是地地道道的吴集村人，2014年之前在外打工，于2015年返乡创业成立河南百亩田农业科技有限公司，主要从事洋葱、大葱、大蒜等经济作物的新品种引进、试验、种植、推广与销售。该公司以绿色、健康、安全为理念，以精品农业为方向，以洋葱新品种、新技术和完善的销售渠道为核心，采用统一供种、统一技术、统一用肥、统一销售的发展服务模式。郭建成2016年荣获漯河市创业之星称号，2020年被皇帝庙乡政府聘请为皇帝庙乡乡村振兴产业发展顾问，2021年4月获得漯河市农业农村局金牌讲师称号，2021年9月荣获漯河市高素质农民创业创新大赛一等奖，2021年10月荣获河南省高素质农民大赛创业创新大赛二等奖。2021年5月，接受中央电视台农业频道《田间示范秀》栏目专题报道。2021年10月，被聘任为临颍县科技特派员。平时与郭建成交谈中，他话语虽不多，但句句质朴。记者问他为什么返乡创业，为什么愿意带动那么多种植户一起参与进来？他语气真诚地说："我是一个地地道道的农民，家庭情况一直不好。小的时候，村里邻居亲戚没少接济。后来创业过程中，亲戚朋友也没少帮助。如今，我有了一些成就，积累了一些经验，更有了带领乡亲们一起致富的能力。大家常说，吃水不忘挖井人。我愿意拿出种植经验与大家分享，愿意带着大家一起致富。之所以这么说，一方面是出于公司发展的需要，但更多的是一种反哺回归的情怀。我生在吴集村，根在农村，在这里有我从小玩到大的伙伴，有看着我长大的乡亲。他们很多人的日子还没真正宽裕起来，作为玩伴、晚辈，我心里都记着，想为他们做些什么，让他们的日子也能好起来。"郭建成是这么说的，更是如此尽心去做的。2021年春节，郭建成自备1万余元的慰问品，到吴集村20户特殊家庭中，送上慰问金和慰问品。2021年4月，正值大蒜黄粉病高发期，郭建成作为皇帝庙乡聘请的产业发展顾问，走进讲堂讲解管理知识，走进田间地头具体指导病虫害防治。2021年，在施肥用药的关键期，郭建成购买化肥农药，免费送给村里的种植大户和困难户使用。在吴集村的大蒜农产品地理标志保护项目中，郭建成毅然担起总经理的重担，在实施方案制定、土壤改良、种植管理等方面靠前指挥，亲自操作。很多时候，郭建成在公司刚忙完，就匆匆赶回村里；或者是早上六点多钟先到村里安排好要干的事，再回公司忙一天的工作。有时看到他忙忙碌碌的，村里人劝他休息休息。他总说："这点累还受得了，大家都看着我，指望着我，生怕偷个小懒，造成大纰漏，辜负了大家的信任。"郭建成为吴集村产业持续健康发展，提供了重要的智力支撑。

（三）借振兴东风，奏复兴凯歌

乡村振兴是我们党的伟大决策，没有广大农村的全面发展，没有农民的全面小康，中华民族的伟大复兴就打了折。达成民富村强的愿望，实现乡村全面振兴，必将如脱贫攻坚一般成为现实。但乡村振兴不可能一蹴而就，必须找到一个突破口，需要一个抓手。吴集村选择的抓手就是产业振兴先行，以大蒜种植产业的新发展，带动吴集村乡村振兴的新突破。

种植大蒜使吴集村脱了贫，村民尝到了甜头。吴集村的振兴，更需要在大蒜上做文章。大蒜种植上的四大优势，给了吴集村人足够的底气和信心。品牌上，吴集大蒜是全国的"一村一品"，注册有商标，并入选全国农产品地理标志保护工程；人才上，吴集村聘请河南百亩田农业科技有限公司董事长郭建成作为村级产业发展顾问，具体指导村大蒜高效种植；组织上，吴集村有一个新选举出的年轻村"两委"班子，铆足了干劲要带领村民致富；项目上，吴集村依托投资300余万元的大蒜农产品地理标志保护工程项目，申报市级大蒜产业园区，用大蒜带动富民强村。吴集村将借助这四大优势，实现吴集村大蒜种植模式转型，勾勒出清晰的产业发展规划。近期目标，是从现有的种植成品蒜向培育优质蒜种转型，拿出优质大蒜品种占领品牌高地。中期目标，是对使用吴集蒜种种植出的大蒜进行定向回购，发挥品牌和原料优势，谋划大蒜深加工，走第二产业发展之路。远期目标，是随着吴集大蒜品牌价值的提升，种植面积的扩大，种植模式的成熟，吴集村将面向更多农户提供高效的大蒜种植服务，用第三产业带动更多蒜农发家致富。作为吴集人，我们决心拿出在脱贫攻坚中"不竟全功决不收兵"的决心，"逢山开路遇水架桥"的勇气，"抓铁有痕踏石留印"的干劲，以大蒜为载体，探索第一、二、三产业融合发展的新路子。

"习近平总书记在乡村振兴规划中，将对种子安全的要求提到了新高度。大蒜种子培育是个细致活，需要我们有足够的耐心和定力用心去做。我们有这么好的种植基础，也有数一数二的品牌优势，更有农产品地理标志保护工程项目的落地，这些都给了我们围绕大蒜种植大干一场的勇气和动力。既然项目要在吴集村试点，那就试出个样子，试出套可推广的经验，试出吴集大蒜种植产业的新天地。要做就做产业振兴的排头兵，乡村振兴的先行者。"在谈到吴集村大蒜产业下步具体该怎么走时，河南百亩田农业科技有限公司董事长郭建成郑重地说。作为产业发展顾问,郭建成对吴集村大蒜种植产业发展前景充满信心。

二、人居环境整治,增强民众获得感

吴集村从改善农村人居环境这一现阶段村民最迫切需求、最易有明显成效的事情入手,补短板、强弱项、提水平,促进村容村貌变美变靓变干净、基础设施更完备、公共服务更便利、农民生活更有奔头,不断增强村民在全面建成小康社会过程中的获得感。

(一)立足自身实际,科学谋划布局

2015年,根据组织安排,漯河市纪委开始派驻村第一书记到吴集村开展帮扶工作。当时的吴集村,垃圾遍地,污水横流,唯一能入眼的是贯穿村东西的一条水泥路。在对村情村貌详细掌握的基础上,驻村第一书记将解决村民最关心的厕所、水电、道路等问题,作为开展驻村帮扶的突破口,制定出统筹规划、先急后缓、分步解决的工作思路,逐步使吴集村摆脱脏乱差状况。2015年开始吴集村分批实施人居环境改造项目,从根本上有序改变落后面貌。先后协调项目资金1000余万元,修建通村公路2公里,整修村内道路2.5公里,修建下水道2.2公里,新建设集村室、党员服务中心、卫生室于一体的村综合办公楼1座,建设村文化大礼堂1座,建设游园4座,统一改造户厕239户,整治坑塘3个,修建"户户通"7000余平方米,美化村内主干道2.2公里,安装安防监控16座,安装路灯120盏,修建旅游厕所1座等。持续的帮扶,科学的谋划,精

心的实施，吴集村一年一小变，三年一大变，村民的生产生活条件持续向好。

（二）加强组织引导，调动全员参与

人居环境整治作为一项系统工程，需要组织的引导，更需要村民的参与。吴集村每年都有项目落地，每年都能有新变化，更多的是得益于全村用切切实实的行动对每个项目的配合、响应。2016年，吴集村修建村内2.5公里道路，村"两委"干部向村民宣传项目情况，动员村民积极参与配合。村民积极用行动响应，及时将堆放在路边的大蒜、辣椒等农资运回家中，将施工路段清空，留足施工空间。项目在1个月时间内，顺利实施完毕。2021年，人居环境集中整治项目实施，修建"户户通"时，各家各户早早将门口的杂物进行清理，对过道明显高出或低洼的地方自发进行平整。新修建的三个游园进行了植被绿化，附近村民利用空闲时间，自发到游园拔草，捡拾垃圾。村民真正把项目实施当成自己的事，主动参与项目的建设，用行动配合每一个项目顺利落地。良好的施工氛围，使上级政府对村内项目放心，也愿意将更多的项目放在吴集村。借助此次项目建设的时机，村委会利用集体经济收入购置500棵果树，动员村民在村主要街道两侧种植，形成了石榴树街道、杏树街道、无花果树街道等，配合项目提质增效。

（三）依托项目支撑，精心施工建设

吴集村要想改变贫困村脏乱差的落后面貌，必须借助政府对贫困村帮扶的政策和项目，彻底改善村民人居环境。2015年以来，通过扶贫项目的持续跟进，吴集村整体人居环境逐步改善，实现了大变样。但总感觉缺少灵魂，出彩不足。2021年，全市人居环境集中整治项目实施，吴集村被确定为建设美丽乡村观摩点之一，还被评为全市乡村振兴示范村之一，并被确定为"十朵金花"之一。吴集村迎来了提升人居环境层次的契机。该项目在吴集村投资310万元，集中修建游园4个，改造荒坑3个，主干道铺设沥青路面2公里，修建"户户通"道路7000平方米，主干道两侧墙壁全部进行粉刷等。项目设计之初，就在村内进行实地调研，分层次召开座谈会，力求设计方案更加贴合实际，更加出彩。施工中，将吴集村获得全国"一村一品"和农产品地理标志保护的大蒜融入占地十多亩的游园长廊，在鱼塘四周以说文解字的形式设置宣传板，并在该游园西侧流转出280亩地，实施大蒜高效种植示范田项目。

（四）着眼长远目标，留足发展空间

按照临颍县乡村振兴规划的布局，要将吴集村建成临颍县，乃至漯河市的后花园。吴集村借助人居环境整治，科学规划下步村庄建设，力争形成吴集特色。邀请设计院专业人员，拿出规划蓝图，指导下步村庄建设。对村主要街道两侧重新粉刷的墙壁进行统一规划，书写或绘制宣传党的政策、乡村振兴、汉字文化、"阳光村务"等主题的宣传文字或宣传画，大力营造文化氛围。协调木质花箱20个，准备在村主要街道和人员密集的公共场所打造小景观。下一步的工作重点就是有步骤地建成特色文化景点。

三、乡风文明，提升全面小康软实力

乡风文明是乡村振兴的重要方面。吴集村以乡风文明建设为抓手，在核心价值观建设、思想道德提升、移风易俗深化、乡村文化补短和基层治理优化上下功夫、做文章，引导广大群众革除陈规陋俗，激发乡风文明新气象，提升全面小康软实力。

（一）发挥村规民约"造血"功能

结合吴集村实际，广泛征求意见，制定吴集村"村规民约"10条，在此基础上还制定《村民议事制度》《道德评议会制度》《红白理事会制度》《禁赌博禁毒会制度》《红白事操办标准》等村级制度规范，切实发挥村规民约的规范作用、教育作用、自治作用，用村规民约提振村民精气神，以村规民约凝聚集体力量，引导广大村民自我规范言行，自觉参与村级集体事务，主动投入村集体建设。村里建立了一个名为"高富帅"的微信群，目的是号召村里在外工作的年轻人，每天少抽一包烟、少喝一顿酒，把省下来的钱在村里需要的时候捐献出来。村"两委"把村里的工作打算、募集到的资金支出明细、村里所上项目的建设情况在群里经常发一下，征求大家意见，通报工作进展情况，把这个群打造成"阳光村务"新平台。截至目前，已通过"高富帅"微信群为村里捐献修整一个鱼塘、修建一个广场，组织两届村办"春晚"。《中国青年报》以《满满一群"高富帅"》为题，对吴集村建立"高富帅"微信群助推村里发展的经验做法进行了整版报道。村里建立爱心扶贫基金，发动村里在外工作的知名人士为村里捐款5万元，用于贫困人口帮扶和公益性支出。如今的吴集村村民改掉了随地乱丢垃圾的坏习惯，红白事办理大多在村文化礼堂进行，村民发生纠纷首先想到的是找村"两委"出面调解，村内连续五年没有发生打架斗殴、寻衅滋事等恶性事件，邻里间互帮互助，文明交往蔚然成风。

（二）提升乡村文化软实力

一是修建村文化礼堂。协调资金20万元，修建吴集村文化礼堂一座，作为村精神文明建设的重要阵地。在村文化礼堂中设置文化宣传栏20余块，内容涵盖"村庄简介""村规民约""道德模范""文化活动掠影"等板块，成为村民了解村级发展、集中接受教育的场所。二是建立"爱心超市"。发动社会力量参与扶贫，协调爱心企业捐助价值3万元的生活用品，集中在村文化礼堂中发放。村民积极参加村集体活动或者主动做好事，都可以获得爱心积分，达到一定数量的爱心积分，就可以兑换爱心超市相应的物品，累计发放物品100余人次。三是大力营造文化氛围。在村主要街道路口及沿街墙壁、电线杆上设置宣传栏或张贴印刷品，通过标语、漫画、光荣榜标牌等宣传党的理论方针政策、"阳光村务"知识及先进典型。做到走在村里，时时处处都能感受到积极向上的文化氛围。四是以丰富多彩的文化活动引导人。开展"文化扶贫下乡"活动，以贫困户身边的真实案例引导贫困户变"要我脱贫"为"我要脱贫"。在村文化礼堂免费举办集体婚礼，倡导节俭新风尚。开展婚姻家庭教育讲座、民间艺术大赛、"过大年谢父母"感恩教育、春节文艺演出、春节邻里大聚餐等活动，以形式多样的文化活动凝聚民心，倡树农村精神文明新风尚。

(三)突出典型示范引领作用

"榜样的力量是无穷的。"从身边入手,从村内挖掘,深入开展"五美庭院""道德模范""文明家庭""身边好人""新乡贤"等评选活动,借助榜样的力量进行教育,把抽象的说教变成形象的示范,把空泛的概念变成实在的样板,把精神的感召变成具体的行动,达到凝聚人心、加油鼓劲、鞭策激励的目的。2016年以来,先后评选出"五美庭院"20户,"道德模范"32人,"文明家庭"4户,"身边好人"4人,"新乡贤"2人。发挥典型示范作用,对评选出的先进典型的相关事迹在村文化礼堂、村内主要道路显著位置进行展示宣传,使广大村民学有榜样,赶有目标,大力营造争当先进的浓厚氛围。发挥典型带动作用,脱贫典型吴金涛通过承包土地种植大蒜、

吴集村村民在位于村内的假发企业务工

辣椒致富后，主动传授种植经验，带动张大涛、吴中学、郭应全等贫困户脱贫。郭丙村通过养羊致富，主动向有养殖意向的郭建设、张红电、郭顺周等贫困户传授养殖经验、提供羊羔，共同致富奔小康。通过大力选树宣传先进典型，发挥先进典型的示范带动作用，凝聚人心、弘扬正气、催人奋进，广大村民想干事、能干事、干成事，"比学赶帮超"渐成风气。

（四）当好党惠民政策的宣传员

瞄准困扰基层党建的难题，开展感恩教育，拉近基层党组织与老百姓的距离，增强基层群众对党组织的认同感。驻村第一书记充分发挥驻村工作与群众联系紧密的优势，在为村民办实事的过程中，教育村民"知党情、感党恩"。驻村书记是组织派过来开展驻村帮扶工作的，是党的惠民政策与村具体实际精准结合的践行者，是在党的领导下开展工作的。村民能享受到帮扶政策，能得到实惠，都得益于党的好政策，让村民明白我们的党有情系百姓的政治情怀，更有"解民忧、纾民困、暖民心"的政治担当，对党要坚定信心，对党感恩的信念要扎根心中。通过经常性的思想教育，潜移默化地达到深植党在基层农村执政根基的根本目的，进一步坚定村民自觉听党话跟党走的信念。在走访贫困户的过程中，他们说得最多的一句话就是"感谢党，感谢党的好政策。"

答好脱贫攻坚"考题"瞧东坡

——三门峡市湖滨区东坡村全面小康大事记

东坡村位于黄河岸边，依山傍水，风光优美，是沿黄休闲旅游观光带上的重要节点。该村曾为省级深度贫困村，建档立卡贫困户118户432人，五年内通过找准资源优势，蹚出一条脱贫致富"发展金路"，使贫困人口全部脱贫，答好了脱贫攻坚这道"考题"。

一、坚持党建引领，明确帮扶责任

东坡村牢固树立围绕脱贫抓党建、抓好党建促脱贫的理念，切实将组织优势转化为攻坚优势。持之以恒落实"三会一课"制度，建立党员活动日制度。扎实开展"三年强基工程"，创建了"五星级党支部"，建成了标准化党群服务中心和党员活动中心。村党支部积极拓展集体经济发展路径，探索灵活运用"资源、资产、资金"三要素，通过"三变"改革，整合土地资源，让村民包括贫困户以集资入股的方式成立股份制乡村旅游公司，实现集体经济发展提质增效。充分发挥党员模范作用，积极投身村产业发展、乡村旅游、便民服务、人居环境提升等工作，集体经济显著增强，人居环境明显改善，党支部战斗力、凝聚力进一步提升。

在工作的管理上，东坡村组织帮扶干部入户核实贫困户信息数据，完成人口自然增减核实录入工作，算好跨年度收支账，认真核准建档立卡各项信息数据，完成国办、省办数据录入。完成7户15人脱贫"四议两公开"程序及"两类人群"识别录入工作。2020年共筛选"两类人群"6户22人，并明确帮扶责任人，落实帮扶措施，实行动态管理，确保不漏一户、不落一人。

二、发展乡村旅游，打造特色旅游村

"我们村近年发展得特别好，怎么看都觉得很漂亮。村里的东坡驿站、东坡民宿、东坡肉，还有网红小火车，吸引了市区好多游客。作为东坡人我感觉特别幸福。"东坡村村民宁小燕兴奋地说道。

打响脱贫攻坚战以来，东坡村立足村情，突出产业发展，依托产业促脱贫，依托产业促稳定增收，依托产业保就业成效，于2018年成立了村办企业"天鹅湾旅游开发有限公司"。另外，依靠湖大铁路穿村而过的区位优势，以及当地的东坡文化和农耕文化，建成了东坡园、拓展训练基地、农业科普示范研学基地、中药材花卉基地等集餐饮、住宿、采摘、游玩、研学等为一体的融合性乡村旅游产业。大力挖掘苏东坡文化，建成了东坡书屋、东坡诗词长廊，开发了东坡肉、东坡肘子等系列东坡美食，取得了良好的经济和社会效益。2020年村集体经济收入达到71万元，直接带动23户贫困户就业，解决了贫困户就业问题，巩固了脱贫成效。贫困户主要通过发展种植、特色旅游等途径脱贫致富。大力发展苗木花卉种植。

目前全村苗木花卉种植面积达 350 余亩，种植品种多达 40 余个，经济效益前景可观。

2019 年东坡村荣获省级"旅游示范村"称号，党支部书记荣获"国家旅游能人"称号，群众参与乡村旅游、产业发展的积极性显著增强。

东坡村依靠湖大铁路穿村而过的区位优势及当地的东坡文化、农耕文化，建成了东坡园、拓展训练基地、农业科普示范研学基地、中药材花卉基地等集餐饮、住宿、采摘、游玩、研学、观光体验等为一体的融合性乡村旅游产业

三、凝聚社会力量，共同参与扶贫

借助党和国家"红利"，越来越多的社会组织和社会力量参与到脱贫攻坚的滚滚大潮之中，展现了一幅社会各界凝心聚力、合力攻坚的生动画面。

东坡村借助社会力量，积极开展消费扶贫活动，设置每月 25 日为集中扶贫日，组织帮扶干部集中开展消费扶贫活动，通过"以购代销""以买代帮""集中扫货"的方式，调动社会各界参与消费扶贫的积极性，促进贫困群众产品变商品、收成变收入，让贫困户尝到了帮扶的甜头，激发了贫困户脱贫内生动力。累计帮助贫困户销售农产品 6 万余元。在全国扶贫日活动期间，精选农产品参加全省第一书记扶贫成果展，推广品牌，推介产品。动员爱心企业和人士参与帮扶工作，厨老怪、百胜商贸、永泰石膏等爱心企业和爱心人士发挥企业优势，积极认购红薯、蔬菜、粉条、土鸡蛋等农产品，帮助农民增加收入；永泰石膏有限公司资助贫困学生曹鸽 1.5 万元，帮助其完成学业等。

四、落实惠民政策，改善民众生活

脱贫攻坚以来，东坡村全面落实脱贫攻坚各项惠民政策。落实金融扶贫、教育扶贫、综合保障扶贫，坚持医疗保险全覆盖。组织全村有就业能力和就业愿望的贫困劳动力参加家政、电工、餐饮等各类技能培训 360 人次，发放生活费补贴 17 万余元；累计发放就业奖补和创业补贴 164.42 万元，惠及贫困劳动力 411 人次。移民、养老、土地流转、耕地补贴、医保报销等政策均按照行业部门政策要求，积极做好配合发放工作，确保贫困户各项政策落到实处。

扶贫重在扶志，扶贫的关键是找准脱贫致富的路子，变"输血"为"造血"。东坡村"穷"在于基础设施差、集体产业弱、致富渠道少。

号准了"穷"脉后，村内巷道全部硬化，村通班车；建成标准化卫生室200平方米，有合格执业医师1名；安全饮水问题已解决，有水利部门出具的水质鉴定报告；建成综合性文化服务中心（包含活动室、文体广场、简易戏台、健身器材等）；生产用电条件全面改善、生活用电质量全面提升；宽带信号实现覆盖，全村使用网络电视或有线电视，极大改善了贫困村的生产生活条件。

　　五年的时间里，东坡村人踏实肯干答好了脱贫攻坚这道"考题"，啃下了这难啃的"硬骨头"，真正做到了民生无小事，枝叶总关情，用"快刀"帮助群众斩断"穷根"，以"高速"带领村民迈向富裕，让群众的生活芝麻开花节节高，越过越红火。下一步，东坡村将准确把握时代要求，顺应人民愿望，推进巩固脱贫成效同乡村振兴有效衔接，带领群众向着全面建成小康社会、奋力实现乡村振兴的伟大目标阔步迈进，继续书写新的历史篇章。

因地制宜谋发展,农民致富奔小康

——三门峡卢氏县朱阳关镇河南村全面小康大事记

实施乡村振兴战略,是党的十九大做出的重大决策部署,是决胜全面建成小康社会的重大历史任务。经济基础决定上层建筑,大力发展农村经济,提高农村群众经济收入,改善农村群众精神面貌,这是提升农村群众生活水平、幸福指数的有效路径,也是全面建成小康社会的必然要求。近年,卢氏县朱阳关镇河南村发挥党建引领作用,因地制宜发展香菇种植支柱产业,在高质量完成脱贫攻坚任务的同时,带领群众共同发展产业致富奔小康,探索实践出一条可持续、稳增收的乡村发展之路。

一、河南村基本情况

河南村隶属于河南省三门峡市卢氏县朱阳关镇,位于卢氏县最南端,距县城 60 公里,距镇政府 1 公里,东南邻南阳市西峡县桑坪镇,距离县界 6.5 公里,紧邻 331 省道,呼北高速穿村而过,交通便利。河南村三面环山,耕地稀缺,北临南水北调中线水源地老鹳河。脱贫攻坚开始前村组经济基础薄弱,群众收入主要依靠种植玉米、大豆等农作物和劳务输出，整体收入偏低。河南村总面积17.6平方公里，耕地869亩，林地18500亩，7个居民组，1435人，共有建档立卡贫困户121户495人，截至2020年年底已全部实现稳定脱贫，且全村实现了"五有六通"，公共服务、基础设施均全部达标，河南村退出贫困村序列。

河南村党支部始终坚持"一个党员一面旗帜，一个支部一座堡垒"，抓实党建工作，着力在组建一个好的领导班子、凝聚一个好的发展思想、打造一支好的实干队伍、建设一个好的服务阵地、建立一个好的保障机制上下功夫，持续推进服务型基层党组织建设，发挥党组织在农村经济社会发展中的引领作用，带领群众探索出一条"党建引领、产业支撑、乡风铸魂、治理强基、共同富裕"的富民强村新路径。

近年河南村的发展也赢得了上级党委、政府的肯定。2018年被卢氏县授予"脱贫攻坚贡献奖""文明村""整村授信信用村"称号；村党支部在2019年至2021年连续三年被县委组织部评为"五星级党支部"，2020年被中共三门峡市委授予"五星标兵"农村党支部称号；驻村第一书记李喜玉荣获"河南省优秀驻村第一书记"称号，张冠军荣获河南省脱贫攻坚贡献奖和河南省优秀党务工作者等荣誉称号。

二、党建引领促发展，全面奋斗奔小康

（一）建好支部阵地固根基

河南村党支部在上级党委的指导下，深入实施"三年强基工程"，积极创建五星级党支部，大力开展"点亮唱响"行动，坚持配

强支部班子,建好党的基层阵地,巩固党的根基。2018年在河南、壮子沟两村合并之际,重新调整村"两委"班子,把有头脑、有闯劲、有能力、懂经济、责任心强的党员选进村领导班子来做"领头雁",为村组发展出谋划策把方向。

(二)提升党员素质当先锋

河南村党支部着力加强党员日常教育,以"党员活动日"为载体,严格落实"三会一课"制度,利用好远程教育平台和"学习强国"平台,不断学习党的路线方针政策,了解时事政治,主动开展"不忘初心、牢记使命"主题教育,大力弘扬焦裕禄同志"三股劲"精神,不断提升个人党性修养,始终保持思想上政治上行动上与党中央保持高度一致,全面开展"党员先锋亮绩,积分管理",按照党员个人"亮绩",考评小组"考绩",群众参与"评绩",支部大会"定级",督促党员多为群众办实事、办好事,争做推动村组发展的急先锋。

(三)提升基础设施,打造宜居生活环境

河南村多山,适宜耕种的土地稀缺,脱贫攻坚以前河南村经济基础薄弱,无主导产业,村民文化素质较低,因三浙高速修路,矛盾纠纷较多。村"两委"办公无固定场所,长年借用村小学二楼两间小房,基础设施落后,村组道路为沙石路,遇到雨雪天气道路泥泞无法通行,村里无路灯、晚上伸手不见五指,群众出行困难,无文化广场,群众文化活动几乎是空白,村里无污水处理管道,污水横流,夏季蝇虫乱飞,环境卫生条件较差,饮水只能吃井水,卫生室条件简陋,无法满足群众看病难问题。全村群众经济收入主要依靠种植玉米、红薯等传统农作物和劳务输出,大部分青壮年劳动力

都外出打工，村里常年只留下妇女、儿童、老人。

群众最关心的致富问题、发展问题、生活环境问题就是历届河南村"两委"最关心的事情，但村组集体经济一穷二白，又申请不到对应项目，每年只能干些修修补补的事情，村庄环境的变化微乎其微。河南村的党员干部看在眼里，急在心里。精准扶贫工作开始后，在国家政策和帮扶单位的大力支持下，河南村终于迎来了发展的契机。村"两委"组织召开群众代表大会，讨论确定村组发展思路，列出村组需要解决的难题，下定决心要一件接着一件办，村"两委"给出承诺，要在脱贫攻坚结束时实现基础设施大提升，村容环境大变化。

只要信心不滑坡，办法总比困难多。河南村村"两委"班子说干就干，通过争取项目资金、帮扶单位帮扶、村组自筹，先后在基础设施建设中投入1600多万元，河南村基础设施得到明显改善，群众生活环境质量大幅度提高。2016年投资14万元新建120平方米标准化卫生室，投资95万元硬化村组道路5公里；2017年投资361.5万元新建930平方米的综合文化服务中心（即党群服务中心）、文化广场、文化舞台，安装了路灯、健身器材、监控设备，投资140万元实施安全饮水工程，修建蓄水池，铺设安全饮水管道4公里；2018年投资150万元实施了电力线路提升改造，投资35万元改善党群服务中心条件，高标准建设新时代文明实践站，购置文化活动器材，新建农家书屋等；2019年投资515万元实施了污水管网、防洪坝、卫生公厕建设；2020年投资200万元实施了鹳河沿岸3000米绿化长廊建设，栽植景观树，铺设人行步道；2021年硬化村组道路、拓宽村组干线。

（四）发展主导产业，筑牢群众幸福根基

一是紧扣香菇产业筑根基。河南村地处豫西深山区，辖区内多山地，耕地稀少，又无矿产资源，群众的收入主要依靠种植玉米、红薯等传统农作物和劳务输出，产业结构单一，群众收入较低。但特殊的地理位置、四季分明的气候为香菇种植提供了得天独厚的外部条件。在当地政府的大力培育下，香菇种植从无到有，从小到大，最终"小产业"扛起河南村群众致富奔小康的"大发展"。

以前，河南村群众对香菇种植还很陌生，发展香菇种植积极性不高。为了更好地发展食用菌产业，经过不断探索形成了春栽模式，春夏养菌，秋冬出菇，免割袋技术出现，香菇种植技术日趋成熟，种植香菇数量直线上升，香菇也逐渐从"干货"变成了"鲜货"，进入超市、农贸市场，成为人们餐桌上的一道四季菜。脱贫攻坚战打响后，河南村村"两委"认真思考如何才能让贫困群众精准脱贫，让全村群众共同致富。农村要想发展依靠的是资源禀赋、主导产业，通过驻村第一书记、村"两委"走访香菇种植户，经过仔细探讨，发现发展食用菌产业本村具有三大优势：一是生产技术成熟，大部分群众都有种植经验，可以大规模种植；二是近年香菇价格稳定，效益可观，可稳定增收；三是气候条件好，昼夜温差较大，适合优质香菇生长。村"两委"迅速召开全体村民代表大会，征求意见，统一思想，决定把香菇种植发展成本村精准扶贫和共同富裕的支柱产业。

群众富不富，全看村干部。说干就干，河南村村"两委"和驻村干部分组入户开始动员，宣传扶贫政策，鼓励群众大力发展香菇种植，邀请食用菌种植专家入村开展食用菌技术培训，请香菇种植

大户出来介绍发展经验,"洋专家"的技术和"土专家"的经验让群众看到了发展的前景,一部分群众对食用菌种植还持观望态度,一部分群众积极加入食用菌种植行业。为了更好地服务群众,推动食用菌产业发展,推出"香菇农业保险"并建立卢氏县金融扶贫试验区,使贫困群众可以通过信用评级无需担保取得贴息贷款,有效解决了贫困群众发展产业资金短缺的问题。几年来,全村小额贴息贷款累计发放68户200多笔1000多万元,户贷率72%。小额贴息贷款有效促进了河南村食用菌产业的发展。为了增强对香菇市场价格波动的抵御能力,利用第一书记专项扶贫资金建成100吨级冷库,后又引进项目资金建成200吨级冷库,有效解决了群众鲜菇储存难问题。据统计,2021年全村香菇种植达到650万袋,全村年产估值在5000多万元,全村仅食用菌一项产业年纯收入达到2400多万元,人均年纯收入1.7万元。

二是多策并举帮民富。在发展好食用菌产业的同时,河南村结合山多地少的自然环境特点,克服林多地少的制约,以壮子沟和寨沟两个自然片区发展中药材种植和乡村旅游。目前全村共种植山茱萸5万余棵,发展连翘1万亩,栽植核桃树500亩,已成为群众增收的另一渠道。依托独特的山水资源,借力朱阳关"美丽小镇"和飞龙山景区的影响,大力发展生态旅游,利用搬迁群众留下的危旧房屋实施改造发展民宿项目。引入"栖云山居"民宿项目,计划投资3000万元,一期计划投资1000万元,改造民房餐饮中心600平方米,改造古戏楼建筑为中医展览馆,改造民宿18套,修建停车场1处,环境综合治理2万平方米,实现康养住宿、中医养生、乡村休闲等综合接待功能,进一步推动农村经济发展,解决脱贫群众脱贫后稳定就业和增加村集体经济收入。

三是个体企业带动群众发展。大力发挥致富能人的带动作用，鼓励办企业创品牌，不断拉长产业链，增加产品的附加值。在支部的引领下，成立郭缘手工挂面专业合作社，制作传统手工挂面，年产值达到800万元；成立了汇通绿宝食品有限公司，制作销售橡子凉粉、橡子淀粉和加工食用菌等，年产值达到1100万元；招商引资，成立全元农业科技有限公司，投资5800万元，利用食用菌废旧袋料建设年产4万吨的有机肥生产厂，年产值达到8000万元，有效解决了群众因废旧袋料而污染环境的后顾之忧。这些企业在发挥引领作用的同时，有效解决了闲散劳动力问题，增加了群众收入，每年解决岗位达到115个，人均增收1万元。

朱阳关镇河南村产业发展。河南村大力发展食用菌主导产业，年种植食用菌650万袋，产值5000多万元，年纯收入达到2400多万元，年人均增收1.7万元

四是大力发展村集体经济。利用驻村第一书记专项扶贫资金修建100吨冷库，年租金4万元；利用扶贫项目资金等新建食用菌基地，建设40个年产10万袋的香菇大棚，年租金4万元；2个150千瓦的光伏发电站，年收入10万元；新建30个标准化食用菌大棚，年种植食用菌25万袋；利用群众搬迁留下的危旧房屋，实施改造发展民宿，年收入6万余元。2021年村集体经济收入达到24万元。河南村把这项收入全部投入村公共事业建设，设置公益岗，开展扶困救急、孝善敬老、人居环境整治等公益事业，更好地巩固提升脱贫攻坚成果，为群众办实事、办好事。

（五）开展乡风建设，培育优良家风民风

河南村"两委"在抓好经济建设富民强村的同时，也不忘牢牢抓住乡风文明建设。乡风文明建设成果为脱贫致富奔小康营造了良好的社会环境。

一是选树先进典型做表率。为了进一步激发群众的内生动力，树立起脱贫摘帽、致富奔小康的志气，营造文明诚信好乡风，常态化开展"文明诚信家庭""好婆婆、好媳妇""标兵户""文明户""致富能手"等评选活动，把村内的典型选出来，把他们的事迹讲出来，让大家心有标尺，学有榜样。通过活动的开展，群众不甘落后的心被触动，干事创业的动力被激发，纷纷投入创业谋增收中来。河南村脱困户滕银锁就是一个"拉一把站起来"的典型。他肢体二级残疾，父母也是农村老实人，脱贫攻坚开始他们家就是勉强吃饱状态，生活条件极差，全家发展动力不足，在驻村第一书记的耐心鼓励和帮扶下，滕银锁鼓起了信心，当过护林员、保洁员，组织全家种香菇、养猪，现在年种植食用菌3万多棒，年纯收入达到13万元，被卢

氏县授予"脱贫攻坚奋进奖",在新冠肺炎疫情防控期间,他积极捐款1000元,支持疫情防控工作,感恩社会对他的帮助。

二是抓住孝善文化做文章。河南村在乡风文明建设中牢牢抓住孝善文化,利用"九九重阳节"组织开展孝善文化节活动,宣扬孝善敬老,传承好家风,通过为70岁以上老人赠送礼物、请老人聚餐、观看文艺表演,为好媳妇、好婆婆、好儿女颁奖,组织老人的儿女儿媳为老人洗脚、给老人一个拥抱、喊一声"爸、妈",让老人感受到关心关爱,让为人子女者的孝善之心宣之于口,付诸行动。一场活动触动三四代人的神经,极具教育意义,也成了河南村每年必办的一场主题活动。

三是丰富文化生活提精神。群众通过发展产业,经济收入大幅度增加,对精神文化生活有了更高的追求。村综合文化服务中心配齐了音响、锣鼓、舞狮、棋牌、健身器材等活动用品,村里组建了舞蹈队、社火表演队。每当天气晴好的夜晚,文化广场的音乐响起,来自鹳河两岸的群众就聚到一起开始了他们的"夜生活"。有的在休闲广场、沿河步道上锻炼身体,有的随着音乐翩翩起舞,有的三五成群聊聊一天的见闻,放松心情,感受劳逸结合的幸福生活。文化生活丰富了,群众搞封建迷信的少了,扎堆扯是非的少了,关着门在家看电视、睡大觉的少了,群众在娱乐的同时也锻炼了身体。大家更喜欢这样有声有色、有滋有味的生活。

四是完善制度抓自治。河南村制定完善村规民约,把大家约定成俗的"软约束"转变成村民自治的"硬杠杠"。村里还建立了村民议事会、红白理事会、道德评议会、禁毒禁赌会、孝善理事会"五会"组织,选聘德高望重、责任心强、公道正派的村民担任理事会成员,参与村组自治管理。河南村红白理事会积极发挥组织作用，向本村群众广泛宣传"喜事新办，丧事简办"的原则，喜事不要天价彩礼，不置办豪华酒宴，丧事崇尚厚养薄葬，尽孝在生前，鼓励左邻右舍多帮忙，少吃酒宴，杜绝办理红白事全村来吃"大锅饭"的情况。红白理事会成员尽心尽力为村组群众做好服务，帮助事主节俭办事。经过长期坚持，河南村节俭办好红白喜事的村风也成了常态。

三、统筹推进，攻固脱贫攻坚成果，实现美丽乡村全面振兴

在解决了"钱袋子"的问题以后，河南村将农民的"脑瓜子"富起来，让"庭院"美起来。持续推进乡风文明建设，通过支部引领合作社和开展新时代文明实践活动，严格按照"五大振兴"抓好落实，持续巩固脱贫攻坚成果，按照总书记提出的"四个不摘"工作要求，继续发挥好帮扶单位和帮扶村之间、帮扶责任人和监测户之间的联系纽带作用，确保帮扶不脱钩、不断档。建立了常态化动态监测机制，确保贫困群众收入稳定，不出现规模性返贫现象。组织利用好志愿服务队和公益岗，开展人居环境整治，把改善提升人居环境作为重点工作，实现绿色发展，真正让农村成为安居乐业的美丽家园。

全域融合齐发力，共谱振兴新篇章

——南阳市镇平县凉水泉村全面小康大事记

一、基本情况

老庄镇凉水泉村位于南阳市镇平县城北部，是老庄镇的南大门。东邻万亩樱桃沟，南依青泉水库，西邻207国道，北与汤河水库、千年古刹菩提寺为邻。县城主干道菩提路穿村而过，在盘道岭形成县城北部第一制高点。

全村山林面积6500亩，植被浓密，各种坚果树、杂果树自然分布，大片的杏林依然展示着杏花山的神韵。全村297户1172人，其中党员31人，辖14个自然庄10个村民小组，村"两委"干部5人。2016年建档立卡贫困户76户240人，贫困发生率22.8%，被认定为省级深度贫困村。近年，在省市县乡各级的支持与帮助下，以全域党建统领村庄建设，通过建强基层组织、聚力脱贫攻坚、巩固发展稳定、倡导文明建设、谋划乡村振兴，实现群众持续稳定增收，全村保持良好发展势头，于2018年实现脱贫出列。

如今的凉水泉村产业兴旺、和谐有序，先后荣获河南省先进基层党组织、河南省传统民俗村落、河南省A级乡村旅游示范村、河南省文明村、国家森林乡村等荣誉称号。

二、美丽乡村建设情况

（一）夯实发展基础，实现人居环境大改观

基础设施建设是惠及群众的大事，是乡村建设的根。村联合党总支以"产业融合、全域美丽"为目标，着眼长远发展，围绕道路、水利、通信、电力、文化、卫生、交通等公益设施，科学规划，周密施工，快速推进。

投资 54 万元建成凉水泉村综合服务中心和规范化卫生室，卫生室配备医生 1 名、护理人员 1 名；多功能文体广场投资 210 万元，占地 7000 多平方米，健身器材、篮球场、大舞台、户外电子屏、宣传长廊、绿化带一应俱全。

投资 492 万元，新修道路 20.8 公里，实现道路村村通、组组通、户户通；投资 55 万元，安装太阳能路灯 146 盏；投资 78.96 万元打深井 9 口，建设集中供水点 3 个，铺设自来水管道 1.2 万多米，实现家家通上自来水；农网改造全部完成，全村通电率达到 100%；广播电视通过无线、有线、卫星三种技术全覆盖，实现宽带通达，移动通信信号全覆盖，网络光纤可以直接接入农户家中。

投资 100 万元修建污水处理厂，投资 37 万元修建 1 个垃圾集中点、3 个公共厕所，购置垃圾清运车 1 辆、垃圾箱（桶）120 个。为群众营造了卫生舒适的生活环境，也促进了户容户貌、村容村貌的整体提升。

投资 231 万元新建村小学 1 所，占地 5 亩，共有教室 12 间，配套微机室 1 个、音乐教室 1 个、书法教室 1 个、餐厅 1 处、图书

室1个、学生宿舍楼1栋、标准化操场1个。目前共4个教学班1个学前班，在校生102名，教职工10名，教学环境和设施条件满足教学需求。

（二）发展特色产业，促使经济富裕鼓腰包

凉水泉村始终把产业项目作为打赢脱贫攻坚、聚力乡村振兴的核心之举、关键之路、治本之策，按照"市场化导向、特色化方向、效益化取向"实现发展。

夯实基础产业。投资180万元建设牧生养殖场，投资260万元建成10万只蛋鸡养殖车间，投资120万元新修光伏发电厂，投资168万元建设1000平方米的扶贫车间2个，以特色养殖、光伏发电、扶贫车间三驾马车为支撑，以速成业态提高群众收入。

布局持续产业。光皮楝木种植投资145万元，大红袍花椒种植投资200万元，双孢菇种植投入850万元，新建2000平方米的大棚40座，发展山区特有的种植业，经过三年的培育，将进入5—30年的盛果期，每年每亩预期收入达到1万元。再辅以双孢菇种植基地进行农特产品深加工，通过电商、直播等平台销售，提高农产品的附加值。

谋划远期产业。以红岭山地运动公园为依托，挖掘菩提寺、杏花山楚长城优势旅游资源，结合国储林、凉水泉井、黑沟民宿、阴窝石头屋、风电等产业，打造菩提特色旅游村。

（三）提升人居环境，确保乡村美如画

建设易地搬迁小区。根据"一方水土养不起一方人"的严峻现实，凉水泉村按照"四靠"原则，投资900余万元，在地势较为平

坦的镇菩路盘道岭段启动建设易地搬迁一期、二期安置点，搬迁群众48户178人。在"搬得出、稳得住"的基础上，着重在"可发展、能致富"上下功夫。配套建设广场、游园、医院、学校、超市、扶贫车间，加强村级社会治理，规范小区管理，强化小区服务，逐步引进许昌瑞贝卡发制品加工、凉水泉传统酿酒、凉水泉矿泉水等项目，上马农特产品网上销售，开通直播间，夯实产业支撑，实现搬迁群众住新房、能就业、有收入、可持续的根本目标，确保搬得出、稳得住、能致富。

打通旅游交通线。投资265万元新修登山步道4.5公里，新开环山骑行道28.6公里，把全村24个山头、12个山谷通过登山步道实现互连互通，既方便了群众出行，也为发展山地旅游打下坚实基础。

改良山林植被。引入资金3000万元建设国储林项目，对全村6500亩山地进行植被替换，以毛梾木、白皮松、红豆杉等经济林为主，既实现了四季常绿，又保证了经济价值。

兴修水利工程。投资456万元对凉水泉古井和河道进行治理，清理河道2.4公里，修砌护坡4.8公里，安装大理石栏杆3.6公里，新修跨河拱桥1座，加固小桥4座，新整理土地65亩。打深水井1眼，用于农田水利建设，铺设灌溉管道800米，提升有效灌溉面积120亩，实现旱涝保丰收。

挖掘运动元素。以丰富的山地资源为基础，倡导健康绿色生态理念，紧紧围绕"一轴两环三组团"的发展定位，投资460万元建筑面积882平方米的红岭山庄民宿；研学大道和南坡顶上山道长1500米路面宽3.5米，混凝土浇筑已基本完工；投资500万元全长1200米的山体玻璃水滑道正在建设中。通过发展乡村旅游，把凉水泉村打造成市民旅游休闲地、运动场,让凉水泉成为镇平的欢乐谷、南阳的后花园。

凉水泉村易地搬迁点

(四)突出党建引领,文明新风吹拂山村

凉水泉村脱贫攻坚联合党总支,整合省市县各级帮扶力量,采取"支部+支部""企业+支部""社团+支部"等方式,创立"四联四促"工作模式。坚持扶贫扶志并重,彻底转变群众"靠着墙根晒太阳,等着别人送小康"的思想。通过"书记课堂"连心引路,架起党群干群连心桥;"广播课堂"融入生活,让群众听到组织的声音;"流动课堂"让群众入脑入心。

开展"听党话、感党恩、跟党走"宣讲活动。率先在全县成立脱贫攻坚讲习所,每周五上午9点准时开讲,开展"干部进所讲政策、专家进所讲技能、乡贤进所讲道德、脱贫户进所讲党恩"的"四进四讲"活动。

开展"智志双扶三个一",评选"最美脱贫户""十星级农户"等先进典型。常态化开展"文明实践周"主题活动,占领思想文化阵地,引导农民践行社会主义核心价值观,深入开展"好妯娌""好婆媳""好邻里"等模范典型选树活动。

加大志愿服务开展力度。积极对接南阳中联水泥、镇平新联会、春雷雷锋营等爱心企业、社会组织党支部,走进广场、走进学校、走进群众家中开展各类志愿服务活动。

深入推进平安村建设。强化"一约四会",深化"一村一警",创建"五零村居",扎实开展自治、法治、德治相结合的乡村治理体系。塑文明乡风、淳朴民风、良好家风,吸引更多村民共同参与乡村建设和社区治理,形成"小事不出门、大事不出村、问题不回避、矛盾不上交"的和谐社会治理机制。

三、主要做法

(一)政府引导、群众参与是基本前提

按照"政府主导、村民主体、市场参与"的原则,坚持"一盘棋"思想,统筹布局、科学组织。

整合队伍,完善工作机制。村"两委"把村庄建设作为重点工作之一,由第一书记、驻村工作队、帮扶责任人和村"两委"一起,成立领导小组,由驻村第一书记对接河南省市场监督管理局,争取省局从不同层面给予全方位支持。驻村工作队以南阳市政府办公室

为依托，协调农林水交通旅游等市直部门，从政策和资金上予以保证。帮扶责任人在全县范围内进行项目整合，确保各项工作快速高效推进。

群众参与，整体推进。"洁净的村庄环境和优良的生态景观，要靠全体村民共同参与和创造。"在村支部书记刘建光看来，要想让全体村民行动起来，可以先从具有一定影响力和号召力的群众代表身上"下手"。村会计周颜华带头拆除了自家的破旧院墙，清除了堆放的陈年杂物，再种上花草架上秋千。看着邻居家的庭院一天一个样，村民们也纷纷开始效仿，爱美比美逐渐成了村里的风气。如今，不论是用过的咸菜坛、酒坛，还是废旧浴缸，都成了村民旧物造美的宝贝。

规范线网。管线乱拉在很大程度上影响村庄形象。对此，按照"去除废线、归并乱线、檐下走线、合理入地、管线成景"的方法，以"横平竖直"为要求，拆除背街小巷中无用的废线，用绝缘套管和PVC套管归并有用的线缆，贴墙或沿檐下走线；用综合门牌遮挡线缆进行隐蔽走线；绘制五线谱、竹竿、动物等图案衬托美化线缆，做到既美观又安全实用。

制定村规民约，实现网格全覆盖。制定"村规民约"，建立"红白理事会"等组织，运用全域党建创立的"党建+"模式，做好网格化管理，以"一网两长"为载体，配备"十大员"，形成"双向管理、多层制约"，建立健全行之有效的长效管理机制。

（二）因地制宜、规划先行是重要保证

为了让村庄规划设计更美观合理，村"两委"班子认真研究村情，谋划发展思路，特聘河南盛景规划设计公司，结合全村山水

林寺等优势，着手完成编制了"南阳红岭山地运动公园"发展规划，既有远景规划，又有近期目标，包括产业发展规划、村庄布局规划、居民建设规划等多方面，形成规划文本，作为指导全村今后发展的重要纲领。以南部运动拓展、中部文创体验、北部养生休闲三个组团定位，围绕"一轴两环三组团"的发展思路进行建设，目前已初具成效。

农民建房通过邀请专家、广泛征集、开设课题、征求民意等方式，在充分考虑地域、习俗等条件的前提下按照地形、面积、区位、风格等要素不断充实通用图集。筛选出7套设计方案向农户推荐，农户选好户型样式后，可直接按照图纸施工建房。上海东华大学的学生连续两年在暑期到凉水泉村实践，凉水泉村挂牌成为"东华大学教学实践基地"。除借助高校优势外，我们还进一步培育壮大在建筑、绿化景观、木工、墙绘等方面有特长的乡土人才队伍，组建施工队伍和能工巧匠参与美丽乡村建设。

（三）多方筹措、社会参与是有力补充

我们以农村生产生活生态"三化同步"，第一、二、三产业"三产融合"，农业文化旅游"三位一体"为目标，深入创建河南省"A级乡村旅游示范村"，继续提升人居环境基本面，加强村庄特色风貌引导，深化环境综合整治，巩固提升治垃圾、治污水、治乱堆放，实施"厕所革命"，促进全域整洁干净，打造田园综合体。村民程飞龙自2010年返乡创业以来，累计投入资金8000万元，以荒山绿化、发展产业、布局服务业为主，用心血和汗水成功打造出红岭山地田园综合体项目，重点培育休闲观光农业园区2个、精品农业示范基地3个，完成土地流转4000亩。在他的带动下，专业技术人

才唐会安、成功人士张润生也积极参与村里的经济发展，经营民宿、建设村史馆、种植各类名贵树种，持续打造"点上出精品、线上是风景、面上可示范"的升级版美丽乡村。

（四）规范操作、科学管理是前进动力

坚持把美丽村居建设与产业开发、农民增收和民生改善紧密结合，一手抓产业、一手抓建设，促进美丽村居建设可持续发展。一是严格履行农村"四议两公开"工作法，对村里所有的发展项目、产业，落实民主程序，让更多的人参与进来。二是提升群众参与管理的热情。易地搬迁小区群众来自各个自然村，互相之间缺少必要的沟通，为此，"一约四会"等组织积极靠前，及时化解矛盾。村集体产业，落实好项目移交管理和效益分配制度，形成长效机制，从而确保"美丽成果"转化为"美丽经济"，使农民的腰包鼓了起来，广大村民尝到了美丽乡村、美丽村居建设带来的"美好"甜头。

通过近年的努力，凉水泉村已彻底摘掉贫穷落后的帽子，群众生活发生了翻天覆地的变化。目前产业兴旺、乡风文明、生态宜居，村民的获得感、幸福感和满意度显著提升。

奋斗的脚步没有停歇，凉水泉村将以"全域融合全域美丽"为目标，保稳定、兴产业、促文明、谋振兴，以产业带动、旅游创收、资源盘活模式发展壮大村集体经济，打好"高质量发展"组合拳，下好"乡村振兴"全盘棋，谱写乡村振兴新篇章。

牢记嘱托奋力前行，绘就壮美邹庄

——南阳市淅川县九重镇邹庄村全面小康大事记

邹庄村位于南阳市淅川县九重镇东南部，2011年6月25日由九重镇原油坊岗村搬迁至此，成为新建制村，并更名为邹庄村。全村辖1个自然村，5个村民小组，175户750人，常住人口96户207人，劳动力464人，60岁以上100人，16岁以下186人。全村共有17名党员,其中在村党员11名,流动党员6名,村干部4名。全村耕地面积1048.6亩，村庄宅基地面积83.25亩。主要产业以光伏发电、养殖业、传统农业为主，村集体年收入37.8万元。

2021年5月13日下午，习近平总书记走进邹庄移民新村，看产业、问收入、访移民、听民生，作出了一系列重要指示。面对移民群众，总书记首次提出"人民就是江山，共产党打江山、守江山，守的是人民的心"这一重要论断。总书记的重要指示精神，为我们做好当前和今后一个时期的工作，指明了方向，带来了重大机遇。为全面落实领袖嘱托，淅川县委、县政府提出了建设"大邹庄"的发展布局，以邹庄村为核心，联动下孔、孔北、水寨等四个村，成立大邹庄示范区，示范区总面积1.9万余亩，耕地面积1.37万余亩，辖自然村23个，村民小组48个，1855户8467人，按照产业一体化、路网相连、基础设施和公共服务互通互享、乡风文明共塑的目标，抱团发展，着力把邹庄村打造成为全国乡村振兴样板村、全国红色文化教育示范村、南水北调中线移民标兵村。

南水北调工程移民村淅川县邹庄村村貌

移民搬迁后，邹庄烟叶种植面积约 300 亩，户均增收 2000 元。湖羊养殖场养羊 1200 余只，村集体年收益 2 万余元。2015 年，引进融旅游观光、采摘、餐饮、住宿、电子商务等于一体的农业产业化项目——丹江绿色果蔬生产观光示范园（京都果园）。该项目计划总投资 1.2 亿元，目前已完成投资 3000 万元，种植猕猴桃 500 亩、莲菜 120 亩，其他果蔬 32 亩。此项目建设到位后，预计实现年销售收入 2500 万元以上，可直接安排本村移民 30—70 人务工，间接安排务工 1.1 万人次，辐射带动周边村 500 余名移民务工，增加村集体经济年收入 18 万元。同时，邹庄村还引进投资 160 万元的光伏发电产业，实现村集体经济年收入 7 万元。为壮大村集体经济，50 万元入股福森，实现年集体收益 3.25 万元。几项综合收益每年约 30 万元。2021 年，邹庄村又争取移民后扶项目资金 200 余万元，建设 2 个猕猴桃加工车间，投产后预计可增加村集体年收益 10 万元，增加就业岗位 10 个。产业的发展，带动全村 300 余人从事果蔬产业服务，人均月收入在 2000 元以上。

一年来，邹庄村干部、群众牢记嘱托，奋力前行，不断推动邹庄村向前发展。邹庄发生了翻天覆地的变化。

第一，村庄变美了。乱搭乱建拆除了，强弱电线路入地了，雨污分离了，庭院整洁了，路灯亮了，村庄更绿了。

第二，产业变强了。由单一传统种植向特色高效种植转变（即由传统小麦、玉米种植转向智慧农业发展、向草莓等特色经济作物发展），由单业态向多业态发展转变（即由过去的京都果园单一猕猴桃种植转向草莓、苕尖种植，种植业、手工业、旅游业三产共融，同步发展）。

第三，集体经济壮大了。村集体经济由过去的仅有项目扶持收益分红，向自主发展多方收益转变，劳务服务、大旅游、掘井人等三大村级经济组织与村民同步增收，预计年集体经济收入可净增 30 万元以上。

第四，乡风民风变淳朴了。村庄的提升、产业的发展、评选活动的开展，让移民群众实实在在看到了希望、感受到了变化，村民思想实现了大解放、素质实现了大提升，村里矛盾纠纷明显减少了，村民参与支持邹庄建设，心更齐了、劲更足了，村庄里到处能看到幸福的笑脸。

为确保总书记视察邹庄移民新村重要讲话指示精神落地见效，省市县主要领导都十分重视，亲临现场，亲自指导。特别是县委、县政府成立了邹庄建设专班，县委书记亲任政委，县长任指挥长，与政协主席、县委组织部部长、县政府党组副书记亲自坐镇邹庄，一线指挥。在邹庄建设上，创出了"三个三天"的邹庄速度。三天时间，全面完成土地流转2267亩；三天时间，全面完成违建拆除132户；三天时间，全面完成股金募集263万元。

一年来，围绕村庄建设，邹庄村主要做实五个方面工作。

第一，做实村庄规划。总书记视察邹庄后，县委、县政府委托长江设计集团有限公司，立足当前，前瞻15年，对"大邹庄"和邹庄村进行高标准整体规划，包括空间规划、村庄改造规划、产业规划，通盘考虑，一体规划，一体建设。

第二，做实产业发展。采取"支部引领、龙头带动、集体经营、群众参与"运营模式，打造了千亩草莓科技种植园、千亩智慧农业园，提升了京都果园猕猴桃产业园，引进了宜佳户外藤编车间，建设了一条红色旅游路线，构建了五大产业板块。

为确保产业健康发展，邹庄村建立了三个经济组织：一是成立了掘井人农业专业合作社。村支部牵头成立合作社，每个合作社成立专业支部，统一流转经营土地。邹庄村村民全体参与、下孔村村民自愿参与，每人1股、每股1000元。二是成立了大邹庄旅游有限公司。与县楚都饭店达成合作意向，利用村内闲置民居先期打造4家民宿、11户农家乐，涵盖京都果园，采用市场化、规范化的运作模式，互利互惠，实现共赢。三是成立了大邹庄劳务公司。建立规范化、制度化的劳务公司，立足"大邹庄"、服务"大九重"、面向全社会，有组织、有指向性地开展劳务输出工作，进一步保证大邹庄群众充分就业。

第三，做实村庄提升。一年来，县镇两级从村庄完善提升着手，先后对大邹庄道路、党群服务中心等进行持续改造提升，实现绿化、亮化、美化，邹庄村实现旧貌换新颜。

第四，做实社会治理。进一步完善村规民约，制订完善了"乡贤评理堂"等工作制度，实现工作制度化、规范化。扎实推进"两弘扬一争做"、"四议两公开"、"三面红旗"争创、星级文明户认领、乡村光荣榜等评选争创活动，激发了干部群众内生动力，党群干群关系更加密切，村风民风更加向好向善。

第五，做实基层党建。一是成立了"大邹庄"产业发展党总支，下设邹庄、下孔、孔北、水寨四个村党支部和草莓高效农业两个产业支部，实现党建的全覆盖。二是实施乡贤回归，聘请退休老干部担任示范区党总支书记，乡里两名副职、两名工作人员及四个村支部书记加入党总支。三是明确了总支的组织设置、隶属关系、活动方式、运行机制、日常管理，实现了组织机构联建、组织生活联过、产业发展联手、乡村振兴联抓、文明宜居联创、服务群众联动，有效地发挥了基层党组织的凝聚力、战斗力、创造力。四是提升了队伍合力。通过支部联建，形成了驻村干部、示范区党总支、村支部、产业支部、驻村第一书记五位一体的工作力量，既分工负责又相互协作，各司其职，形成合力。

近年，大邹庄谋划可持续发展，注重第三产业旅游业发展。

旅游发展基本情况。邹庄村以南水北调移民新村和习近平主席在邹庄提出"江山论"为契机，在保持移民新村风貌的前提下，对村庄进行绿化亮化，完美展现出"淅川移民后续高质量发展"的风貌。围绕大邹庄打造出了五大板块。打造了草莓种植移民产业园、智慧农业示范园、京都果园猕猴桃产业园、藤编加工企业和红色旅游路线，通过燕归来、涌泉、掘井人等红色景点建设和移民文化广场的投入使用，以打造党性教育示范点为抓手，把绿色生态环境和红色人文景观相结合，打造淅川县乡村文化旅游"新名片"。

旅游发展现状。淅川县整合全县各部门的力量，投资 7000 余万元，加快推进"大邹庄"建设。建立了掘井人农业专业合作社、大邹庄旅游有限公司和大邹庄劳务公司三个经济组织。

掘井人农业专业合作社通过"支部引领＋龙头带动＋群众参与＋集体经营"的运营模式，大力发展优质小麦传统农业和草莓、茗尖等特色产业，带领邹庄村移民群众凝心聚力谋发展，入股分红共富裕。目前已统一流转经营土地 2267 亩，募集到合作社股本金 263 万元，引进南阳一拱农业有限公司作为草莓产业发展龙头企业，通过提供种苗、技术、管理、销售服务，带动合作社发展大棚草莓 200 亩。

大邹庄旅游公司根据规划设计，正在建设绿色果蔬生产观光示范园和村级游客接待中心，结合"江山论"文化圣地，借助南水北调干部学院等专业培训机构，策划红色游、研学游等丰富多彩的主题活动，同时利用第四届中国农民电影节等文体活动，进一步放大伟人效应、渠首龙头效应，加大对邹庄村宾馆、农家乐等旅游服务实体单位投入，开办了邹庄村庄户人家（农家乐），提升旅游服务水平，引领村庄旅游业发展。

大邹庄劳务有限公司通过整合村庄劳动力，开展技能培训，引导群众在草莓产业科技种植园、京都果园猕猴桃产业园等产地基地就近务工，增加收入，预计可带动 500 人以上就业，日均收入 60—80 元，同时与企业、合作社做好对接协调，保障群众基本权益。

旅游发展成效。目前，邹庄村推出研学游、亲子游、主题党日等体验活动，邹庄村现有村史馆 1 个、旅游超市 1 个、旅游公厕 2 个、大型停车场2个。村内有京都果园、"江山论"、涌泉、燕归来等旅游景点。邹庄村每年都在农历三月二十八日举办庙会，吸引了大量游客前往邹庄参观旅游。村民发展大棚草莓经济、开办农家乐，在村内能人的带动下，发展休闲旅游，为乡村振兴打下坚实基础。围绕观光、采摘、销售水果，挖掘和整合淅川蛤蟆嗡、丹江号子、鲤鱼闹莲等文化遗产，使得邹庄影响力和知名度进一步提升。同时村内共有农家乐13家、民宿12家，能够同时接待100人用餐，为游客提供吃、喝、玩、乐一条龙服务。

体制机制建设情况。为了让村规民约文化在家庭建设、乡村治理、法治建设、精神文明建设等方面发挥最大效用，产生深远影响，邹庄村进一步完善体制机制建设，制定村规民约，成立红白理事会、道德评议会、村民议事会、禁毒禁赌会，通过众多评选方式，引导群众自觉参与、自觉维护美好家园，推动"乡风文明"理念落地落细。

村庄经济运转方式和村民参与增收情况。立足资源优势，邹庄村通过旅游发展型、合作抱团型、资产收益型等路径，成功引进南阳一拱农业有限公司作为草莓产业发展龙头，提供种苗、技术、管理、销售服务，带动合作社产业发展，壮大村级集体经济。邹庄村村民人人参与，每人1股，每股1000元，其中联合支部占5%，村支部占15%，农户占80%，总股本263万元。合作社致力于通过"支部引领+龙头带动+全民参与集体经营"的运营模式，大力发展猕猴桃、葡萄、大棚草莓、黑皮花生、黑芝麻等特色产业，带领邹庄村移民群众凝心聚力谋发展，入股分红共富裕，最终实现移民生活"芝麻开花节节高"的发展目标。

强素质、树产业、重协作，打造美丽新乡村

——商丘市虞城县城郊乡郭土楼村全面小康大事记

脱贫攻坚工作开展以来，郭土楼村在支部书记杨新文的带领下，生动实践了习近平总书记扶贫开发战略思想，全面激发贫困群众内生动力，积极发展壮大村集体经济，实现了高质量脱贫，昔日的贫困村变成了如今的美丽乡村。

一、创建"以孝治家"全国示范基地，解决"志"的问题

扶贫先扶志。挖掉穷根，首先要提振村民精神。自2017年开始，郭土楼村通过建强基层党组织、成立村民自发的义工队伍和依托本地的慈善企业家队伍，获批为"以孝治家"全国示范基地。吸纳毕业大学生党员、返乡创业人员，强化党支部建设；组织本村村民组成70人的义工队伍，防疫抗灾走在前，扶危济困走在前；汇聚慈善企业家对特困人员进行救助，对贫困户有就业能力的进行援助。

建立了健康家园，2654名村民均建有健康档案；建立了乡村书院，确保全村67名留守儿童假期、周末作业有人辅导，放学后有人照顾；建立了乡村大食堂，保证了每周一至周四80岁以上的老人在大食堂免费用餐，周五70岁以上的所有老人免费聚餐。扶贫先扶志带来了翻天覆地的变化。《拿住拿不住》《带血的彩礼》等4部电影先后在郭土楼村拍摄。郭土楼村2020年荣获全国乡村治理示范村、全国文明村称号。自郭土楼村引进"以孝治家"三大孝善工程之后，村"两委"班子成员和"以孝治家"三支队伍成员开展以孝治

热播的微电影《带血的彩礼》在郭土楼村开镜

家三大工程——以孝治家大食堂、以孝治家乡村书院、以孝治家健康家园，为孤寡老人和留守儿童展开了规范化的服务，得到了全村村民的一致赞扬。通过创建"以孝治家"示范基地，郭土楼村村容村貌和村民的素质在发生着翻天覆地的变化，群众获得感得到了巨大提升。现在的郭土楼村已不再是昔日的贫困村，成了远近闻名的孝善之村、和谐村庄。通过开展各种各样以孝治家孝善行动，使党群关系、干群关系、家庭婆媳关系、邻里关系更和谐，使整个村庄呈现了团结互助共同创业的大好景象。

二、壮大村集体经济，解决"扶"的问题

村"两委"班子多次组织贫困群众代表外出考察，以贫困劳动力为主体，先后组建了村集体经济为主导的"两公司两基地五作坊"，即郭土楼村鸿图广告公司、豫东大竹海旅游开发公司，脐生堂中医康养基地、鹦鹉观赏繁育基地，石磨坊、酒坊、酱坊、油坊、醋坊五大作坊。截至目前，郭土楼村集体资产达 1800 万元，村集体年收入210 万元以上。2019 年 12 月，郭土楼村被授牌为国家 2A 级旅游景区。通过村集体经济的发展，实现了贫困群众有业可扶、有力脱贫。

三、探索"三位一体"带贫新模式，解决"稳"的问题

充分发挥基层党组织的政治优势、组织优势，创建了"村集体、本村经济能人、贫困户"三位一体的协作模式，即党支部召集本村

经济能人，创建了村集体注册带贫专业合作社或企业，利用自有资产、扶贫资金、金融扶贫贷款等注入资金主导经营管理，本村经济能人以技术和资金入股，贫困村民以土地、小额扶贫贷款、到户产业扶持资金入股。现全村138户贫困户，406个贫困村民中有112个贫困村民在村集体企业或股份制企业务工，有20个贫困村民在村集体企业担任员工，6个贫困村民依托乡村旅游做餐饮、小商品经营。通过产业带动，实现了贫困村民持续稳定增收。发展特色种植业，每亩地投资4000元种植了药用白芍、药用牡丹等经济作物，不仅有较高的观赏价值，每亩地每年还能收入近2万元；在景区内搭建农家小院，开发农家乐，利用传统工艺打造特色绿色无公害产品。农户以土地入股的方式参与到村庄建设和产业发展中，不但美了环境，也富了自己。

四、着力提升村容村貌，打造乡村旅游基地

郭土楼村以打造豫东竹海为契机，从浙江安吉引进成品优质竹及种植技术，栽植观赏价值较高的毛竹和经济价值较高的雷竹，并请来2名技术员，选派本村务工返乡青年跟着学做竹景观。经过几年的努力，目前村里已种植竹林450亩，豫东地区面积最大的竹林初具规模。雷竹竹笋产量预计每亩2000斤左右，仅此一项就能够达到种植传统庄稼收益的数倍。在打造竹海景观的同时，郭土楼村还配套建设了道路、公厕、假山、停车场等设施。在道路两旁种植近千棵果树；原先的臭水坑，经过治理如今成了风景如画的天元湖。庭前有花、屋后有果，花开庭院、果挂枝头。

自 2015 年至 2021 年，郭土楼村以孝治家全国示范基地先后被以孝治家领导小组评为"以孝治家试点单位""全国以孝治家示范基地""践行以孝治家战略部署先进集体"，郭土楼村支部书记被评为"以孝治家基层党组织队伍优秀组长"。同时郭土楼村也被当地政府部门授予"河南省最美自然生态村""省级卫生村""全国文明村"等荣誉称号，支部书记杨新文 2021 年被评为"全国脱贫攻坚先进个人"。

楼畈新貌

——信阳市浉河区楼畈村全面小康大事记

一、楼畈村总体情况

楼畈村位于董家河镇中部，下辖 11 个村民组 33 个自然村，496 户 2256 人，全村总面积 5 平方公里，茶园面积 3000 亩、耕地 930 亩、森林 2500 亩。楼畈村原为贫困村，建档立卡贫困户 51 户 125 人，已于 2018 年脱贫出列，2020 年实现全面脱贫。因村境内原有 4 座防匪用的炮楼，均建筑在靠近平畈地带，故名楼畈村。

楼畈村 1949 年属冯王区，1955 年划归游河区，1958 年属游河公社，1962 年属董家河公社，1983 年属董家河乡，2010 年 1 月属董家河镇。楼畈村位于丘陵地带，地势东北高，西南低，多黄黏土。茶叶为主要产业。交通便利，环湖公路穿村而过。村北部有尖山水库，建于 1972 年，蓄水量为 27 万立方米，灌溉面积 250 亩。村内上龙庙为土地革命时期党部，农协会旧址。

近年，楼畈村大力实施乡村振兴战略，围绕文明楼畈、生态楼畈、宜居楼畈、秀美楼畈、富裕楼畈做文章，乡村面貌发生了巨大变化。楼畈村现为浉河区人居环境改善试点村、省级卫生村。

二、楼畈村发展大事记

（一）支部"领航"强党建

楼畈村坚持每周召开1次工作例会，每半个月开展1次工作进度推送，每个月召开不少于1次支部委员会，每次会议村干部都先向自己"开刀"，带头反躬自省，带动大家把问题摆出来，把心中的"怨气"撒出来，把造成困难的原因找出来，无形中将大家拧成一股绳、劲往一处使，在思想的碰撞中增强亲近感、培养默契感。同时，结合"逐村观摩，整乡推进"活动，进行观摩学习，总结经验，查找不足，研究解决问题的办法，推动党建工作高标准高质量开展。

楼畈村村干部深知"头雁效应"的重要意义，党员作用能否充分发挥决定了基层制度的落实成效。楼畈村依托党员活动日开展"不忘初心、牢记使命"主题教育，严格落实"4＋N"主题党日模式，党支部和党员结合实际确定"夺旗争星"目标并公示，认真对标红旗支部创建标准和党员争星标准，查找差距和不足，制定赶超措施，开展"夺旗争星"竞赛，形成"基层组织夺红旗、广大党员争标兵、立足本职建新功"的生动局面。近年，共组建实用技术培训、水电维修、婚庆礼仪、政策宣讲4支党员服务队，充分调动在村党员积极性，持续开展志愿服务以及党员联系贫困户活动。

(二)选好村民领路人

张玉宏现任浉河区董家河镇楼畈村党支部书记。2014年11月村"两委"换届,党员群众一致推选张玉宏为支部书记。近年,他通过抓党建筑堡垒、抓帮扶促脱贫、抓产业谋发展,使楼畈村逐渐走出"弱、乱、穷"的困境,走上了乡村振兴的康庄之路。一是凝心聚力抓管理,树立支部"硬牌子"。新一届村党支部组建后,作为村支部书记,他抓住干群矛盾的根源,从村"两委"班子建设入手,坚持每周召开一次工作例会,每月召开一次支部委员会,每年召开两次组织生活会。每次会议他都先向自己"开刀",带头反躬自省,带动村干部把问题摆出来,把心中的"怨气"撒出来,把造成困难的原因找出来,让大家在思想碰撞中增强亲近感和默契感。二是真情帮扶解民忧,暖热群众"心窝子"。如今,事业有成的张玉宏回到家乡后,看到一些父老乡亲仍生活在贫困线下,作为一个共产党员的他,深感不安。知识改变命运,再穷不能穷教育。从大山走出去的张玉宏深刻意识到,单凭一己之力,尚不足以改善全村的教育情况。在精准扶贫方面,除第一书记派出单位浉河区教体局对口帮扶外,联系12名企业老板与村里58户困难群众结成"亲戚"一对一帮扶,直到脱贫,年均投入帮扶资金100余万元。近年,他积极联系成功人士,多方筹措资金,使楼畈村基础设施得到大幅度改善。累计硬化村组道路38段29公里,全村95%的住户实现水泥公路户户通。新架7条电力主线路,配备7台新变压器,在全镇率先成为每家每户能用上三相交流电的村,彻底解决了群众生产用电难的问题。

（三）探索村民"提案制"

为切实解决群众的问题和难题，楼畈村借鉴外地的成功做法，探索实行村民代表"提案制"，畅通群众表达诉求和参与村级事务渠道。所谓"提案制"，就是让全村群众随时把困难和问题以"提案"的形式写出来，由组长和群众代表每季度进行汇总提交，村"两委"对提交的每个"提案"都认真研究，能解决的立即解决，不能立即解决的给群众做好解释并积极帮助协调解决。在下一季度提案会召开前，对上季度每个"提案"都必须给予回复，"提案"办理情况定期上墙公布。"提案制"实施以来，累计受理村民提案300余件，形成提案清单189项，已全部落实到位。楼畈村尖山嘴组有着得天独厚的旅游资源，村里原来跟承包商签订了50年的承包合同，现承包商要搞旅游开发，村民纷纷表示不同意，村干部就找到承包商，迫于村民提案压力，最终经过协商，承包商同意村里占15%的股份，既有效化解了矛盾，又增加了村集体收入。通过"提案制"，架起了村支部与村民之间的桥梁，有效回应和解决了群众的需求和矛盾，群众对村干部的满意度和信任感逐渐提升，楼畈村也由原来的上访大户村变成了今天的零上访村。

（四）助推产业谋振兴

依托优越的地理环境和地域特点，楼畈村积极培育集体经济，加大产业发展力度，变"输血"为"造血"，走出了一条适合楼畈的乡村振兴之路。

2017年3月，联合驻西藏昌都外建支部，用注册资金400万元，以村集体为单位成立"楼畈众诚种植专业合作社"，先后流转土地

182.6亩，以种植无公害蔬菜为主，打造"亲子菜园"采摘基地和蔬菜大棚专业化基地。

为了进一步壮大集体经济，村集体又成立了信阳清逸建筑劳务公司、信阳汇农生态农业科技有限公司，流转闲置土地800余亩，建设中药材种植基地，种植有芍药、野菊花、板蓝根、丹参等中药材，预计能为集体经济带来更加可观的收益。2021年楼畈村实现集体经济收入43万元。

2021年，投资2000元万的省级田园综合体项目在楼畈顺利落地，目前已经进行前期规划、设计、勘探，2022年全面开工建设。

（五）人居环境整治忙

楼畈村人居环境改善工作从2019年7月份开始启动。目前，共涉及全村6个村民组217户900人，总面积1.9平方公里。

在开展人居环境综合整治工作中，将环境整治纳入村规民约，楼畈村始终以治理"六乱"、开展"六清"、实现"四起来"为目标，坚持"三步走"，打好人居环境综合整治攻坚战。由村"两委"、网格长、党员带头先从自家打造五美庭院，通过以旧修旧、培养环境卫生习惯等方式带动全村父老乡亲一起干，让村庄漂亮起来，让所有人都不舍得破坏这来之不易的美好环境。

逐户实施民居改造：推进民居改造，选取临近环湖路、人口较密集的朱畈组、何畈组和柴湾组作为民居改造示范点。引导群众积极进行旧房改造，三个村民组共改造87户。

完善村组基础设施：累计硬化村组道路47段29公里，其中有5公里铺上了柏油；37口水塘初步清理并加固美化；环湖路以南7

个村民组通上了自来水;整修了1.3公里环湖路河沟,建设7处不同风格的拦水坝和7处观景台。

推动农村户厕改造:以老湾组为示范点,楼畈村共推动231户旱厕改造工作。

推进乡村垃圾处理:由朗洁公司负责,按照"户分、组收、村集、镇运、区处理"的垃圾处理模式,达到垃圾"日清日运"。

开展污水处理行动:2020年,苏州生态院依据楼畈村实际设计5个村民组的污水管网,管网工程正在实施,工程完成后,污水处理能力达30吨/天,全村3个村民组共87户村民从中受益。

2021年楼畈村完成民居改造,图为村部周边普通村民房屋

(六)整合资源促发展

楼畈村紧紧围绕"我为家乡出份力",注重打好"乡贤牌"。乡贤谢祥修在本组投资1200余万元,用于民宿建设和周边环境打造;

乡贤汪法涛在本组开展了人居环境改造，修建通村水泥路路基2公里，整修大塘3口，为4个村民组铺设自来水管道等，共计投入资金600余万元；乡贤共产党员汪心富，打造尖山景区，修建通山公路和登山步道，美化亮化周边环境，共计投入资金3000余万元。三位乡贤为楼畈村发展起到了良好的示范和带动作用。

（七）创浓厚文化氛围

成立楼畈村"新时代文明实践站"，通过新时代实践站向广大村民积极宣传党的各项方针政策，积极开展楼畈村道德模范、星级文明户、星级卫生户的评选。在群众中树立典型，带动周边农户比、学、赶、超，共同推动文明乡风的形成。

楼畈村张湾村民组，属丘陵地带。村庄山川秀美，资源丰富，山路田埂纵横，过去水稻是这里的主要粮食作物。数百年来，勤劳而聪慧的汪氏家族在这里繁衍生息，长期在崎岖的山路和狭窄的田埂上行走与劳作，孕育出极具豫南农耕特色的汪家拳。汪家拳又叫"百步神拳""十三根架"，是将武术和豫南独特的农业生产劳作方式相结合产生的独特拳种，是信阳市目前保存完整的唯一本土拳种。

三、楼畈村发展规划

古人云："成百里者半九十。"在巩固脱贫成果衔接乡村振兴的道路上，楼畈仍任重而道远，对于往后的工作，楼畈村有着以下期待：

一是科学规划，加快村庄规划编制。邀请上海合城设计院对全村进行规划编制,在对村庄进行合理规划的同时保持整体人文风貌与自然环境相协调。

二是发动群众,开展"五美庭院"建设。引导群众在房前屋后种花种草,美化庭院及周边环境。通过在群众中树立典型,带动其他农户比、学、赶、超。

三是引入资本,助力产业振兴发展。引进青云茶叶专业合作社,计划建设茶叶体验馆,拉长茶产业链条,加快产业发展。

脱贫致富奔小康，美好生活看董空

——信阳市淮滨县芦集乡董空村全面小康大事记

董空村位于芦集乡西部，总面积4.6平方公里，有16个村民组，总户数1049户4285人。其中脱贫户197户915人，低保户74户82人，残疾人84户96人，常年外出务工人数1780人，全村义务教育阶段在校学生570人。耕地面积4860亩，人均1.13亩，林地面积880亩，水域面积150亩。全村以种植小麦、水稻、花生、油菜等传统农作物为主，养殖的有猪、羊、牛、鸡、鸭、鹅、鱼、兔等，经济作物有葡萄、西瓜、黄梨等。全村帮扶干部107名，其中县教育体育局99人，镇村干部8人。全村于2019年全部实现脱贫。

近几年来，芦集乡董空村在县委、县政府、乡党委、乡政府的正确领导和大力支持下，认真贯彻落实中央和省、市、县关于扶贫开发的重大部署安排，始终坚持精准扶贫、精准脱贫基本方略，以"两不愁三保障"以及贫困户脱贫出列为标准，在精准施策上出实招，在精准推进上下功夫，在精准落地上见实效，在脱贫攻坚各项工作中取得了较为突出的成绩。主要表现在以下几个方面。

一、强化党建，坚持智志双扶贫

一是成立以包村领导为组长，包村干部、第一书记、驻村工作队、村干部为成员的脱贫攻坚工作队，将四支队伍有效地整合在一起，形成合力，集中攻坚。结合"党建带扶贫、扶贫促党建"的要求，广泛吸引致富能手、知识青年、返乡务工人员、成功人士等加入脱贫攻坚工作队伍，积极发挥党员干部在参与脱贫攻坚中的先锋带头作用，打造一支"调不走的扶贫工作队"。二是坚持智志双扶，增强脱贫攻坚的内生动力。为了激发群众的脱贫致富内生动力，村党支部强化组织领导，召开专题会议安排部署，充分发挥村党支部、村委会的引领作用，以村民组为单位，研究制订符合本村本户的扶持计划，以创办村集体经济、庭院经济、劳务输出等项目的实施为切入点，召开促脱贫观摩推进会，营造一个积极向上、奋力实干的良好氛围。让"等钱要物，躺倒不干"的贫困户从精神上真正站起来，早日实现脱贫。加强宣传引导作用，村文化站与宣传办协同发力，几年以来，开展脱贫攻坚专题宣讲10余场，深入"懒软散"贫困户家宣传共计300余次，参与群众约1500人次。

二、精准帮扶，各项责任落实处

为确保帮扶成效，坚持因地制宜，因户而异，因人而异，董空村实行每周定期研判制度，采用"四五六一边倒"扶贫方式，采取交叉核查、一带一帮扶等多种形式；在脱贫攻坚过程中，对个别的"懒、散、软"户，村"两委"及帮扶责任人积极做他们的思想工作，并多次组织脱贫攻坚专题宣讲，做到"扶贫先扶志"，逐渐转变他们的思想观念，他们由最初的不配合到积极主动配合村"两委"及帮扶责任人的工作，最终实现了脱贫。在巩固脱贫攻坚成果及乡村振兴有效衔接过程中，驻村工作队协同帮扶责任人和村"两委"干部，分别在2021年4月、6月、8月、10月对全村1049户进行了4次"防返贫动态监测"大排查，通过走访及行业部门信息比对、农户自主申报等形式，对收入不稳定的高文飞等7户已脱贫户实施动态监测，纳入监测，避免了有可能存在的返贫风险。同时抓好扶贫工作责任落实，发现问题，立行立改，以履职担当推进扶贫实效。

三、真抓实干，打好脱贫组合拳

解决"两不愁三保障"问题。安全饮水：历年来共计改水1049户并实施了饮水提升巩固工程。住房安全：易地搬迁3户，危房改造45户，全面保障了住房安全。基本医疗：截止到现在，全村脱贫人口享受"五道保障线"共计395人次，报账约120万元，个人自付比例均小于10%；建设有1个达标村级卫生室,配备3名村医，卫生室设施齐全，村医技术精湛，惠及全村16个村民组1049户共4285人。义务教育：累计发放教育扶贫补助464人次58万元，全面实现零辍学、零失学，并在疫情防控期间为脱贫户解决在校生的线上教学问题。

扎实推进"1+3"扶贫品牌建设。将打造整村推进、扶贫搬迁、小额信贷、雨露计划"1+3"品牌工程。一是扎实抓好整村推进工作。坚持产业第一、能力至上,实行整村推进与美丽乡村试点相结合,着力打造贫困村脱贫奔小康的新样板。重点以村级"三个一""三边三化"为工作载体,实施水、电、路、通信、住房和环境改善"六到农家"工程,促进了各项工作落实。二是扎实推进"雨露计划"奖补和培训,启动实施了国家"雨露计划"项目补助81人,每生每年平均补助标准3000元;正在开展400人的农村贫困劳动力转移培训工作,有序推进490人(次)的农村实用技术培训和农村扶贫干部业务培训,在实施过程中效果相当明显,较好地达到了"扶持一个贫困户,脱困一个贫困家庭"的目标。三是扎实推进扶贫搬迁工作。创新安置模式,实行培植产业,集中安置;自发搬迁,协助安置,在对薛金侠、陈培义、梁贵发三户进行移民搬迁时,同时为他们联系务工单位,并积极帮助他们申请搬迁补助人均1.8万元,解决他们的后顾之忧,极大地提高了他们的家庭收入;在对45户危房户进行改造时,有些群众不太理解,认为自己的房屋还可以居住,同时担心得不到改造款,不愿意对危房改造,为此村"两委"干部和帮扶责任人对他们讲解危房存在的隐患及对生活和身心的影响,并积极帮助他们申请改造补助,消除他们的疑虑,最终使危房改造工程顺利完成,确保了群众的住房安全。四是大力推进小额贴息贷款。全面创新小额贷款担保联保机制,成立了创新小额信贷管理办公室,设立了小额扶贫贷款担保基金350万元,目前这项工作已全面启动实施运作。对发展产业的建档立卡贫困户实施小额信贷贴息直补到户政策,对符合条件的贷款户和产业大户按照年利率的5%予以贴息支持。

四、夯实基础，提升持续发展能力

2016年以来，通过发展生产，盘活村集体经济，村集体经济年平均收入达到了33万元。同时，实施水、电、路、气、房和环境改善"六到农家"工程，促进了各项工作落实。据统计，全村16个村民组坚持不等不靠，变压力为动力，重点启动实施了一批村组道路、产业化、基础设施、人畜饮水等扶贫工程，项目建设势头很好，项目工程投资总额达到7500多万元。

大力推进产业发展。董空村通过自筹资金310万元建设董空村肉牛养殖基地。建设之初，村民们也是顾虑重重，一是顾虑资金来源，二是顾虑生产销售。针对以上情况，村"两委"及帮扶单位积极帮助他们联络资金，办理小额贷款，并联络销售渠道，最终使得该项目成功建成并取得很好的经济效益。2018年申报资金600万元，建成392千瓦光伏电站一个。建设初期，村"两委"积极筹划、选址，最终确定将电站落在腰庄组，但由于要占用腰庄组的土地，所以受到了腰庄组村民的一致反对，村"两委"积极宣讲建设电站的作用和对全村未来的经济发展的作用，最终取得了全组村民的理解，使得该项目顺利建成。截至2021年12月，光伏电站共收益54万元用于光伏公益性岗位工资发放。腰庄组村民在看到这些效果后，更是对该项目的建成拍手称好。

因地制宜建设施，使人居环境美起来。紧紧围绕"七改三清"，硬化道路8.6公里，水泥路修到了最远的贫困户门前。路肩培土2230米，修整破损路面430米。修建固定垃圾池20个，清理排水沟 1800 米，清理污水塘 12 个、污水坑 4 处，安装可移动垃圾桶 150 个，建设公厕 1 个，在村主干线及搬迁安置点安装太阳能路灯 100 盏，建成白蜡林 3000 多平方米。动员群众建家园，将人居环境巩固好。强化宣传动员，利用村喇叭、村级流动宣传车、微信群动员全体党员、群众积极投身村庄环境美化，组织群众定期对集中安置点、间河及周边垃圾进行清理，极大地改善了全村的人居环境和空气质量，为全村人民的身心健康打下了坚实的基础，同时全村形成了"个个讲卫生，人人爱家园"的良好氛围。

五、文明共建，培育淳朴民风

董空村把培育"诚、孝、勤、俭、和"新民风作为推动脱贫攻坚的有效牵引，深入开展中国梦、新民风、家规家训宣教活动，设置了文明礼仪、传统文化、美德故事宣传栏，搭建文化传播平台，引领群众树立文明新风；开展人情送礼、打牌赌博、攀比炫富、"等靠要闹"等歪风邪气整治活动，推动移风易俗，倡树文明新风；广泛开展"最美家庭""最美母亲""十星级文明户""道德模范""巧媳妇""好公婆""三星级文明户"等系列评选活动，营造人人参与文明创建、大家共育文明风尚的浓厚氛围。

通过不懈努力，总投资 6000 多万元的万亩标准良田项目于 2021 年 6 月顺利竣工。该工程的建成和投入使用将使董空村村民种植收入人均增加 300 元左右，它将给董空村的农业生产、经济发展带来长久的、持续的收益；人居环境得到前所未有的改观，多年沉积的垃圾、残垣断壁、污水沟、白垃圾、废弃旧宅、柴草垛、粪堆等都得到了清除。另外，2021年县教体局在人居环境整治、巩固脱贫攻坚过程中投入资金7万余元、物资价值近3万元，第一书记还带来了发展产业资金10万元，极大地改善了董空村的道路、桥涵、沟塘等；通过"智志帮扶"使人均年收入提高2000多元，达到17784.93元。为村内开发公益岗位132个，投入资金18万元；申请"雨露计划"补贴7.5万元；申请小额信贷贴息项目350万元；建成"万亩节水示范区"项目，投入资金达1463.13万元；引进弱筋小麦生产项目资金90万元；申请产业扶贫培训项目资金2.3万元，村集体经济收益达到36万元。全村1049户村民全部用上了干净卫生的自来水，住房、医疗、教育均得到保障，全村无一名学生因贫困而辍学，没有一间危房存在，有病住院人员的费用均得到报销，真正实现了"两不愁三保障"，巩固了脱贫攻坚的成果。因此，董空村2018年被

董空村2021年6月竣工的总投资6000多万元的高标准农田建设项目。该项目的建成将使董空村村民种植收入人均增加300元左右，它将给董空村的农业生产、经济发展带来长久的、持续的收益

评为"脱贫攻坚红旗村",2021年被评为"巩固脱贫攻坚红旗村"。

总之,董空村巩固脱贫攻坚成果与乡村振兴有效衔接工作将继续深入贯彻习近平新时代中国特色社会主义思想,按照董空村产业开发、助农增收、发展特色产业的长远规划,用心争取项目配合实施,牢固树立"大扶贫"理念,以产业发展和社会帮扶为重点,加大对贫困村中重点监测户扶持力度,不断创新扶贫工作机制。乡村振兴任重而道远,相信在县委、县政府和乡党委、乡政府的坚强领导下,在村委会村组干部的带领下和人民群众的辛勤劳动共同努力下,全面实现小康,加快推进全村经济、社会、生态突飞猛进新发展,为迎接党的二十大胜利召开送上一份厚礼!

息州大地上一颗璀璨的明珠

——信阳市息县项店镇张庄村全面小康大事记

张庄村紧紧围绕"产业兴旺、生态宜居、生活富裕、治理有效"做文章,把乡村振兴和脱贫攻坚有效衔接,不断推进乡村振兴迈上新台阶。

昔日的张庄村是个贫穷落后的村庄,人均收入低,村民们过着"日出而作、日落而息"的生活,2014年被认定为贫困村。通过几年的脱贫攻坚、新农村建设的推进,如今已是乡风文明、生活富裕、生态宜居的美丽乡村。

一、基本情况

项店镇张庄村位于项店镇西南7.5公里处,隔澺河与龙湖相望。辖20个村民组,938户3486人。其中五保户8户10人,低保户149户210人。村"两委"班子成员6人,2人交叉任职,平均年龄45.5岁。全村共有党员44名。全村常年外出务工的有2100余人,常住人口1200余人,其中65岁以上的老人376人。村集体经济年收入9.5万元。张庄村现有耕地8600亩,主要种植水稻、小麦、油菜、杂粮。张庄村坚决推进乡村振兴，着力打造村部"核心区"，以村部为中心，将农业安全用水、学校、文化广场、卫生室、爱心超市、产业扶贫基地、日间照料中心、便民服务中心集聚在村部周边，构建"村级 CBD"。

基于张庄村的实际情况，镇党委、镇政府和村委会坚持农业、农村优先发展的总体方针，精准谋划、突出重点、科学部署，确保农业稳产增收，农民稳步增收，农村和谐稳定，打造乡村振兴，加快农业农村现代化建设步伐。

二、突出五个重点，推进乡村振兴

（一）突出产业发展

村"两委"积极开展招商活动，靠大项目带动农业发展、农民增收。2017 年 5 月引进河南行路户外用品有限公司，公司注册资金 500 万，基地面积 1000 平方米，技术人员 2 人；是一家集设计、研发、生产、销售于一体的综合性户外用品生产企业。从征地到投产，有效工期 36 天，创造了项店速度，建成息县第一个扶贫车间。目前运转良好，28 人务工，其中贫困户 7 户 8 人，带贫 5 户。2018 年引进海峰实木家具有限公司，注册资金 300 万元，占地面积 1000 平方米；是一家集木材加工、家具生产、销售于一体的木业公司，可解决 50 人就业问题。这两家公司共带动 10 户 34 人增收脱贫，每年每户增收 4000 元，且每年向村集体缴纳 4.5 万元。2018 年引进息县静缘现代农业公司，占地 300 余亩，投资 80 万元。采取"公司 + 基地 + 农户"和"六个一"的农业托管模式，即统一技术指导、统一品种育苗、统一农资应用、统一质量标准、统一品牌销售、统一最低保护价收购，亩产毛利润在3000元以上。园区以种植阳光玫瑰葡萄、"美人橙"为主，累计带动当地群众100余人就业，每年向村集体缴纳约5万元。2020年引进"红庆种植合作社"，由静缘公司免费提供技术指导，在村"两委"支持下继续流转土地，鼓励脱贫户和一般农户合作种植，逐步扩大产业规模。目前已流转土地80余亩，种植"阳光玫瑰"葡萄，致力将张庄村逐步打造成优质水果基地。2020年被息县县委授予"产业兴旺红旗支部"称号。2016年本村人士曹强，投资建设清水小龙虾养殖基地200亩，解决了20人的就业问题。

（二）突出乡村文明

积极开展"脱贫光荣户""星级文明户"等系列评选活动。2019年打造了张庄村孝道文化小游园，园中塑有二十四孝雕像，栩栩如生，并配有孝道故事，图文并茂，让人观看后深受启发和教育。很多孝道故事感人至深，催人泪下，人们耳熟能详，如芦衣顺母、百里负米等故事。园中景色优美，走进园中，像走进了丰富的文化长廊，令人流连忘返。2019年树立笑脸文化墙，把开展"脱贫光荣户""星级文明户"系列评选活动中涌现出来的"好婆婆""好丈夫""好媳妇""好邻居""五美家庭"等的信息制成光荣牌悬挂于笑脸文化墙上。光荣牌上有模范人物彩色照片，有典型事迹材料。

典型人物得到了表彰，典型事迹得到了宣传，充分发挥了模范的示范带动作用，启发人们树立正确的人生观、价值观。

从2018年开始，每年9月9日，都会在村委会举办孝善敬老饺子宴。上百名60岁以上的老人欢聚一堂，吃饺子、看大戏，热闹非凡。宴会上老人们寒暄、拉家常、谈感想，各抒己见，其乐融融。平时压抑在心中的事得到了释放，心情舒畅，幸福美满。

2021年12月，村委会派人到新县参观学习，此后张庄村日照中心开展了居家养老服务。由4名孝善护理员为张庄村25名老人开展孝善敬老居家养老服务。通过志智双扶，逐步形成淳朴民风、文明乡风，群众笑脸多了，陋习少了，对干部的认可度高了。2021年张庄村勇夺"生态宜居"、"产业兴旺"和"乡风文明"三面红旗。

（三）突出基础设施建设

张庄村以支部为中心，将村级党群活动中心、村小学、村卫生室、村级水厂、文化广场、爱心超市、产业扶贫基地、老年日间照料中心等建在一个区域，围成一圈，打造村核心区建筑群。村行政、教育、文化、商业、医疗等公共设施基本齐全。

行政管理设施。支部和党群活动中心按上级设计标准建设、装修、挂牌，占地600平方米，是村政治、经济活动中心。

教育设施。现有村级小学一所，占地面积6000平方米，校舍建筑面积1000平方米，开设5个教学班。教学设施齐全，教师达标率100%。2017年至2020年，为全面提高办学条件，坚决打赢脱贫攻坚战，国家要求各学校均衡发展，各级政府加大了教育投入。张庄村以此为契机改善办学条件，充实了办公用品，增加了教学设施，美化了校园环境，学校建成了花园式学校，营造了良好的育人环境。

医疗设施。村卫生室占地面积300平方米，建筑面积120平方米。2014年投资5万元，按照上级标准对原有卫生室进行了维修，设有诊室、治疗室、药室、公共卫生室，配备基本的医疗设施，有行医资格的医生2名。村民常见病、多发病均可得到有效的治疗，实现了"小病不出村"的工作目标，较大程度地缓解了群众就医难的问题。

交通设施。2017年共投资313.44万元，新建生产道路6.53千米，投资311.2万元，新建通组通户道路7.88千米，基本实现三纵三横贯通全境，通村通组通户通生产路，四通八达的交通网络。并于2017年12月开通了项店街至张庄村的公交车，方便了群众出行。

商业设施。建有村级爱心超市。超市商品齐全，价格合理，服务周到，群众购买日用品、生活用品基本不出村，方便了群众生活。

水利设施，2017年投资140万元建起了村级安全饮用水厂，设有30立方米供水塔，埋地下管网500米，653户用上了自来水。在澺河边建有提灌站一座，2020年对提灌站的机械设施进行了改造提升，提高了灌溉能力。打机井3眼，改造坑塘8000平方米，硬化渠道2300米，修小型闸门30个，新建高标准良田1500亩，保证了农业灌溉的需求，达到旱涝保收，农业增产，农民增收。

电力设施。张庄村供电来源由息县和朱店电力线提供，电源线路为绝缘线（绝缘线占大多数），线路电压为10千伏，有变压器21台。2017年进行了新的农网升级改造，项目资金109.49万元，总线路长度为3114千米，农户通电率100%，满足了农民生活、生产的需求。

文化设施。2017年投资120万元建文化广场1000平方米，有文化活动室、简易戏台、200平方米的宣传栏，有标准化篮球场600平方米，文化广场安装了健身器材。广播、电视户户通，电视信号全覆盖。安装了无线音柱 70 个,"村村响"实现了。光纤通达,具备了通宽带的条件。村级文化书屋现存图书 1 万余册。

环卫设施。2018 年投资 70 余万元建垃圾资源分类中心一处。2018 年投资 50 万元建集中污水处理设施 1 处,整修污水管网长度 2.16 千米,完成农村户厕改造 430 户。投入 20 万元配置垃圾桶 600 个,购买垃圾运输车 2 辆。村环卫工人 6 名,实现了道路整洁、村民组清洁、水清岸绿,环境宜居、宜商、宜工。

绿化设施。村组道路两侧栽风景树 8.6 万棵,新增绿化面积 20890 平方米,路基培护长度 26 千米,达到四季常青,三季有花。

亮化设施。2018 年,引进投资 50 万元安装村级道路路灯 137 盏,实现主干道、所有村民组亮化。夜间,灯光、绿树、红花相映衬,构成了别致的乡村美景。

(四)突出生态环境治理,发展乡村旅游

一是转变思想。要彻底改善农村人居环境,思想必须转变。张庄村"两委"干部带头作为,拿着小喇叭,带着宣传车,逐个村民组,逐家逐户向群众宣传人居环境治理、垃圾分类等内容,提高群众对改善人居环境的认识。二是建立长效机制,成立了专门的保洁队伍,并提供公益性岗位 13 个,建立了"户收集、村转运、镇处理"的长效机制。制定了村庄卫生三年规划,保证房前屋后、沟塘河坎、公共区域的卫生有专人负责,健全"双周调度、每月一考评一奖惩"工作推进机制,结合镇政府每周、每月检查观摩,建立了人居环境长期考评机制。三是积极开展活动。开展了"五户联盟""大手拉小手、垃圾分类积分""星级文明户"评选活动,进行垃圾分类试点。积极开展"四美乡村""五美庭院"创建活动。党员干部带头,每周二、

周五集中开展卫生清扫。2017年，自全县开展人居环境治理工作以来，张庄村积极发动群众对村头地头、沟塘河坎、房前屋后等生活垃圾进行清理，共出动人员300多人次，车辆600多车次，搞好乡村路边及房前屋后的绿化美化，大大提升了人居环境，有效提升了户容户貌、村容村貌。四是公益岗位常保洁。驻村帮扶单位县住建局创新工作方法，积极协调爱心企业提供公益岗位20个，确保每个村民组配一名保洁员。五是加大源头治理。率先在全县实施资源分类项目建设，为村部、学校、产业扶贫基地、卫生室、每个村民组等人员密集地方配备垃圾桶，实现干湿垃圾分类。六是生态示范先行，大力发展乡村旅游。以静缘生态农业为基础，建立优质水果基地。以特色产业、特色养殖、特色种植为亮点，主动衔接，抓好布局，发展乡村生态旅游产业，投资40万元建立木亭、栈道等旅游产业发展设施。向南依托明德集团大力发展乡村旅游，明德集

息县静缘农业特色采摘园连栋大棚

团的十里画廊、生态旅游基地、千亩荷塘、五百亩黄桃、三百亩葡萄、二百亩龙虾精养地，初具规模，颇具发展潜力。向西是息县重点打造的濮河涵养带，濮河桥通车后，从城区到张庄仅有10分钟车程，区位优势明显。静缘公司抢占先机，以承接城区交通周末游为目标，鼓励群众兴建农家乐，大力发展乡村旅游。2017年，张庄村被县委、县政府评定为"生态文明示范村"。

（五）突出脱贫成果与乡村振兴衔接工作

建立防返贫长效机制。村责任组始终守住"两不愁三保障"的底线，每月开展监测对象全面排查，对符合条件的农户及时履行程序纳入监测对象范围，确保"应纳尽纳"，确保"零漏识"。及时动态调整，确保贫困户不出现大规模返贫。持续抓好危房消除、饮用水安全等基础保障工作，落实教育、医疗、低保兜底、社会救助保障性政策，着力消除因学、因病、因残、因灾返贫风险。持续落实公益性岗位、转移就业培训、金融小额信贷等增收政策，不断扩宽贫困户稳定增收渠道。持续把产业扶贫作为实现稳定脱贫的根本措施，深入开展产业扶贫基地星级创建活动，提升带贫能力，夯实稳定脱贫的产业基础。扎扎实实推动乡村振兴，朝着"产业兴旺、生态宜居、乡风文明、治理有效、生活富裕"的目标迈出更加坚定的步伐。

打造"沉浸式"新王楼，开辟乡村文旅新天地

——周口市淮阳区王店乡王楼村全面小康大事记

王楼村隶属周口市淮阳区王店乡，位于北纬33°40′，东经114°30′，东傍106国道，北依周淮快速通道，羲皇大道穿境而过，距周口东高铁站和新建机场10千米以内，交通便利，区位优势明显。现有企业4家，布老虎、黑陶制作手工作坊2个，电商企业2家，村集体休闲农业园、村集体坑塘养殖和黑五谷农产品等产业3个，规模600万元，带动群众就业220人，村集体资产430万元，人均年收入2.1万元。

一、历史沿革

王楼村历史悠久。据考证，王楼村建村于明朝洪武年间，距今已有660余年。是王店乡最早的行政村，新中国成立前称"保"，新中国成立后归淮阳十一区王店区管辖，后经互助组、初级合作社，至1956年建王楼高级合作社。1958年合"大伙"，集中居住就餐。

1959年成立王店人民公社。出于当时无粮维持的窘况，被迫解散"大伙"，彭老家从王楼分离，组建彭老家大队，大、小许楼划归焦岗生产大队。王楼生产队下辖王东、王西、陈南、陈北、李庄、陈庄、张楼、刘新庄8个生产队，延续至今。

王楼村自然条件优越。王楼村地处黄淮平原，面积35平方千米，其中农用耕地面积3360亩，80%以上为淤沙两合土质，年日照时间2354小时，年均温度14.5度，年均降水量762.3毫米，适合农作物生长。王楼村属典型农业村，以种植粮食作物为主，主要有小麦、黄豆、高粱、玉米、红薯等，小面积种植有谷子、绿豆、黑豆、豌豆、芝麻等。新中国成立后，在党的政策支持下，王楼村改善农业水利条件，打井修渠，彻底改变"抗旱浇地靠水车"的窘境，基本实现旱能浇、涝能排、旱涝保丰收。20世纪70年代初，村里购置两台东方红"拖拉机"，逐步实现耕地不用牛的机械化耕作。推行种子优良化，推广应用化肥，粮食产量大幅度提高，1975年，小麦亩均单产478斤，秋粮亩均单产336斤，较新中国成立前年均亩产粮食200斤的产量约翻了两番。

林业生产成绩斐然。20世纪50年代至60年代中期，林木以榆树、柳树、槐树、桑树等为主，果树以桃树、梨树、枣树、杏树为主。20世纪60年代末至70年代，在政府植树造林政策号召下，王楼人大干快上，仅用5年时间，沟路两旁、田间地头、屋前房后、村庄四周，全部种植泡桐和杨树，树林覆盖率达68.4%。

畜牧业六畜兴旺。生产队集体饲养的马、骡、牛、驴，用于土地耕作和运输，每户家庭也都有饲养，基本达到"家家一头猪，户户一只羊，人人一只鸡或兔"的要求。

王楼村人世代务农，工业或商业几乎空白。集体经营的项目多是用来解决群众生活问题的，比如，烧窑制砖制瓦，是为解决群众建房困难；油料、面粉加工，是为解决群众吃饭问题。以家庭为主的加工业，仅有木器加工与编织。部分群众纺花织粗布，用苇子编席，用荆条编篮筐，用蒲草打蒲包、编蒲片，用麦秆编草帽，家庭经济在村内经济占比较小。

文化教育事业显著进步。王楼村群众在旧社会尝尽没有文化的苦头，现如今对子女教育问题十分上心。1964年各自然村都办起耕读班、扫盲班、夜校等，后在村党支部筹措下，建起6间土墙草顶教室，虽然条件差，但解决了孩子外出读书难的问题。学校师资由村里解决，抽调回乡初、高中生担任教师，计工分，即后来的民办教师。20世纪70年代初，村里筹资建了两间砖瓦结构的教室，购置课桌凳，从初级小学过渡到完全小学。后来又办起初中班，全村儿童读小学、初中不出村，适龄儿童入学率在95%以上。同时，王店高中在王楼村选址建设，三年后更名为王店初级中学。有线广播安装到户，县乡村三级都有广播站，每天早、中、晚三次播音，方便广大群众收听国内外和本地新闻、时政要闻。卫生事业长足发展，村里建起医疗室，解决群众看病难问题，"赤脚医生"均由村里培养，不拿工资拿工分，昼夜上门服务不收费。同时担经挑、大鼓书等曲艺节目的普及，丰富了群众精神文化生活。

70年代，王楼村虽然经济薄弱，生活水平较低，但实现了由"吃不饱到能吃饱的跨越、粗布衣服到化纤衣物的转变"，自行车、收音机、手表等时尚物品逐步走进农户。王楼村经济社会发展取得的成绩，得到县、公社等各级领导的肯定，时任党支部书记张世兴先后当选为中共王店公社党委委员、中共淮阳县委委员。

党的十一届三中全会以来，王楼经济社会得到长足发展，各项工作步入了快车道，群众生活水平显著提升，楼房率达 90.1%，机动车 402 辆，机动农机具达 309 台（套），机动三轮、摩托、电动车达 918 辆；文化教育成效显著，高中阶段毛入学率达到 91.4%，393 人接受本科教育。河南省社会科学院党组书记李庚香、河南省保密局原副局长陈锋成为王楼人的优秀代表。皮梅花家庭培育了 17 名大学生，其中博士生 1 名、硕士生 3 名，在王店乡传为佳话。

二、奋进历程

2012 年来，王楼村深入贯彻习近平新时代中国特色社会主义思想，全力打赢脱贫攻坚战，深入实施乡村振兴战略，着力建设美丽乡村，带领群众艰苦奋斗创家业，勤劳致富奔小康。漫步在王楼村，蜿蜒曲折的乡村柏油路，连接起王楼村 8 个自然村，一眼望去，造型别致的小楼宛如珍珠般点缀其间，人人住新房，家家奔小康，脱贫致富的小康幸福生活已经实现。

（一）抓好产业，带动群众就业增收

王楼村立足资源优势，培育壮大支柱产业，带动群众致富增收。一是抓好种植业。发展种植大户 6 户，流转土地 400 余亩，种植黄瓜、西红柿等有机蔬菜，种植桃树、葡萄等 100 余亩，盘活废旧坑塘 12 个 110 亩，发展农家乐，打造乡村果园采摘、坑塘垂钓休闲农业，形成四季常绿、三季有花、三季有果摘的休闲农业格局，不仅提升村集体经济收入，也为乡村休闲旅游提供支撑。二是发展特色种植。成立黑五谷种植合作社，发展农户 60 户，种植黑五谷等特色农产

品200余亩,带动群众就近就业200余人,亩均经济收益3000余元。三是抓好养殖业。整理坑塘,发展水产养殖;发展生猪养殖大户4户,年出栏猪1.2万余头、羊600余只。四是发展加工业。发展服装、床垫、黑陶加工3户,带动群众就业50余人,人均年增收2万余元。五是发展电商产业。借力"现代知青"电商品牌,建立电商直播间,村干部、驻村工作队直播带货,村内农产品"触网"销售。六是发展村集体经济。建成王楼村集体超市,对"黑五谷"等土特产深加工,将土鸡蛋、土鸭蛋、干豆角、红薯片等,做成礼品装,带动群众就业40余人,人均每天收益100余元,壮大了村集体经济。

(二)因地制宜,打造乡村民俗品牌

一是把农房变客房。王楼村外出务工人员多,大多在城市购房安家,导致庭院多年闲置失修,甚至废弃,造成资源浪费。村"两委"带领群众外出学习经验,形成一致意见,旧院落是开展民俗文化建设的绝佳资源,若匠心独具,亦能变废为宝。村干部分组走访,摸清废弃庭院家庭生活情况,主动和他们联系,讲乡情,话乡愁,晓之以理,动之以情,群众自愿把院子捐献出来,交予村委会。村委会邀请专业团队统一规划,对庭院进行充满乡情乡愁意味的装修,使用农耕时代的一些文化元素装饰,使其成为乡村旅游项目的重要节点。临街院子还设计为村史馆、老年驿站、休闲民宿等,专题陈列农耕时代的老物件,展示村庄历史变迁,将其变成村里的教育基地和传统民俗文化的展示地。村内群众纷纷捐出立功证书、"光荣在党50年"纪念章、家庭照片等,把纺车、农具等送到村史馆,一件件物品承载历史,一幅幅图片记录改变,一处处实景浓缩记忆,寻觅乡音,留住乡情,记住乡愁,成为眼前可以触摸的现实。

二是把田园变乐园。引进投资商户，建设集农业科普、亲子体验、儿童研学、农耕体验、一分田菜园认养等为一体的豆丁农耕体验园，让城市人到乡村体验生活、感受采摘文化、种植菜蔬，实现土地收益成倍增长。

目前，王楼村内主干道、废弃庭院整修一新，墙体喷绘体现民俗文化的文化墙，设置荣誉展板。群众在村中心建起小饭店、休闲茶馆，拓宽村民增收渠道，带动群众就业，实现旅游增收目标。

（三）党建引领，抓好乡风文明建设

乡村振兴，党建引领是根本。每月逢六为村务日，村党支部组织党员积极开展"6+N"主题党日活动，升国旗、唱国歌、重温入党誓词、交党费、讲党课，带动农村党员深学细悟谋发展，践行初心惠民生。认真开展"三会一课"活动，每月农历十六召开支部会议，研究贯彻执行党的路线、方针、政策，围绕生产经营发挥基层党组织战斗堡垒作用；每半年召开一次民主生活会，汇报学习、工作、思想和为群众办好事的情况，开展批评与自我批评，促进班子团结。

发挥党员先锋模范作用。坚持支部发动、党员带动、党群互动，建立人居环境三级网格管理制度，实行路长、胡同长制，将村内区域划分为网格，村干部担任网格长，每个网格30户，党员、退休教师、热心群众担任路长、胡同长，将人居环境管理规定纳入村规民约。完善户厕管理服务机制，组建户厕服务队，划分职责区域，明确责任任务，确保农户厕所出现问题第一时间解决到位。建立日常督导机制，实行"门前三包责任制"，成立环境卫生监督小组，督导环境卫生规章制度落实到位。

实施"五分钱"工程。在乡党委、乡政府的正确领导下,王楼村大力开展农村人居环境整治行动,打造美丽宜居乡村,倡导"每人每天五分钱、干干净净一整年",全村群众踊跃捐款4.8万元,解决了"有人干事、没钱办事"的难题。

实施积分制管理。在文明乡风建设中,对党员和群众实行积分量化管理,坚持"以表现换积分,以积分换物品",推动村民以行动换积分、以积分转习惯、以习惯化新风,形成乡村治理新风尚。组织群众参与"集中宣讲"、培训会、村级维稳值班等,实行积分奖励;定期组织入户观摩,评选十美庭院、星级文明户。细化村规民约,实行"红黑榜",定期公开通报,落实动态考核奖惩,提高群众参与环境整治的积极性、主动性。

王楼村便民服务站。群众利益无小事。淮阳区推动政务公开和政务服务向基层同步延伸、融合发展,打造群众"家门口"的便民服务站,开展预约服务、上门服务、代办服务,打通服务群众"最后一公里"

表彰善行义举。评选表彰"孝贤之家""好媳妇""好婆婆""优秀党员"和"创业好青年"等200余人,发放奖金奖品价值5万余元。激发乡贤回报家乡的热情。乡贤捐赠安装太阳能路灯120余盏,爱心企业出资1.6万元为全村60名党员健康体检,筹资6000余元慰问困难党员、困难群众51名。通过一系列活动的开展,倡树崇德向善的文明新风尚,推动了乡村文明建设不断深入。

梦在前方,路在脚下。王楼村以乡村振兴规划为先导,以美丽乡村建设为载体,全力实施基础设施再提升、富民产业抓特色,建设"村庄换新貌、群众树新风、产业上规模、设施趋完善、文化有底蕴、绿化全覆盖"的社会主义文明新村,努力开创王楼村和谐稳定、发展富裕的新局面。

昂首阔步走在乡村振兴的大道上

——驻马店上蔡县黄埠镇小王营村全面小康大事记

小王营村位于黄埠镇东北 2 公里处，206 省道穿村而过，辖 6 个自然村、7 个村民组，耕地 3994 亩，总人口 922 户 4071 人。全村党员 75 人，村"两委"干部 6 人，曾是全县 172 个贫困村之一，贫困人口基数大、基础设施条件差、产业基础薄弱，脱贫攻坚任务重。

从过去"垃圾靠风刮，污水靠蒸发"，到如今"污水有了'家'，垃圾有人拉"，短短几年时间，驻马店市上蔡县小王营村"脱胎换骨"摇身一变成了众人皆知的"明星村"。带领群众打赢脱贫攻坚战，全面奔向小康，让乡村成为生态宜居的美丽家园，是实现乡村振兴的题中应有之义，更是小王营村为群众谋福祉、为子孙计长远的民心工程。

近年，小王营村准确把握对乡村振兴的总体要求，抓紧抓牢"三农"工作，统筹推进经济发展、政治建设、文化振兴、社会治理、生态文明建设和党的建设，推动农业全面转型升级、农村整体进步、农民全面发展，先后荣获"国家森林乡村""全国乡村治理示范村镇""河南省文明村镇"等荣誉称号。

一、坚持党建引领，让基层组织"强"起来

"现在的环境比以前好多啦，我们自己都不好意思随意扔烟头了，每天还有保洁员固定打扫。"在小王营生活了50多年的老李说道。在支部书记负总责，驻村帮扶书记抓落实的统筹安排下，小王营村组建了由群众、脱贫户等组成的保洁队伍，对各路段实行分段管理，集中进行环境整治。

环境变好只是党建工作领导下村庄变化的一个缩影。河南省纪委监委驻小王营村第一书记王铁虎说："只有牢牢牵住党建这个牛鼻子，村里面发展才有希望。"

小王营村始终将美丽乡村建设和基层党建工作放在首要位置来抓。一方面，建强基层党组织。创建基层党建示范村，培训"四有四带"村党组织书记，实施骨干队伍建设，开展村党支部带头人、驻村第一书记、党员干部等红色教育培训等活动，努力打造一支队伍，培训一群干部，服务一方百姓，使基层党组织力量得到全面提升。另一方面，充分发挥党员先锋带头作用。开展党员"挂牌亮户先锋行"活动，并对村内无职党员进行"一编三定"（"一编"即编员进组，"三定"即定岗位、定责任、定奖惩）。在防汛救灾、疫情防控、产业发展等重大工作中，设立党员先锋岗，倡导广大党员以身作则、率先垂范，在急难险重中彰显共产党员本色。

小王营村积极探索"党建+"的发展模式，不断筑牢基层党建在"美丽乡村"建设中的基石作用，努力实现"党建+"与经济发展、产业发展、基础设施、公共服务、社会事业、生态建设、疫情防控

等方面的深度融合,发挥党建定海神针的作用。省纪委监委驻小王营村第一书记带领村"两委"干部开展广泛调研,积极主动向先进村第一书记请教,学习农村工作方法方式,及时转变工作角色,在田间地头倾听百姓呼声;分别召开村"两委"、村监委、老党员老干部老教师会,广泛征求民意,倾听群众诉求,很快吃透村情户情,厘清工作思路,精心制定《小王营村脱贫发展规划》《小王营村环境整治规划》等,为推动村各项事业发展提供了方向和脚本。原来在全镇综合排名倒数的软弱涣散村,现在成了稳居前列的先进村,被县里评选为"六面红旗村"。2021 年 5 月 24 日,在王铁虎的积极推动下,河南省纪委监委第九至第十五审查调查室党支部联合小王营村党支部,开展了"学党史办实事,为老乡送温暖"的主题党日活动,随着书籍进校园、义诊到田间和演出送群众等一系列活动,老百姓们又一次体验到党建工作带来的幸福感和获得感。

二、大力发展产业,让群众增收"稳"起来

有富民安民的产业,才能有持续的原动力。近年,小王营村把产业兴旺作为乡村振兴的首要任务,坚持以农业产业集群发展为抓手,以农村第一、二、三产业融合发展为路径,把握"一体两翼"发展思路,即在现代农业主体架构上,发展工业和文旅服务业,全力推进乡村产业迈上高质量发展台阶。

乘车沿村内行驶,入目尽是白墙彩瓦、错落有致的村舍,最吸引人的莫过于家家户户的黄麻。"80 年代之前我们村几乎户户种麻、家家销麻,一时麻制品生意兴旺发达。"一名以黄麻为主要经

济来源的村民透露。小王营村生产的黄麻产品质量佳，市场占有率超70%，口碑较好。然而近些年，伴随着科技进步，各种化学纤维、复合纤维逐步取代了麻纤维，小王营村黄麻遭遇了"瓶颈"。针对这种情况，省纪委监委驻小王营村第一书记王铁虎提出了利用现有麻厂，升级建立一馆、一园、一厂，达成四种旅游体验，让小王营成为豫东南知名的研学基地。一是建立一座文化馆。介绍世界上麻的种类、特性，我国麻的种植史、利用史，以及麻的用途及重要使用价值。实物展示历史上本地群众制作麻产品的工序流程、经典用具，体验式展示群众的辛劳与智慧。介绍麻的文化意义，包括田园生活、驱邪、礼仪等，与麻有关的成语、故事等。开发制作与麻有关的文化创意产品，比如可制作麻料布匹、杯子垫、玩偶、中国结等，利用抖音等平台带货，可带动群众增收。二是建立汝河西岸生态园。种植黄麻若干亩，供群众进行田野观览，以此为媒，打造汝河西岸果蔬花木观光带，实现四季都有景、月月鲜花开，让游客近距离感受大自然。三是建立现代化麻制品加工厂。利用现有麻制品加工厂，升级建设一座现代化麻制品加工厂，提高麻制品经济效益，重点生产生活品，如衣服、鞋帽、床上用品等。四是达成四种旅游体验。第一，生态游。精细筹划建设汝河西岸果蔬花木观光带，实现美景与文化并存、经济与生态效果俱佳的多重效果。第二，科普游。突出麻的特性、使用价值等，利用现代麻厂展示现代科技文明。比如介绍麻作为天然纤维，与人造化纤维的特性差异，突出其环保性。第三，文化游。搜集整理文化经典和民俗文化，突出麻文化、蔡国文化等本地文化。比如，可以制作蔡国时期的马车，供游客驾乘。第四，美食游。打造一批特色民宿，让游客品尝上蔡农家特色美食。深挖黄麻文化，打造黄麻文化园，发掘黄麻文化园的教育功能,让文化园成为有产业、有美景,能参与、体验好的乡村旅游打卡地,成为展示古蔡文化的窗口。目前,村内黄麻种植户收入增长近40%,以黄麻为中心的黄麻文化馆和现代化麻制品厂也在有条不紊地运转。

"除了种地,我啥也不会,是产业扶贫政策让我这个穷了半辈子的庄稼人有了奔头。"临近中午,在小王营村光伏扶贫电站,52岁的杨国强例行巡检完设备走了出来,接上当村保洁员的妻子,一起回家。

杨国强,这个勤劳朴实的庄稼汉,与老伴靠种地为生。后来,他得了慢性病,干不了农活,看病、吃药、做手术花光了他所有的积蓄,成了贫困户。2018年夫妻两人做光伏管理员和保洁员,年收入1.2万元;承包食用菌大棚,年收入8000多元,还有土地流转收入……

坐落在村东南角的香菇大棚是小王营村的另一特色。小王营村书记王海军跑遍全市种植基地,学习种植经验,最终优选泌阳花菇种植。通过流转土地,建立了31座由困难群众承包经营种植食用香菇的温棚,每座大棚温养食用香菇2000棒,确保每户困难群众年收益增加3000—5000元,温养经验还无偿分享给周边群众,带动周边群众温养香菇。此外,小王营村还积极探索"互联网+"的销售模式,在县邮政部门的支持帮助下,村成立了农产品直播间,将香菇、香油、"巨型一号"丝瓜水和铁锅等特色产品带进了直播间,打通了线上销售通道,为群众增收提气。

三、改善人居环境，让乡村建设"美"起来

进入小王营村，整齐成排的白色院墙映入眼帘，整洁的柏油道路旁，河水微波荡漾，垃圾分类积分站更是为美丽的小王营村增添了一分科技色彩。"每天早晨我都会在村里面溜达一圈，呼吸清新空气，一天心情都会很好。"王铁虎欣慰地说。

美丽乡村归根到底落在"美丽"二字上。小王营村坚持一张蓝图绘到底，强调顶层谋划。通过建一个"幸福苑"、铺一条"方便路"、设一个垃圾点和围一个文化广场，着力实施"1111"计划，重点抓好基础设施和垃圾处理，不断改善农村人居环境，深入推进美丽乡村分类创建行动，实现外貌美、持久美和生态美，打造了特色鲜明、系统提升的小王营美丽乡村示范点。

近年，小王营村共完成6个自然村下水道管网建设、实行雨污分离；建设16套保障房，对特困人群进行集中供养；彻底整治村内河道坑塘，打造环村景观水系；实施道路硬化扩宽工程，实现了"户户通"，新建改造桥梁5座；建设垃圾中转站1座、水冲式公厕3座；实施亮化工程，村内主干道安装太阳能路灯133盏；新建文化广场、游园各1处，村卫生室1所，文化活动室3间。通过人居环境治理，小王营村卫生整洁、道路通畅、水质清澈，人居环境得到极大优化美化。

一个"幸福苑"，建在77岁吕林老人的心坎上。2018年两排4栋16套灰墙瓦顶的中式"别墅"建成，院落整齐，房内家电、家具等用品一应俱全，周边还配有绿化带及各式健身器材，投用后切实

解决了五保贫困户和双女户的居住问题。村民吕林作为最先入住的人员，每天都会早起收拾收拾院子，和邻居们聊聊天。"都是党的政策好，才让我住上了好房子，才会这么幸福。"饱经沧桑的吕林指着大理石上刻印的"幸福苑"说。

双女户周长林，在"幸福苑"建成后，就搬了进来。房子虽然不大，但里面配套设施一应俱全，外加一个独立小院。周长林担任着村里的保洁员，每天打扫完自己承包的卫生路段，他还要到村子里一个大棚里忙活。

谈起集中居住的好处，饱经沧桑的周天林笑出了声。"芝麻开

2018年村"两委"整合使用危房改造资金，利用村集体建设用地，统筹建设了集中危房改造安置点，主要安排贫困户中的五保户和双女户集中居住。2018年重阳节，村里的16套保障房建成投用，取名"幸福苑"，目前已安置孤寡老人14人。青砖黛瓦，院落井然，保障房内家电、家具等用品一应俱全，被村民们称为"乡村别墅"

花节节高,现在的生活才叫幸福。"周天林说,"我们这些五保户住在一起,唠唠嗑、串串门,相互有个照应,可美哩!"

五保户吕天理住在最前排最东边,每天都要到指定片区打扫卫生,到承包的塑料大棚里薅草施肥,得空还要侍弄蜜蜂。69 岁的吕天理是位孤寡老人,早些年靠帮别人养蜂为生,常年在外漂泊。

"刚回到家时感觉人老了真难,真不知道以后的日子该咋过。"吕天理说,"多亏国家的扶贫政策,我不但被确认为贫困户,享受到了扶贫政策,2018 年 9 月村里还在'幸福苑'给我分了一间周转保障房。"

自打搬进"幸福苑",吕天理像换了个人,不但在自家小院种菜、养蜂,还承包了大棚,当上了保洁员,此外还到村里的红枫公司打零工,一年下来轻轻松松能挣两三万元。

距离"幸福苑"不远处的垃圾分类处理点时常吸引路过村民驻足观看,作为全县实施垃圾分类的示范点,小王营村真正走出来一条自己的"变废为宝路"。小王营村向每家每户都发放了二维码积分兑换卡,村民只需将垃圾按类别打包,把个人的二维码卡对准扫描口扫描成功后,智能系统便会给予相应的积分。在智能积分兑换一体机屏幕上,村民便可自由根据积分兑换日常生活物品,现在几乎每家每户的牙膏都是靠自己兑换来的。"小王营村真正把垃圾变资源,把资源变资产。"上蔡县人民政府县长李超说,下一步将在全县推广小王营村的垃圾分类处理模式。

四、涵养乡风文明,让村庄治理"好"起来

"涵养淳朴向上的民风,是美丽乡村的重要内涵,更是乡村振

兴的重要环节。"上蔡县委常委、宣传部部长李东在调研小王营村时提出了殷殷期待。小王营村化鼓励为动力，变期待为现实，努力将乡风文明建设贯穿创建美丽乡村始终。

"为什么我的眼里常含泪水，因为我对这土地爱得深沉。"小王营村牢牢抓住村史这个根，强化村民的归属感。在上蔡县纪委监委的大力支持下，投资约40万元的小王营村史馆建设完成。史馆主要展览包括村内黄麻、农耕遗存生产工具和脱贫攻坚等内容，分为追根溯源、峥嵘岁月、改革开放、圆满小康四部分，采用文字资料、实物形式，全方位展现党带领群众走过的光辉历程。小王营人沿着祖辈的足迹一步一个脚印踏踏实实走到现在，从籍籍无名到榜样标杆，走出了一条属于自己的幸福大道，一条宜居宜发展的康庄大道。

日子一天一天变好，可是积极向上的小王营人并不满足。他们建立健全村规民约，积极开展好媳妇、好婆婆、"五好家庭"、孝善模范等各类评比活动，调动村民参与乡风文明建设的积极性和主动性，让群众学有榜样、比有对象。

仅2021年就评选出热心公益户、和谐友善户、孝老爱亲户、教子有方户、智志双优户、整洁美丽户等6类文明家庭84户，全村一派向上向善的新气象。

实干托起梦想，奋斗成就明天。下一步，小王营村将锚定打造乡村振兴"小王营样板"这一目标，接续推动脱贫攻坚同乡村振兴战略有机衔接，准确把握乡村产业振兴主线，提高全村文明程度，加强和改进乡村治理，持续推进农村美丽家园建设，牢记嘱托，扛起使命，继续书写小王营在乡村振兴道路上的亮丽答卷。

夯实基础砥砺前行，续写郭寺振兴新篇章

——驻马店市平舆县万冢镇郭寺村全面小康大事记

一、平舆县万冢镇郭寺村基本情况

郭寺村位于平舆县北 15 公里，交通便利，南距 328 国道 7 公里，全村 1448 户 5715 人，14 个自然村，26 个村民组，耕地面积 7806 亩，村"两委"干部 7 人，驻村工作队 3 人，村党支部有支委 3 人，共有党员 95 名。郭寺村是传统农业村，主要种植粮食作物，经过几年的脱贫攻坚，全村基本实现了通水、通路、通电、通广播、通网络、通公交、通路灯，幼儿园、学校、卫生室、文化广场、文化书屋、健身器械、游园基础设施一应俱全。2018 年以来，郭寺村先后被定为国家脱贫攻坚定点监测村和乡村振兴监测点；在各级党委政府的正确领导下，2019 年被宁波大学定为中国乡村政策与政策研究院千村观察点之一；2019 年 12 月，中央电视台农业农村频道从国家级贫困县的 30 个尚未脱贫的村庄中选取 30 个特色贫困家庭记录脱贫攻坚一线的故事，郭寺村是河南省唯一一个被选中的村，九集共拍摄一年 4 个月。几年来，先后被平舆县委、县政府表彰为"文明村"，连续三年获得平舆县"脱贫攻坚工作先进村"称号，连续三年被市委评为驻马店市级文明村镇（社区），并成功入选省级文明村镇后备

库。村党支部被市委评为全市先进基层党组织,被平舆县委授予"红旗党支部"称号。自脱贫攻坚开展以来,国家、省市县领导多次深入郭寺村视察、调研,围绕脱贫攻坚、产业发展、人居环境等进行指导工作。

二、全面小康进程中的特殊举措

(一)强化党建引领,夯实治理基础

近年,郭寺村党支部坚持以抓党建促脱贫攻坚,统揽全村经济社会发展,持续开展"两学一做"学习教育,使其常态化制度化,扎实开展"不忘初心、牢记使命"和党史学习教育主题活动。通过狠抓基层党建,聚焦脱贫攻坚,充分发挥共产党员的先锋模范作用,实现基层党建与脱贫攻坚工作"双推进"。

郭寺村始终把"建强支部"作为头等大事来抓,坚持"四抓四强",不断提高村"两委"班子谋发展、促脱贫的能力。以村"两委"换届为契机,认真落实换届政策,有效强化政治功能。结合"两学一做""不忘初心、牢记使命"和党史学习教育等,使学习教育制度化常态化,实行每周一工作学习例会制度,组织好党支部集中学习,落实上周工作完成情况,安排部署本周重点工作。

严格落实"三会一课"、民主生活会、主题党日、民主评议党员等制度,运用远程教育、党员微信群、"学习书屋"等方式,全面抓好基层党员经常性思想政治教育,使党内生活制度落到实处。进一步拉近和群众的距离,体现"以人为本、便民利民"的工作理念,按照"整合资源、完善配套、拓展功能、规范管理"的工作思路,

筹集资金对村室进行无围墙无栅栏全开放改造，添置了电脑、打印机、空调等办公设备，着力打造开放式、多功能、服务型村级活动场所。打造坚强领导核心，增强基层党组织的凝聚力，为郭寺村的全面发展奠定了坚实基础。

增强基层组织造血功能，着力抓好党员干部学习，用农民朴素的语言、鲜活的事例，向农村党员宣讲党的方针、政策，使创先争优的要求内化为党员干部的自觉行动。注重输血能力培养，加强对农村致富带头人的帮扶，提高他们带动村民致富的能力，同时加强思想政治教育，提高其思想觉悟，将其发展为入党积极分子，改善农村党员队伍结构，提高党员干部队伍的整体素质。树立服务意识，认真对待群众诉求，以此转变党在群众心目中的形象。始终把政治纪律和政治规矩放在前面，认真贯彻落实党的各项规章，着力在强化服务群众、守纪律、讲规矩、廉洁从政上下功夫，为坚决打赢扶贫攻坚硬仗提供良好的组织保障。紧扣脱贫攻坚中心工作，立足农村党员干部熟悉基层情况、了解群众现状的优势，以党员为骨干组成村"两委"脱贫攻坚团队，通过深入实施农村党员干部"结对帮扶、做合格党员"活动，引导农村党员干部积极协助"识真贫"，主动配合"真扶贫"，全力助推"扶真贫"，着力打造了一支政治坚定、能力突出，能带领群众致富奔小康的党员队伍。

（二）落实各项政策，推动全面小康

几年来，郭寺村紧盯基本政策落实和基础项目实施，落实健康扶贫、教育扶贫、产业扶贫、住房保障、安全饮水、社会综合保障等，实施道路、冷库、温棚、安全饮水提升、光伏电站、太阳能路灯、管网绿化等基础设施建设，全村基础设施、公共服务高质量达标，带贫产业持续发展，光伏收益连年增加，金融扶贫应贷尽贷，人居环境整体提升，项目实施科学有序，各项政策在郭寺村落实落细。

郭寺村始终坚持"富口袋"与"富脑袋"并重，加强志智双扶，激发贫困群众内生动力，让贫困群众摒弃"等靠要"思想，心热起来、手动起来。依托扶贫车间开展编藤技能培训，逐户动员留守贫困群众学习技能实现就业，高位截肢的姚红善和其双目失明的妻子在这里获得重生，他们的励志事迹被多家媒体报道，全国人大常委会副委员长、全国妇联主席沈跃跃在郭寺调研时与这对夫妇亲切交谈，鼓励妇女靠自己的劳动脱贫致富，创造美好生活。依托党群服务中心建立农民学校，每周通过远程教育平台播放种植养殖技术系列讲座，聘请县农科院农技员担任村技术指导员，每月来村解惑答疑，农忙季节现场指导。通过每年3次以上技能培训和爱心超市、光伏收益激励等措施，增强教育效果和吸引力。

郭寺村脱贫摘帽，在疫情防控常态化下做好防返贫工作，巩固脱贫人口脱贫成果，确保未脱贫人口高质量脱贫。通过加强动态监测、加大产业帮扶、用足政策扶持、强化消费扶贫、凝聚社会爱心等举措，郭寺村高质量完成了脱贫攻坚工作，产业规模持续提升，村集体经济收入持续提高，正转入巩固拓展脱贫攻坚有机衔接乡村振兴，把郭寺村打造成产业兴旺、生态宜居、乡风文明、治理有效、生活富裕的美丽乡村。

（三）聚焦产业优势，带动农民增收

郭寺村产业以种植养殖业为主，其中大葱农业种植合作社，规

模 1200 多亩，产品销往全国各地，每年经济年收入达 300 多万元，带动脱贫户及周边农户 60 多人长期在合作社务工，并免费培训种植技术，为村集体增加收入近 10 万元。郭寺村生态农业园，有 15 个标准化塑料大棚，主要种植瓜果蔬菜，每年增加收入 120 多万元，带动脱贫户及周边农户 30 多人长期在合作社务工，并免费培训种植技术，为村集体增加收入近 19 万元。万禾苗木种植合作社，流转村集体土地 200 亩，主要种植苗圃和景观树，带动脱贫户 12 人长期在合作社务工，并免费培训种植技术，村及村民收益达 20 万元。除此之外，郭寺村还有金升食品厂，主要生产辣条，每年经济收入达 70 多万元，带动脱贫户及周边农户 30 多人长期在合作社务工。扶贫车间主要生产藤编产品，效益可观，带动就业 30 多人，产品出口国外。另外，郭寺村还有郭寺益生食品厂，带动 60 多人就业。村集体有光伏发电站，年收益 48 万元；保鲜库，面积 500 多平方米，年收益 2 万元。

（四）聚焦乡风文明，推动文化振兴

为进一步提升郭寺村的文化内涵和特色，加快郭寺村精神文化建设步伐，促进乡村文化大发展和红色教育阵地的大繁荣，结合公共文化服务体系建设和平舆县党史学习教育领导小组工作安排，2021 年 3 月，郭寺村以传承和保护优秀历史文化为重点，通过挖掘村情村史，展现乡土文化和民俗风情的独特底蕴，展示乡贤志士的美好事迹，反映郭寺村群众脱贫创业的历程，激发农村广大群众对美好家园的荣誉感、归属感和幸福感，为迎接建党 100 周年献礼，5 月 16 日，建成了郭寺村红色教育基地。红色教育基地共分为两部分，分别为郭寺村史馆和金芝广场，郭寺村史馆共有一个前厅和三个史馆，分为党史馆、民俗馆和村史馆。红色教育基地占地面积4300平方米（村史馆占地960平方米，金芝广场占地3340平方米）。建成以来，已经接待126个团体单位的1750多人次的参观调研学习。

（五）加大宣传力度，提升对外形象

2019年12月，中央电视台农业农村频道从30个国家级贫困县的30个尚未脱贫的村庄中选取30个特色贫困家庭记录脱贫攻坚一线的故事。通过考察和最后的筛选，市委统战部定点帮扶的郭寺村被选中，这也是河南省唯一一个被选中的村，拍摄以时间为轴线，每个月展现一次扶贫工作者和脱贫者家庭的帮扶变化，持续跟踪记录脱贫攻坚战的过程。节目通过真实记录脱贫攻坚的鲜活实践故事，展现了郭寺村脱贫攻坚的经验和成就，突显了郭寺村建档贫困户刘玉峰自强不息、乐观奋斗的精神风貌，展现了市委统战部派驻郭寺村第一书记宋远涛求真务实、甘于奉献的情怀担当。

第一书记宋远涛始终坚持把"富口袋"与"富脑袋"有效结合起来，加强志智双扶，激发贫困户刘玉峰的内生动力，让他一步步摒弃"等靠要"思想，心热起来、手动起来。先后引导他担任郭寺村大棚种植管理员，拓宽他的务工渠道；引导他担任郭寺村贫困户的脱贫示范者，激励他尝试种植的新模式；鼓励他扩大规模，尝试种养一体。

在驻村第一书记的再三说服下，经过很长时间的思想斗争，贫困户刘玉峰终于下定决心，摒弃了守旧的思想，专注于大棚种植，砍掉自己老旧的果树，跟着合作社一起改换种植了阳光玫瑰葡萄。

2021年3月，郭寺村的脱贫路共拍摄九集完美杀青，驻村第一书记宋远涛与导演一起参加了农业农村频道《攻坚日记》节目的幕后访谈，其个人扶贫手记也被中央电视台农业农村频道和人民出版社编辑出版发行。

央视摄制组导演是这样对郭寺村进行概述的：地处中原的郭寺村，条件没有偏远地区恶劣，发展不如江南一带的村庄成熟，在脱贫攻坚大潮里，处于"比上不足，比下有余"的尴尬境地。村民刘玉峰和妻子一直在深圳务工，60岁的母亲和两个儿子留在老家。几年前，刘玉峰患上眼疾，视力下降，在外务工愈发艰难。驻村第一书记宋远涛的一个电话，让刘玉峰坚定了回郭寺村的想法。他想抓住这次乡村产业振兴的机会，争取干出点名堂。回到农村，重新做农民，刘玉峰感到既熟悉又陌生。在奋斗的过程中，他也不断被现实暴击。蔬菜大棚、果园种植，企业与农户之间的碰撞与摩擦，都让刘玉峰感到迷茫，功夫不负有心人，刘玉峰终于下定决心，借助于合作社，依靠自己的果园种植实现致富。

郭寺村史馆

人民对美好生活的向往就是我们的奋斗目标，郭寺群众对美好生活的向往就是郭寺人的奋斗目标。下一步，我们将进一步建强基层堡垒，凝神聚力、实干干实，奋力谱写农村发展新篇章，以优异的成绩为乡村振兴贡献自己的力量。

奋斗振兴路，幸福向未来

——济源市王屋镇谭庄村全面小康大事记

沿着济邵公路一路向西，过石匣、潘沟两个隧道，正要加足马力向山而行，这时一个高高的门楼映入眼帘，"山水谭庄"四个大字吸引着人们走进它。从村口坡道一路往下，干净的道路、错落有致的屋舍、成片的白菜花点缀着整个村庄，勤劳的人们正在田间劳作，有良田、水库，一路芳草鲜美、落英缤纷，仿佛进入世外桃源。昔日的贫困村早已绽放新容颜。

由于基础设施落后、没有产业支撑，直到2016年，全村还有建档立卡贫困户7户22人。可喜的是，脱贫攻坚以来，村庄发生了显著的变化：2016年，整村脱贫出列；2018年，建档立卡户全部脱贫。为了摆脱贫困，村里人苦苦探索，最终采用"党支部＋合作社＋农户"模式发展蔬菜制种和蛋制品加工产业，在村党支部和帮扶单位的努力下，谭庄村人均收入由2016年的8840元提高到2021年的1.9万元。

这个村庄的发展，是济源脱贫村的缩影。

一、党建引领，产业发展走上振兴之路

"火车跑得快，全靠车头带。"谭庄村党支部就是那个跑得快的车头，全村18名党员，其中60岁以上老党员5名，30—60岁中年党员11名，30岁以下青年党员2名，女性党员3名，党员干部6名。新的党员队伍结构奠定了干事创业的基础。

"要想富，先修路。"2016年村党支部申请财政资金、企业帮扶资金共计110余万元，将村口至党群中心的道路，从3.5米扩宽至5.5米，道路宽了，出行方便了，百姓笑了。同年争取老区建设水利项目资金10万元，铺设走马岭黄腰至谭庄段灌溉水渠2000米，使200余亩土地能灌溉，方便200余名群众发展蔬菜制种产业。2017年投入70余万元，为全村铺设了自来水管线，让老百姓喝上了自来水，保障了饮水安全。在国家、省、示范区的政策支持下，2018年年底，村庄24户建档立卡户全部脱贫，"两不愁三保障"全部达标。至此全村水电路等基础设施完善，基本公共服务水平达标。

"脱贫摘帽不是终点，而是新生活、新奋斗的起点。""乡村振兴要靠产业，产业发展要有特色。要走出一条人无我有、科学发展、符合自身实际的道路。"谭庄村党支部记住了习近平总书记的话，但是新生活怎么开启成了谭庄村党支部思考的头等大事。

2019年，在驻村帮扶单位和驻村工作队的共同支持下，谭庄村准备发展咸鸭蛋加工产业。村里历来就有养殖鸭子的传统，加上穿村而过的溪流，得天独厚的自然条件让大家一致认为加工咸鸭蛋

是一个很不错的选择。说干就干，跑项目、申请资金、学技术，大家齐心协力，终于在2019年9月成立了华溪农业专业合作社，创办蛋制品加工厂，注册"花溪水"商标。

"要想让咸鸭蛋在市场立足，不仅要保证质量，还要大力宣传推广。"为了让谭庄村的咸鸭蛋成规模生产，增大销售量，示范区妇联派驻在村的第一书记在自己的微信朋友圈卖力吆喝，找朋友找熟人宣传推广，利用平台直播带货。功夫不负有心人，在驻村工作队和村党支部持续不断的努力下，2019年年底，合作社经营性收入就达到50万元，纯收入8万余元，现金入股的贫困户也按50%的比例拿到分红，在合作社就业的贫困户实现增收7000元。

见咸鸭蛋加工开局良好，村里乘势而上，又着手搞起手工染布来，让大量闲散的村民加入进来，利用闲暇时间做一些手工制品。"一个香包可以赚一块钱，做得快的一天能做七八十个，大家干劲更足了。""你看我们推出的端午节大礼盒，里面有粽子、咸鸭蛋和纯手工制作的香包，光端午节那几天收入就达17万多元。"驻村第一书记在谭庄村农产品展示厅内如是介绍，喜悦之情溢于言表。

如今，谭庄村花溪水咸鸭蛋在济源已小有名气，每年固定销售咸鸭蛋4万余斤，销售额50余万元，为村集体经济增收10万余元。村里除大力发展花溪水咸鸭蛋外，还多管齐下，利用谭庄村地理位置优越等条件，发展蔬菜制种及养殖业。

发展特色产业让村里尝到了甜头。

这些特色产业带动了就业，让人们的生活更有奔头。在脱贫攻坚战中，产业扶贫政策覆盖99%的贫困户，有劳动能力和意愿的贫困群众大多参与到产业扶贫之中。

2022年，济源示范区农业农村局提出农业结构调整、发展乡村旅游、农业招商引资"三篇文章"。谭庄村作为第一批乡村旅游示范点，区镇对村里的旅游方向进行了整体规划，村"两委"干部全员上岗、分工合作开展协调资金、平整土地、环境卫生整治等工作。目前投资200万元在向阳水库修建沿河栈道，建设农产品展示直播间。等建成后，带动水滑等水上游玩项目实施，农产品线上销售，民俗文化馆、咸鸭蛋彩绘、手工染织等沉浸式体验项目将会吸引更多的游客前来体验、游玩，促进第二、三产业发展。一幅美丽宜居的现代农村画卷正缓缓展开。

谭庄村风光。图中黄色区域为蔬菜制种区，由济源市华溪农业专业合作社统一管理。合作社成立于2019年6月，由村委与部分贫困户共同以货币出资形式入股。合作社有成员（股东）13人，党员干部带头人6人，贫困户7人，注册资金20万元。全村蔬菜制种面积达330亩，带动16户贫困户发展制种产业，亩均收入达到3000元

二、精神引领，文明新风吹遍乡村大地

2019年年底，在驻村第一书记的倡导下，村里创办了"幸福

学堂",引导村民走进学堂,学习致富技术;组织村里的孩子们开展课外活动,拓展孩子们的知识面,提升能力。2020年5月,幸福学堂得到了王屋镇的大力支持,投入5万元,改善了幸福学堂的硬件设施。

幸福学堂针对不同的人群开展五大教育:党员学党建知识,百姓学技术,贫困群众长志气,妇女姐妹学技能,孩子们学知识、开阔视野。通过五大教育,最终实现五个好:党建引领作用好、党员干部管理好、富民产业发展好、农村基础治理好、人民群众生活好。邀请技术员到幸福学堂开展技能培训,不断提升群众的技术能力,蔬菜制种产量得到明显提升,生产经营性收入明显提高,群众种植积极性得到提升。

每周五的下午,市区培训机构的老师就会准时来到谭庄,教授村里的孩子们学习绘画、绘本、音乐、手工等课程,让孩子们感受到市区的优质教育,拓宽视野,提升素质。2020年疫情防控期间,幸福课堂举办"快乐宅在家、童心抗疫情"绘画活动网络课堂将近60期,孩子们的社会责任感以及绘画技能得到了提升。暑假期间更是为村里的孩子们准备了知识大餐。一些专家、学者和典型模范志愿者走进幸福学堂,教孩子们朗诵、作文、英语等课程,同时还邀请到了优秀的小学老师,来为孩子们辅导作业,解决了留守儿童作业辅导问题。通过专业老师的陪伴,昔日见人往后躲的孩子们如今都变得落落大方、积极乐观,对未来充满希冀。同时为激发孩子们的内生动力,村里还依托绿萝家政公司,成立了"绿萝奖学金",已连续三年在春节前为村里在山区上学的义务教育阶段学生发放了奖学金,鼓励孩子们勤奋学习。村里还组建了一支"大学生扶贫志愿者服务队",实行在校大学生与村里低年级学生"大手拉小手"

补课活动，为村里教育扶贫贡献智慧。

"我就是想让农村的孩子们心中有梦想，眼里有光芒，脚下有力量。"驻村第一书记这样解释开创"幸福学堂"的初衷。

和所有的山区村庄一样，长期居住在村里的多数是老年人，全村60岁以上老人有130名。2018年3月村里建成老年活动中心，为丰富老年人精神文化生活提供了便利条件。活动中心设有多功能活动室、休息室、餐厅、厨房、卫生间等18个房间，可以为日常前来活动的老人提供日间照料、免费午餐等服务。村里每逢端午、中秋、重阳等传统节日都会组织60岁以上老年人到中心举行活动，聘请专门厨师做大锅饭，让老年人在一起谈心、话家常、听戏曲，感受老年幸福生活。"通过活动丰富村里老年人的精神文化生活，让他们能老有所依、老有所为、老有所乐，同时在全村树立尊老爱老的良好风气。"村党支部书记这样介绍道。

自脱贫后，村里每年都会举办好媳妇、好婆婆评比和五美庭院创建活动，以家庭和睦、家风家教促进民风淳朴、乡风文明。"好媳妇"王芬兰是2018年评选出的第一届好媳妇。那一年丈夫受伤卧床休养，家中还有瘫痪多年的婆婆，两个正在上大学的孩子，生活的重担一下子压在她一个人身上，但是她依然乐观面对一切，把家庭照顾得井井有条，当她在表彰会上分享自己的事迹时，坚强乐观积极向上的生活态度感染着村民。

三、民生兜底，托起困难群众稳稳的幸福

在脱贫攻坚战中，习近平总书记多次强调，到2020年稳定实

现农村贫困人口不愁吃、不愁穿，义务教育、基本医疗、住房及饮水安全有保障，这是贫困人口脱贫的基本要求和核心指标。

2022年是巩固脱贫攻坚成果同乡村振兴有效衔接的关键之年，济源示范区不断织牢防止返贫监测网，各种"惠民政策大礼包"送到困难群众心坎上，应纳尽纳一个都不落下，尽力发挥惠民政策在巩固脱贫成果中的保障作用，不断增强困难群众抵抗风险的能力，托起他们的幸福底线，让困难群众有更多的获得感、幸福感。

2021年以来，谭庄村围绕巩固脱贫攻坚和乡村振兴有效衔接任务要求，将防止返贫工作作为重中之重，常态化开展防返贫动态监测排查工作。坚持"月排查＋大排查"相结合的方式，组织包组干部、驻村工作队重点对收入不稳定、无劳动能力、返贫风险较高的相对贫困人群开展逐户排查，及时掌握脱贫户、重点户家庭人均收入情况，全面评估，确保符合纳入监测对象的人员"应纳尽纳"。

在推动"两不愁、三保障"政策精准落实的基础上，对因病、因学、因灾存在返贫风险的相对贫困群体进行动态监测、分类救助。

谭庄居民组的王小常去年生了一场大病，手术费花去8万多元，报销后个人支付3万元。他家门口堰头因受灾坍塌，修复堰头也需要花费不少钱，村里了解到他家的实际困难后，向王屋镇提出申请为其修复堰头，很快就得到了镇里的批复资金4000元。现在看着没有花钱修复好的堰头，王小常逢人就讲党的政策真是好。

周集运今年已经72岁了，夫妻俩常年多病，儿子离婚后在市区打零工，孙女在邻村上小学，家庭收入低、开销大，在走访排查中评估存在可能返贫风险，村里为其孙女申请了"春蕾计划"救助资金2500元。

周集书发生意外后颈椎受伤，压迫神经不能好好走路，雪上加霜的日子让他失去了信心，村里帮助其办理了低保，申请了轮椅，他和妻子现在每月有540元的补助，让他重燃了对生活的信心。

一个都不能少，不只是针对贫困户，对于重病重残人员、低保人员、无劳动力或弱劳动力等对象的救助，也不能落下一人。目前全村享受低保13户29人，占总人口的2.8%，特困人员享受政策2户2人，孤儿和事实无人抚养儿童1户1人。

四、干群一心，撸起袖子加油干

习近平总书记在庆祝中国共产党成立100周年大会上宣告："经过全党全国各族人民持续奋斗，我们实现了第一个百年奋斗目标，在中华大地上全面建成了小康社会，历史性地解决了绝对贫困问题。"

如今，谭庄村里的道路已全部硬化，安装了120盏路灯，131户群众进行了改厕，村容村貌整洁有序，村里建有党群服务中心、文化广场、老年活动中心。脱贫户王宴波说："今天的好日子都是党给的，我教育我的孩子们一定要好好学习，将来为社会做贡献，回报党恩。"走在振兴路上的谭庄村村民对党、对习近平总书记充满了朴实真挚的感恩之情，对未来乡村振兴的前景充满了美好的憧憬和强烈的期盼。

村党支部书记说："虽然全村脱了贫，迈出了致富奔小康的第一步，但是在各方面都还有不小差距，我会带领村'两委'干部，与群众一起不忘初心、接续奋斗，撸起袖子加油干，做好乡村振兴大文章，只要苦干实干，就一定会迎来谭庄村更加幸福美好的明天。"

中宣部2022年主题出版重点出版物

"十四五"国家重点图书出版规划项目

纪录小康工程

全面建成小康社会
河南变迁志
HENAN BIANQIANZHI

（下）

本书编写组

河南人民出版社

目 录

一片丹心永向党　赠人玫瑰手余香 / 张　明 …………………… 1

我深爱着这片沃土 / 杨　爽 …………………………………… 10

我的小康日记 / 赵六红 ………………………………………… 19

我的驻村日记 / 王立峰 ………………………………………… 27

孟庄村驻村日记 / 林　霞 ……………………………………… 37

省派驻村第一书记的一千零一夜（摘选）/ 徐云峰 …………… 55

驻村工作日记 / 路景龙 ………………………………………… 81

西酒寺村的小康日记 / 郭纪伟 ………………………………… 91

小康日记 / 徐红亮 ……………………………………………… 100

赓续精准扶贫精神　巩固脱贫攻坚成果 / 程　辉 …………… 109

我的驻村扶贫日志 / 赵海洋 …………………………………… 118

驻村工作日志 / 王存勇 ………………………………………… 127

禹州市鸿畅镇东高村之扶贫日记（摘选）/ 王彦浩 …………… 136

驻村路上谱写青春华章 / 邱建锋 ……………………………… 154

我的驻村日志 / 刘晓春 ………………………………………… 161

大营镇寺古洼村小康日记 / 杜　静 …………………………… 169

我的驻村工作日志 / 刘　峰 …………………………………… 179

门楼王之缘 / 谭性磊 ··· 196

我的小康日记 / 田　强 ··· 221

后家村小康日记 / 王耀辉 ··· 231

驻村日记 / 廖　伟 ·· 240

曾庄村的小康日记 / 成富营 ··· 257

后　记 ·· 274

一片丹心永向党　赠人玫瑰手余香

郑州市荥阳市刘河镇环翠峪村驻村第一书记　张　明

2021年2月18日　晴　星期四

今天是到环翠峪工作的第一天。环翠峪村是省级贫困村，脱贫攻坚任务艰巨。作为一名年轻的老党员，我已经做好了吃苦的准备。如果能够尽一己之力帮助更多的人，那将是种幸福，更是自身的价值体现。

2021年2月19日　晴　星期五

今天是到任的第二天，我们驻村工作队一共三名同志，白天一起工作，晚上又同居一室。我们吃住都在村委，条件比我们想象的要艰苦很多。村里还没通上自来水，一下子又回到了儿时的记忆。面对陌生的环境、陌生的工作，我们积极性都很高。再苦再累，我们也要坚守。

2021年2月22日　晴　星期一

我们环翠峪村委风气很正，班子成员都是在群众心目中有威信、有口碑、有能力的"三有干部"。我们今天开了全体党员会。作为最基层的党组织，党建工作做细了就是凝聚力，做实了就是战斗力。我们要发挥党建引领作用，丰富党建活动形式，进门是培训课堂，出门是实践基地。组织开会时以会代训，加强党建工作理论学习，同时把室外活动开展到田间地头去，开展到群众家中去，开展到公益活动和集体劳动中去，做到知行合一。

2021年2月27日　晴　星期六

下午儿子放学给我打电话时，我才想起来今天是周末啊。但是，工作在身，任务繁重，除了吃饭的时间，我们都是在工作。哪怕是写写日记，也满脑子都是工作，似乎也装不下别的东西了。

2021年3月17日　晴　星期三

到今天为止，我们在村里已经工作整整一个月了。原计划天天写日记的，但一个月过去了，也没写几篇，有时太忙，有时太累，真顾不上了。今天也是很有成就感的一天。为了尽快做到情况清、底数明，这一个月来，我们放弃了周末，放弃了休息，建立和完善了113本、7500多页的工作档案，鞋底都磨断了。这一个月来，我们已经将医疗、教育、住房、饮水、民政、慈善等48页帮扶政策熟记于心。

2021年4月2日　晴　星期五

我们这几天推出了一项新工作举措，目的是加强党建引领、助力乡村振兴。我们招募发展志愿者，在建强堡垒上下功夫，充分发挥支部带动作用和党员示范作用，让"红马甲"的颜色成为乡村底色，让"志愿红"传递党的温暖。

2021年4月7日　晴　星期三

这一个多月来，我们心无旁骛地一心扑在工作上，从走村入户，到动态建档，从开展党史学习教育到点面结合帮助群众，从拓展产业项目到灾后重建，从疫情防控到人居环境整治，都留下了我们的身影，村里大大小小、方方面面的事我们都保证落地见效。

2021年4月23日　晴　星期五

为了让每个符合条件的群众都享受到党的政策，把党的温暖实实在在送到群众手中，我们每天都要到群众家中走访，给群众讲一讲政策、算一算收入，因情施策，确保群众应保尽保、应收尽收，毫不夸张地说，对于群众的要求我们是有求必应。

2021年5月17日　晴　星期一

脱贫户陈双龙、张洪亮，重病报销后，个人承担费用较高，我多次往返市扶贫办，为他们申请了救助金5万余元。大约一周的时间资金就会到位。

2021年7月19日　暴雨　星期一

天降暴雨，雨声大到面对面说话都听不见，村里路面的积水水位一个劲儿上涨，我们村委班子决定提前转移群众。每一趟转移群众的路上，都有生离死别的感觉。7月11日，景区已经开始闭园，17日村四个扶贫企业停产，18日我们已经挨家挨户动员转移群众，但是连日来的暴雨，雨量如此之大，时间如此之长，真是让人没想到。今天我们开始设卡劝阻返乡人员，任村干部磨破嘴、跑断腿，有的群众仍熟土难离,有的群众不理解,我们真的是横下一条心,对于不愿走的群众,抬也要把他们抬走。最终,在危险来临之前,全村群众被安全转移。

2021年7月20日　暴雨　星期二

7月20日,暴雨持续倾盆而下,凌晨3点泥石流暴发了,天塌了一样,到处都是洪水,路也断了,还好人都转移到了村委和卫生院,再晚两个小时后果真的不堪设想。这时,不配合转移的群众思想发生了明显的转变,对我们完全认可了。在救援中,应急管理局和蓝天救援队的两台车被水冲走,不断遇到塌方,最近时距离他们不到10米。我和李学亮书记一起去看群众受灾情况的路上,山体塌方了,距离我们俩不足5米远。

危险就在眼前,后果不可预测,我已经做好了最坏的打算,但这并没有阻止我们前进的脚步,因为职责所在。

2021年7月21日　暴雨　星期三

7月21日,忙得连续两天水米未进,感觉自己发高烧了,没有体温计,不知道自己到底烧得有多高,只感觉有点撑不住了,头晕眼花,天旋地转,但是还有一堆事要办,想想群众的苦、群众的难,我只能硬撑。雨还是很大,雨衣雨伞没啥用,全身湿透,我这堂堂五尺男儿冻得直哆嗦,但是我顾不上停歇,一边开始联系亲朋好友,招募志愿者进山救灾,一边联系各种捐助。能找到多少就找到多少吧。结果有点出乎我的意料,准备好的说辞啥也没用上,所有人接到电话就只问要啥、要多少、啥时候送到,让人感动不已。人间大爱啊!

2021年7月22日　中雨　星期四

环翠峪景区从7月19日至21日降雨量达到854mm，房屋倒塌、道路被毁，满目疮痍。我们成功将村里384名群众提前安全转移，使这次暴雨中地处灾区中心的环翠峪村，没有出现群众死亡或失联。给自己点赞，给村委点赞，给全体村民点赞,感谢所有人。

今天雨终于小了，中午山门漫水桥上能过大车了，水只能淹过半个轱辘。很多群众思乡情切，着急进山，我们商量了一下，认为险情还没有排除，路也不通，为了安全，宁愿群众不理解，也不放一个人进来。

下午，局党委派来50多个战友，党委副书记郑峰，党委委员、政治处主任楚宏伟带队，和我们招募到的普通志愿者一起，组成救援队伍进山运送物资。郑书记和楚主任都是50岁的人了，他们冲在队伍的最前面。队伍士气高涨，大家都是奋力向前冲。灾后的景区根本没有路，到处是断崖、乱石滩、冲毁的路基，我们只能从百姓家里借道，沿途百姓朝我们竖起大拇指，还给我们鼓掌。到了村委，村里苗书记两眼含泪对我们说："太及时了，村里啥都缺，你们公安局是第一批带着物资进来援助的队伍。"

2021年7月23日　晴　星期五

天气终于放晴了，很多人打电话要捐助各种物资，有的是朋友，有的素不相识，有的群众为他们架起了遮阳伞，话没说一句就走了，到现在也不知道是谁。灾难面前，这种温暖和善良一再感动和激励着我们。

副市长、局党委书记、局长安龙今天来山里看望慰问我们了，授予我们"共产党员先锋队"旗帜,并给我们颁发了嘉奖令。晚上给妈妈打电话报个平安,家里一直都很担心我的处境。妈妈说今天是爸爸的生日,我把嘉奖令拍照发给了爸爸,军人出身的老父亲不但没有埋怨,反而说,你在那儿好好干,这个嘉奖令就是最好的生日礼物。听到这话,我竟然泪如雨下。

2021年7月23日,张明带领驻村工作队队员在为受灾群众运送物资的路上,发现有一段不明电缆悬挂在路中间,造成往返困难,在电话咨询后得知是废弃的光缆,随即拦下一辆过往的工程车辆,借用车上的工具将废弃光缆剪断,疏通了道路

2021年7月24日　晴　星期六

一大早起床,突然想起来,停电了冷库里的猪肉咋办?五万斤啊!着急!!四处联系,企业、工地、公司、五洲城、荥阳发电机厂……可是冷库需要15千瓦的发电机,现在哪儿都断货,我

一筹莫展。这时好朋友来了，带了 27 名员工，送来两车物资，有的甚至把全家都带来了，还带来一车生活用品，还有一台 8.5 千瓦的发电机。然而，发电机找到了，燃油又成了大问题，再次多方联系，荥阳市 701 中心加油站，为灾区捐赠 1000 升汽油和 300 升柴油。见此情景，我们开心不已。

中午的时候进景区的志愿者达到峰值，至少 2000 人，上午就开始排队，桥上还有洪水流过，公交公司调来五辆中巴车专门为志愿者摆渡。各种工程车、物资运输车在盘山公路并列四排直至山腰，很多都是外省牌照驰援郑州的，真的是一方有难八方支援。

晚上，老同学又给我带来了一个天大的好消息，买到了一台 15 千瓦的发电机，明天就送到村里！得知这一消息后，村委班子高兴得不得了，这真是雪中送炭啊！

2021年7月25日　晴　星期日

暴雨过后的空气质量绝好，紫外线也超乎寻常地强，胳膊被严重晒伤，通红肿胀，还密密麻麻起了一层透明的水泡，生疼，前几天累得穿着满身泥浆的衣裤都能睡着，但这大面积的晒伤，却能疼得让人睡不着觉。咬牙坚持，因为这里需要我。当你感觉被需要时，浑身就充满了力量。

清晨五点钟，工程车就开始工作了，我们也开始了一天的工作。朋友给我们送来 20 把凳子，终于可以坐下休息一会儿了。几天来乱石滩上来回走了 50 多公里，鞋底磨透了。我经常锻炼身体的健身工作室的教练们也来了，他们捐助了方便面、矿泉水、消毒液和一些药品。老同学拉着两小一大三台发电机和消毒液药品来了，东西装了满满一车。五万斤猪肉保住了！

下午，为了方便工作，局党委委员、政治处主任楚宏伟和所长张明亮送来了一辆帕拉丁汽车。连续几天，社会各界前来无偿援助的人员络绎不绝，物资堆成小山，徒步运送物资的志愿者每天不下2000人。灾难面前，到处都是满满的温暖和感动。

2021年7月26日　晴　星期一

这几天来，我的老师、同学、亲戚、朋友电话不断，除了现金之外，他们捐助了大量各种物资，堆满了停车场，数量难以统计，瓶装水就有两万瓶以上。我联系了200多名志愿者搬运物资，但我在环翠峪四公里的山路上，看到了至少3000名志愿者的庞大队伍，他们中有少年、有老人、有妇女，我深受感动，请允许我向你们致以深深的感谢！

2021年7月27日　晴　星期二

环翠峪村虽然地处受灾严重的景区中心，但是群众没有人员伤亡，河南卫视、《河南日报》等多家省市级媒体，不断地联系采访我，对我的事迹予以报道。其实我只是做了我自己的本职工作。

2021年9月9日　晴　星期四

暴雨过后，我们已经连续48天没有离开过村里，和村民一起共渡难关。这一个多月的时间，我们共为村里募集社会机构各项捐助31万余元，募集个人捐助24万余元。其中我的同学杨恒和我姐姐的同学冯青蕊两人就捐助了现金135,662元，感激之情无以言表啊！

2021年12月27日　晴　星期一

村里的晚上真冷，我们三个人睡一个房间，用了电热毯也常常被冻醒，早上洗漱都是破冰取水。最害怕的是半夜上厕所，感觉会被冻死在半路。

2022年4月26日　晴　星期二

2021年在受到雨灾的情况下，我们和村委干部共同努力，扩建了土猪养殖场规模的50%，散养桑园柴鸡的养殖规模也扩大了一倍，在年终进行销售时，一度达到了供不应求的状态。2021年集体经济销售额达到了110余万元，净利润达到近30万元，比2020年增长了200%。

2022年4月27日　晴　星期三

截至目前，我们先后解决了11名群众的就业问题，为14名群众争取到了各种救助款172,600元。就在4月4日和4月18日，我和我们工作队的同志一起，带着村里一位患股骨头坏死的群众两次到郑州骨科医院进行检查，并已安置好住院进行手术。

我深爱着这片沃土

开封市通许县冯庄乡张奇庄村驻村第一书记　杨　爽

2019年6月20日　星期四　晴

摸村情，探路子，想点子

连下了几天雨，今天终于放晴了，一到村里我就喊上包村干部于吉强，不顾雨后的泥泞，到大田里查看秋庄稼的情况。"长势真不赖，希望今年又是一个丰收年！"一望无边的花生地里，一垄垄小腿高的花生棵，经过几天的夏雨滋润，绿油油得亮眼。空气里弥漫着雨后泥土、庄稼与青草的芳香，清新的空气让人心情格外舒畅。六月的田野，满目滴翠。望着这片熟悉的田野、绿树笼罩的村庄，我不自觉地嘴角上扬。

2018年5月，我来到冯庄乡张奇庄村担任第一书记，屈指算来，已经在这个不起眼的小村庄奔波了一年多，从一个机关办公室主任，转变为扶贫攻坚战一线的"新兵"。回想当初，刚来到张奇庄村，低矮破旧的村室、坑洼不平的小土路瞬间让我心情冰凉，刚安顿下来后，我就立即找到村干部了解村情民意，主动走访村民，请教"田间教授"、乡村贤达人士，把张奇庄村的历史、文化、产业结构、劳务现状等一一记录在册，每到一户，把村民的家庭状况、致贫原因、亟待解决的问题写在本上、记在心里。

张奇庄村位于通许县城西北7.5公里、冯庄乡政府西4公里处。西邻孙营乡朱氏岗村,东邻大双沟村,北邻南武天村,南邻小双沟村。张奇庄村土地平坦,排灌方便,有机井30多眼。村民主要种植小麦、玉米、花生等粮油作物,经济作物以种植胡萝卜、菜花、白菜、土豆、大蒜、洋葱等为主,青壮村民以外出打工为主,无村办企业工业。张奇庄村现有304户、1360人,耕地1625亩,共有6个村民小组,低保户32户,分散五保户2户,贫困户3户7人,基本上都是因病、因残致贫,有党员48人。

张奇庄村地处通许、祥符区交界处,多年来村集体经济薄弱、村基础设施较差,村民普遍存在眼界不够开阔、思路不够灵活等情况。我用了两个月的时间,把张奇庄村有代表性的重点户跑了个遍,摸清了村里的家底,通过走访,初步掌握了村里的基本情况,全面掌握了张奇庄村里现状的第一手资料。

常言说,要想跑得快,全靠车头带。扶贫首先要转变村委一班人的思想,转变作风。把抓党建促脱贫作为重点,村党支部班子是核心。一个富裕的行政村肯定是由一个优秀的基层党组织带出来的,所以党建工作不能落后,必须打造出一个理想信念坚定,凝聚力、战斗力强的班子。于是我从抓班子、建制度、聚民心入手,坚持党建引领,严格执行"四议两公开""三会一课"制度,定期开展"五+N"主题党日、党员民主生活会,加强对年轻党员和后备干部的培养。通过与"两委"班子商议,结合村情实际,制定了加强党风、作风建设制度,严格考勤管理;明确规定每周召开一次碰头会,集中汇报扶贫工作进度,交流扶贫工作经验,研讨解决日常出现的各种问题;建立扶贫工作纪实台账,定期督导问效。

根据张奇庄地处通许县、祥符区交界地带,自然生态环境好,村民有多年种植胡萝卜、菜花、白菜、土豆、大蒜、洋葱、辣椒的经验这一实际，确定了发展高效农业种植脱贫、绿色养殖脱贫、多种经营就业脱贫三大方向。

2020年4月16日　星期四　晴

发展种植养殖多渠道扶贫

科技下乡铺富路，培训农民拔穷根。今天，经过我和村"两委"班子的邀请，县农科所有关专家和技术员再次在村委举办了农业种植、养殖技术培训班。通过前期积极宣传，今天共有35名村民参加了培训。经过这两年的短期技能培训、产业扶贫等活动的开展，村内种植养殖多渠道扶贫开始见成效，57岁的贫困户孟令国高兴地说："看来种地不能靠老经验啦！专家这一讲，一下子明白了种地还有不少诀窍哩！今年俺种的1亩多花生，在专家的指导下，高产丰收，自己吃不完还能卖点钱呢。喂养的海狸鼠一个月见一窝，也开始卖钱了。"

2018年以来，通过种植、养殖培训，提高了农作物产量，使全村增收30多万元；发展牛、羊养殖户6个，最多的一家养牛户存栏110多头，年收入20多万元。同时充分发挥致富带头人作用，村支书张少海是个"能人"，近年靠种植春白菜、土豆、早熟西瓜等成为致富能手。了解到这一情况后，我和张少海商议，让他和村民建立"一帮多"致富模式，鼓励村民种植高效农业，张少海负责为村民提供种植养殖技术。2019年至今带动全村50余户200多人。

两年来，通过为贫困户提供专业技术指导、增加就业渠道、技能培训等措施，贫困户生产、养殖、就业技术得到一定的提高，贫困户以增产增收见经济效益，实现了扶贫、扶志、扶智。对于年龄过大、文化水平低或身有残疾的贫困户,采取转移就业脱贫进一步落实各项政策,确保"两不愁三保障"得到解决。57岁的村民孟令国,文盲,三级肢体残疾,干不了重体力活;他的媳妇也是文盲,二级智力残疾,无劳动能力;家有一子在村小学就读,属于低保贫困户。2018年为其申请了自然美保洁员,每月工资500元,全年6000元;加上每年残疾补贴720元,妻子每年残疾补贴1440元,低保金6696元,每年的产业帮扶1400元,独生子女费480元,人均年收入5690元,如今已实现脱贫。

2020年7月30日　星期四　晴

甘当贫困户跑腿人

今天一大早,我就和县图书馆、县摄影协会摄影的人员一起驱车来到了张奇庄村,为60岁以上的老人开展"文化扶贫·关爱老人·免费照相"活动,并向村委赠送电脑2台,进一步提升了村委办公信息化条件。

张奇庄村位于县城西北部与开封市祥符区接境地带,老年人拍摄证件照要到乡里照相馆。一些高龄老人行动不便,有的十多年没有拍摄过证件照片。了解到这一情况后,我和县图书馆积极对接,特邀他们开展这次拍摄活动,并扩印为2寸、1寸证件照,免费发放给村民。电子版分为标准照、证件照保存在村委,以备村委和村民所需。该活动历时2个小时,11点结束。100多名老年人足不出村,在家门口享受到证件照拍摄服务。

当张奇庄村一日之"书记",就得为张奇庄村百姓谋发展之大计,这是我工作的信条。我从小处着手,解决当前老百姓在发展起步阶段无收入、看病难等问题。2019年,为全村所有建档立卡贫困户办理四次报销政策相关手续，使扶贫医疗政策做到全覆盖。为3户贫困户进行了长期慢性病鉴定，帮助2户贫困户办理了长期慢性病门诊证明。为全村3户建档立卡贫困户签订乡村医生签约服务，制定合理化建议6条、合理化治疗方案6条。贫困户享受一站式报销、先诊疗后付费服务的同时，有2人进行了住院治疗，通过4次报销，报销比例达到90%，减轻了贫困户的经济负担。

2019年2月，我在入户走访中了解到，村民复印身份证、户口本等要跑到5公里外的乡政府驻地，极为不便。回到单位后，我积极向局领导班子汇报，详细叙述了目前我遇到的困难和想法，得到了局领导的大力支持，为村里购置了复印机和打印纸，让群众免费打印、复印证件。4月，为村里12名贫困家庭儿童赠送了书包、足球、文具等物品。当天二组的张大娘抱着满满的一摞东西，高兴地对我说："孩子学校正好让买足球，说是学习足球操，这下不用买了。书包看着也老结实了，你们的东西送到我心坎里了。"看着村民质朴的脸上堆起的笑容，我也为能帮助到他们而由衷地高兴，并叮嘱孩子们好好学习，通过学习知识改变命运。6月，协调县文广旅游局资金1万元，用于贫困户户容户貌提升，为贫困户孟令国修缮了新的大门和厨房，大大改善了其居住环境；7月，为村委配送电脑、投影仪、空调柜机，提升了村委办公条件。

为贫困户注册社会扶贫网，通过发布需求信息，为贫困户争取到各种物资，也为困难贫困户提供了更多社会帮扶物资，使社会上的爱心人士可以将自己的心意传递到贫困户的手中。2018年10月，通过社会扶贫网筹集的资金分别为贫困户孟令国、张洪柱家中各送去了一台电磁炉，为家中有孩子的陈学礼送去了一套学习桌椅；11

月份,又为他们申请了100—300元不等的现金。

"谢谢杨书记,谢谢党委政府对俺家的帮助。"二级肢体残疾、无儿无女、53岁的低保贫困户张洪柱一看到我,总是满怀感激。逢年过节,我都会与包村干部走访、慰问贫困户,特别是为残疾人贫困户,送去棉被、食用油等慰问品,带去党的温暖。

2020年8月3日　星期一　晴
扶志扶智带来新气象

初夏早晨的一缕阳光洒在平坦的文化广场院内,健骑机、扭腰机、跑步机等10余件健身器材错落有致地摆放在广场南角,乒乓球台、篮球架则分散在广场西边。村民们或休闲漫步或健身锻炼,孩童们围在老人身边打闹嬉戏,其乐融融;朱红与黄色相间的村室屹立在广场北面,进入室内,党建版面分列两侧,整齐的座椅仿佛在等着村民的到来……行走在村内的路上,只见路面整洁宽阔,两边路灯井然有序,看着现在的张奇庄村,我感慨颇多。

2018年刚入村时,村室还是几间破旧的小屋,村里几条大街还是泥路,雨雪天群众出行不便。泥泞的黄土路,更是村民们生产生活路上的"绊脚石"。因为交通不畅,农产品运输困难,制约了产业发展,村民苦不堪言。"一路通,才能百业兴!"农村道路畅通工程是促进农村发展、摆脱贫困的重要举措,而道路的运输保障能力则是脱贫攻坚的"助推器"。为了尽快实现村内道路全硬化,让身处这里的村民脱贫致富,我和村"两委"班子多次召开党员大会、群众会,将情况报告给冯庄乡党委政府,并通过多次奔走争取,最终得到"一事一议"、高标准农田水利建设、村村通道路修建等项目,利用三年时间,成功把路修到了村民门口,让村民实现了"抬脚走上水泥路，家门前就能坐车"的梦想。同时，新打机井 30 眼，安装监控探头 7 个，架设主副街路灯 73 盏，大大提高了村民的幸福感和安全感。

  2019 年年初，通过乡党委、政府的大力支持，我们村村室终于正式完工并投入使用，室内远程教育、图书室等得到了村民的一致好评，村级组织活动场所服务群众、凝聚民心、推动发展、促进和谐的作用得到发挥。2019 年上半年，我积极协调项目资金，为张奇庄修建文化广场 1 个，占地 1000 多平方米，配备健身器材 16 件、60 多平方米乡村舞台 1 个，使全村百姓几十年来第一次有了健身、文化娱乐场所。四组的张显柱高兴地对我说："杨书记，你来俺村以后，村里变化真是大。你婶子喜欢跳舞，村室和活动广场建起后，村里人也跳起了广场舞，你婶子也常常参加。六一儿童节，咱小学组织学生在文化广场开展庆六一活动，我的两个孙子都参加了，过得非常开心。现在条件就是好了。"

  扶贫不是养贫，不能"越扶越贫"。扶贫要扶志，对有劳动力的贫困户进行思想疏导教育，"不等不靠、奋发图强"。扶贫要扶志就是让有劳动力的贫困户行动起来，通过扶贫的优惠政策自食其力，最终走向富裕的道路。得益于自己在县文广旅局工作，我深知文化宣传的重要性，几年来，我积极协调县送戏下乡艺术团，宣讲十九大精神，组织有奖互动、唱大戏等活动，为张奇庄村脱贫攻坚营造出积极向上的脱贫氛围。还通过"一米团"、文艺表演等多种形式，为贫困户树立脱贫典型，激发贫困户内生动力，丰富贫困户业余文化生活，提升贫困户精神面貌；结合多种养殖、种植以及劳动就业中心入村进行的职业技能培训，真正做到了智志双扶。

2019年1月8日，杨爽邀请县送戏下乡艺术团为张奇庄村免费送戏

2019年以来，我与村委一班人开始了对张奇庄村人居环境进行大提升、大治理，清理荒坑3个，清理街道8条，共投入资金11万元、人力165余人次。通过整治，村容村貌焕然一新，垃圾、杂物大大减少。通过农村厕所改造工程为2户贫困户进行标准化卫生厕所改造，使贫困户的家庭卫生条件进一步提升。

长风破浪会有时，直挂云帆济沧海。正如《扶贫之歌》所说："春风送来党的恩情，惠民政策精准扶贫。党员干部肩负责任，带着真情走进贫困乡村……"回顾三年难忘的时光，对比村庄前后发生的变化，每一处变化背后都蕴含着一个个说不完的故事。2021年7月1日习近平总书记在庆祝中国共产党成立100周年大会上庄严宣告，经过全党全国各族人民持续奋斗，我们实现了第一个百年奋斗目标，在中华大地上全面建成了小康社会，历史性地解决了绝对贫困问题，正在意气风发向着全面建成社会主义现代化强国的第二个百年奋斗目标迈进。"道阻且长，行则将至；行而不辍，未来可期。"我坚信我们的每一个村庄都会越来越美好，而我的驻村日记也在继续……

我的小康日记

开封市兰考县三义寨乡付楼村党支部书记　赵六红

2016年6月7日　星期二　晴

付楼村需要一个能带领大家发展的"领头雁"

昨天又是一夜难眠。自从前天回付楼老家探亲回来,省派驻村第一书记王中伟的话一直在我脑海里盘旋。说实话,我很感激王书记对我的赏识,我也很心动,想回到家乡干出一番事业。这几年,我和媳妇儿出外打拼,承包工程确实挣了不少钱,但是每次回家,看到作为国家级贫困村的付楼村到现在连柏油路都没有铺上,路面坑坑洼洼的,车辆一过尘土满天飞,一下雨大家伙儿连村都出不了,街坊邻居们兜里空空,再看看自己跑过的一些富裕地区,柏油路铺到了家门口,家家盖起了小洋楼,村里绿化树种得像花园一样,真想让咱付楼也变"富楼"啊。村委里面,还是赵大爷他们几个,年龄大都超过65岁了,虽然依旧尽心负责,但是随着社会的日益发展,他们早已跟不上时代发展的脚步了,在带领村民增收致富、提高村集体收入方面难以打开局面。村里急需一个能跟上时代的"领头雁"。

王书记的话说实在的也给了我信心。我自小在村里长大,论人缘那自是没得说,上次回去,以前上学的伙伴们也劝我留下,看着跟我同饮一井水、共走上学路的儿时伙伴那期待的目光，再想想我胸前的党徽，真是恨不得现在就飞回去带领村里人一起奋斗！

但是媳妇儿玉红的工作还是得做，毕竟和媳妇儿好不容易挣了钱在城里买了房安了家，一家人其乐融融的，一双儿女也都培养成高才生在名校就读，我和媳妇儿正是抓紧挣钱为他们铺路的时候，我这一回去，别说每个月的高薪工资没了，连经常回家陪伴他们的时间很可能都没有，他们能理解我吗？昨天我有几次都想开口跟媳妇儿玉红说，但是玉红跟我说，她最近干活，腰疼的毛病又犯了，我就没张开口，得先好好构思构思怎么先把她的工作做通。

2018年4月12日　星期四

产业振兴才是稳定脱贫奔小康的保障

当选支书已经22天了，这几天我和驻村第一书记在村里前前后后转了无数遍，依我多年从商的经历，农村要发展，没有资金是不行的，要提高村里的收入水平，唯一的道路就是发展产业，就像习近平总书记说过的，农村产业振兴是乡村振兴的基石。

这几天我一直考虑着村里发展产业的事情。由于村里种植红薯比较多，再加上村里有制作纯红薯粉条的经验，我们可以在村里筹划建设一个粉条加工厂，这样既可以解决村内红薯的销路问题，提高村民收入水平，还能增加村内就业岗位，提高村集体收入。不过，粉条厂的建设需要经费，现在筹备经费是个问题。今天我和驻村第一书记刘书记跑了几家银行去咨询贷款的事，如果进展顺利的话，应该可以以我的个人名义贷款100万元，有了这100万元，粉条厂的建设就能解决大问题了。晚上我一直在算这笔账，等粉条厂投入运转，依我们目前的情况，年产量应该能达到50万斤。

除此之外，因为村子挨着大堤，养羊的群众比较多，但都是自己在家散养，一是不成规模，二是没有专门的场所，也没有科技指导。我前几天从网上查阅资料，现在湖羊养殖市场前景好。这几天统计好养羊意愿强的村民后，我们可以与一些养羊龙头企业对接，建设标准化羊舍，采取现在推行的"公司＋支部＋农户"的方式来发展我们村的养殖业。只有这样，我们村才能实现产业发展与产业振兴。

赵六红认真检查每一杆晾晒的粉条，严把粉条质量关。付楼村粉条加工厂建厂之初，赵六红不计风险，以个人名义贷款100万元，用于粉条厂建设。目前，粉条加工厂红薯粉条年产量达到300万斤，安排近20户建档立卡户进厂务工，人均年增加收入近6000元

这两件事虽然需要做的工作还有很多很多，但是一想到它会给村集体、村民带来的收益与后续长远效果，我就充满了斗志，恨不得晚上觉都不睡，争取时间去落实它们。

2019年10月14日　星期一

小积分大效果

这几天晚上休息之前我都会抽空看一段习近平总书记关于基层治理的重要论述，从总书记的论述中我也逐渐在思考一件事，制定什么样的考核激励机制，来对咱付楼村"两委"干部进行科学的考评和监督，此外，如何去发挥咱农村党员的先锋作用，来营造人人参与、共建美丽付楼的良好氛围呢？

我现在初步的设想是采用积分制，这个积分制还得是分步积分制。在对村干部的考核激励上，我是这样想的。第一，工作日要对"两委"干部实行"一签两报"的工作制度，村干部每天要按时在村委签到，每周一、周五工作例会上要报告本人工作情况；周末和节假日要实行双人值班制度，确保节假日村干部在岗，工作不掉底。第二，村干部要定期参加业务培训和学习，对职责分工范围内的工作，受到上级单位表彰或群众普遍赞扬的给予积分奖励；受到上级单位通报批评或引起群众较大意见的要给予积分处罚。第三，村干部时刻牢记廉洁奉公，要做依法办事、依章理事的表率，一旦发现违法违纪行为，将给予较大的积分处罚甚至积分清零。要有一名村干部专门负责积分管理，对于在乡村振兴等工作中有突出贡献的村干部，还可以有特别加分，年底根据每位村干部的积分值排名表彰，这样可以激励"两委"干部们形成敢于担当、冲锋在前的热情。

在发挥农村党员的先锋模范作用方面，我觉得可以为村内的无职党员设置一些村内的公益岗位，志愿服务时间银行的方案也需要再完善一下。比如说可以设置党员街长岗、生产技术指导岗、环境卫生监督岗、乡风文明引导岗等，参与公益岗位的党员都可以通过积分去时间银行进行服务置换，通过这些平凡岗位的党员示范带动，也可以引导咱们的村民见贤思齐，奉献社会。

积分引导也可以将村民覆盖到，纳入志愿服务时间银行活动方案中，将村民志愿服务时间与积分奖励挂钩，凡是参加公益活动、响应捐资捐物、参与群防群治、敢于伸张正义、助人为乐和拾金不昧等善举的都可以给予积分奖励。凡是获得"好媳妇"、"好婆婆"、文明家庭、优秀共产党员、先进工作者等荣誉称号的家庭和个人，都可以得到对应的积分奖励。

现在的付楼，在省发改委的帮扶支持下、在乡党委的努力下，村容村貌已经有了大的改观。我相信，通过积分制的引导，村规村风都会焕然一新，付楼村在文明道德新风尚上也要展现出新气象。

2020年9月21日　星期一　阴

抓好村内人居环境改善工作

从我回到村里的第一天，就想着有一天要改善村里的大环境，让我们村、让这个生我养我的土地像城里的社区一样干净、美丽、宜居。

现在我们村有省发改委及驻村第一书记对我们的大力支持，有乡党委的坚强领导，我们村的人居环境有了大的改善。今天我在这里对最近开展的人居环境改善工作进行一个总结，以便于今后工作的开展。

改善我们村的人居环境，还得发挥党组织的带头作用，这两年来我们协调国家、省、县总投资1860万元投入人居环境整治，一期工程投入1300万元已完成，共建成户厕改建145户、公厕2座、垃圾分类站1个、铺建管网2928米、路面修复3500平方米、污水处理站1座、墙体外立面粉刷22,000多平方米、坑塘周边和村北出口等绿化。二期投入260万元，用于新铺沥青路面21,000平方米、改造水冲式厕所127个、地下污水管网1130米。与此同时，我们还协调资金110万元用于付楼提灌站建设，引黄河水进地入村，既改善村里生态环境，又能调整农业种植结构，从传统粮食种植向经济作物发展。此外，我们争取了绿色示范产业发展资金500万元，计划建设种羊繁育场、红薯深加工及废弃物综合利用等，推动农业绿色发展。我们村还持续开展"三捐"活动。为响应兰考县委、县政府关于美丽乡村建设中发动群众捐资、捐物、捐工的"三捐"号召，让广大群众参与到美丽乡村建设中来，不定期举行美丽乡村建设"三捐"活动。县乡政府领导、包村干部、驻村工作队、村"两委"、在村全体党员、爱心企业、在外创业人士、群众等300余人踊跃参与，慷慨解囊，累计捐款10余万元，捐赠钢材15吨、水泥150吨，为贫困户捐赠老北京布鞋200双、米面油2000余斤。

　　民心工程、人居环境改善这些既是我的工作，更是我的责任。我肩上担着老百姓的幸福与希望，我当一天村干部，就得为村民干好一天事，让老百姓过上好日子。把村庄建设得越来越好，就是我的工作目标和动力。能够为村庄建设出份力，我觉得很有成就感，我愿意把这份工作一直干下去，争取越干越好。

2021年8月6日　星期五　晴

暴雨灾害面前，更要体现共产党人的担当

从7月19日持续遭遇强降雨天气以来，一直没顾上写日记，今天白天，村"两委"成员在一起算了笔账，这次暴雨灾害，我们付楼的损失是非常严重的。我们有近300间民宅室内浸水，村内道路、村企仓库、大棚、机井等严重受损，直接受灾群众有900多人，直接经济损失400多万元。

但是我们现在不是为这些难过的时候，我们还要全力组织抗洪抢险。这几天我每天带着巡逻组沿河堤察看水情，到田间地头和百姓家里去排查，越是这个时候，全村人民的生命财产安全越要放在第一位。

村西蜜瓜种植大棚园区里，地势低洼造成了雨水倒灌，淹没大棚内农作物。昨天晚上两点多我又跟工程队紧急联系挖机，组织人员封堵了园区的入水口，降低损失。村里那几户独居老人和困难户，这几天也一直在入户排查他们的房屋安全，今天是村委梁委员的班，一会儿休息之前要跟他通个电话，问问今天有没有去帮苗大娘排除家里的积水，她一个人住，晚上出来上厕所，滑倒就危险了。

经过这几天的巡察，村里的道路和生产道路受损也比较严重，其中，榆林塌陷1处，生产路塌陷2处，付楼塌陷1处，已经安排广告部做了指示牌，这几天也在群里发了图片与通知，提醒大家通行的时候注意安全。

这几天村里又买了两台新抽水机，明天要带着宪周、新国去地里帮助群众抽水，部分群众的玉米和花生都已经泡到水里了，天灾难免，但是我们一定要尽早挽回群众的损失。

这几天我通过和以前做生意时的朋友联系，也为村里争取了一些快餐食品和饮用水等抗洪抢险物资。今天我让利萍清点了一下，有650件，大概价值12万元，有了这些，我们受灾村民也能支撑一段时间，生产生活也能尽快恢复。

我的驻村日记

洛阳市伊川县平等乡上元村驻村第一书记　王立峰

2017年11月8日,我带着全局的重托和期望,来到伊川县平等乡上元村担任驻村第一书记,开启了新的征程、新的挑战。5年的驻村生活,有苦有甜,有心酸,也有惆怅,但这一切在我亲眼见证为了过上幸福生活,乡亲们奋力拼搏奔小康的艰辛历程后,一切的一切都释然了。习近平总书记关于"人民对于美好生活的向往,就是我们的奋斗目标"的论述,再次让我感到党的领导人的高瞻远瞩,心中的敬意油然而生,使我对于生我养我的祖国母亲那份热爱更加强烈,对于自己能生长在这样一个热爱和平、服务人民的国家,感到庆幸和荣幸。5年来,我见证了上元村从杂草丛生、蚊蝇遍地、旱厕林立的"脏、乱、差"村到绿树成荫、鸟语花香、环境优美的蜕变历程。我的驻村日记,不仅记录了脱贫攻坚过程中乡亲们内生发展动力的过程,基层村党支部成长的点点滴滴,一个个鲜活脱贫攻坚的奋斗故事,一个个幸福向好的生活瞬间,同时记录的也是"全国驻村人",为了让老百姓过上好日子的艰辛历程和高兴与悲伤的瞬间回忆。我从自己这些平时生活、工作的日记中,分享几篇生活琐事、趣事,与大家共同见证上元村的蜕变过程。

2017年12月27日　周三　晴

  周三下午将会有洛阳市民政局安排精神、残疾方面的相关专家，到平等乡为群众现场鉴定、办理精神残疾证。礼拜天接到通知的我，第一时间就把通知精神传达给了村"两委"，让他们先展开排查。我到村后第一时间找到村支书和负责民政的村委了解情况，做到心中有数，这样可以在避免自己工作量重复的同时，提升工作效率和精细度，做到不漏一人，应做尽做。自礼拜一下午到昨天下午，我一刻不停地在村子中入户走访，认真细致了解这方面的事情。昨天晚上八点钟，当我拖着像灌了铅一样的双腿，在回驻地的路上遇到了圈道大叔，我突然想起来，他的妻子王阿姨有这方面的问题，并且病情很严重，应该符合政策。我当即把通知的相关内容向他做了传达，并把想法告诉了他，让他今天下午带上他的妻子到平等乡民政所让专家给鉴定一下。他听到我的建议，有些迟疑，在谈话中我听出其实他有点想去，但自己老了，去平等乡的路说远不远说近也不近，爱人精神上有问题，出门不方便，怕连累别人。真是一个实在人啊！上午，我特意把这件事情给村支书做了交代，让村里一定要安排一个人陪着他们一起去。

  晚上八点半当我忙着整理一天走访入户日记的时候，圈道大叔颤颤巍巍来到了我的驻地办公室，告诉我说王阿姨成功鉴定为B级残疾，从兜里掏出一张皱巴巴的宣传页，对我说这次精神和肢体残疾的义诊排查，只要结果符合办理精神、肢体残疾的相关条件，也可以按级别享受国家有关部门的相关好政策。听到这个消息后，我的心情很激动，又为老百姓办了件事。

  感谢驻村路上奋斗的自己，继续努力加油！

2017年12月31日　周日　多云

今天早上7点吃过早饭,刚撂下饭碗撸起袖子准备洗碗,就接到脱贫户亓其团打来的电话。电话接通后原来是村党委副书记苏上进打的,说亓其团家的母猪今天凌晨又死了一头,他本人已经到老亓家了。这已经是老亓家在不到十天的时间里死的第二头猪了,让这个原本就挣扎在贫困线周围的家庭雪上加霜,更像是往即将愈合的伤口撒盐。听到这个消息后,我心里暗叹一声老天不公。我的内心极度难过,为老亓这个退伍的老兵感到难过。为了甩掉贫困的帽子、拔掉穷根子,这两年他们努力增收,对待圈里的黑猪就像对自家的娃儿一样呵护。老苏把情况说完后,我连忙安慰道:"放心吧,县里给养殖户都办理的有养殖保险,我们完全符合相关流程,通过保险可以把损失降到最低。"这两年为了让贫困户尽快脱贫,县、乡两级鼓励大家上规模搞种植,同时也鼓励大家采用"割猪草+粮食饲料"的饲养模式扩大养殖规模。经过伊川县有关部门协调,还免费给养殖户买了养殖保险。今年,猪瘟疫情给村里的养殖户造成了极大的损失。上礼拜三的上午,贫困户李开会家的育肥猪就死了一头,多亏了养殖保险。我赶快给他联系保险公司,第一时间报案、提供相关手续,等一套流程全部办理完毕后,已经是上午11点半,一身的疲惫,但想到老亓些许安慰的时刻,我身上的发条又再次上紧,因为今天我还有个任务就是中午接女儿。

等到女儿补习班的时候已经是12点10分,看着空荡荡的补习班只有女儿一人,对闺女说了好多声"对不起"。女儿看到我,噘着嘴说:"爸爸,您要是忙就提前说一声,我已经8岁了,是大孩子了,自己走回去就可以。"只能自己苦笑了一声,拉起女儿踏上了回家吃饭的"征程"。

"屋漏偏逢连夜雨,船迟又遇打头风。"从电梯下来的时候,微信滴滴地响个不停。打开后,二姐连续几个语音电话未接提示,还有一条语音留言,说80多岁的老母亲在路上跌倒,盆骨骨头骨折急需做手术,听到这个信息,我的脑袋"嗡"的一声就要爆炸了。驻村两个月来,我连一次老家都没有回去,不知道80多岁的老娘在家里可好,中间打过几次电话,因为耳聋也都没说上几句话。没来驻村的时候,只知道驻村的工作不好干,到了村里才知道,驻村工作有多难,工作量有多大,驻村人是多不容易。为了了解民情、了解村里的实际情况,我每天走家串户,行走都在15,000步左右。除了了解民情,就是整理资料,天天如此。今天听到老母亲的消息后,心里在滴血,感到特别特别痛。

下午,我赶到了汝阳县人民医院,与医生多方沟通,经过权衡利弊后还是尽快做手术。母亲的手术被安排在后天,由于母亲年纪大了,今明两天需要输水消毒,还要家人陪着多说说话,减轻老人家的心理负担。可是今天是礼拜天,明天我已经约好县防疫站的专家,单位的农产品购买的事情我还需要和村负责人做最后的商定,我心里默默念叨:"娘,儿子明天还得赶到村里,与防疫站的专家协商猪瘟的治疗、防疫问题,与村相关负责人一起收购贫困户粉条、花生、芝麻等特色农产品,只能陪您一晚上了。娘亲啊,您就原谅原谅您不孝的儿子吧!"听着母亲睡梦中也许是因为疼痛而略带的"哼哼"声,这时我再也控制不住自己的泪水,依靠在姐姐的肩膀上闷声大哭了起来。

2018年8月20日　周一　晴

今天是周一，上午9点，我和驻村队员崔占峰一起来到伊川县人大常委会，找金主任帮忙协调上元村金融广场的资金问题，因金主任太忙只能下次再来了。随后，来到了县社会保险中心和邢主任一起商量上元村扶贫车间建成后的发展方向及设备问题；同时，通过乡扶贫办联系到了县帮扶企业东风模量磨具厂。明天到东风模量磨具厂"化缘"去，争取有所收获。

下午，参加了伊川县第十八次脱贫攻坚大会。会上由刘向平副书记通报了前期"精准核查、分类施策"成果，对先进进行了表彰。最后由县委书记李新红进行总结，并安排了下一步工作。伊川县为了脱贫工作投入了巨大的人力、物力，当然效果是肯定的。

晚上吃过饭，我和队员兵分四路，一一入户，对贫困户进行再次入户走访，询问老百姓情况。因为从昨天开始，来了两个人冒充市督察组的，干了一些违法的事情，害怕老百姓被骗，利用晚上时间，全部入户告知。

2018年8月21日　周二　晴

今天上午，平等乡政府组织召开专题会议，传达县第十八次脱贫攻坚推进会精神，布置现阶段扶贫推进工作及资料整理工作。

下午2点半，我和小崔一起，来到了东风模量磨具厂，和卜主任进行了长达1个小时的会谈，就上元村扶贫车间捐助缝纫机事宜进行了友好协商，最后，双方在友好的气氛中达成了共识，先期进行10台捐助，看老百姓的务工情况再做下步打算。

2018年8月22日　周三　晴

经过近一周的努力，上元村外出务工人员的务工情况终于统计完毕，晚上一直核对到10点半还没结束。这一周，大家每天的工作时间都在15个小时左右，同志们实在是太累了，最后在10点40分，宣布暂停，明天继续。

中间穿插着统计学生入学情况，主要统计了全村大学生升学情况，全村共有中专以上新入学学生11名，其中3名中专生、4名大专生、4名本科生，为下周进行的"金秋助学"捐款活动提供数据。

2018年8月23日　周四　多云转晴

今天的任务主要有三项：一是参加了平等乡政府举办的脱贫攻坚"回头看"推进会；二是继续核查务工人员信息；三是对照"回头看"要求，进行资料的补充工作。

资料太多了，太累了！

2018年8月24日　周五　晴

早上，我和驻村队员梅浩岩、唯英学一起在村里入户走访了几户脱贫户，询问了他们近期的生活和生产情况，对村里建设有什么想法和点子，正所谓"三人行必有我师焉"。好点子往往来源于生活，并且来自生活的点子也是最真实的。在周边转了一圈，最后，来到创赢牧业养牛场。经了解，厂里现在共有黄牛140余头，并且最近牛的价格略有上浮。虽然我们是扶贫产业，经营产业是手段，但盈利才是最终目的，同样我们也要在市场的大潮中沉浮，只有盈利了老乡才有保障。接着又看看秸秆收储情况。今年是创赢牧业的起步阶段，收储至关重要。由于储青池太大，虽然已收割了200多亩，但在储青池内就占了一点点的地方，感觉就像刚刚开始。当时在开办创赢牧业养牛场的时候，考虑到以后规模可能会扩大的储青池可容纳1000—1200亩的秸秆，可供500—800头牛一年的饲料供应。同时，也可减轻环保、禁烧的压力，秸秆卖出也能增加老百姓的收入，可谓是"一举三得"的大好事！

2020年7月7日　周二　晴

今天，河南卫视李老师一行3人入村，对上元村的扶贫工作进行报道。局直党委书记杨小雷一起来到村里。从脱贫攻坚到定点帮扶，通过各级政府、帮扶单位的共同努力，上元村已建成了养牛、养驴、养鸡、扶贫车间、光伏发电、净化水、樱桃园、特色种植、手工编织等9个扶贫产业，70余人实现了就近、就地就业。老百

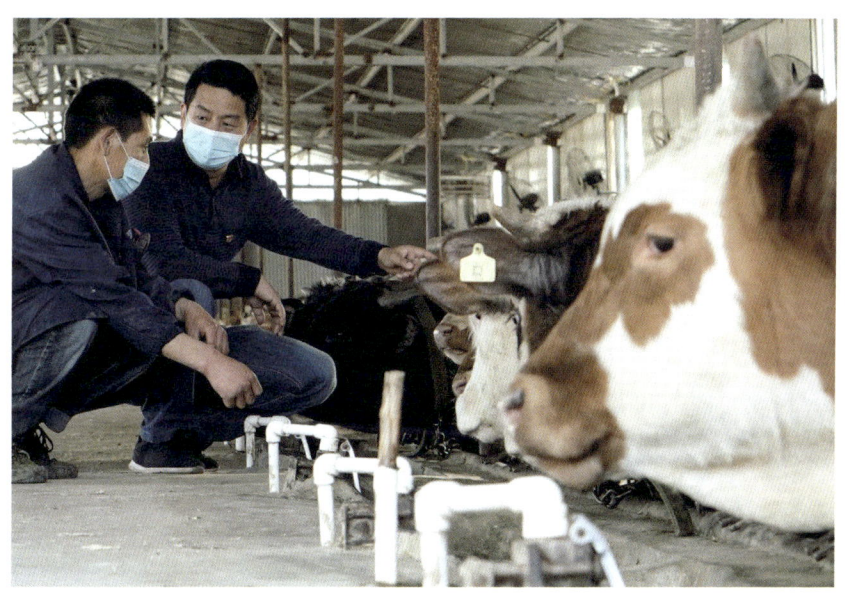

王立峰在与上元村养牛场养殖户交谈

姓只要是想在家门口就业就能安排工作。村集体经济已连续 3 年收入在 30 万元以上，已成了远近闻名的小康村。

这次，省电视台在村里将拍摄 2 天时间，将通过人物采访、实地采访，对上元村进行全方位的报道，祝愿本次采访圆满成功！

2021年7月9日　周五　多云

为提升全村综合治理水平，为老百姓提供安全舒适的居住环境，经多方协调，今天中国电信入村，动员全村老百姓根据自家话费消费情况，安装摄像头。只要是一家 3 口，每月消费在 99 元，都可以免费安装监控摄像头。全村满 30 户，就可以为全村免费安装公共监控设备。这些设备的安装，不仅能为老百姓保驾护航、确保老百姓及各个街道的平安建设，也能提升全村的综治水平。

上午 9 点开始，在村委会大喇叭的不断宣传和现场的宣传讲解下，老百姓不断来到村委，询问监控安装的详细政策、摄像头是否清晰、后期维护等事宜。到中午 11 点，已有 18 户农户办理了相关手续。

下午 3 点，帮扶单位资环二院纪检监察科副科长孙久怀带领物业管理处处长何远涛及工作人员路宏亮入村，就上元村村委会东边 3 个位置大约 120 米灾害危险点治理的红砖采购事宜进行调研、监督。在听取支部书记张见卫的详细汇报后，几人来到了即将施工现场，对灾害点的处理方法、预防事宜给予了详细的指导，并督促村委尽快施工，确保老百姓雨季安全，不能出一点问题。

2021年8月2日　周一　多云

从 7 月 19 日开始，全省开始普降大雨，20 日，郑州市遇到了百年甚至千年不遇的洪涝灾害；同时，新乡、鹤壁、安阳也是雨水倒灌，卫河决堤，几百万亩良田瞬间被洪水淹没。郑州市区道路被洪水淹没，铁路、公路、学校、物流等公共设施损失严重。一方有难八方支援。灾情发生后，全国人民纷纷伸出援助之手，各地救援队伍、民间志愿者纷纷来到郑州，捐款捐物，涌现出了一个又一个感人的故事，展现出了一幅又一幅动人的画面。

这次雨灾对河南的经济造成了巨大的损失，对郑州的影响、造成的损失更是无法用数字来衡量，很多地方的公共设施尚未正常投入使用，老百姓的生活也未完全恢复正常。但郑州这座拥有1260万人的城市，再次展示出了坚强的革命意志和磐石般的组织性和纪律性，默默地向世人重述着"二七精神"。

2022年4月13日　星期三　阴

今天上午，我和驻村队员刘珂一起，从邻村龙王屯开始，逐一张贴今年的征婚启事。"红娘奖"是我2018年在入村走访时，发现村里的未婚大龄青年特别多，特意设立的一项惠民措施，只要为村里25岁以上的大龄男青年成功牵线搭桥的，新人婚礼当天，将给予1000元现金奖励。

自"红娘奖"设立以来，取得了良好的效果，目前已有10位大龄青年通过此活动找到了心仪对象，喜结连理。今年我又印刷了200张宣传单，目标就是周边的十里八村，因为太远了效果就不太好了。

上午的速度还挺快，从龙王屯开始张贴，然后江沟、张奇庄、刘庄、磨店、宋店、马回、马回营，中午12点，200张宣传单已所剩无几。

一路上，不管我们走到哪个村，只要说贴广告给村里的大龄小伙子说媒，老乡们都特别高兴，也很支持。在很多村庄和商店，一看到我们来贴"广告"，都特别热情。在宋店的一个理发店门口，4年前张贴的"征婚启事"每一张都完整地在商店门口的墙上，让我无比激动。

4年了，已成功促使10对大龄青年喜结连理，顺利脱单。剩余的适婚大龄青年，随着上元村村容村貌越来越好，乡亲们的生活越来越富裕，再加上我和驻村工作队的坚持，在未来的2—3年内，肯定能全部解决问题，争取早日成功！

虽然这些日记不很华丽，但都是我们驻村工作中每天发生的小事情，也是我们驻村工作队每天的工作。上元村经历将近7年的帮扶，已从当初贫困落后的小山村，变成了环境优美、交通便利、生活宜居的美丽村庄，这些变化得益于党的政策的全力支持，得益于社会各界人士的倾力帮助，得益于老百姓渴望幸福的感情迸发。

"村貌不改我难安，百姓不富我不甘。"这是我在中宣部主管的《时事报告》上发表的署名《上元不富我不甘》的文章结束语，也是我对上元驻村的真情流露。祝愿上元村的明天更加美好，祝愿上元村的父老乡亲都有一个美好的明天！

孟庄村驻村日记

平顶山市郏县堂街镇孟庄村驻村第一书记　林　霞

2017年12月4日

第一天入村，与扶贫督导员王昊对接，简单了解村里的基本情况。

孟庄村是一个总户数不多的贫困村，全村共504户、1670人，6个村民小组，36名党员，16户低保户，10户五保户。2014年建档立卡户178户。截至2016年年底，实现脱贫73户（2014年脱贫12户，2015年脱贫28户，2016年脱贫33户）。2017年，经重新识别、调整，退档67户，脱贫19户。现有未脱贫户15户，现有未脱贫户中因病致贫10户，因残致贫1户，因缺劳动力致贫4户。剩余这些贫困群众大都年龄偏大，没有劳动力或劳动力不强，在帮扶上，要落实好低保、五保、残疾等行业政策。同时，对弱劳动能力群众通过介绍企业务工、争取公益岗位等方式，让贫困群众增收减负……

王昊的讲述很细致。作为一个扶贫新兵，我记得也很认真，生怕漏掉了什么信息。同时，也深深地感受到扶贫工作是一个系统性、全面性、接地气的工作，特别是在基层一线的干部直接跟群众打交道，旨在帮扶群众谋发展、谋出路，责任重大，意义深远。我一定不负组织的嘱托和群众的期盼，把根扎在这里，带领贫困群众早日脱贫致富。

2017年12月19日

今天我和督导员王昊一起走访贫困户，为他们张贴扶贫政策明白卡。每到一户我们都耐心地向他们讲解扶贫政策，倾听他们的诉求，为他们答疑解惑，每户贫困群众对我们也都非常热情。

对我触动最深的是李广仁家。前段时间村里来了推销净水机的人，说李广仁家的水质不安全。老人信以为真。今天我们专门就吃水问题详细向老人作了说明。老人听完解释后，脸上露出了满意的笑容。我们临走时，老人激动地拉着我们的手，把自家炒的花生一股脑儿往我们的兜里装。老人常年劳作的手布满皱纹，甚至并不干净，抓着花生把我的衣服弄得都是土，可是那一刻我觉得那些土就是我衣服上最美的图案，顿觉一股暖流涌上心头，我的眼睛也被一层薄雾蒙住。

老人家最朴实的举动，是对我们的真情流露，是对我们工作的支持和认可，更是对党的好政策的拥护。我还有什么理由不静下心来踏踏实实地为人民群众，做好一个驻村干部该做的工作呢？

2017年12月27日

午饭后，我和王昊一起去李文显家看望他的儿子李建录。

李建录将近60岁，前些天因滑膜脱落做了手术，刚出院。我们仔细询问了李建录的病情及医疗费报销情况，告诉李文显已经为他儿子申请了公益性岗位，他很高兴。李文显家是刚脱贫的建档立卡户。我们耐心向他们讲解有关政策，让他们打消顾虑，脱贫后，该享受的政策还继续享受。他们对这个政策很满意。尤其是医疗报销政策，为他们家减轻了很多负担，他们表示很感激。

李建录妻子早年离家出走，只剩他和儿子李孝彬。李孝彬今年36岁，从小淘气、不听话，现在也不好好打工，天天上网聊天。李孝彬奶奶前几天找到我，让我帮忙做她孙子的工作。在他家里，我与李孝彬面对面坐着聊天，了解他的心理，给他分析他的家庭状况，帮他树立信心，聊了一两个小时，我的话也深深触动了他，他表示以后尽量靠自己挣钱，不再跟家里要钱。

从李孝彬的身上，我也深刻认识到，扶贫更重要的是扶志，一个人的家庭条件差，也许穷一时，一旦这个人没了志气，那就注定会穷一辈子。以后我要多关注这部分群众，多做思想工作，通过教化和引导，真正激发他们依靠自己的努力产生脱贫致富的内生动力。

2018年1月4日

昨天的雪，下了整整一夜，我的心也担忧了整整一夜。

一想到昨天白天看到王文安住的地方，就翻来覆去睡不着。因为王文安的房子正在进行改造，已基本完工，等待验收。于是，临时在院子里搭了简易帐篷住，条件不是很好。今天早晨，第一件事就是赶去王文安家里去看望。我到的时候，他还没有起床。在那儿和他聊了一会儿，我问他："昨天晚上，下那么大雪，你这冷不冷？被子厚不厚？"他很感动："谢谢林书记心里一直惦记着，等着过两天验收喽，我就能住进去了，这还真是得感谢您操心呐。"看着他没事，我揪住的心，稍微放松了下来。

从他家出来，眼际里一个人也没有，到处是白茫茫一片。平时我是最喜欢雪的,可今天却无心欣赏,因为心里装的满是群众的安危冷暖。接下来,我要做的,还有很多。此时,此景,此境,我突然想起了丘特契夫(俄罗斯诗人、作家)的那首诗《别声响》:

别声响!要好好地藏起,
自己的感情,还有向往。
任凭着它们在心灵深处,
升起,降落,不断回荡。
你应该默默地看着它们,
就像欣赏在夜空中的星光。
——别声响!

你怎能表白自己的心肠?
别人怎能理解你的思想?
每人有各自的生活体验,
一旦说出,它就会变样!
就像清泉喷出会被弄脏。
怎能捧起它,喝个舒畅?
——别声响!

要学会生活在理智之中,
全宇宙就是你的心房!
可惜神秘而迷人的思想,
会被那外来的噪声扰攘,
甚至日光也把灵魂驱散。

但你要懂得自然的歌唱。

——别声响！

2018年1月5日

今天周六，原以为能过一个安稳的周末时光，临时接到堂街镇政府的通知，中午前，必须赶回村里。根据县委副书记郭书记的要求，从1月7日起，全县第二批及第三批第一书记实行每天两签到制度。签到时间为工作日上午8点，下午6点；非工作日是上午9点，下午5点。

10点，圈里村第一书记刘斐担心我不会开车，没法回村里，所以特意来接我一起走。一路上，天寒路滑，走到半道上，车的防滑链突然断裂，四周很辽阔，一望无际都是白雪，空无一人，我们只能把车修好才能走。经过将近1个小时的检查、修理，我们凑合着把防滑链修好，勉强能走。等到村里的时候，已近中午时分。

我与刘书记同是市派第一书记，境遇相同。我们虽不是血缘至亲，但心灵相近，都有驻扎扶贫事业的决心。感谢刘书记的帮助，正是因为有像刘书记一样的战友的帮助，我的扶贫路上充满阳光和温暖。

2018年1月25日

早晨起床，外面的雪还在舞个不停。

最关注的是路况，头伸出窗外，看到地上、树上都是厚厚的雪，第一感觉是路况不佳。

打开手机，看到好多朋友都在谈论，路上很滑，不好走，公交车都安装防滑链，感觉像拖拉机。给几个朋友打了电话，问了问路况，都说很危险，现在的路况暂时无法回村。虽然不能赶回村里，但心里还是对几个贫困户的住房、冷暖有所牵挂。于是给王支书打了电话，向他说明了情况，由于雪天路滑，我可能晚一些回村。请他和另外几名村干部到住房困难的几个贫困户家去看看，帮助解决一些实际困难。王书记嘱咐我注意安全，不用担心村里的情况，他一会儿就到各户走走看看。

雪，洁白纯净，漫天飞舞。

我喜欢雪的柔软，给人以宁静。

我喜欢雪的凛冽，给人以力量。

柔若棉，坚似铁！

2018年1月26日

心里始终记挂着村里的扶贫工作，所以一大早便简单收拾行囊，重返战场。

回到村里的第一件事是，重新核实贫困人口实际信息与国家扶贫开发系统平台信息是否一致。我和王支书一户一户进行核实排查，确实有身份不准确、姓名不准确的问题，按照乡里统一要求，需要把他们每个人的身份证或户口本拍照上传比对核实。

第二件事是，与王支书商讨了孟庄村建设用地复垦的问题。去年9月孟庄村上报建设用地复垦3.28亩，经县验收，因当时有三棵树没有及时伐掉，要求孟庄整改。但由于村民要价太高，至今砍伐树事宜没有谈妥。王书记也说了村里的实际困难，由于村里没有经费，一些公益性活动开展不起来，如孟庄舞狮等，群众的意见比较大。年关将近，怕大家心里不满，所以想办法筹些钱，以维护大局稳定。

王书记说，想再找点建设用地与那 3.28 亩连上，如果村民工作实在难做，就把那三棵树撇开，想咨询一下国土部门看行不行。就此我和市国土部门有关负责人取得了联系，请他们在不违法不违规的基础上，看能不能帮我们孟庄出谋划策，为我村解决实际困难。国土局魏科长也很理解和支持，表示愿与县国土局联系，最大限度地为我们解决实际问题。

第三件事是，整理文件材料，如民主生活会发言提纲、谈话记录、问题清单、整理台账……

中间休息，起身望向窗外，白茫茫的世界，还有一缕缕阳光洒在白绿相间的树梢上，突然觉得，好美的画面，美到突然觉得自己离世俗很远，已身在仙境。

人入仙境，浮躁全消，我们终归都是平凡人，致自己：我们这么努力，不过是为了成为一个普通人，我们发现自己平凡并接受、享受、接受平凡，接受平凡的父母，接受平凡的孩子，接受平凡的另一半，接受平凡的自己，不能拥有诗一样的生活，但要努力从平凡中寻找诗意。正如古语所说："幼有神童誉，少怀大志，长而无闻，终乃与草木同朽。"

2018年2月3日

今天上午，王县长来村督导工作，对一些工作细节进一步安排部署，并对春节期间走访慰问贫困户事宜提了要求。

通过这几天各级领导的指导，学到了一些农村工作的方法和思路，也学到了一些业务知识。

感悟：农村工作真的不是单凭一腔热情和一颗纯善的心就能做好的，还是要讲究方式方法。我觉得今天王县长有个比喻很形象，他说对待农村工作就像对付一个不听话的小孩子，哭了闹了哄一哄，有时也得管一管。在以后的工作中，我要注意总结经验，掌握工作方法，把工作做得更好。

下午，孟老根家属来学校院内反映情况，说她和孟老根年龄都大了，无劳动能力，和他们一起居住的儿子孟德早有神经病，自己常年有病。我问他有几个孩子，她说有三个儿子、两个女儿，其中有个儿子在矿上上班，腿受伤了，她很心疼。她说孩子们条件都不太好，想申请低保户、贫困户。听完她的讲述，我向她详细说明了贫困户的认定程序，如果她觉得生活困难，可写个申请，我会帮忙把申请交上去。

感悟：村民的思想有待转变，五个孩子，而且有的条件也不是很差，但是他们总认为孩子可以不养自己，但国家必须得养他们。村里很多人都有这种思想，搞一些文化宣传教育我觉得是很有必要的。

2018年2月8日

春节将至，孟庄村父老乡亲的冷暖温饱是接待办领导的牵挂。今天是腊月廿三，中国传统小年，市接待办主任、党组书记贾江涛带领班子全体成员及科室负责人为孟庄村贫困人员送来棉被、面粉等慰问品。

县领导王占奇、镇党委书记张世杰、镇长高永伟对市接待办领导的到来表示欢迎，并把当前孟庄村脱贫攻坚工作情况向市接待办领导作了简要介绍，各位领导还同驻村书记、村"两委"班子成员就2018年如何发展村集体经济、环境整治等工作进行了座谈。市接待办全体班子成员、县领导王占奇，在镇党委书记、镇长陪同下看望慰问贫困户，每到一处，都嘘寒问暖，了解群众所想，共同制定帮扶计划。

慰问过程中，印象最深的是当县领导王占奇把慰问金递到老党员王中兰老伴手中的时候，两位老人的眼中都含满了泪水，激动地说，谢谢领导关心，谢谢组织关怀。那一刻，真的很让人动容。我们的组织没有忘记我们的每一位党员多年来为党的付出，这是对我们基层党员的最高褒奖。组织记得我们，人民记得我们，付出再多也值得。

各级领导都非常关心驻村书记生活情况，到住处看望。此次走访慰问，让贫困群众切实感受到党和政府的温暖和关怀。扶贫路上，永不止步！

2018年4月29日

"五一"放假3天。

放假前，村里的农户问我们是否收鸡蛋，他们自己饲养的鸡，鸡蛋更营养健康。

于是，我就和战友们想了一个帮助卖鸡蛋的办法，挨家挨户统计村民们的鸡蛋数量，先后收集了毛黑赖、李巧、王清扬等家五六箱鸡蛋。借助朋友圈打广告，写了一串广告语："孟庄纯柴鸡蛋，吃完脑洞大开，买鸡蛋献爱心，助力脱贫攻坚"，"我所驻孟庄村贫困户散养的鸡蛋。她们的产品没有精美的包装，有的是丰富内涵。她们无求华丽的外表，'蛋'求无愧于'心'"，"鸡蛋1元1枚，鸭蛋0.7元一个。想吃出健康，吃出品质，请不要犹豫，速与我联系，你负责吃，我负责送"。

没想到，短短一天，获得很多朋友的大力支持，所以今天回市里的时候，给他们带回来了。帮助农户家卖鸡蛋，农户们增加了收入，朋友们也吃上了纯正的柴鸡蛋，两全其美的事。

我虽然跑了腿儿，但心里特别高兴。扶贫工作不分大小，只要能让农民增加收入，哪怕是小事，我们也要做。

2018年5月6日

中午做饭的时候手烫伤了，当时心里特别难过，就想做回原来的"本我"，想听亲人一句安慰的话，想对他们撒娇。可是亲人远在百里之外，现在面对的是辛苦的战友们：一个大"兄弟"，一个大"儿子"。我在他们面前是"大人""顶梁柱"，"超我"瞬间战胜了"本我"。我怎么能对他们矫情呢？赶紧做回坚强的女人。

但是讲真的，手真的很疼（以至于中午吃饭时拿筷子都很费劲儿），好在今天晚上回家我会为我的情绪找到出口——变本加厉地向强哥和我家小丫头求关爱。

来孟庄村工作这种生活，也许不是原来理想中向往的，但现在，我学会了享受这样的生活。我和战友们一起努力工作，一起认真生活，一起挥洒汗水，一起苦中作乐。我们都能适时调整自己的心态，比如有时我们明明能从彼此的眼底读到忧虑和疲倦，但我们还只会努力给对方呈现美好的笑容和互懂的眼神，相互支持，相互给予温暖。我们在这场历练中，哭过、笑过、彷徨过、犹豫过，但也成长着。

其实生活就是这样，有苦有甜，有舍有得。我们舍弃了城市的喧嚣，却拥有了田园的宁静。我们舍弃了优越的工作环境，却收获了太多的关爱，战友间的疼爱、家人的关爱、乡亲们的热爱。

我爱我的战友，我的战友爱我，我们之间的爱已远远超越"爱"

字本身的含义。我们从初相识就像多年相识的老朋友,在这个小村里共同奋斗,共同攻坚。我们心牢牢地靠在一起,给彼此鼓励,给彼此希望,给彼此支持。

我相信,我们有了在农村的工作经验后,以后就算遇到再大的困难都能挺得过去。

我们都是最棒的,愿我们一切都安好。

林霞参与郏县脱贫攻坚宣传片及"三八节她力量"宣传片拍摄

2018年7月1日

继续做好四类人员排查,做好台账,和帅恒、新范一起入户。走访孟德宽家时,孟德宽正好在家,进屋和他聊了一会儿。正好这两天因为我村拆旧复垦的事儿和他家有点小矛盾,他说村里把他家老房子的石头都埋在地下了,没有通知他,他有些意见和不满。

实际情况其实是村里在拆旧复垦的过程中,拆到了孟德宽家的老宅子,已多年没有人住,是孟德宽父亲的房子,父亲去世后,母亲随大哥孟德奎生活。这次拆房子时,村支部专门通知了其大哥孟德奎，经与孟德奎商议，同意拆除旧房，石头也不要了。

孟德宽回来后得知老房被拆，非常生气，说是没有和他商量，说他大哥不精细，有点傻，村里骗他大哥了，他家的事都是他操心、他当家，村里应该通知他回来，商量此事。

王新范在一旁做起了他的思想工作："你也不能只埋怨大队，村里干部肯定是和你的家人商量了，也通知了你的家人，肯定是征得了家人的同意才拆的房子，可能家里人说石头不要了。"新范刚说到这儿，孟德宽恼火了，说你不要替大队说话，我不听你那一套，你们家原来也很窝囊，不要这会儿你在我这儿说这话。孟德宽又说了一些新范婆婆家前些年的事儿，新范一下子接受不了，眼泪哗一下就出来了，哭得很伤心。

我赶紧劝她，同时我也说了德宽，我说："你看你真不应该，论辈分新范应该喊你叔呢，人家是来咱家工作的，你怎么揭人家老辈的短呢！更不应该把对村委的意见和怒气撒到人家身上。"我说了他几句后，德宽也认识到刚才自己的语言过激，有些不妥，随即也向新范道了歉。

我和德宽又聊了很久。聊天过程中，我能感觉到他是个性很强的人，这可能与他的家庭环境有很大关系。听他从小时候说起，从13岁时就已撑起了这个家，父亲去世时，兄弟4个的事都是他来管，他几次说到自己活得很累。我耐心地听他诉说，时而宽慰他，我觉得他也很不容易，他太需要一个倾听对象。希望今天我们的聊天、我的倾听能解除一些压在他心里的怨气和堵在他心里的苦痛。

回来时，我的手一直牵着新范的手，紧紧地，我知道她受了委屈，而且我和德宽聊天时，她就一直在那儿委屈地坐着，也没有离开。新范是这次村"两委"换届时新选上的计生专干，但在平时的工作中她任劳任怨，什么活儿都帮忙干，填档卡、入户、打扫卫生从无怨言，她是村"两委"最新的成员，但她这种为村"两委"负责、为村民负责的精神真是难能可贵，值得村"两委"其他成员学习，包括我。

什么是能力？我觉得就是你对组织、对群众的责任心，党员干部能力再强，责任心不强，不好好工作，其实就等于没有能力。用心去做，就能带来超能量。

2019年1月5日

今天上午，县供电公司到孟庄村修理变压器，这个变压器一直是压在干部和群众心头的一件大事。

变压器用的时间长，老化比较严重，经常因为故障导致村里断电，而且这个变压器位于村里道路中间，非常危险，群众走到那里都绕着过。

这件事情群众也来大队部反映过，我和村"两委"干部给镇里汇报过，也积极跟县供电公司联系。

今天供电公司来村里更换了变压器，并且把变压器的位置往路边移了100米。现场有几百名群众围观，大家都特别高兴，还主动伸手帮忙。

看到这个场景，我非常感动，心里的自豪感也油然而生。其实，在基层做工作，只要是从群众利益考虑问题，急群众所需，实打实为群众解决问题，群众肯定会积极协助、积极配合的。

2019年3月5日

今天去镇上开会，瑞宝红牛贷款第二次分红发下来了，这次分红收益每户是2275元。第一次收益是1000元，已于2018年5月27日发放了。我们村一共有8家获得瑞宝红牛贷款分红收益，其中有我的帮扶对象孟修志家。

回村后，我就把2275元的银行卡给修志伯送到家中。一进他们家的胡同，我就看到他和邻居王民尚正在清理门前的障碍物，挖沟埋下水管道，因为过几天我们村就要修排前路。见到我，他们很高兴，停下手里的活儿，和我聊起了家常，还说了些感谢的话。说多亏我协调才有这笔钱，给村民们修排前路，他们一定会积极清障，配合村"两委"工作。

来到修志伯家，我和修志伯还有阿姨坐在院子里拉起了家常，从他们家的女儿，谈到其他亲戚，都对他们老两口很好，但他们内心最放不下的还是儿子孟增（智力三级残疾）。他们从儿子孟增上小学时的情景，一直说到现在，其间修志伯几次眼里充满泪水。看着他的眼睛，听着他们说着孟增这些年来的病情和他们为孟增的付出，我的心里很不是滋味。我安慰他们老两口，现在党的政策这么好，我们的日子会越来越好。对像孟增这样的人群，我们党现在不放弃，将来也不会抛弃，会把对他们的照顾和帮扶一直持续，小康路上不落一人。听了这些，修志伯脸上有了笑容。他的思想一直都是我敬佩的，每次问他有什么需要，他都会说，不需要，不麻烦你们，你们为我做得够多了，我们享受的政策也够多了。虽然他已经77岁了，但还是经常打些零工，挣点钱。他总说，我们不能什么都指望着国家管，能干的时候要自己干点儿。他的这种思想，比有的年轻人还先进。

从他家出来，我也认真地思考了几个问题：

①我今年的工作要怎么开展，侧重点应该放在哪里？

②针对修志伯家的实际情况，我还能提供些什么帮助？

③想把文化扶贫做好，改变人们的思想观念。

④着重考虑适合我村发展的产业。

2019年6月27日

昨天晚上，突然接到镇扶贫办的通知，说我们村的台账第二天要送去市里参评。当时，我正在汝州参加市派第一书记培训，接到通知后，我连夜赶回村里，和镇扶贫办的几个"80后"们、我们村刘小强队长整整熬一夜"临阵磨枪"。

今天天刚放亮，我们完成了任务。刘老师问我："书记，我们傻不傻？"我说："傻。"我又问他："那我们值不值？"我们两个异口同声大声说："值。"

信念孕育能量，平凡绽放光芒。一个"值"字，饱含的是我们作为共产党人的信念、作为人民公仆的无限真情。真的要感谢我们所从事的脱贫攻坚工作，能够成为这项伟大事业的参与者、实践者和见证者，是我们人生中的幸事。我可能做不成什么惊天动地的大事，但我会脚踏实地从小事做起，亲民爱民，无私奉献，做一名焦裕禄式的好干部。

2019年8月28日

今天入户走访孟中付家。孟中付，患直肠癌6年了，第一次手术后，6年来病情一直很稳定。2019年8月，病情复发，至今已做过4次化疗。孟中付妻子刘梅花，肢体残疾3级。

入户时，刘梅花自己在家，聊了一会儿。出门正巧碰见刚刚种地回来的孟中付，他挑着担子，精气神儿很好，和他聊了一会儿家常，了解他的家庭情况及病情。

家有耕地1.26亩，三个儿子轮流种。大儿子孟书营在平顶山经营电机厂，现已在平顶山买房，常年在平顶山生活。二儿子孟书正就近打零工，三儿子孟书亮在李口经营海尔专卖店，女儿也已嫁人。今年每次治疗费用大约1500元，由四个子女均摊。

养儿防老，积谷防荒。孟中付的家庭算是幸福的，儿女团结，母慈子孝。你陪我长大，我陪你变老，愿孟庄村每一位村民都能有这样的幸福。

2019年10月13日

今天由于工作比较多，所以回学校（我驻孟庄村的住所）的时间比较晚。

刚走到学校附近，看到村里的谢够老人，今年80多岁了，坐在学校旁边的石墩上张望着。她好像是看到我了，迎面向我一路小跑过来。她走到我面前，拉着我的手说："闺女呀，我这有一个星期没见你了吧。今天，我烙了饼，走吧，上俺家吃去，我就是在这专门儿等着你哩。"

老人独自一人生活，平时走到街上，只要看到我，就拉着我的手，跟我说家里有好吃的，让我去尝尝，对我像亲闺女一样。我也会抽空就去她家看看，打扫打扫卫生，帮她洗洗衣服，去镇上卫生院买点常用药。

谢够老人亲切、温暖、和善，就像我的母亲一样，可以说是我在孟庄村的亲人。不，还有很多像谢够老人一样的亲人，李文显、付令仙……

幸福感爆棚的一天！

2019年11月11日

今天，走访中遇到王战饶的妻子和孩子，心里一直揪着痛。

王战饶在村上公益岗位工作。妻子张文香，精神一级残疾，享受低保政策。女儿2岁半，尚在咿呀学语。

冬天即将来临，天气逐渐转寒，可王战饶的女儿竟然光着脚丫子和屁股在外面跑，小孩儿冻得浑身通红。张文香自己也不是穿得特别暖和。看到这一幕，辛酸感一下子涌上心头。我跑过去，抱起小孩儿回家，给她穿上厚衣服。

晚上，等王战饶干活儿回来，我决定再去一趟他们家。我把自己的一些相对比较新的衣服，还有一件刚买的衣服，收拾收拾给王战饶的妻子送过去，嘱咐王战饶一定要注意提醒妻子保暖，更要及时给孩子穿上厚衣服，我也会经常来看望他们的。

这会儿，坐在队部，想起今天看到孩子的画面，同样身为母亲的我，萌生了一个"不当"的想法：我把孩子抱走，等养大了，再给他们送回来……

2020年1月23日

今天是腊月二十九，暂时结束了村里的工作，回家过年。

临走时，我还去我的帮扶人王付山家里看望，向他问过年好，嘱咐他过年期间，如果有啥事，随时给我打电话。

没想到，晚上7点钟的时候，王付山拨通了我的电话。王付山，患有小儿麻痹症，三级残疾，平时说话都很费劲儿。我急忙问他是不是家里有啥事。他笑了笑，停顿了几秒钟，说："我要给你拜个年，祝你和家人在新的一年里，身体健康，工作顺利，平安快乐！"

别人几句话的祝福，王付山断断续续地花了很长时间，才顺利说完。但就是这样一句简单的祝福语，抵过千言万语，让我内心感动不已，眼泪夺眶而出。

驻村工作，是值得的，是有意义和价值的。感谢王付山，感谢孟庄村所有村民对我们工作的认可、肯定和支持。在新的一年里，我也会更加努力，帮助他们解决困难，帮他们都过上好日子，帮助他们实现他们的梦。

省派驻村第一书记的一千零一夜（摘选）

平顶山市汝州市陵头镇庙湾村驻村第一书记　徐云峰

庙湾村不是脱贫村，属于2020年度河南省首批集体经济空白村，基础设施近乎空白，是远近闻名的"九无之村""上访村"。

驻村两年多来，先后发展香菇和太空桑种植、乌鸡和育肥羊养殖等集体经济项目。2020年建设的40个香菇大棚，2021年实现产值120多万元；2022年启动的太空桑种植、乌鸡和育肥羊养殖项目，预计实现年产值300余万元；组织榆钱、槐花、花生、柴鸡、香菇等特色农产品线上线下销售，2020—2021年累计销售超过120万元；村集体两年累计可支配收入近60万元，"信访村""空壳村"顺利摘帽。

两年来累计自筹和引进并落地实施各类项目资金（包括物资、设备等）1300多万元，推动落地20多个民生项目，废弃小学恢复招生，安装路灯，疏通山泉水，改造厕所，建设文化广场、村卫生室，铺设雨污水管网，硬化户户通和村部出行道路，村容村貌换新颜。

第1夜：山村的夜晚

高接远送的喧嚣过后，开始了我的扶贫驻村岁月。虽然我是个农村长大的孩子，但是自从以全县文科高考状元的骄人成绩步入省城之后，农村的生活场景也就只剩下回老家看望亲友与祭奠故人的瞬间。三十年后,再次回到农村的生活场景里,还是有太多难以言表的感悟与体会。预期两至三年派驻时间,就权作一千零一夜吧,用生活的真实来展现这里的山村岁月。

——题记

  山村的夜晚来得非常快,不一会儿就是满天繁星了。星空下的山村,静谧得有点迷人。
  家家户户没有了往日的袅袅炊烟,也许都完成了土灶改液化气灶了吧,这也是我所始料不及的。在都市小白领的字里行间,农村炊烟的场景,几乎是诗情画意的存在,这也许就是农业现代化进程推进的成果吧。
  满车而来的行李物品,在办公室兼卧室的场景里,还没有有序归位,近乎是张狂的存在,惊喜、新奇,或惶恐、不安,一股脑儿地铺满眼帘,让我需要快速地给它们一一寻找安放的乐土。
  门外,不太平展的水泥地板上,清晰传来刺啦、刺啦、刺啦的,轻轻的脚步声,由远及近……
  "徐书记,喝汤了吧?"
  一位年过七旬的老伯,推门而入。他是来开会的,说会议室还没有来人,就来看看我。他开门见山,说自己是村民组长,下午村里通知来开会,时间从2:30到4:30,然后又改到晚上7点。我怎么不知道呢?估计是村支书安排的,我初来乍到,也不好多问。
  第一直觉,估计是村支书通知大家来与我见面的吧。因为我在家里收拾行李耽误的时间太长,到村里已经5点了,误了与大家通知的见面时间,心中愧意油然而生。
  "徐书记,您来了,村里人都欢喜着哩!您会给大家带来福音的。"

老伯的话不多，但句句都直击我的心底，让我不停地随着他的话语，勾勒着这个村子的过去与未来。这个村子，是一个1000多人的大村，有7个村民组（相当于一个自然村），有数百年历史了吧，村里人现在大都日子好过了，孩子们出去打工挣的钱，回来就是盖房置业，总体还是紧紧巴巴的，一不出去打工，就没有了经济来源。村里的耕地大都是坡地，不能种小麦，只能种靠天收的花生等耐旱作物，人均耕地也不多，没有厂矿企业，也没有旅游景点。

"您来了，大家都盼着您呢！您是第一个省派干部，前天省、市、县、乡领导来村里，送您接您。村里人很多人都在周边看您，因为疫情限制，也不能过来……"

老伯的话，让我心里沉甸甸的。随后，村支书、村主任依次过来，大约是怕我寂寞吧，晚上喝了汤，陪我说说话，顿时我想起每每回老家的场景，左邻右舍、长辈故友，一般都是晚上不忙了到家里叙叙旧，或托你办事或感恩或拉家常。今天不同的是，我是来帮扶他们振兴乡村产业的，话里话外，自然都是初来乍到的问询与村情村貌叙述。

农历惊蛰刚过，近乎满月的下弦月，高悬中天，月亮的清辉毫无保留地洒在门前的山林里，起伏的农舍若隐若现，静若处子，偶尔的车轮声穿过山谷小道，瞬间就被傍依山谷而建的村舍冲淡了。送走村支书、村主任，已是深夜。

这一刻，才体会到山村夜的清冷，虽然已是早春。忙了一天，"学习强国"的学习任务还没有完成，室内的温度在急速下降，钻进被窝看"学习强国"是唯一的选择。村里给我准备的约5斤的被子，还是耐不住山村夜的寒冷，腿上冰凉，盖上鸭绒袄外套还是不行……

从家里来时带的6斤的被子，只好用上，腿上寒意方才渐渐削弱。完成"学习强国"每天的满分规定动作，已近12点，到了该换睡衣入睡的时候了，第二天上午还要参加我入村后参与的第一个涉农项目合作洽谈呢。

床的对面是一对沙发，中间有个茶几隔着，也就2米的距离，脱下毛衣毛裤放到沙发上，换上冰凉的睡衣，身上立马传来一个接一个寒战，禁不住牙关紧咬、浑身颤抖……这是怎么了？老了吗？这么不禁寒冷了？

屋里没有任何可以取暖的物件，哪怕是烧热水的电热水壶也没有，房子又高又空旷，这是农村房间最大的特点。感觉自己像个年迈的老者，哆嗦着钻进被窝，在1.2米的小床上，浑身佝偻着缩成一团，还是"寒战不已"，大口喘气，仿佛自己刚从冰窟里出来一样，一时间也更对"罗盛教破冰救人"的壮举敬慕不已。

下乡扶贫的豪情壮语、欢送场景的昂扬斗志，这一刻在现实的寒冷面前似乎都起不了作用了，我甚至把脑袋也缩进了被窝，仿佛自己又回到了40多年前的儿时岁月，没有睡衣更没有秋衣秋裤可以挡寒，脱下棉袄棉裤、光身子钻进被窝的感觉再次浮现……

这是我驻村的第一个晚上，虽然山村的寒冷给了我清晰而深刻的印象，但也让我重温亲切的乡村记忆，并开始了我的驻村岁月。

（2020年3月11日于汝州庙湾）

第8夜：老村长家的晚餐

最后的一抹夕阳，穿过起伏的山巅和坡地，把我们镶嵌在晚霞里的身影，拉得老长，与村畔错落有致的杨树林，重叠在一起，渐渐暗淡了下来。

山村在黄昏与夜晚的交界时分，时而喧嚣，时而安静，倦鸟归巢，泥地里玩耍的孩子们，都悄悄回家了，很多的家里虽然说不上"华灯初上"，门前屋内但也渐次亮起了节能灯，小村的温馨情怀、回家的念想，在心里骤然而起。

"到家里喝汤吧！"村主任的话，容不得我思考和商议，虽然有点累、有点想家，有点想回到自己的小窝"偷偷舔舐想家的情感伤口"。"还通知了晚上 7:30 村组干部见面会呢，时间有点紧，别回去自己做饭了！"老主任的解释，也让我无法拒绝。

老主任瘦高的个子，如果不告诉你他染过头发，根本看不出来他已是实际年龄 65 岁上下的老人了，走起路来，我都跟不上。黝黑的脸上，斑驳着紫外线过敏的痕迹，一片一片的，像是皮癣，偶尔是奇痒难忍，医生一再嘱咐他尽可能不晒太阳，可是几天来他总是走在我前面，带着我走村串巷、爬坡过沟，精神气十足。

走进村主任家的院子，突然而起的狗叫声，把我的思绪拉回现实。这是一个略显紧凑的农家院，还没有收拾停当，显得有点杂乱无序。大门里面矗立着一个大水缸，引水管架在空中，显然是从山谷里的水井引过来的。院子进深有七八米，五六米宽。小狗是拴着的，见生人进来，更是叫得起劲。

主屋和厨房近乎连在一起，看上去都是近几年新建的砖混平房，客厅不大，一个取暖煤炉子还没有撤去，上边架着排气筒，占据了正中间的位置。正面中堂墙上贴着"对子"，还有很罕见的毛泽东他老人家的标准画像，不用问，这是个那个时代传承下来的老村干部家庭！炉子旁边放着两把老式椅子、一个茶几，老沙发靠着墙，散乱放着几件孙子们的衣服，屋子显得有点局促。

老主任就是一位舍己为人的"老黄牛"村干部，早年当生产队队长、村委委员时，也就是2003年，为响应林业局和乡政府退耕还林、种植经济林（柿子树）的号召，自己贷款给村民购买树苗，种了430多亩山地柿子林。一年后林地补偿款项下来，还了贷款本金，银行利息却是自己还的。后来还有昧着良心的村民，背后说他的坏话。这样的干部，哪里去找啊！身在福中不知福的老百姓啊！

"坐吧，屋子有点乱。"老主任不好意思地招呼着。其实，这样的场景，我一点也不觉得乱或者贫穷，这就是我年少时老家的模样，反而是很亲切。他一脸老父亲般的慈祥笑容，也总是让我想起已经去世21年、比他年长七八岁的老父亲。

回家了、回家了，心里想着，不觉间已是眼角湿润，我不由得站起身来，望向院子深处。

"吃饭吧，有馍有汤！"老主任招呼我们吃饭，一份炒鸡蛋、一份猪头肉拌菜，满满的盘子，就我们三个人，根本吃不完的。可是，孩子们就是不让上桌，包括他30多岁、还未来得及外出打工的儿子。这就是我们村里人传承几千年的待客之道吧，我小时候也是不让上桌和客人一起吃饭的。

杠子馍是特色，只是有点凉，估计是没有在锅里热一下，也许是新买的；汤是玉米糁煮红薯，虽有点面糊糊的感觉，但口感比较香，不像我们一般在超市买的玉米糁，都是把胚芽挑出来榨油之后的。客人来了，估计是比较丰盛的晚餐，都是荤菜。但用城里人的习惯眼光去看，这村干部的家，也实在是清贫，能称得上是家电的，也就是摆在茶几前小桌子上的一台40多英寸的液晶电视了。

我却吃得津津有味，尤其是30多年未曾吃过的"老家的凉杠子馍"，这也是儿时的味道和记忆，还有红薯玉米糁汤，又甜又香，我一点不剩地喝了一大碗。

从村主任家回来，村里的主路上黑漆漆的，住户家里的灯光透着的光亮，越过层层叠叠的村舍建筑，显得时明时暗，心里也愈发沉重起来，这就是我们改革开放已经40余年的山村啊！乡村振兴的路子啊，还该有多遥远和漫长呢？

这顿晚餐，虽不丰盛，但却吃出了乡愁的味道，也使我再一次陷入深深的思考与当初报名驻村的豪情壮志之中去了……

（2020年3月17日）

第9夜：开在夜晚的村干部会

"芝麻糊哎……"记忆中南方黑芝麻糊电视广告里，温馨的画面、悠长的回声，总是让人想家、勾起乡愁。村主任家的红薯玉米糁汤，也一样勾起了我的乡愁。三四十年后的今天，再一次品尝到儿时的乡村记忆味道。

不事雕琢的乡村街景里，山村夜里偶尔泛起的狗叫声，伴随着穿村而过的车轮声，不时在杨树林间荡漾。门前路面污水随处可见，雨水冲刷的路面，如同耄耋老人脸上的皱纹，纵横交错，牛粪的特殊味道随风飘浮，村里还没有设置一盏路灯。今年是脱贫攻坚、全面建成小康社会的收官之年，也是贯彻推动乡村振兴战略的开局之年，这里的山村却让人感觉似乎滞后于时代的大潮，乡村振兴任重而道远。

三三两两的人影，不停出现在村部门前的广场上，并向村部小院走去，那应该是村民组长们依次来开会了吧。村支书布置通知的开会时间，是晚上7:30，估计人到齐也就8点左右了。我思考着、徘徊着，该以怎样的语境和定位与大家见面呢？

村支书老邢是个转业军人，身板硬朗，儿孙满堂，50多岁的人，却也中气十足："这是咱新来的省派驻村第一书记。徐书记来自河南日报社，今天跟大家见见面。"

7个村民组组长，村支书一一介绍姓名，整体年龄偏大是第一印象，都在50岁以上，有3个60多岁的，最大者68岁了。看着这些父辈般年龄的村干部们，我心里颇不宁静，因为他们本该是颐养天年了，却还在这里奔波、操劳。

按照会议议程，在支部工作安排完毕后，我给大家做了自我介绍，以及近期我在村里调研的感想与村集体经济发展的思路，也许是信息量有点大吧，气氛显得有点沉闷，有人竟然疲态尽显。

这也正好印证了村支书的话，他们太累了，白天大多在外务工干活，整天早出晚归。因为村里要开会，所以还没来得及休息，回家后一吃过饭就来了，坐的时间长了，就犯困了，真的很让人心疼啊！因而，村支书要求他们按时开会，就显得有点不近人情了。

这样的场景，还听什么意见反馈、讨论工作呢？这个会，我实在不忍心再开下去了。他们是一家之长，都是爷爷辈的人了，还在为生计奔波，或扶老携幼，或身挑重担、养家糊口，还作为村民组长参与村里事务管理，哪有那么多精力呢？

其实，今天也是我驻村以来身体最累的一天，数百亩山坡地、半个村子的村内背街道与主要居民户门口，查勘、走访了一个遍，这微信显示的10,000多步数，体能消耗量是在城里平时上下班的若干倍。但我依然异常清醒、兴奋，因为我渐渐吃透了这个山村，虽然原生态，但也商机无限、提升空间很大。

这个会，虽然没有我想象得热烈，但也让我记忆深刻，因为我从他们身上看到了中国几千年的文化传承，虽然忍辱负重，但也坚信未来会更好。

（2020年3月26日）

笔者按： 回顾这两年多的驻村岁月，其实每一次的村干部会，都是开到深夜 11 点多，因为白天开会人到不齐，他们是爷爷、父亲、妻子、母亲，还要干农活、养家糊口、照顾子孙，工资很低也不能照常发放。我每周要开三次会，开了大会开班子会，我所有驻村的晚上，基本上 12 点之前没有休息过，这也就是"住村"的意义所在，不"住"下来，怎么能和干部们、乡亲们沟通驻村工作？

第63夜：这一年我驻村（二）

那一天
我穿过掌声与人群的河
不为泗渡
只为感受这个千年山村的脉搏

那一夜
我在窗前看着月色西沉山坡
不为聆听山林松涛
只为用心涂抹山村晨曦的亮色

那一晨
我漫步山坡
不为丈量山崖的巍峨
只为榆钱槐花走出村郭

那一月
我走窑洞进古院

不为触摸文化尘封的印痕

只为聆听经年累月的哀与乐

那一季

我疏泉水装路灯改旱厕

不为装点自我

只为各家门前多一些靓色

那一季

我垫路基修广场兴学校

不为留下丰碑

只为孩子们走出山村更多

那一月

我卖柿子种香菇建牛舍

不为等待锦旗

只为山村振兴搭上快车

那一日

我顶烈日踏遍荆河

不为寻宝

只为沟域经济再添篝火

那一晚

我醉倒在人群中

不为酒香

只为民生项目早日改变村落

那一夜

我青丝白发煎熬

不为思念家小

只为香菇产业筹资左右捭阖

那一年

我碾碎了日子

不为收割 21 面锦旗

只为装点驻村岁月无限靓色

（2020 年 12 月 30 日）

第65夜：窗花里的冬天

"风绘花千朵，窗含树万杆。"冬天冰凌窗花的记忆，好像只停留在古诗词里，因为小时候在农村，家里没有玻璃窗户，进城以后，屋里也没有那么冷过。

令人意外的是，驻村的第一个冬天小寒时节刚过，第二波寒潮来袭之际，在村里，却让我赶上了冰凌窗花的场景。

虽然昨晚的极寒天气来袭天气预报，给了我充分的思想准备，凌晨醒来，盖两层厚棉被还是感到有点冷，穿着睡衣是无论如何也不敢出被窝的。也许是我为省电关掉了空调、电暖气，导致屋内气温下降的缘故吧，窗子上布满冰凌窗花，因为村里的办公经费实在少得可怜。

黎明之际的窗外，下弦月依然高挂中天，山峦起伏处晨曦初露，透窗花稀疏处，仿佛半个村子悬挂在窗花的纹路里，好一幅美丽的冬景图画，赫然映入眼帘。窗花的下沿，因为水汽大已经冻成厚厚的冰凌，或泼墨如洗，或峰峦叠起，这是我未曾想象过的风景，尤其是在这办公室或卧室的空间里。

山村里的冬天，是美丽的。净空如洗，蓝天白云在村子上空交相辉映，杨树的枝丫如写意的山水画，在湛蓝的天空里矗立着，间或有归雁南飞，如同断线的风筝，没有一丝停留，就直达天际。

早晨的太阳，仿佛带了一层轻纱，阳光的温暖是感受不到的。庆幸的是，没有风，寒气没有了助力，但山里的温度，还是比手机上显示的零下11度更低了些，厕所里的水桶已经冻实了，一点也倒不出水来了。

远在省城的弟弟，网上给我订购的皮衣、皮裤和暖鞋，以及能抗深度极寒的加厚款羽绒服，都派上了用场；选举中意外落选的老支书，一大早带着寒气来了，还是想着村里他未完成的项目与工作，让我心里瞬间暖流四溢，这是这个冬天里，尤其是这样极寒的日子里很难得的温暖。如同这冰凌窗花，虽然室内外极寒，但也给了我难得的美丽风景。

周末就要拉香菇菌棒进大棚了，几个骨干种植户昨晚冒着刺骨寒风，在我的小屋里磋商细节，直到深夜；严寒扑面，而大棚内外的供水管网铺设，今天上午仍在进行着最后的工序，村里的工人们干得热火朝天。几个年轻干部们，也正在筹备养殖专项座谈会，琢磨着明年开春的林地产业项目。

凛冽的寒风浸透着绿意，数九寒冬过后就是春天。今天虽然寒冷，但仍然听到了春天奔走的脚步声声。还是这一群人，还是这个矗立了千百年的山村，不到一年时间，竟然换了个崭新的面孔，也着实让我欣慰。

一束窗花，一片春。这是山村冬天里的一抹靓丽色彩。

人在窗前，虽然冷了点，仍然感到无比欣喜。明年的春天，这里又将是花海一片、繁花似锦，你来吗？我在山里等你、你们……

第71夜：让土特产走出山村

"你们村里的洋槐花，就是比在郑州市场上买的好吃！"春天槐花时节老领导的这句话，在我耳边萦绕了大半年了，也给了我愈来愈多的信心，让村里的土特产尽可能多地走出去。

"庙湾的柿子，非常甜，个头不大，但很好吃！"这是一位集团领导给我们柿子最好的评价，确也如此。我们村的柿子，多是7月黄、8月黄等早熟品种，漫山遍野鳞次栉比，吸纳的是矿泉水，沐浴的是蓝天白云和炽热阳光，纯天然、无污染，自然是甘之如饴。

春节前夕，我们酿造的原汁柿子醋，经过传统生物发酵和洞藏，果味十足，酸甜果香扑鼻，实在是养生佳酿，不少领导与同事都赞不绝口。

这个村，确实是个原生态山村，也是我驻村以来最深刻的感受，体现在两个方面：一是整个发展环境原生态，几乎没有什么基础配套设施；二是自然环境的原生态，种植养殖的几乎所有产品，都是绿色食品。

从春天的榆钱、洋槐花，到秋天的柿子、柴鸡、柴鸡蛋、花生、玉米糁等，每一样土特产，都深受我的报社同事们喜爱。但是，要让这些土特产持续走出山村，仅仅喜爱还是不够的，要形成市场化的产品，要保证品质、规格、包装以及持续供应，还有很多工作要做。

村里的柴鸡、柴鸡蛋很好,但数量却不多;玉米糁、小磨面、粉条很多,但产品需求量有限,同一客户难以短期内重复消费,而且可替代性强;蜂蜜、花椒、核桃很受欢迎,但规模不大。柿子醋,也仅仅不到1000斤。

要让村里的土特产持续走出去,就必须凸显"特产"和"产品"属性,价格、价值相符,带动持续消费。为了规避单一产品数量不足的问题,结合春节消费属性,我策划推出了春节大礼包,每一个产品组合,都有3—4种产品,并先后定下了礼盒商品名称——金鸡报喜、甜蜜生活、养生岁月、丝路花语,每个礼盒均定价100元,以丰富的产品组合赢得消费扶贫的同事们认可!各个单位,也可以根据需求,进行订单式产品礼盒组合,不限数量与种类。

实践证明,这样的产品规划思路,赢得了大量的订单,短短两周时间,累计销售3000多份礼盒,除了集团工会的932份订单外,其他各单位也先后订购了2000多份,分散在30多个单位(部分个人),也足以表明产品规划策略"恰如其分"。

多规格、方便的手提礼盒箱包装设计,以及物流配送的无缝对接,人工环节的近乎零成本运行,产品质优价廉,各环节服务到位,都助推了这次新春大礼包产品的快速成功销售,也让大家对村里的土特产有了更深刻的产品体验。

"村里的土特产很多,但都仅仅是东西,还算不上产品,我们必须赋予它产品属性,形成标准化、可持续供应,并让目标客户随时可以享受产品体验!"这是我最近一段时间以来,经常和村干部们说的话,在产品包装、定价、品质、属性、配送等环节,我们必须按照市场规律办事才行,不能想当然!

所幸的是,我们已经迈出了第一步,村里的产品谋划已经初具形态并小有成效，以后则是规模化、产业化的问题。让土特产走出山村，不再是遥不可及的梦想，但也不是一两个消费扶贫文件就能解决问题的，更重要的是苦练内功、按市场规律办事，策划好产品！

新的春天，又来了，榆钱、洋槐花又要开了，要下订单吗？我给你准时送去……

（2021年2月19日）

第105夜：沁园春·焦桐抒怀

深秋时节，天高云淡，春华秋实，满地金黄，正是收获与耕耘交替的季节。去年春天派驻到全省各地的省派驻村第一书记们，历经600多个日日夜夜砥砺奋进，何尝不是又一个收获的秋天？

去年的10月中旬，河南日报报业集团机关党委把集团各支部书记和驻村干部们的学习课堂，放到焦裕禄足迹遍及的兰考大地，触摸焦桐的前世今生，感悟一代英灵的崇高精神，每一个细节，都震撼着追求奋进的心弦。

时光经年，我们这一批省派第一书记，迎接"后评估"和衔接乡村振兴的学习培训，又一次聚集在这里，同窗研读追思英烈，我有幸再访焦桐。所不同的是，包括我本人在内的我们这一个个第一书记们，都已经历了"战沙丘""植梧桐"的磨砺，惠民生、兴产业，巩固脱贫攻坚成果，践行乡村振兴战略，都或多或少结下了硕果。

去年的今天，庙湾村的香菇大棚才刚刚埋下桩基，如今已经生产销售近30万斤，百吨供水系统、300立方米周转冷库建成投入使用；去年的今天，村卫生室、报业文化广场还停留在纸面上，如今已经投入使用。其实，对于我们这些省直的第一书记们而言，变化是常态,不变的是发展速度与方向。

抚今追昔,对比当年的焦裕禄以及那些在基层奋战沙丘的干部们,我们幸福得又何止千万倍?那时候,他最大的信念是让老百姓有饭吃,我们则不仅仅是"两不愁三保障",更重要的是兴业富民强村。

焦桐根植大地,叶茂蓝天,从一棵幼苗长成参天大树,见证着一个精神巨人家国情怀与富民梦想的实现与变迁。而我们,其实也正是站在一代代无数个焦裕禄式干部群体肩膀上的,一个梦想一张蓝图绘到底,进而成就今天史诗般的恢弘乐章。放眼全国,又有多少个焦裕禄式的干部,在驻村工作的第一线坚守、奋斗乃至牺牲自我?一个焦裕禄倒下了,千千万万个焦裕禄站起来了,又何愁我们的乡村振兴不早日成为现实?

一个人,改变的是一个村庄;一群人,改变的是农村、是祖国的三农大地,诚如是,则祖国的"三步走"战略,必将早日成为现实。

金秋时节,风和日丽,瞻仰焦裕禄陵园,又见广场焦桐,聆听焦桐的故事,在低沉的情怀里,诵读习近平总书记的《念奴娇·追思焦裕禄》,缅怀英烈,仿佛那个伟岸的身影就矗立在焦桐树下,禁不住潸然泪下、情思泉涌——

沁园春·焦桐抒怀

傲立寒秋,雁飞长空,浩然苍穹。

看大河奔流,沧海桑田;沃野千顷,焦林尽染。

楼宇林立,璀璨华灯,玉食锦衣奔小康。

忆斯人,问兰考大地,谁植梧桐?

血雨生死沙丘,瞻故园壮怀英雄气。

值同学后辈，情怀家国；振兴乡村，奔赴八方。

访民问苦，富村兴业，胜似当年战沙丘。

望寰宇，看焦桐遍野，再造神州！

（2021年10月19日）

第106夜："兰考之问"夜话

"意莫高于爱民，行莫厚于乐民。"焦裕禄用一个共产党员的实际行动，践行了2000多年前古代先贤晏子的"民本"思想。"他的心里只有群众，唯独没有他自己"，焦裕禄精神激励着一代代共产党人与优秀干部砥砺奋斗。

"为什么守着焦裕禄精神这笔财富，50年了兰考经济仍旧比较落后，10万人还没有脱贫？"精神如此富有的兰考县，为什么戴着一顶"国家级贫困县"的帽子？在习近平总书记亲切关怀下的兰考大地，这个问号也成了2014年以来著名的"兰考之问"，并渐渐响彻全国。

党的十八大以来，脱贫攻坚进入深水区，精准扶贫，产业带动，智志双扶，从吃饱饭、穿好衣，到"两不愁三保障"，从好起来到富起来、强起来，中国的农村开始走上"土地联产承包"以来最快速的发展大道上。政策驱动、干部带动、产业引领、党建文化助力，五级书记"抓扶贫、抓乡村振兴"，中国的脱贫攻坚取得全面胜利，小康社会建设赢得累累硕果。毫无疑问，作为国家级贫困县的兰考，就是这一世界级攻坚脱贫战役的缩影与代表，兰考率先脱贫并全面走进乡村振兴新时代。

今天的兰考，这里沙退人进、绿树成荫、沃野千顷，这里农业大棚鳞次栉比、车水马龙，这里厂房林立、机器轰鸣，这里华灯璀璨、商业云集,这里成了全国学习的典范,考察学习团队应接不暇,这里的英灵故园、焦桐广场人群攒动、表情虔诚,焦裕禄精神再次在全国大地成为新时代共产党人的精神谱系。

近年,兰考广大干部群众,尤其是深度贯彻实施具体工作的驻村干部们,在焦裕禄精神的宝贵财富里,找到了攻坚克难的法宝:打破贫困文化的藩篱,以党建为抓手,创新发展思路,发展产业,引进人才、技术和产业项目,在资源禀赋薄弱的豫东平原大地,探索出了一条坚实的脱贫攻坚、乡村振兴之路。

尤其是产业发展上,张庄村的香菇、手工艺品、小磨油、手工布鞋、民宿,代庄村的蜜薯、鱼塘、菊花、葡萄,杜寨村的蜜瓜产业园,仪封乡的五农好企业集团,就是这一群体的集中代表。规模化农业种植项目,以及传统土特产与工艺品系统开发,实现了土地资源规模化、科学化开发,把劳动力从土地上解放出来,通过第一、第二、第三产业融合发展,实现了家门口就业,带动老百姓彻底改变传统经济发展方式,让老百姓的生活富起来、好起来。

更可圈可点的是,代庄村党支部力排众议,动员有志青年返乡创业,并把党支部书记的位置给了一位返乡的年轻大学生代玉建,以党建为抓手、产业为导向、人才与技术引进为手段,4—5年时间,村里的面貌发生了天翻地覆的变化。

回到前文的话题上,可以说七年前的"兰考之问",如今有了答案,其实还是"焦裕禄精神的内核"没有得到很好贯彻,在很多方面做得还不够。只有真正做到"亲民爱民、艰苦奋斗、科学求实、迎难而上、无私奉献",在人民迫切需求上下功夫,创新开拓,改革旧的思维方式、发展方式,着眼未来,挖掘资源潜力,我们才能够在发展中解决问题,进而形成良性循环。驻村帮扶,只是一个推进"思维与发展"变革的抓手与窗口，真正推动兰考可持续发展的还是焦裕禄精神指引下的内生动力。

笔者所在的汝州市庙湾村，作为2020年度河南省首批16个省定集体经济空壳村之一，其实在某种意义上也和兰考一样，也存在着类似的"兰考之问"。如何把问号拉直、找到答案？结合一年多来的驻村工作实践和对兰考的深入了解，我认为其核心仍然是"焦裕禄精神的内核"没有得到很好贯彻。以往的庙湾村，村里的干部党性缺失，不作为、乱作为，本位与宗族思想根深蒂固，群众需求得不到满足，几十年以来没有发展、没有创新、没有改变。

在庙湾村驻村这一年多时间里，还是这一批干部、这些乡亲们，怎么就能够在一年多时间里推进落实20多个民生、产业与党建文化项目？不仅仅是外部经济资源的植入与引进，更重要的还是思想意识的潜移默化和群众利益至上的工作方法，把民心聚拢到一起了。驻村干部深入群众创新干、带头干，村里干部群众上下一心，才能有效推动各项工作。虽然这个村还无法和兰考的张庄、代庄等示范村相提并论，但在方法与路径上是一致的。

"他的心里只有群众，唯独没有他自己"，毫无疑问，焦裕禄思想至今仍然是党员干部一座伟岸的精神丰碑，这不仅仅是政治站位，更是工作上的方法论，在中国大地"放之四海而皆准"，我们的驻村工作更必须高度坚持。

夜深灯熄，唯有窗外的焦桐，在秋寒里随微风摇曳，仿佛在为新时代的兰考变迁鼓与呼；而满负荷学习交流的第一书记们，也许此刻正在梦乡里，与那个伟岸的英灵对话，或暮雪朝霜、毋改英雄气，或绿我涓滴、会它千顷澄碧。

（2021年10月20日）

第116夜：这一年我驻村

岁月总是在不经意间悄然流逝，一如村里山涧的落叶，从一抹碧绿，到一片金黄，总是恍如晨夕之间的变幻。

早上醒来，窗外还是漆黑一片，驻村第二个年头的日历，却突然发现已是最后一页，霎时颇有些辞旧迎新的味道，忍不住起身坐在窗前，开始打开了记忆的窗口……

回眸身后日子，这一年的项目近乎是上一年的两倍，21个党建文化、民生配套、农田水利、产业发展项目，引进和自筹各类资金、设备、生活物资累计超过1000万元，目前已经落地资金超过600万元，经济产业项目直接综合收入接近180万元，村集体实现可支配净收入超过30万元，村里的桥梁道路基础配套完成率已经接近90%。虽然村里当下负债累累，但都是村干部们自己无偿贷款支持的，是为了发展产业、是为了新的年度进行投入，而且每一次都让我怦然心动，我深深地知道，那是无法用金钱衡量的信任。

这一年，也经历过洪水漫村、村部广场一片汪洋，经历过桥梁道路反复被冲毁、百年老屋窑洞垮塌，经历过疫情，经历过液化气爆炸双腿烧伤，有过笑、有过伤、有过泪、有过痛，春夏寒暑，绿叶沧桑成一片金黄，生命年轮斑驳成屋檐下的片片蛛网。

这也许，就是生命的过程吧，从来没有天上掉下来的馅饼。每一个成功的花朵，人们总是惊艳于它的艳丽，却可能会忽略它曾经浸透了太多奋斗的血雨。

花开花落，春华秋实，变化的是季节，不变的是"变化"，庙湾村的变，也是从内到外的呈现，也许有人会习惯于它的变化，但于我而言，却有着更多的感触，因为每一个变化都是我、我们——

共同谋划、挥汗如雨、携手前行的结果。

　　思绪万千,情怀激荡,太多的情感与感怀,太多的文字,有时却又恰恰难以表达,此时此刻,我却忍不住再一次,用去年此刻的"诗歌体"驻村日记来描述和回顾——

这一年我驻村

那一夜
冰凌悄然爬上窗花的肩头
不为让我看见三十年未曾谋面的容颜
只为让电表走得更慢一些

那一天
疫情中逆行
不为液化气爆炸中以身试险
只为距离封村乡亲们更近一些

那一月
洪水两三次冲毁河道桥梁
不为张扬沉默已久的恣意肆虐
只为检验村干部们抗灾重建的信念

这一年
揉碎了无数星光
不为欣赏凌晨之际的山村夜晚
只为村里的水泥路更宽更长

那一刻

泪水匍匐在指尖

不为丈量山风的温度

只为河道桥梁架起了荆河千年的希望

那一天

骄阳蔓延到月儿爬上山岗

不为留恋山村夏日清爽

只为百米深井首次钻进山乡

那一月

车轮无数次碾过草原山岗

不为畅览山河锦绣

只为育肥羊早日走进山乡

这一年

村干部们汗珠子泡月亮

不为小家安康

只为千余万资金项目落地生长

这一刻

辞旧迎新，山岗上彩霞满天

触摸冰冷键盘的我的指尖我的手

却正写下滚烫文字和新年希望

（2021年12月31日晨曦初上／庙湾村）

省派驻村第一书记的一千零一夜（摘选）

徐云峰在省派驻村书记座谈会上进行主题演讲

第126夜：车轮上的驻村岁月

"一日一程一风尘，一山一沟一印痕。"今天，是驻村报到满两年的日子。两年来，车子跑了7万多公里，车轮上的岁月，记载着驻村两年的每一个历程，或艰辛、或苦楚、或泪眼蒙眬，或释然、或欣慰、或笑颜灿烂，省派驻村书记的一千零一夜"日记"，也见证着这730个日日夜夜的更替变换。

南到江苏南通常熟村里人务工集聚地，北到内蒙古乌兰察布羊群牧场，东到山东利津盐窝镇前邢村育肥羊场，从香菇、羊肚菌、太空桑种植学习，到柴鸡养殖、乌鸡养殖、土家肥处理设备、烘干设备等产业项目考察，周边的县市区都跑遍了，或者在村里爬山越岭筹划项目、查勘场地，或者周末返程经常满车的土特产"搭便车带货"，私家车成了不折不扣的公车！每一段旅程，都有数不尽的峥嵘与艰辛。

其实，这都是我们省直外派驻村书记的常态。我们这一批245位省派第一书记，最艰难的是包括我们村在内、全省第一批20个集体经济空白、基层党组织软弱涣散村的驻村第一书记！

时光如白驹过隙，一切仿佛还在昨天。我依稀记得，前年的今天报到时的场景：报业集团送行领导返程时说的那句话，一直是我记忆最深处的泪点——"云峰，跟我们车回去吧，明天开车再把你的私人物品带过来！"那一刻，我忍不住泪眼蒙眬，明天开始我将告别省城的车水马龙，在这个远比我老家（国家级贫困县新蔡县）农村落后10—15年的偏远山村，工作、生活2—3年，而不再是我记忆中的"周末山村体验游场景"！

那一天，送迎领导们的关心呵护慰问、乡亲们充满期盼与好奇的目光，历历在目；那一天，村部广场的泥泞与空旷、附近居民区的旱厕与污水遍地，记忆尤深；那一天，庙湾村还是全市闻名的"信访村"，一个村的信访量，占全镇27个村的40%！

那一天的庙湾村，何止是"九无之村"？12个方面，都是空白：村里还没有路灯、没有自来水、没有"官方水井"、没有学校、没有卫生室、没有文化广场、没有健身器材、没有文化舞台、没有产业、没有生产道路硬化，村集体没有收入、负债累累，5个村干部上任不到2年，为推进村里的工作，人均累计垫付1万多元！

然而，两年过去了，庙湾村发生了天翻地覆的变化，似乎"不变"已经成为历史，"变"则是常态——

"信访村"摘帽了,不公平的事没有了,弱势群体的关怀更有针对性了,邻里纠纷村里的调解成效变大了,包括土地资源管理、农田水利管理、负面清单制度等,一系列乡村治理制度体系开始落地生根,一切都已经"有章可循、有规可依",乡村治理告别了"威权与口述"模式!

香菇项目、育肥羊项目成功落地,乌鸡养殖、太空桑种植项目正在推进,两年销售土特产累计15,000多件,村集体销售收入110多万元;香菇大棚项目、矿山入驻项目,累计为村集体带来可支配收入和物资支持60多万元,带动村里100多人家门口短期务工就业,集体经济空白村的帽子,不到半年全部摘掉了!

两年时间,村里累计落地或推进40多个各类项目和民生工作,包括党建文化、科教文卫、民生产业、农田水利、基础设施等等,累计落地资金1000万元,居民生活和农业生产配套设施,已经接近完成了90%,"九无之村"变成了幸福村、干群关系和谐村!

还是这个村,还是这些乡亲们和党员干部们,最大的变化到底在哪里?

一是党员干部作风,从常为私到多为民;二是民心,由涣散到凝心聚力;三是发展思路,从无到有;四是驻村工作队的同志们,做了教练员和运动员、做了表率,带动了全村"一切往前看",弥合了分歧,确定了发展方向,带来了项目与产业,也带来了希望与信心!

昨晚的周一例行工作会上,布置了雨污水管网扫尾工程、育肥羊场项目、乌鸡养殖和太空桑种植项目等工作,干部们群情激昂,会议结束时已经临近12点了,早上6点又习惯性睡醒了,新的一天开始了!两年来,每一个在村里的日子,日平均工作时间大都在 16 个小时左右，晚睡早起都是驻村的常态与标配！

"忍见镜前悲白发，来时青丝今如雪。"昨天晚上村干部转发的会议现场照片，首次染发三个月后的今天，两鬓的斑白再次显露出来，心底忍不住生发出几丝悲凉！人生刚过半百，两年来艰苦的驻村日子，伴随岁月风霜洗礼，不知不觉间华发早生，唯一的快乐，就是乡亲们的温馨关怀和笑脸，以及每一项工作顺利完成时的瞬间释怀。

累并快乐着，也许是一种自嘲，但却是常态，完成每一项工作的成就感，总是从内心深处油然而生，因为我总会觉得自己又做了一件惠及乡亲们的善事！只是青丝到白头、车子里程愈来愈多，但每一段刻骨铭心的旅程上，也都凝聚着此生难忘的驻村岁月……

（2022 年 3 月 8 日）

驻村工作日记

安阳市安阳县崔桥镇郭宋村驻村第一书记　路景龙

2017年3月27日　星期一

今天是我驻村生活的第一天。上午,参加了"两委"干部座谈会,初步了解了村情户情;下午,由包村干部荣海庆陪同,对12户贫困户进行了走访,认了认门,先介绍了自己,简单了解了一下情况。为加快熟悉情况,我在笔记本上专门画了12户贫困户家庭住址的路线简图,便于接下来几天自己深入走访时快速找到贫困户家门。

村情概况:郭宋村是省定贫困村,全村230户998人,耕地1050亩,村民小组3个,党员31名,"两委"干部5人,支委3人,村委3人,支书主任一肩挑。建档立卡贫困户12户40人,因病致贫7户,因残致贫3户,因学致贫1户,缺技术致贫1户。

2017年5月6日　星期六

前几天到高书英家走访时,听她说已经把粮食补贴钱取了,我很高兴。我还听村干部说,每当有领导走访高书英家时,她总是提粮食直补款的事,夸第一书记帮了她的大忙。这是我为贫困户办的第一件事,仅仅一件小事,就让群众念念不忘,我感到很欣慰。同时也让我坚信,要做群众的贴心人,再小的事也要当作大事去办。

记得驻村的第三天，包村干部荣海庆领着我去贫困户高书英家走访。她家在村室西边南北大街南段路东，离村室不远，破旧的门楼是没用水泥粉刷过的红砖砌成的，周围仅此一家，非常显眼。推开两扇虚掩着的老旧的铁皮门，映入眼帘的是满院的瓶瓶罐罐、废旧电线、塑料、木块等物件。院子中间，一条仅有半米宽的路通向正房东屋；整个院子南部是个堆满了废品杂物的石棉瓦棚子。放眼小院，比包村干部先前描述的更杂乱、更凄凉。谈话中，我告诉她我老家就在邻村，同她病故的老伴同宗同姓且辈分相同。慢慢地，乡情暖化了她的顾虑，她打开了话匣子。高书英没有怨天尤人，只是觉得自己命苦：儿子患有精神病，从不认真经营庄稼地，只知道往家里捡废品；雪上加霜的是老伴去年病故，顶梁柱没了，生活更加困难。

老乡的悲伤无助打动了我，于是，我问她还有什么需要帮忙的。她张口犹豫了一下，还是说了。她家原来粮补册上的名字是老伴的，册上有2016年度的300多元粮食直补款还没来得及取，老伴就死了。今年3月份她到镇上信用社去取钱，工作人员说手续不全，不能取。高书英今年69岁了，她不知道怎样办理取款手续。我把这事记在本子上，当作大事去办。经询问，取款手续中有一项是进行司法公证，公证费用几百元，按正常手续办理，这个钱不值当去取。但这钱是她应该得的，钱虽然不多，但对于像她这样的贫困户来说，300多元钱能花一阵子的，我一定要想办法帮她取钱。我向镇党委书记汇报了此事，镇领导安排主管副职具体协调信用社办理。我每天打电话催问进展情况，并帮着提供证明材料。在大家的帮助下，5月初，高书英取到了350元粮食直补款。

2017年5月13日　星期六

今天我很感动。村内惠农超市的货架终于协调好了，为了省去100多元的运输费用，大早上，村扶贫专干纪勇同村主任蒲有祥开着电动三轮车，来回奔波30多公里，到安阳市区去拉货架，将近响午才回来。为不耽搁村卫生室建设进程，他俩顾不上休息，又开着电动三轮车到镇上门市去拉物资，回来后，午饭也顾不得吃，先把料卸完后，累得浑身湿透，满身脏灰。我能同这样敬业的干部一起参与脱贫攻坚，感到劲头十足，相信我们郭宋村一定能如期脱贫。

2017年6月11日　星期日

本周又办了一件小事，协调镇、县残联，联系专家到村，为贫困户路瑞清、陈玉芹两人进行了残疾鉴定，办理了残疾证，两人每月能领取60元的生活补助。虽然领的钱不多，但通过办证，能让他们享受到国家政策，能让他们感受到党和政府的关爱和温暖，这也是一种好的效果。

我的能力有限，但我愿意用一点一滴的爱心去滋润这些弱势群体。

2017年6月23日　星期五

看到今天《安阳晚报》第6版对郭宋村扶贫工作的报道，我很欣慰，觉得自己3个月来的驻村工作没有白干，特别是4月份以来一直协调解决的贫困户纪雪峰门前出路问题，在派驻单位的大力支持下，得到圆满解决。

4月初，贫困户纪雪峰反映门前出路问题，由于种种原因，虽然村里有规划,但因为涉及村中五六户居民,协调困难,纪雪峰家门前的路迟迟无法拓宽,一条两米宽的小路走了十多年。在信访局包户干部、副局长段振兴同志两个多月的积极协调下,经与村民多次沟通达成协议后,由县信访局协调资金帮助村里出资把地买下,6月18日,将纪雪峰门前南北出路由2米拆迁拓宽为4米宽,这个15年没有解决的问题得到了妥善解决,贫困户纪雪峰非常满意。

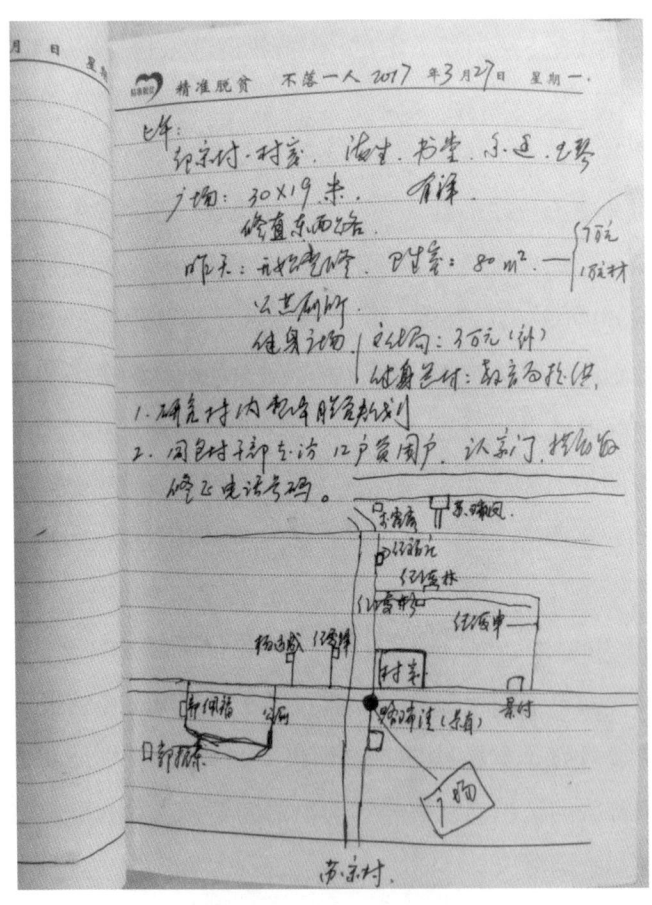

路景龙入村第一天的驻村记录

2017年6月27日　星期二

驻村整整三个月了，总结一下我的扶贫工作，是从为群众办理小事开始的，小事累加起来，便构成了我的酸酸甜甜的扶贫生活。三个月时间，我对扶贫工作有了新认识。有人认为扶贫生活枯燥、乏味甚至于无聊，然而，这三个月的扶贫经历告诉我，在扶贫工作中，即便做不出什么惊天动地的大事，只要把贫困户当家人，把他们的事当成自家的事，小事也去用心做，那么赠人玫瑰、手留余香，那种油然而生的幸福感也是令人难忘的。

2017年6月30日　星期五

截止到今天，纪福庆、纪海彬等5户贫困户的光伏板终于全部安装并网发电了。从5月初开始做工作，至现在，近两个月时间，我坚持做说服教育工作，始终没有放弃，取得成功。这件事也让我明白，做群众工作，要对他们有耐心，只要你真情实意为他们着想，一定会得到他们的支持，赢得他们的信任。想想安装光伏板这件事，还真是费了事。

发展光伏产业，是安阳县增加贫困户收入的重大举措。为推进这项工作，增加贫困户收入，我采取了各个击破、慢工出细活的办法，下足绣花功夫，首先从纪福庆身上打开突破口。他目前最需要救助，但安装光伏板需要占用他哥哥的房顶。在向纪福庆说明情况并征得他同意后，我便和支书共同做他哥哥和嫂子的工作。我们晓之以理、动之以情，帮他们算好三笔账：算好政策账，让他们知道安装光伏板是国家给贫困户的优惠政策，机会难得；算好经济账，安装2套光伏板年增收1000元，可用于补贴纪福庆医药费用；算好感情账，让他们明白这是在帮他兄弟增收，体现了兄弟之间的亲情。在耐心的劝导下，纪福庆的哥、嫂同意了安装光伏板。光伏材料如期运来，施工队顺利施工，焊接铁架、安装光伏板、打石墩、拉线固定，就在接线安装电表时，纪福庆的嫂子找理由阻碍施工，说没按她的要求安装到位，固定拉线影响她晒粮食，要求施工队改变安装位置，否则不能接线安表。鉴于他嫂子一开始就不太情愿安装，我和支书担心出现前功尽弃的问题，便迅速做纪福庆嫂子的思想工作，同意按她说的方案改变位置，然后做施工队和光伏公司的工作。经过不懈努力，双方终于达成一致意见。虽然费了好大劲，但施工队接了线，安装了电表，光伏并网发了电，纪福庆有了每年1000元的收入，我觉得很值。我乘胜追击，又陆续做通了纪海彬、田海林、苏瑞凤、郭振东等4户的工作，每户安装光伏板2套，户年增收1000元。

对纪福庆等5户来说，这是一笔不小的收获。我常想，若还有这样的惠民政策，只要能增加群众收入，我会毫不犹豫、苦口婆心去做群众的工作，只要下足功夫，相信群众会理解、想通和支持的。

2017年7月3日　星期一

今天，我给贫困户纪福庆筹集了爱心捐款500元，虽然不多，但我觉得很有意义。

在我所驻的郭宋村12户贫困户中，最困难的是纪福庆。他今年42岁，老婆、女儿均是智障人员。他4年前查出患有尿毒症，现在每周要做两次或三次的透析治疗，虽然有大病保险、门诊慢性病报销以及姊妹们的帮助，但每年仍须自费1万多元。我很同情这位同龄人，想方设法去帮他。单位捐物，第一个想到的是给他；上级部门献爱心，优先给他报名接受捐赠。

我把纪福庆的情况说给爱人听，我爱人说要帮帮他，我不以为然，她一个教师能出什么力。几天后，我爱人拿着一叠钱，大多是一元、两元、五元的零钱。她说把纪福庆的病情讲给她的学生听后，同学们很感动同情，自觉发起了捐赠活动，81名学生捐了200多元，自己拿出200多元，共500元，让我把钱捎给纪福庆。今天，我在村委会会议室把钱交给了纪福庆，他哭了，一直说着感谢的话，还给同学们写了一封感谢信。

这件事让我懂得，我们每一名驻村干部，都要对群众有爱心，要把他们的困难当作家人的事去解决，众人拾柴火焰高，大家都伸出援助之手，就能解决困难群众的实际问题。

2017年7月16日　星期日

想想前天发生的事，真令我难忘。本来为期两个多月的脱贫攻坚整改工作任务圆满完成，应该放松一下，但面对繁重的项目建设任务，全体参战人员没有停下脚步，迅速投入道路建设项目中。那天又是一个大热天，日光如蒸笼般熏烤着大地，地里的玉米苗饥渴着扭着卷。在村西头学校附近的路基平整现场，村扶贫专干纪勇同吴会计组织机械平整地基，从早上六点半开始到下午五点多，除去午饭时间，煎熬了十个多小时，路基平整基本结束。此时，村健身广场器材安装即将完毕，因为担心小孩儿弄坏刚刚装好的健身器材，村支书路景山通知纪勇到广场去看护健身器材。当纪勇骑着电动车走到新平整地基与老水泥路接合处时，因电动车转把在太阳照射下受热变得松动，就在上坡的一瞬间，转把脱落，加上他的腿脚不利索，身体失去平衡，刚好砸到硬化道路时用的铁板上。在群众的帮助下，纪勇拖着身子回到家，也没给其他村干部说一声，就让他弟弟用三轮车带着他去县中医院做检查。在去医院的路上刚好碰到我，我坚持陪他到医院去做了检查。检查结果显示，他的腰部有轻微骨折，需要马上住院治疗。纪勇担心花钱，不愿意住院。我和他弟弟苦口婆心劝说他，说服他同意住院，我趁热打铁，赶紧自己刷卡交了1000元钱住院费，帮他办理了住院手续，防止他变卦。

郭宋村扶贫专干纪勇，小名叫孬的，50多岁，左腿有残疾，妻子做过乳腺癌手术，花去八九万元，有一个儿子，两个孙子。今年4月份，孬的被聘为村扶贫专干，成为脱贫攻坚大军中的普通一员。孬的虽然在劳力上、钱物上不能帮村民什么大忙，但他当过民办教师，有扎实的文化基础；在吹唱班待过，有较强的文艺组织能力；善于交际，能同群众打成一片，接地气。他工作热情高，想为群众办点事儿，有多大力使多大劲，能尽心尽职干好扶贫专干本职工作。孬的三个多月来的工作可圈可点，受到"两委"干部和全体村民的高度赞誉，大家都夸他"孬的不孬，扶贫干得好"。

想想这样负责的好干部，我怎能让他受委屈不住院呢？

2017年9月27日　星期三

今天驻村整整半年了。其间，为改善村内基础设施和人居环境做了一些实事。梳理一下，主要是：

一、改善村居环境。争取资金200多万元，硬化大路8条、胡同48个，总长3937米；硬化路肩12,600多米；铺设路沿石2326米；新建卫生室、文体广场和公共厕所；喷涂墙面2万多平方米。全村街道硬化率100%，村容村貌得到全面提升。

二、实施电网改造工程。争取资金60多万元，实施电网改造工程，新建1个台区，总长1290米，惠及农户89户。

三、改善教学条件。争取资金230余万元，新建教学楼两层8个教室，方便3个村小学生上学。

四、丰富群众生活。改造文化大舞台，积极协调县教体局，为健身广场配备健身器材，成立了50人组成的郭宋村战鼓队，充实了村集体图书室藏书。

几点体会：

一是脱贫攻坚是民心工程、德政工程，不仅要算好建档立卡贫困户的脱贫账，还要算好全体村民的共享账，要让所有群众都有获得感、幸福感。要理好扶贫与扶智、扶贫与扶弱、扶点与扶面的关系。既注重物质生活的改善，又注重文化生活的提升；既做好对贫困户的帮扶，又做好对弱势群体的关爱。

二是要坚持民本思想和公心，遵循程序，一切从群众利益出发，维护大多数群众的利益。无论是实施整村推进项目、硬化街道和路肩、铺设路沿石，还是村容村貌整治、修整残墙断壁、墙面喷涂、建设公共厕所，都要严格运用"四议两公开"工作法，实行民主管理、民主监督，公开项目、公开结果，让群众明白、还干部清白。由于坚持公心，不偏不护，我村在实施"六改一增"过程中没有出现任何问题，所有贫困户认为"六改一增"改出了公平，改出了公正，改出了和谐。

三是驻村要有恒心，要把赢得民心作为检验扶贫成效的标尺。在贫困村担任第一书记，更要树立扎根基层的恒心，只有坚持下来、善始善终，才能巩固扶贫成效，树好形象，赢得群众拥护。半年来，驻村工作取得一定成效，郭宋村代表安阳县接受了省第三方评估，取得良好成绩。这已经成为过去式，接下来的任务更艰巨。既然当了扶贫干部,就要沉到村,让群众看到你时刻在行动,让贫困户看到你时刻在同他们并肩作战。扶贫干部不是来镀金的,不是来完成任务的,不是来走过场的,而是来为群众办实事的。唯有这样,才能避免形式主义,才能得到群众的拥护和支持。组织派我驻村,我的一言一行都代表着组织的形象。我肩上扛的是组织的信任、群众的期盼。我会坚持我的初衷,不忘初心,一步一个脚印走实脱贫攻坚路,以务实的作风、良好的形象演绎好我的扶贫生活,抒写好我的扶贫故事。

西酒寺村的小康日记

鹤壁市山城区石林镇西酒寺村驻村第一书记　郭纪伟

2015年9月7日　开始驻村

我是一名退伍军人，3年军旅生活的历练，造就了不畏艰难、百折不挠的顽强意志。我要让这个小村庄发生翻天覆地的变化，村容村貌改变，产业发展，以军人特有的坚强和奉献精神带领乡亲们圆脱贫致富梦。

2016年6月6日　我自豪，我曾经是一名军人

曾经参军让我倍感自豪，部队的锤炼是我一生的财富。它让我学会不怕苦、严谨和乐于奉献。这些年，部队的纪律我一直牢记于心。和许多男孩儿一样，儿时的我很崇拜军人。1996年，18岁中专毕业后，本可以选择一份安稳的工作，但我毅然选择了向往已久的"迷彩绿"。连队在广西百色，那是山区，条件非常艰苦，当时还为此兴奋了好几天，因为我参军入伍的初衷就是到偏远、艰苦的山区锤炼自己，为国家作贡献。我当时所在的部队负责当地水电站的导流洞建设，用炸药将山体炸出山洞，我们负责用钢筋和水泥将山洞浇筑固定好。刚炸好的山洞容易掉落石块，但全连战士不怕危险，为的是工程早日结束，造福当地百姓。3年的军旅生涯，无数

次进入危险重重的山洞，多次被钢筋、钢钉扎伤，我用"能吃苦、能战斗、能奉献"的军人情怀完成了多次任务。我的付出换来了优秀士兵、个人嘉奖等荣誉。我的衣柜中藏着一件宝贝，那是退伍时穿的军装。虽然离开部队已20年，我还会经常拿出那件军装，戴上军帽，对着镜子检验自己行军礼是否合格。刚从部队回来那几年，我经常穿着军装，后来就舍不得穿了，把它放在柜子里珍藏了起来。如果再给我一次机会，我想再当一次兵。为此，我在西酒寺村经常鼓励村里的年轻人参军入伍，并经常和村里的退转军人探讨村务。

2017年5月10日　发展产业

我了解到我市一家企业要在鹤鸣湖周边选一个基地建造奇异果生态园，得到消息后第一时间和对方接洽。为了能为村里引来项目，我仔细研究了西酒寺村的土质、气候、环境条件，并形成文字，带着西酒寺村的地形图多次和对方协商。现在，我成功将该项目引进到西酒寺村。值得一提的是，如今的昇华果树种植农民专业合作社项目占地40亩，吸纳村内20名贫困人口实现就业，每年还为村集体增收6.8万元。

现在的扶贫政策好，我们鼓励贫困户创业，把"输血"扶贫变成"造血"扶贫才是贫困户脱贫之道，我们现在就是让每个贫困户中至少有一人有工作。

2018年11月30日　驻村感悟

驻村初期，为了解群众所需所盼走街串巷入户走访，经过调查发现西酒寺村存在三个问题：一是西酒寺村属于贫困村，基础设施非常落后；二是耕地较少，人均不足1亩，发展大农业土地资源不足；三是村集体经济薄弱，村集体土地、坑塘、林地全部由群众耕种、占用，多年没有上交承包费。

情况摸清楚后，我就和村"两委"一起研究工作思路，并向单位汇报争取最大支持，经过深思熟虑决定从三个方面着手全面打开工作：一是以项目为抓手，借助脱贫攻坚机遇和单位优势，谋划项目、争取资金，彻底改变贫困村现状；二是利用紧邻鹤鸣湖、红色石林景区优势和村内库区、坑塘、林地等自然资源发展乡村旅游、特色种植和特色养殖，用有限的资源做大文章；三是逐步收回集体土地、坑塘、林地，进行招商引资或发展村集体项目，盘活集体资产，壮大村集体经济。

谋定思路而后动。我急着要做的第一件事就是修路，记得驻村第一天给我印象最深的是村道年久失修破旧不堪，车开过去灰土飞扬，下雨后都是泥坑，生产道路没有一条硬化路，全部是大坑摞小坑的泥水路，当年还发生过农用车翻车情况，严重影响了村里的经济发展，当时就暗下决心要把改善基础设施排到第一位。修的第一条路就是生产道路，我称作"民心路"。2015年10月，我得知农业局部分沉淀资金要被省发改委收回，我就和单位领导汇报想争取这部分资金，我和单位领导打好请示，马不停蹄地跑到市发改委争取资金，在市发改委的帮助下又向省发改委专门就此事打了请示，很快就争取到了32.7万元，于2016年3月修建了一条1.5公里长的生产道路，彻底解决了群众的通行问题，顺了民心，得到了群众的称赞，在当时是区派所有第一书记中第一个争取到资金的驻村书记。我修的第二条路是村内主街道路，称之为"幸福路"，借助水库移民村政策，积极争取到移民后期扶持资金47万元。我在争取项目资金初期就谋划好要修一条高标准街道，项目涵盖了6米宽道路，双侧 2 米宽下水道，双侧 2 米宽绿化花池，修下水道是为了街道排水和灌溉两用。2017 年修建这条路可是费了很大劲，当时修路与我争取的电网改造和自来水入村三个项目同场地、同时间开工，当时是夏天需要协调群众饮水、入户改管、刨树、挪老电线杆、挖路面各项事宜，可以说是"水陆空"三个项目同时动工，三个项目用时 2 个月完工，而我瘦了足足 10 斤，项目建成后解决了群众出行、生产生活用电、饮水安全等一系列问题，实现了村容村貌与群众幸福指数双提升。我修的第三条路，应该说是"致富路"，这条路为村集体经济发展、产业发展提供了决定性的作用。为盘活沿湖土地，2017 年 10 月争取移民后期扶持资金 25 万元修建村庄连接鹤鸣湖道路，方便了到鹤鸣湖的车辆通行。栽下梧桐树引来金凤凰，路修好后，今年初听说游客想在沿湖附近投资建设特色种植项目，我积极和投资方对接，利用现有的交通优势、村集体土地优势

郭纪伟到昇华奇异果蔬生态园了解"南果北种"产业生产状况

成功留住了客商，建设了"南果北种"项目，项目占地100亩，建设温室大棚11座。该项目主要种植火龙果、芭乐、香蕉、车厘子、甘蔗、柠檬、百香果、蜜瓜、小西瓜、五彩小番茄等，同时加工火龙果片、火龙果面条、火龙果酒等产品。采取"合作社＋村集体＋贫困户"模式，发展集采摘、育苗、产品深加工、休闲、餐饮为一体的"南果北种"项目，实现第一、第二、第三产业融合发展，带领16名贫困群众就业，每年增加村集体收入6.8万元。2020年又争取扶贫资金84.6万元对道路进行了加宽和延长，为乡村振兴先一步打下了良好的基础。

2019年12月20日　帮助贫困户就业

西酒寺村贫困村民朱丽萍之前因为没有技术、信息闭塞等原因，单靠种几亩地生活，日子过得很窘迫。在我的鼓励和指导下，朱丽萍夫妻二人先后在石林园区富来陶瓷厂找到了工作。如今，夫妻二人都有了工作，每月也能挣6000多元。除了日常花销，还能存些钱，家里的日子越来越好，2018年顺利脱了贫。

驻村后了解到村子周边有农业种植合作社、陶瓷园区、矿山煤机设备厂等，就业优势明显，便与多家企业结成帮扶对子，让村民到这些企业工作，目前已安排20位贫困村民。针对劳动能力弱的贫困村民，争取2个公益性岗位，帮扶就业难的贫困群众实现就业增收。

除此之外，村里近几年还引进了光伏发电、食用菌到户增收等项目，让贫困户每年都有分红，以此帮助村里的贫困户脱贫。

2020年9月1日　浅谈村子变化

西酒寺村位于石林镇鹤鸣湖西岸，属于移民搬迁村和省级贫困村，全村共178户662人，其中建档立卡贫困户30户103人。全村耕地面积520亩，退耕还林320亩，人均耕地不足1亩。我主动申请驻村时已把这些情况熟记于心，发挥了不怕苦的精神，花了一个月的时间挨家挨户了解贫困户的致贫原因，然后制订脱贫方案。军人不打无准备之仗，摸透情况才能事半功倍。在精准摸排的过程中，我认识到基础设施的完善是西酒寺村脱贫的先决条件。如果说产业是脱贫致富的基石的话，那么基础设施就是产业发展的重要基础。

一定要让村子旧貌换新颜，我暗自下定决心。说干就干，为改变西酒寺村没有一条混凝土生产道路的现状，我带领群众在相关部门积极奔走，争取上级资金56.7万元，修建了两条田间生产道路。争取47万元提升改造主街道，晴天一身土、雨天一身泥的苦日子终于一去不复返，村里街道宽阔平整，道路两旁木槿、潘石楠、大叶女贞等景观植物生机盎然，水泥路通往家家户户，村里一派欣欣向荣的景象。同时，投资兴建100平方米文化活动室、综合文化服务中心，修建完善健身广场，老百姓休闲娱乐有了好去处。

"郭书记真能吃苦！"村民高秋枝今天这样评价我。我是夏天来村里的，住在村民家中一间闲置的屋子里，条件十分艰苦。当时我住的房子里连风扇都没有。村民们找我办事，经常看到我的饭就是方便面。正是我的不怕苦，使村里新建提灌站、硬化灌溉渠道、修建村级养老院、实施电网改造、自来水及天然气入村等每件事都办到了村民的心坎上。

2020年12月31日　深爱西酒寺村这片土地

自2015年9月开始驻村，今年已是连续5年当驻村第一书记了，几年来扎根基层为脱贫攻坚奉献青春和汗水，同时也与西酒寺村这片土地和群众结下了深厚的感情，一个出了名的省级贫困村摇身一变成了一个远近闻名的生态村、卫生村、返乡下乡创业示范村、乡村振兴示范村。家家户户吃上了水厂的自来水、接通了天然气，村内建了火龙果特色种植大棚，村民不出村就有了活干，凭借周围农业园区、陶瓷园区，符合就业条件的群众都实现了就业，收入一年比一年高，日子越过越红火，村集体经济一年比一年壮大，由刚开始驻村时的0元到如今的14万余元。驻村几年来，争取各类资金900余万元，实施了党建文化舞台、健身广场、电网改造、自来水改造、天然气入户、道路整村推进项目、提水灌溉工程，新建了标准化卫生室、老人院、群众活动中心、综合文化服务中心、文化大院、下水道等一批项目，群众的生活质量、生产生活设施、环境面貌发生了翻天覆地的变化。西酒寺村先后荣获"区级环境卫生工作先进集体""市级文明村""市级生态村""市级返乡下乡创业示范村""省级文明村""省级卫生村""河南省美丽宜居村庄建设试点村""河南省乡村振兴示范村"等荣誉。

2021年6月4日　开始直播带货

山城区石林镇西酒寺村的村民们近段时间发现，我常常"机不离手"，经常走到哪儿拍到哪儿。后来，当一辆辆私家车开进村里，购买农产品的人越来越多时，大伙儿才明白，我在学习网络直播为村里带货。

受"粉条书记"田昕的启发才想到通过直播为村里带货的。6月4日,记者见到我时,我正在背录播时用的台词。对于直播带货,我说自己还是个"小学生",需要不断学习,熟练掌握直播带货技能,才能给村里带来更多的效益。

2021年12月5日　直播带货的感悟

西酒寺村是省级贫困村。2015年,我到该村任驻村第一书记。当时,村民的主要收入来源是种树、种粮、外出务工等。在各项扶贫政策的支持下,村里建起了火龙果、凤梨、油桃、柠檬、车厘子、小西瓜、蜜瓜、草莓等水果大棚,实现了一年四季可在村里采摘水果。

一开始销售水果全靠朋友和村民们口口相传,虽有一定效果,但影响力不大。为此,我一直在琢磨怎样才能让村庄的名气越来越大,实现游客"不请自来"。当看到淇滨区大河涧乡牛横岭村驻村第一书记田昕通过网络直播,不仅为村民销售了粉条、小米等农产品,还为村里赢得名气、吸引了游客时,我有了目标。

西酒寺村紧挨美丽的鹤鸣湖,村里有种植高档水果的合作社,这么好的资源不能捂着,我得想办法让更多人知道它!网络直播是个好办法,不会直播咱就一点儿一点儿学,总有学会的那一天!靠着这股劲儿,我一个月前开始学习网络直播的操作流程。

我很快学会了如何在抖音平台开启直播模式。但在录播时,我才知道没那么简单。刚开始一面对镜头就紧张,说话也结结巴巴,录了快一个小时也没成功。后来我干脆提前写好台词,背熟后再开始录播。我一开始并没有选择直播带货,而是先从村容村貌、村史、村民情况及周边风景入手,待网友们了解了西酒寺村的概况后我才开始直播带货。

为了更好地展现西酒寺村的水果种植优势，我晚上睡觉前查阅村里所种水果的生长特性、种植过程和营养成分，背熟后才开始录播。我正式开始直播带货才两个星期，目前已经有300多个粉丝，吸引了不少游客来村里采摘水果，这对我来说就是进步。利用科技助力脱贫攻坚是趋势，我打算找专业的直播人士取取经，然后再购买些设备。驻村第一书记最熟悉村里的情况，通过直播带货可以有效宣传推介村里的特色农产品，拓宽农产品的销售渠道，增加农产品的销量。我会加快学习步伐，尽快从门外汉变成多面手，做好村里的推销员。

感谢曾经的军旅生涯，它让军魂融入了我的血液中。回首过往，我感到十分感慨。2018年4月，我被评选为全省优秀驻村第一书记。面对荣誉，我不曾有丝毫松懈，肩负着群众的嘱托与信任，必将不忘初心、继续前行！

小康日记

鹤壁市淇县北阳镇油城村村委会主任　徐红亮

2010年3月10日　晴

今天是个好日子，也是我最高兴的日子，淇县山里人家种植农民专业合作社成立了。回首往事，几多辛酸，几多欢欣，一齐涌上心头。作为从大山里走出来的青年人，我并不想出人头地、光宗耀祖，我只想每次回去的时候，能看到乡亲们的生活越来越好。我生于油城长于油城，目睹了家乡人为了生计起早贪黑奔波在田间地头不停地忙碌，日复一日，年复一年，无论酷暑严寒、刮风下雨，可依然摆脱不了贫困。我为他们辛勤地劳作可依然还这么贫穷感到可悲，又为他们勤劳朴实善良厚道的品格感到可敬。我还依稀记得那一年，在我上大学走的前些日子，村里的干部给我摆了个欢送的宴席。席间，老支书微醺，他用长满老茧的双手握着我的手，对我语重心长地说，你是我村的大学生，是山里人的希望，将来有本事了，记得回到村里帮帮咱们乡亲们。我不记得自己当时说了些什么，只记得那晚散席后我写在纸上的一句话：学业有成，凭自己所能，改变家乡面貌，让家乡人过上美好的生活。这不是我一时的心血来潮，而是久久就萦绕在我心头的一个夙愿。能走出大山上大学，我并不认为我比别人聪明多少，或者努力多少，更觉得是自己比别人幸运那么一点。

离开家乡的时间愈久，心里就愈是惦念家乡的父老乡亲。油城村是一直以来的贫困村，但这里山高谷幽，环境优美，空气清新、湿润，气候凉爽，昼夜温差大，农作物生长期长。土壤富含水体矿物质，结构松散，保墒性能好。特殊的地理位置加上独特的自然环境又造就了当地独特的农产品，尤其是油城山小米富含人体所必需的蛋白质、可溶性糖、维生素、氨基酸以及钙、磷、铁、锌、硒等微量元素，营养富集。想到这些，我不由得又回想起临别前老支书徐培富说的那番话，既然我很幸运地走了出来，就不能忘记家乡的那些父老乡亲。由此我想到了要创业。我特别喜欢雷军说过的一句话："中国各个行业都是乱象丛生，只要能把一个东西做好了，就相当了不起。"我决心把家乡的小米做到最好，把口碑树立，把品牌打出去。村干部一听说我要回乡创业，十分高兴，大力支持，立即腾了几间房作为我的办公场地。我联合了几个志同道合的朋友，上下奔波，筹措资金，兴办了淇县山里人家种植农民专业合作社。我想以此为平台，为家乡早日摆脱贫困做我力所能及的贡献。

2015年6月20日　阴

2014年冬，我被油城村的父老乡亲推举为村委会主任。当时油城村是淇县出名的贫困村，山高坡陡，种地还靠肩挑背扛，所有耕地皆为旱地，靠天吃饭。全村500多口人，年轻人都外出打工了，除了仅有的两个留守儿童，其余都是老人。我虽然回乡创业，雄心勃勃，成立了合作社，但要让油城村整村脱贫，从"穷村乱村"变为"富裕村"，谈何容易！既然群众信任我，对我寄予厚望，再难我也要干下去，一定要让全村人尽早脱贫致富，过上美好幸福的生活。

油城村作为原始古村落，她有得天独厚的自然资源，生态环境优越，有深厚的历史文化底蕴。我和我的朋友们经多次分析论证，整理出"依托丰富旅游资源，大力发展旅游产业，带动全村脱贫致富"的整体工作思路，村"两委"干部、党员、群众代表在驻村第一书记的带领下到黄洞纣王殿村、辉县平岭村等地参观学习，开阔视野。边学习、边挖掘整理了村里老君庙、晁荡舟墓、孙家寨等15个旅游景点。回村后先易后难，修建观光亭6个，修复原始石磨6台，买来两头毛驴进行现场磨面，让游人体验农家之乐。在没有任何经费的情况下，自发行动起来艰苦奋战整修旅游道路，打通了老君庙到孙家寨景点的3公里人行步道，修建了登山台阶、观景台、停车场，打造了油城村旅游服务中心，对孙家寨及其北边的天蛟岭、练马场进行了园林式绿化。现火焰山、老君庙、孙家寨、天蛟岭、扳倒井等景点已对外开放。

2016年4月9日　晴

2016年4月9日，经村"两委"和驻村第一书记精心谋划，举办了油城村首届梨花节。开幕式这天，数千名游客闻讯而来，游人如织，盛况空前，村里6户农家乐一起开业，生意异常红火。这次梨花节别具特色，充满乡村味、田园味、人文味、创新味。以花为媒，引来八方游客欣赏油城村山峦叠起、桃红梨白的美景，品尝风味独特的农家饭。以"绿水青山就是金山银山"的生态理念，促进乡村旅游，助力乡村振兴。据统计，首届梨花节共接待游客约15,000人次，村民销售小米2000多公斤，干果、干菜等产品1000

多公斤，群众对旅游的信心进一步增强，"花海油城"的知名度也得到极大提升。我们一方面依托旅游资源发展特色旅游业，另一方面要做好"农"字文章，将特色农作物创出品牌、打开销路，帮助贫困人口增产增收。鼓励村民大面积种植谷子、油菜、油葵等经济作物，既可赏花又可创收。我们及时邀请种植专家来到油城亲临谷田进行技术指导，谷子从播种、锄草、间苗，再锄草，到收割、晾晒、脱粒，每一道工序都是人工操作，且不施化肥、不打农药、不用除草剂，是真正的无公害绿色食品；还邀请林业部门的果树专家来到村里，帮助村民在野生梨树的基础上嫁接新品种，使品种早中晚搭配，延长梨果销售期。为了便于销售农产品，我们依托山里人家种植合作社电商网络平台，使油城村的农产品首次实现网上销售。

2019年1月20日　阴

2010年春节，我放弃我在县城已有的事业，回到久别多年的家乡——省级贫困山村油城村，创建农民专业合作社，承办了油城村电商扶贫服务点，带领乡亲们闯出了一条"电商＋合作社＋贫困户"的致富路，成为大家心目中的电商致富带头人。在2017年的村委换届选举中，我又被全村乡亲们推选连任村委主任。这是大家对我的信任，更让我感受到了一种责任与担当。为了让乡亲们早日脱贫致富，我凭借自身优势，带领村委干部反复考察豫谷品种，积极与省级科研院所合作，开展油城山小米的集约化种植和品牌化建设，创新发展特色谷子订单种植，采取"电商基地＋合作社＋订单种植"的扶贫模式，利用京东、一亩田、微商城、抖音等线上资源，依托油城特产店、O2O农产品体验店、新华超市等线下优势，拓宽油城农特产品销售渠道，解决了村民"不种怕穷、种了愁卖"的问题。目前，合作社直接带动农户500余人、订单种植460人，吸收本村建档立卡贫困人员32人务工，人均年增收6000元左右，使难点变为亮点，为贫困户增收致富做出了积极贡献。2017年，全村人均纯收入达到3800元，75户260名贫困户实现稳定脱贫，油城村一举摘掉了省级贫困村的"帽子"。"谷村油城"山小米也被河南省农业厅认定为无公害农产品，并先后荣获河南省电视台"中原好礼"唯一指定产品、云书网"万乡食尚"十大礼品之一、喜买网"第一书记"推荐产品、郑大药食研究院指定使用产品，有效提升了"谷村油城"山小米的附加值和知名度，为全村贫困户铺出了致富的"黄金路"。2019年，我又成功入选"2019中国农村电商致富带头人"。这是对我工作的一种肯定，也是对我的一种鞭策，我会在带领全村人致富奔小康这条路上走得更执着、更坚定、更自信。

2020年5月12日　晴

今天早上5点，我早早起床和妻子一起，将谷种精选、装袋、装车，累得满头大汗。经过大约三个小时的忙碌，8点多钟开着满载优质谷种的汽车向油城出发。这是我们合作社成立以来第九次到油城村免费发放谷种。

沿着蜿蜒盘旋的山路，经过七八十道弯，9点20分到达油城村。村里的老百姓早已等候在发放点。车一停，大家把我们围得水泄不通，争着抢着说，去年种的谷子不用费一点劲，不仅不用担心卖不出去，还比往年增加了收入近四成，今年得多领一点。还是加入合作社好！还是党的富民扶贫政策好呀！经过近两个小时的忙碌，签协议，发种子，现场发放优质谷种1000余斤，签订谷种订单合同800余亩，惠及农户100余户。领谷种的农户来了好几拨。临近中午1点还不断有农户打电话要谷种。没有领的我都一一记下，以后再补。

  油城山里人家合作社成立以来，我们牢固树立帮农惠农富农的理念，彻底解决农户"不种怕穷、种了愁卖"的局面，坚持统一种子、统一管理、统一品牌、统一销售等"六统一"的理念，与农户签订订单合同，打响油城山小米、油城黑小米、朝歌贡等金字招牌，产品远销国内市场。村里老百姓收入大大增加，种植积极性高涨。农户高兴地对前来采访的记者说："油城山里人家合作社想我们所想，每年免费给我们发放种子，管理销售不用我们费心，又增加了收入，感谢油城山里人家合作社！感谢帮扶我们村的帮扶单位！感谢党的扶贫政策！"听了这些话，我心里满满都是获得感，更增添了一份沉甸甸的责任。

2020年9月18日　晴

  "谷子已经晒干了，来拉吧。"一大早，就被手机铃声叫醒，原来是乡亲的谷子晒干了。"好的、好的。"挂完电话，我和儿子就匆匆吃了早饭上山，先来到石嘴山，王培兰老两口已早早在门口等着。王培兰已86岁高龄，老伴也92岁的高龄了，但他们身体还是那么硬朗，每年都种十几亩谷子，王培兰说："我们以前种植谷子都是一家一户种植，什么种子都有，谷子没有标准，也没有种植规模，都是东家种3亩，西家种2亩，收成也少，除了我们自己吃也剩不了多少，加入合作社后，合作社统一免费供应优质谷种，还定时请一些农业专家来合作社授课。"王培兰还说："谷子收获后，合作社统一收购，种再多的谷子合作社都收走了，以前撂荒的、边边角角的土地也都种上了谷子,我自己就种了十几亩,生活越来越好了,我们的合作社有担当,真真实实为村里谋发展、谋福利,并积极扶持建档立卡贫困户,巩固脱贫攻坚成果,共建美好家园。能活到现在的时代,过上这样的生活,真的很幸福!感谢山里人家合作社,感谢党的好政策!"

看到王培兰和别人笑呵呵地说着我们,真的很高兴。装袋的装袋、过秤的过秤、装车的装车,有的自己送来了,不到一个小时就收了满满一大车。

2020年10月17日　晴

今年是全面建成小康社会和"十三五"规划实现之年、脱贫攻坚之年。在恰逢我国第七个扶贫日之际,我有幸参加了"促消费,助脱贫,2020年国家扶贫日暨淇县农产品进商超活动"启动仪式。活动中,油城土特产与淇县龙凤缘永天时代广场超市成功签约。回顾几年来自己所做的一切,我当初回乡创业的选择是十分正确的,我会更加努力,带动更多的村民增产增收,脱贫致富。

2020年12月20日　晴

今天吃过早饭,我和妻子就早早上山准备给农户分红。今年是个丰收年,通过农购网电商平台帮助农户销售油城山小米23.6万斤、油城黑小米8.5万斤、核桃1.1万斤、红薯粉条8000斤,直接带动贫困户370人,人均增收4000元,彻底解决了村民"不种怕穷,种了愁卖"的难题。来到村里,村民已早早在等着我们,看到他们脸上洋溢的笑容,我们也非常高兴。我村的农产品能有这么好的销售额,我由衷地高兴。以前村民种粮食只自己吃,多了也卖不出去,没有经济收入。产业扶贫开展以来,因地制宜发展的特色种植产业让老百姓尝到了甜头,现在油城山小米、核桃、梨在外面打出了名气,好多城里人抢着买,大大增加了村民的经济收入,看到乡亲们越来越富足的日子,心里也倍感欣慰,一种成就感油然而生。

2021年5月16日　阴

好雨知时节。一场夏雨悄然飘落,油城村拉开了又一年播种谷子的帷幕。2021年5月16日,是山里人家种植农民专业合作社第11次为种植户免费送优质谷种的日子。村民奔走相告,前来领取谷种的人络绎不绝,喜悦之情溢于言表。油城村地处深山,生态环境优越,所产的谷子含有多种微量元素,尤其高钙。多年来,谷子

徐红亮的山里人家种植农民专业合作社为种植户免费送优质谷种,村民奔走相告,前来领取谷种的人络绎不绝,喜悦之情溢于言表

一直都是油城村种植的主要经济作物。刚开始，由于每年所用的谷种，都是在上一年谷田里选择留下的谷子，多代种子致产量低下。又因山高路远，农产品年年有滞销，种植户深受"不种怕穷，种了愁卖"的困扰。淇县山里人家种植农民专业合作社成立以来，牢固树立帮农惠农富农的理念，想农户之所想，急农户之所急，每年为农户免费足量提供优良谷种，还为农户签订谷子回收合同，彻底解决了老百姓的后顾之忧。老百姓的收入大大增加，种植谷子的积极性空前高涨。今年，山里人家种植农民专业合作社又为农户免费发放优良谷种1000余斤，签约谷子收购订单1000余亩。

我们山里人家种植农民专业合作社将帮扶油城村进一步调整种植业结构，扩大谷子种植规模，让更多的群众增收致富，把山小米做成乡村振兴的大产业。

赓续精准扶贫精神
巩固脱贫攻坚成果

新乡市长垣市恼里镇恼里村驻村第一书记　程　辉

一、入村报到

2021年9月6日　小雨

今天是我入村报到的第一天。出发前，我到部领导那里告别，张杰部长语重心长地告诉我："农村是个大学堂，遇问题要虚心地多听多看多思考，调研要深入，开展工作有谋划，有事情多和村'两委'协商，部里一直都是你的坚强后盾。"

在村室，与村支书和乡干部作了交流。交谈中我对巩固拓展脱贫攻坚成果有了更深刻的认知，对当前工作重点和长期目标更加清晰，村支书和乡干部丰富的基层工作经验令人感动和钦佩，我暗暗下决心向他们学习。

2021年9月8日　阴

今天开始了我入村后的第一项工作，协助乡干部杜莉大姐排查符合小额贷款签订条件的村户，并帮助他们填报完善好申报材料。

其间，杜莉大姐仔细筛查每一户、逐项查看申报材料，生怕漏掉一人或上报材料有误。我被她较真的精神感动。正是因为有无数个这样的基层工作者的付出，我们的精准扶贫工作才能取得如此扎实圆满的收官成果。

工作之余我与杜大姐闲谈，对恼里村有了初步了解。我村是恼里镇政府驻地，也是恼里镇商业、经济、文化中心，属于非贫困村。现有村"两委"成员10名，村党委下设有五个党支部，12个党小组，党员139名，有12个村民小组，共有1770户，人口7534人。村占地2371亩，现有耕地6639亩，截至今年9月，全村全口径建档立卡贫困户68户201人，其中脱贫不享受政策6户17人，享受政策的62户184人已全部脱贫，纳入监测对象2户10人也已消除监测风险。从这些数据上看，恼里村脱贫攻坚工作虽扎实有效，但恼里村人口基数大，在防返贫动态监测标准上，仍会存在脱贫户收入与监测标准的距离拉开不大，仍与巩固拓展脱贫攻坚成果要求还有差距。如何持续有效提高标准和巩固拓展脱贫成果与乡村振兴有效衔接将是我今后的工作重心。

二、初入农户

2021年10月13日　晴

按照关于开展防止返贫动态监测和帮扶工作"大排查、大整改、大提升"活动方案要求，结合各行业部门数据反馈信息，我们驻村工作队和乡干部、村"两委"一起商讨排查方案，形成了坚持集中排查和常态化预警监测相结合、分组逐个入户的决议。按照"五个必到"要求将家庭收入、理赔情况、合规自付支出及就业情况、受灾损失情况、"三保障"及安全饮水等全面摸排清楚。认真如实采集的相关信息,通过综合研判家庭情况,严格履行相关程序,对应该纳入的做到"应纳尽纳"并制定有针对性的帮扶措施,在巩固拓展脱贫攻坚成果路上不漏一人。

在入户卢天录家时发现,户主卢天录患有冠心病、脑出血后遗症,配偶王雪花患有"三高"症、肺癌,儿子去世,孙子是在校大学生,孙女刚大学毕业现在学校教学,虽住楼房安全有保障、家电齐全,家庭年纯收入54,200元,但医疗、教育支出较大,纳入研判讨论中。

2021年10月14日　晴

在走访入户时发现,李进学一家3人,户主李进学,现年77岁,2021年经查发现患有肺癌,医疗费用大,配偶陈玉平有慢性病,无劳动力,儿子李永亮离异,2021年年初时在工厂务工时受伤,无法务工。这家虽住楼房且有安全保障,但家庭收入途径窄,来源仅靠子女赡养费、种地收入和政府发放的养老金,虽家庭年纯收入37,390元,但医疗费用支出20,000元,纳入研判讨论中。

2021年10月15日　阴

在研判防返贫动态监测时,大病户卢天录拒绝纳入监测对象,经多次入户排查和宣讲政策后发现,卢天录有二女一子,两个女儿已出嫁,儿子因公死亡,企业每年给予职工父母有赔付金。长女嫁入本村,经营烟酒副食门店,家里有楼房、小轿车,有支付母亲医疗费用的能力。一家四口享受B级低保,家有耕田9.8亩,现租给卢胜合作社，每年地租收入稳定，孙女于今年9月份已开始上班。卢天录家中虽医疗、教育开支大，但在享受原有政策基础上，2021年该户人均收入13,550元，超过监测户识别标准6372元。同时该户不愁吃、不愁穿，住房安全有保障，有自来水，办理城乡居民合作医疗就医有保障，家庭无辍学人员，达到"两不愁三保障"。经村"两委"及驻村工作队多次上门讲解政策，本人也坚决不愿意纳入监测户，在考虑到实际情况和遵循本人意愿的情况下，没有走纳入程序。

2021年10月18日　晴

结合农户自愿申请、日常排查、集中排查、家庭综合研判、行业部门数据比对后的汇总信息，我村于2021年10月18日召开了

程辉在入户监测对象朱庆昌家中，了解其房屋修建进度

民主评议会，会上对排查后拟识别纳入的监测户进行了民主评议，初选出的 11 户 41 人通过评议并公示。

经过本次排查，加深了我对农村工作的一些认识。当前一些脱贫户的发展基础还比较脆弱，一些边缘易致贫户还面临一定的致贫风险，一些农户因病因灾因意外事故等导致基本生活出现严重困难的风险隐患还不同程度存在，尤其是在防范规模性返贫风险方面还存在很多不确定因素。因此，巩固拓展脱贫攻坚成果有效衔接乡村振兴需要继续精准施策，补齐短板，做到早发现、早干预、早帮扶，切实防范化解各类返贫致贫风险。

三、积极参与

2022年1月24日　晴

随着年关临近，返乡人员日益增多，重点人员排查和管控工作压力增大，对此我们积极组织调动在家大学生和党员干部主动参与，冲锋在一线。开展的党员联系农户活动，主动对接了重点风险区域的在外村民，耐心给他们讲解当前情况，对有条件的鼓励在当地过年。

2022年2月17日　晴

新年过后，恼里村在镇党委、政府的正确指导下，积极谋划、主动争取，预计争取扶贫道路项目资金 200 多万元，主要用于村内部分街道小巷道路硬化。由于恼里村整体规划归于镇政府，村内共四纵五横九条大街贯穿全境，村内道路主次干道基本为水泥硬化路面，道路路肩平整，主要街道路灯照明设施完备。但村内背街小巷基础硬化薄弱，甚至部分小巷遇到下雨情况就得脚踩两脚泥，群众的获得感和幸福感有待提升。

按照该项目推进的时间节点，组织12个村民小组组长对本辖区符合条件的道路进行现场勘验和摸底。经过几天的摸排汇总，我村预计硬化道路在1万余米。

2022年2月24日　晴

陪同乡村振兴局领导对我村通村入组道路项目进行了现场勘验和测量，其中有一些难以解决的问题也是在实际测量中得以解决，这也说明了群众对村内道路硬化和改善出行环境给予肯定和支持。经过一天紧张的测量，大家都在讨论当天微信运动中的步数有没有2万步。

2022年3月2日　晴

污水管道铺设是通村入组道路项目建设的前期工作，也是后期"看不见"的工程，管道的质量好坏也影响着道路的使用年限。对此，与村"两委"主动对接多家污水管道生产企业，既要看价格，更要看质量，在确定好后我们立即组织人员进行管道铺设。

2022年3月11日　晴

协助村"两委"查看村内污水管网铺设进度，经了解，目前村内污水管网铺设已进入尾声，累计铺设管网12,000余米，村投入资金30余万元。本次工程基本实现了我村污水管网全覆盖，为推进人居环境整体提升奠定坚实基础。

2022年3月14日　晴

按照市委组织部下发的关于充分发挥基层党组织和党员作用推动农村人居环境的方案要求，我们组织了恼里村结对帮扶人进村入户开展帮扶，帮助群众清洁庭院。宣传部干部职工在"双联日"当天入村开展志愿服务活动，走进结对帮扶户家中，查看政策享受情况，指导帮扶他们积极投身劳动，取得明显的效果。

入村工作半年以来，最大的体会就是正如有人形象地说道："上面千条线，下面一根针。"农村工作虽千头万绪，但是我认为没有什么可以取巧的地方，就是要工作的时候精力多投入一些、用情深一些、动手快一些、谋划远一些、干得实一些。

四、主动作为

2021年12月6日　阴

冯桂良纳入突发严重困难户是在2021年12月份排查研判后识别的。他家中5口人，冯桂良和儿媳妇患有结核病，孙子孙女都在就学，家庭因病、因学开支大。在识别过程中，我发现冯桂良不识字，甚至连自己的名字都不会写，当对他提及教他识字和写字时极为抵触。于是我很严肃地和冯桂良本人进行了深入的交谈："给你纳入监测对象是政府考虑到你的实际困难，但你的思想也要进步，像你这样不配合，以后很多签字怎么办？"在我的再三严肃要求下，冯桂良极不情愿地同意学习写自己的名字，于是我用A4纸打印了他的名字，字号很大而且加粗。当把打印好的名字和笔给冯桂良时，我看到他极不情愿，但我还是坚持告诉他以后每周去他家看他写字。

2022年3月5日　阴

今天和杜莉大姐去冯桂良家中丈量他的房屋面积，这是经过争取后决定为他建的政府帮建房。丈量后签字时，冯桂良还是不会写名字，不过我发现我给他打印的纸还能很好地保存着，尽管当时是他儿媳妇给代签的，我依然要求他到村室练字。

2022年3月6日　晴

冯桂良符合小额贷款的条件，我和杜莉大姐给符合条件的村户准备好了小额贷款申报材料。冯桂良从镇政府面签完小额贷款手续后，特意到村室向我和杜莉大姐"炫耀"："我能写好自己的名字了。"还郑重其事地坐在那里给我俩写了一遍，嘴里还唠叨着"这是你们把我给逼出来的"，但言语间流露出难以掩饰的自豪，毕竟这是他从出生到现在第一次会写自己的名字。

2022年3月7日　晴

一大早，脱贫户卢书士就来到村室，咨询自己的政策为什么没有享受到位。起初我对卢书士了解得不够深入，我查访了他所享受的相关政策和基本情况，同时向杜莉大姐作了深入的了解。卢书士一家3人，他本人有精神障碍，离异，目前享受的政策已全部落实，但本人花钱无节制才致使经常受穷。卢书士的母亲赵秀梅年龄81岁，残疾，有长期慢性病；女儿卢依彤12岁，本该就读小学四年级。受卢书士本人精神障碍影响，母亲赵秀梅长期由她的三个女儿赡养，女儿卢依彤的日常生活也无法得到照料，经常有不去学校上学、长期在家玩手机等情况发生，导致无法正常完成义务教育。为了从根本上解决掉卢书士的问题，我和杜莉大姐同村委商量，先与卢书士三个姐姐沟通，把卢依彤生活、就学问题解决掉。

2022年3月9日　晴

经与卢书士的三个姐姐电话沟通，卢书士的大姐表示愿意克服困难抚养卢依彤，并希望由乡村干部一起当面共同把解决办法给说清楚。

2022年3月10日　晴

今天由我、杜莉大姐、村主任分别代表驻村工作队和乡村干部共同出面解决卢书士的问题。在大家的耐心开导下，卢书士本人松口表示同意让卢依彤跟着大姐生活、上学，但提出考虑自身因素，家庭所享受的相关政策由他本人支配。卢书士大姐为了侄女脱离现状，表示同意，同时提出由于在南蒲居住，希望能给予帮助解决卢依彤就近读书问题，方便接送。

2022年3月16日　晴

经过了解，想要解决卢依彤就近入学的实际问题只有南蒲小学最为适合，于是我主动对接南蒲小学校长，在说明来意后，南蒲小学校长表示给予支持并最后同意。卢依彤就学问题得到解决。

半年驻村经历让我跟村里的党员、干部和群众建立了深厚的情谊，也让我更加明白，群众的内心是渴望摆脱贫困、向往富裕的。我相信，只有沿着巩固拓展脱贫攻坚成果同乡村振兴有效衔接这条主线，用真心、细心去干，把每件利于人民群众的事情办好，才能无愧于人民、无愧于自己的青春年华。

我的驻村扶贫日志

焦作市温县招贤乡上苑村驻村第一书记 赵海洋

从"门外汉"到脱贫致富"领路人",在招贤乡上苑村,我用实际行动给出答案。从最初群众眼中脚不沾泥的"90后"县城干部,到如今乡亲口中的洋洋,驻村六年多来,我初心不改,奋斗不止,以村为家,把百姓当亲人,从最接地气的工作干起,从关乎群众利益的事情做起,帮助村民拔穷根、富脑袋、鼓腰包、求发展。用实干打开群众心里的锁,用真情捂热乡亲的心,用自己的"辛苦指数"提升村民的"幸福指数",成了村民信赖的"领路人"。

日记一:不忘初心、牢记使命,踏上扶贫之路

2016年夏,一个风和日丽的日子,在局领导的带领下我第一次来到了上苑村,原本满心期待的我刚到村口就受到"当头一棒",村口杂草丛生,旁边的屋子也破旧不堪。往里走,村道在汽车的带动下沙尘滚滚,两边的房屋是清一色的砖木旧房,还有不少泥砖房,汽车颠簸着来到了村委会,偌大的院子杂草丛生,村办大楼在摇曳的风中显得阴森,所有的房门看起来都要跟自己"同龄"了,整个村委会看起来就像虫子和小鸟的"天堂"。一番介绍认识后我便离开了这个贫穷的小村庄。回到单位,领导给出了两个选择:一是接

受该项工作并完成扶贫任务；二是没信心完成这艰巨的任务可以选在单位继续任职。这一夜我失眠了，刚谈的女朋友正是爱意浓密的时候，与朋友合伙创办的军训学校一切工作才刚刚准备完毕，扶贫意味着这一切都有可能要放弃。辗转反侧间我看到了放在床头的当兵照片，突然想起部队里常说的一句话："你是一名军人，你还是一名党员，党和人民哪里需要你，你就要在哪里，即使流血牺牲都是你应该承受和付出的！"到此我欣然睡着了。

日记二：扶贫从亲民开始

今天在贫困户武永良家吃了个饭，饭菜虽然简朴，但我却倍感香浓。从起初贫困户的不信任、不支持到今天的热情邀请我吃饭，还把自己的所需所求毫不保留地告诉我，让我不禁想起这一个多月来我每天入户走访的点点滴滴，翻看着记录的村民概况，倍感欣慰的同时我也深感肩上责任的分量。为了让村民尽快脱离贫困过上无忧无虑的生活，我计划：第一，公开宣讲扶贫政策，提高村民对扶贫的信任；第二，全面做好村基础建设，在今年秋帮助上苑村实现全村道路硬化建设；第三，为全村贫困户建档立卡，实时跟踪了解贫困户情况，全村贫困户一户一档一卡一策，确保全村贫困户都精准地享受国家扶贫政策。

日记三：初尝扶贫甜头

今天随着武永良、林保国等人的签字结束，成功实现了 77 户贫困户顺利脱贫。看着一张张按着红手印的脱贫告知书，我激动得热泪盈眶。回想这半年多来的扶贫工作，我发现我们的村民是真的非常勤劳朴实，他们的贫困很多源于他们没有工作的经历，不敢放下手中收入微薄的农活去尝试寻找工作增加收入，但只要根据他们的实情给他们介绍力所能及的工作，村民都能埋头苦干、兢兢业业。

日记四：节前慰问，领导关切

今天局慰问团在王局长的带领下，带着慰问品（米、面、油、奶）对村贫困户进行了慰问。局长每到一户都细心地问询了村民的衣食住行和目前困境。村民的反馈都是满意的。慰问结束后在走回村委的路上，局长边走边凝重地问我："海洋同志，村里那么多肢体残疾户、精神残疾户、智力残疾户、无劳失劳户，要帮助他们脱贫不容易啊！你有没有详细的切实有效的扶贫计划？"面对局长的关切，我顿感压力巨大，只能把正在执行的扶贫政策一一介绍，但同时我能清晰知道仅有目前的扶贫政策是远远不够的。为了进一步帮助村民尽快脱贫致富，我计划：一、坚持完善村基础建设，在明年一年里实现深水井全村集中供水入户，全面解决农户生活用水问题；要建成陵园路、上城路，方便群众进城务工和做小生意；要实现全村亮化工程，村内实现全道路照明，丰富村民夜间娱乐活动。二、全面推进教育扶贫计划，实时跟踪贫困户家庭教育情况，确保所有适龄孩子都能安心上学，帮助贫困户的孩子考上大学，全面改善村内的学风。

日记五：民生无小事（一）

贫困户武振军因脑梗落下了后遗症，丧失劳动能力，他的妻子身体不好不能外出务工，家里两个女儿，大女儿已经出嫁，二女儿在家务农。今天走访中，得知武振军的二女儿有外出务工的愿望（这孩子之前还一直为了照顾武振军不敢出去务工，虽然孝心可嘉，但终不是长远之计），便立即联系她到县城一家企业工作，虽然月收入仅有3000余元，且不能常在家照顾老人，但有了收入起码能提高武振军一家的生活水平。现在村里很多年轻人都在积极外出务工，可是村里的留守老人、儿童也会相应增加，年轻人都出去了，村里的经济又该如何建设呢？可是不出去，在一个没有特产资源、没有土地资源、没有地理优势、几乎没有任何致富优势，而且老弱病残遍地的贫困村，该如何走出困境呢？

日记六：民生无小事（二）

今天难得稍有空闲，我决定挨家挨户"突访"。当我走进谢二豹家时，家里的凌乱超出了我想象，我才想起自己日常忙着工作，很多时候却忽略了不少贫困户是连给自家打扫卫生的能力都缺乏的。关注村民基本卫生生活状况，虽然并不能从本质上提高他们的生活质量，但是干净卫生的环境却能给予村民愉快的心情。给村民清理房前屋后卫生应该成为扶贫工作的日常行为。

日记七：民生无小事（三）

今天早上，王燕红像往常一样"咣"的一声推开了我们的宿舍门，手忙脚乱一顿比画。我见状从床上一跃而起拿起手机就往外跑。当我跑到王燕红家时，只见赵国平躺在床上有呼吸有心跳却不省人事，我立刻拨通了120，为防意外我不断地揉搓着赵国平的手心，终于救护车及时赶到。在医院听到医生说：幸亏救治及时。我轻轻舒了一口气。虽然人救回来了，但是像王燕红这样智力残疾的家庭不在少数，他们遇到紧急情况连打120的能力都没有，面对这样的家庭我该如何预防类似的事情发生呢？一是定期反复给他们讲简单急救方式。二是利用家庭签约医生定期给他们做体检。三是把一些家庭常备急救药发放到贫困户家并教会他们使用。回到赵国平家查看了家里的状况，居然连个像样的家具都没有。我们扶贫不仅要保障村民的衣食住行，还要想办法提高他们的生活质量。

日记八：突破"瓶颈"，踏上扶贫快车道

今天，上苑村迎来了发展新机遇，在国家政策的帮助下顺利建成集体光伏发电项目，预计每年可增加集体收入4万元左右。同时乡办决定加强贫困户就业创业扶贫带动，预计年内将举办保安培训、月嫂培训、小食制作培训、驾校培训等等。简单统计，只要贫困户都参加且能利用该机遇自谋出路，那么实现劳动力全就业就能成为现实。同时今年的金融扶贫力度将加大，我们的小麦种子繁育项目的资金问题应该能够得到根本解决，预计能为10多户贫困户提供小额信贷。利用国家贴息信贷资金，贫困户承包的80多亩地

赵海洋走访贫困户

就能种上经济作物，这将极大提高贫困户收入。

日记九：扶贫扶智，重视教育

今天是六一儿童节，我为村里的孩子准备了一系列的六一节目，有机智找物品，有团队来回接力，有常识和脑筋急转弯抢答等等，孩子们玩得兴高采烈，我也似乎回到了童年玩得忘乎所以。活动从下午四点一直持续到将近晚上九点才结束。每个孩子都领到自己的礼物，也体会了游戏的乐趣，很多孩子到节目最后还不愿离去，嚷嚷着要玩游戏，可惜时间实在晚了，不然真想和孩子们继续玩耍。之前针对村里孩子学习不积极的现象，我亲自举办了扶贫补习班，村里的孩子都可以免费到补习班学习和上课。正因为有了补习班，孩子们才能放开自我地玩游戏。回想刚来的时候孩子们看见我都不敢和我说话，现在我都快成为村里的"孩子王"了。现在整村的学习风气有了根本的好转，很多贫困户的孩子都顺利考进了理想的学校，每年都有贫困户的孩子考进本科大学。

日记十：贫困村摘帽，立下致富"军令状"

今天上苑村终于摘下了贫困村的帽子，到今天为止整村累计实现脱贫102户。当我拿着通知书兴高采烈地跟队员们宣布时，驻村队员吴开越说："村里还有53户贫困户呢！有啥好高兴的？"我一脸严肃地立下"军令状"：我保证两年内让所有贫困户全部实现脱贫致富。但豪言壮语需要用实际行动来达成，如何实现这个目标？我计划：第一，开启美丽乡村工程建设，争取在一年内让全村面貌得以焕然一新。第二，升级村党建综合体，争取一年内建成幸福院、村史馆、便民服务中心、新时代文明实践站。第三，扩大上苑村小麦种子繁育项目，争取扩大到16户，为所有种植户争取资金补贴。第四，争取贫困户加入太极拳资产收益项目，至少争取15户贫困户，参与贫困户可以享受分红，预计每户每年平均能够增收2000元。

日记十一：重阳聚餐，弘扬尊老爱老

今天在村"两委"帮助下，成功举办了村内老人重阳聚餐活动。看着老人们聊得热火朝天，吃得幸福洋溢，感觉一切辛苦都是值得的。通过这次活动，我发现老人们其实并不追求山珍海味、大鱼大肉，他们真正缺少的是家人的陪伴和老人的娱乐。如何解决村民的养老问题？第一，尽快建成上苑村幸福院。第二，组织"两委"干部定期到孤寡老人家中探望慰问。第三，丰富文化娱乐广场设施。

日记十二：抢险老莽河水闸，守护家园

连日大雨不断，猪龙河河水不断上涨，老莽河水闸突发了洪水漫闸的险情。接到险情报告的那一刻，我立即组织抢险应急村民小组奔赴老莽河水闸，并迅速装填沙袋加固水闸堤防，经过一夜抢险，终于筑起一道牢固的沙袋防护线。为防止意外，我决定与村支书留守值班一夜。经过一夜观察，确定暂时稳住了险情。现在的身体疲惫不堪，但是该如何彻底稳住险情？一是联系局领导，利用温县河务局守护黄河大堤的技术和设备全面加固老莽河水闸。二是建立村民巡逻队，在以后的每个汛期提前巡视老莽河和猪龙河。

日记十三：全村脱贫，完成"军令状"

今天是我扶贫以来最开心的日子。早上我一个箭步从门外窜进

办公室，迫不及待地拿出四张奖状："队员们，看！这是上苑村最后的四户贫困户的四张脱贫光荣奖状。"调皮的队员吴开越回了句："脱贫致富的是别人又不是你，你高兴个啥呀？"我知道虽然这是提前预知的结果，但我们扶贫队每个人的内心都是欣喜若狂的。他们都故意地表现着淡定。手中四张轻飘飘的奖状，这一刻却是我期盼已久的宝贝。截至现在，全村已脱贫108户428人，所有的建档立卡贫困户都实现了脱贫。可是现在疫情严重影响了村民的务工收入，如何降低疫情影响，保障村民收入稳定呢？好不容易得来的扶贫成果，我决不允许因为一个新冠肺炎疫情就功亏一篑，我计划：第一，全面落实就业补贴政策，疫情基本结束后全面补贴务工就业。第二，实行企业扶贫带动，争取在6月份实现温县永真生态农牧有限公司新型经营主体带动，预计能带动53户，农户年均增收约230元。第三，更新教育扶贫计划，解决因疫情而受影响的孩子教育问题。第四，争取向上级申请村集体产业建设项目，鞋帮厂工程建设项目预计能在明年落地。

日记十四：功成身退，告别上苑村

看着手中中共焦作市委组织部下发的《关于进一步规范驻村第一书记调整办法的通知》，我知道离开上苑村的日子到了，虽然万般不舍，但天下没有不散的筵席，只要上苑村保持目前的发展势头，很快就能迎来辉煌的明天。看着桌上厚厚的帮扶工作档案，我思绪万千。没有等来的辉煌，只有拼出的精彩。青春是用来奋斗的，奋斗的青春别样红！驻村六年多来，我用真心赢得了民心，用实干促进了发展，厚厚的驻村日记记录了我驻村以来的点点滴滴，也记录了上苑村的发展变化。奋斗在脱贫攻坚的主战场，为乡亲们做点事儿,便是火红青春最好的见证、最美的姿态。面对更难啃的骨头,我将继续扛稳我的职责使命,以更加坚定的决心、更加昂扬的状态,为这片热爱的土地继续前进!

驻村工作日志

濮阳市濮阳县郎中乡芦里村驻村第一书记　王存勇

2016年11月21日

带领贫困户进城卖葱

今年的冬天来得比较早，昨天晚上突降了一场大雪，一早起来，田地银装素裹，一片雪白，气温骤降，格外寒冷。这时我想起村里的贫困户郑石军地里面种的大葱还没有卖完，可能冻在了地里。芦里村的贫困户郑石军家，三口人，三个"光棍汉"。大儿子患精神分裂症时常发病，二儿子30多岁没人提亲，妻子受不了现实的打击，喝药轻生。妻子去世后，郑石军每天以"酒"为乐，昏昏度日。2016年5月第一次走进这个贫困家庭，满屋的酒瓶散落在每个角落。看到这个"失落"的家庭，怎么脱贫？为让郑石军树立生活的信心，经过多次与他谈心交心，发现他有种菜的技术，我自己拿出5000元钱，帮助他种植了10亩大葱。现在老天故意为难。不知不觉我来到了郑石军家中，儿子说父亲去地里了。我踏着积雪来到了地里。郑石军正在路边蹲着，见面就说："王书记，还有大约一万五千斤大葱冻在了地里，这可咋办呀？我的命咋这么苦呀？"我对他说："老郑，没事，葱是我让你种的，我不会坐视不管，我和你一块想办法解决。"为解决大葱的销售难题，我一边利用微信朋友圈转发宣传，一边计划冒着严寒带领郑石军进城卖葱。说做就做，郑石军开来了拖拉机，我找来村委会人员帮助装车。到城后我们先后到县政府机关餐厅、公路局餐厅、石化路、昆吾二期、泰和花园、巴黎街等小区，在路边和饭店打着"第一书记"的牌子叫卖。在住宅小区，凡是买葱的居民，我义务把葱背到楼上家中。一直卖到晚上九点多，虽然一天没有顾上吃饭，满身泥水，但一万多斤大葱销售一空。郑石军感动得泪流满面，发誓一定要摆脱贫困。"我今年收入达到了三万多元，过去脱贫不敢想的事，王书记帮我实现了……"只有从群众家中最困难、最急需的事情帮起，在潜移默化中感染群众，才能取得群众真心的支持和拥护，只有这样，工作队才能在村中站稳脚跟。

2017年3月10日

去杂技学校看望孩子

习近平总书记在《摆脱贫困》一书中写道："为群众办实事，要扎扎实实，坚持不懈，久久为功。人民群众是最实在的，他们不但要听你说的如何，更要看你做的如何，不但要听'唱功'，还要看'做功'。"芦里村最穷的孩子刘志远，父亲是聋哑人，母亲呆傻，二人都是一级重度残疾，孩子从小在邻居的接济下吃"百家饭"、穿"百家衣"长大。2016年5月第一次见到这个贫困的孩子，破烂的衣服，蓬乱的头发，脏兮兮的脸蛋，已经10岁了还没有上学，在大街上跑来跑去。组织上派我来不就是解决这部分人的困难的吗？我一方面积极为刘志远家捐款捐物，帮助他们一家解决生活困难；另一方面，我决定从孩子入手，主动与孩子交朋友，积极为孩子谋出路。我想办法与濮阳市杂技学校联系，2016年国庆节后把孩子送到该校学习，并协调学校免除了生活费以外的所有费用，同时又协调爱心人士予以资助，不足的部分由我予以补贴，孩子的上学问题得到了有效解决。由于刘志远的父母情况特殊没有电话，老师都是通过电话或微信与学生家长联系，我又以家长的名义加入了学校微信群。平时定期到学校看望孩子，为他送去一些生活用品，像对待自己的儿子一样让孩子衣食无忧。通过一系列努力，彻底改变了孩子贪玩的野性。现在孩子在濮阳市杂技学校已经学习了半年多，十分喜欢杂技这个专业，为孩子将来发展找到了一条合适的出路，实现了"培养一个学生改变一个家庭"。今天我去学校看望孩子，孩子怯生生地对我说："我爸爸哑巴，从小没有叫过爸爸，我能叫你一声爸爸吗？"这是一颗童心渴望"温暖"的真心呼唤。看到孩子天真的目光，我与孩子相拥而泣，无法拒绝孩子的祈求。从此，我这个第一书记与芦里村最穷户结成了亲戚。

2017年12月10日

当红娘

引导群众上项目、找门路是脱贫攻坚的首要任务，在具体工作中，我抛弃为上项目而上项目的思路，从帮助解决群众家中的一些杂事家务入手，取得群众的支持与配合。贫困户刘胜，28岁，在农村来说已属大龄青年，由于家中贫困，一直在北京等外地打工，在打工过程中，结识了辽宁省朝阳县的孙梅，并产生了感情。2017年元旦，女方父母来男方家中认家，看到破旧的家，对婚事坚决不同意。作为驻村第一书记的我了解情况后，自驾车赶到了女方住的宾馆，主动当起了红娘，及时与女方父母进行了沟通：1. 婚姻自由，父母尽量不要干涉；2. 男方目前虽穷，但孩子有志气，工作队一定会帮助找到致富门路；3.婚事不要推死，半年以后看成效。在我的帮助下，银行为其提供贷款5万元，再加上打工的小积蓄，刘胜办起了肉鸡养殖场，由于勤劳肯干，效益明显。在我的多次沟通协调下，2017年12月10日，女方父母再次来到了芦里村，看到新建的鸡棚和刘胜热火朝天的干劲，再加上半年多耐心细致的沟通，心中的疙瘩解开了，终于同意了婚事，办理了登记结婚手续。从河南濮阳到辽宁朝阳相距1000多公里，这正是"第一书记当红娘，千里姻缘一线牵"。

2018年4月1日

为残疾人办爱心超市

如何让重度残疾人创业增加收入，是做好扶贫工作的难点。贫困户刘书行是聋哑人，夫妻二人都是一级残疾。授人以鱼不如授人以渔。我认识到，一时的捐助，虽然能帮助解决生活上的燃眉之急，但解决不了长久之困。只有帮助他发展一份产业，引导他"身残志不残"，让他有一份稳定的收入，才能彻底改变困境。经过一番考察，我自掏腰包购置了货架和一些油盐酱醋等日常生活用品，利用刘书行家紧临大街的两间房子，帮他建起了一家自助式的扶贫爱心超市。今天爱心超市正式开张营业，超市内的所有物品均明码标价，群众买东西按标价把钱自觉放到指定的收款箱。"群众在超市内花费的每一分钱，都是对这个困难家庭的极大支持，所以都很自觉，钱宁可多放，从不少放。"扶贫爱心超市自营业以来，每月纯收入1000元以上，这样一来，两个重度残疾人基本的生活困难得到了有效解决。爱心超市，也是良心超市，它考验着芦里村群众的良心和美德，它是精准扶贫与社会主义精神文明建设相结合的一项创新举措，也是弘扬真善美、传播正能量的有效载体，它真正让需要帮助的贫困群众感受到了社会主义大家庭的和谐温暖。

2018年4月22日夜
带病入村工作

在市中医院已住了4天院，村里的电话每天不断，大家要集体租车来医院看望我。扶贫也到了最关键的时刻，濮阳县今年要摘帽，工作任务很重。贫困户的"六改一增"材料还没有整齐……越想越要立即回村。与爱人协商，她坚决不让回去。第5天早上，趁爱人还没到医院，我简单收拾了一下，用带子吊着一只胳膊，租车回到了村中。

4月14日下午，在与村干部入户时，由于开挖自来水管道，不小心一脚踩空，摔倒在了路边的水泥池子边上，当时摔得头晕眼花，好大一会儿才醒过神来。入户到天黑，回到村里的办公室，右边胳膊钻心疼，抬不起来。村主任对我说：去医院拍片检查一下吧。到市中医院已是晚上9点，拍片发现有锁骨骨折。医生说：要立即住院做手术，时间越长骨折错位越大，手术难度更大。由于明天扶贫要检查，如果现在住院，扶贫的情况别人不了解，明天的检查怎么办？在医院思虑再三，决定先回村，检查结束后再住院。就这样又连夜回到了村中。躺在床上疼痛难忍，只得在椅子上坐到了天亮。4月15日天空下着小雨，扶贫检查结束后，把村里的工作总结安排了一下，16日开始住院，17日中午做了骨折手术，由于严重错位，打了一个12厘米长的钢板。

不到8点就到了村中，乡亲们看到我回来了，既惊讶又激动，"王书记回来了"不一会儿传遍了全村。村西头的瑞海大爷来了，前街的志军嫂来了，后街的帅印来了……不一会儿来了一屋子人，鸡蛋、鸭蛋、新鲜的蔬菜等摆了一片。看到这些，我的双眼有些模糊。乡亲们太好了，这就是所说的"鱼水深情"吧，手术的疼痛瞬间化为乌有。

下午，用带子吊着伤残的胳膊，入户走访了11户，发现几个急需解决的问题：贫困户李逢存儿子的离婚问题、刘国生在建房屋的宅基纠纷问题、郑上坤妹妹的上学问题、白庆国的残疾证问题等。

今天是劳累而快乐的一天。

2019年9月14日

县六一助学中心慰问活动

今天是农历八月十六，各地都是团结喜庆的氛围。根据与县六一助学中心的沟通，今天六一助学中心的志愿者来芦里村对贫困学生郑佳晨开展一对一帮扶活动。虽然放了两天假，由于是第一次来村中对接，我早上八点前就到了村中等待。

芦里村贫困户郑国强家，7口人，妻子患有子宫癌做了手术，因病致贫，2016年脱贫。其孙子郑佳晨，今年13岁，在濮阳县三中初中部八年级就读，父母从小离异，与爷爷生活在一起。孩子的父亲郑军伟，34岁，2018年10月在外打工时，检查发现结肠癌，2018年11月在市医院做了手术，住院花费11万多元，在国家健康扶贫、大病救助等政策的帮助下，本人只负担了9000多元，住院花费报销达到了92%以上，郑国强多次对我说：从内心感谢共产党的好政策。由于癌细胞扩散到了肝部，郑军伟于2019年6月病亡。家庭的变故，使郑佳晨受到极大的打击，父亲去世后一直休学在家。从6月份郑军伟去世后，我对这个家庭一直重点关注，一方面不能发生返贫事件，另一方面与孩子多次谈心交流。孩子在学校是学生会干部，品学兼优，不能因此而放弃上学或成绩下降，对孩子的学业要多渠道想办法。为使孩子尽早消除心中的阴影，体验到社会大家庭的温暖，经过与县六一助学中心多次反映协商，在助学中心的协调下，县审计局孙局长提出一对一资助这个贫困的孩子，直至大学毕业。

上午9时左右，六一助学中心张百营书记带领12名志愿者来到了郑佳晨家中，把第一次助学金1000元送到了孩子手中，并带来了牛奶、面包、图书、书包等学习生活用品。心理医生志愿者对郑佳晨做了心理疏导。在对接现场，郑佳晨随意表演了单口相声，得到了全体志愿者的鼓掌赞扬。通过这次一对一对接帮扶，孩子的上学困难得到解决，使孩子明白了虽然父亲去世、母亲离异，但这个社会是温暖的，树立了生活的信心，孩子表示：中秋节后马上入学，一定努力学习，不辜负叔叔、阿姨的期望，将来做有用之人。

对接活动结束后，郑佳晨的爷爷郑国强拉着我的手满眼泪水地说："王书记，儿子年纪轻轻去世了，周边群众都看不起，我死的心都有了，是你一趟一趟地往我家跑，今天佳晨的上学问题又得到了解决，要不是你，我的这个家真是要散了……"今天虽然耽误了中秋节走亲戚，但是村中最大困难问题得到了圆满解决，还是值得的。

作为驻村的第一书记，一定要把贫困群众的困难记在心上，找准帮扶重点，想方设法为他们找出路，才能真正得到群众的认可，老百姓才能从心里服你。

2020年7月6日

房产抵押发展集体经济

发展壮大村集体经济，是脱贫攻坚的主要任务。2018年10月组建成立了"濮阳县宏信农业开发有限公司"，流转土地200亩，筹资40万元发展艾草种植。从驻村开始，每年的除夕之夜，在万家团聚的时刻，我放弃与家人团聚，抓住春节乡土人才回家的机会，与在外人员一起议发展、交朋友，积极争取他们回家创业。像这样的除夕之夜我坚持了3年。用愚公移山的精神感召群众，用夸父追日的精神战胜贫穷。在我的执着感召下，在郑州从事坚果加工30多年的乡土人才投资500万元创办"坚果加工产业园"，注册成立了濮阳美猴王食品有限公司，目前一期已投入运营，带动12户贫困户顺利脱贫，月增收入2000元。为促进公司二期尽快扩建，在我的不懈努力下，2020年5月，又争取资金350万元，新建了占地5000平方米的生产车间。为解决扩建过程中的资金困难，我拿出自己家中的房产证作为抵押，在濮阳县农信社贷款95万元，全部投入公司扩建中。为办理贷款，和自己妻子多次解释争吵，妻子对我说："这套房子是我们辛苦多年一分一分积攒得来的，你的厂子要是出了问题我和孩子咋办呀？"十分和睦的家庭关系蒙上了阴影。二期投产后可安置100多个就业岗位，芦里村群众致富奔小康充满了希望，实现了脱贫攻坚与乡村振兴有机融合。

2020年12月17日夜

扶贫日随想

今天是我国第7个扶贫日，入户核查跑了一天。在扶贫日期间，由国务院扶贫办组织的"我所经历的脱贫攻坚故事"评选活动中,有幸获得了一等奖,这是对我驻村工作的鼓励与支持,更是对我们这些在基层一线辛苦扶贫的第一书记工作的认可。在芦里村驻村已经4年多了,在我的心中已经把芦里村当作了我的第二故乡,走在大街上,乡亲们都亲切地叫我"芦里的儿子"。

王存勇与村民进行座谈

一代人有一代人的长征路,一代人有一代人的梦想。作为驻村的第一书记,我的最大梦想就是:让芦里村的老百姓都过上好日子。

随着一个个贫困村的脱贫致富,可以清楚地看到,"以村为家,战胜贫困",全国千千万万名第一书记奋战在这场无声战役中。这份战斗力来自心中的信仰,来自脚下的力量。信仰不是随随便便说出来的,那是实实在在干出来的。

冲到战场,想到办法,走到心里,这才能让群众和我们一起冲锋。让我们在脱贫攻坚的冲锋号中,认真践行习近平总书记"不获全胜决不收兵"的庄严承诺。

禹州市鸿畅镇东高村之扶贫日记（摘选）

许昌市禹州市鸿畅镇东高村驻村第一书记　王彦浩

2020年3月25日

昨日夜半，大雨如注，晨起而歇。村内群众，无漏雨者，落实后甚为心安。

10时许，禹州市农业农村局副局长刘纲领、鸿畅镇副镇长张会敏来村调研农村产业发展。同时，请教部分任务分工：高标准农田建设由农业农村局负责，村内排前路修建由交通局负责，农村安全饮水由水利局负责。

2010年4月10日

今日小雨，有雾，党支部全体会议，由我授党课。

本次党课以红旗渠精神（自力更生、艰苦创业、团结协作、无私奉献）和与红旗渠有关数字讲开去。

明朝正统元年（1436年）到新中国成立的1949年，林县发生自然灾害100多次，大旱绝收30多次。因大旱庄稼颗粒不收，出现"人相食"的惨景5次。新中国成立前，林县40万人中，有28万人常年翻山越岭到几里甚至20里以外去挑水吃。1944年林县解放，党和政府给林县先后打了2000余口井，但仍是杯水车薪。新中国成立后，林县全县共有耕地98.50万亩，其中水浇地只有1.24万亩。缺水，是长期困扰林县人民生产生活的症结所在。摆脱干旱缺水的煎熬，是全县父老乡亲的迫切期待。

1960年2月至1969年7月，1250座山头、151座渡槽、211条隧道、12,408座建筑、2225万立方米土石、1500公里主干分支、5611万个工人。若筑成高2米、宽3米的石墙，其长度可纵贯南北（从哈尔滨到广州）。

一、一心为民有大爱。

二、敢于担当有作为。

三、善于工作有方法。

四、艰苦奋斗有激情。

五、胸怀大局有觉悟。

六、清正廉洁有品格。

七、团结协作有格局。

八、相信组织有正义。

九、珍惜岗位有成绩。

2020年4月21日

一、召集市农机局同志们开会，提振士气，感谢努力，不懈工作。责任扛牢一些，工作做细一些，配合再紧一些，认识再清一些。

二、建档立卡户的养老保险算收入问题，俊召同志确定。

三、镇里抽查村里公益岗位情况。俊峰书记带协议和相关资料到镇政府。

四、村"两委"成员和工作队队员再次对帮扶户档卡数字进行核查。

杨国全残疾等级重新确定为三级肢体残。

禹州市红十字会慰问抗美援朝老战士王更。

油用牡丹项目初步对接。

2020年5月15日

一、巾帼服务队工作情况汇报

赵小俊、郭秋月、田琴、刘桃枝、田妮、蒋改芳等分别汇报，整体情况尚好，部分难点重点村需要村"两委"出面解决。如李芳家喂群羊，垃圾较多，且经常外出放羊不在家，需要村"两委"协调，趁其在家的时候帮忙打扫。

二、开会讲话提纲

感谢付出有成绩；做好保持能长久；坚信努力有优势；重点突破有方向（由文西同志负责）；村史留名传八方（充分利用村史馆的相关板块）。

三、禹州市脱贫攻坚刘组长、尹组长等3人来村督导

指出：大方面无问题，档卡等比较齐备，资料比较规范，但访谈提纲需全部放入档案，台账部分账实不符，部分人员信息再次核实，一定要弄准。

据查：台账部分账实不符问题，为河南扶贫和建档立卡两个App内容更新进度不一，不同步。

2020年5月16日

今日周六，全体同志在岗。李丹书记回许协调（磨街尚沟的交通问题）。继续审查审核档案。

多日未归，家属等人来村。多日不见，儿子又壮实了些，甚慰，

成绩未见下滑，鼓励！

2020年5月28日

早起至防火卡点值班，巡逻全村麦田。

中午时分，赶往禹州市区，协调六一慰问的奖牌和东高村村史馆相关资料的印刷、制作等问题，定字号、定字体、定风格，再次核对相关内容。

俊峰同志办理出院手续。近日工作紧张，身体有恙，需注意。

2020年6月10日

今日有雨，听取俊峰同志工作情况汇报，商讨村史馆名人名企板块名单，研究东高村未来发展规划，镇党委拟对部分村"创五好强双基"工作观摩，我们作准备。

2020年7月29日

一、组织召开党员代表、村小组长、村民代表会议，传达各级扫黑除恶精神，审议、决议清理规范村集体资产资源合同事宜。（全票通过）

二、动员讲话提纲：

1. 坚决执行，没有余地。
2. 坚定立场，坚守底线。
3. 实事求是，彻底澄清。
4. 规范程序，合法合规。
5. 团结协作，稳步推进。
6. 区分情况，坚决打击。

2020年7月30日

马总反馈：假发项目，年产值5000万元，占地2000—5000平方米，工人100—200名，主销市场美国与南非，投资2000万元，其中设备等500万元左右，流动资金1500万元左右。

存在问题需确认：一是污水排放问题。每周废水百升左右，如何处理？二是税务问题。正常纳税即可，如何避免多头征收？三是工人数量。如何确保劳动力充足？

2020年8月17日

今日周一，大雾，赴禹途中，许昌西高速口封闭，全程龟速前行，堵，堵，堵，到处都在堵，9时许才到村。群里问问大家，都在路上堵着呢，安全第一。

10时许，天气转晴，大雾消散。

村北村标设计效果图已出，提交研究。

2021年1月4日

上午，听取村"两委"近段工作汇报。

下午，带领村"两委"重温入党誓词，《宪法》宣誓，监委宣誓，我主持会议。

俊峰书记宣读任期工作目标：2021—2025年。

我主持会议后提出要求：

讲政治，有信念。这是对我们党员的最基本要求，毛主席曾经指出，不讲政治，就等于没有灵魂。我们要做到头脑清醒，不断增强"四个意识"。理想信念不坚定，精神上就会缺钙，就会得软骨病。

我们要理想铸魂，信念做骨。

讲规矩，有纪律。习近平总书记提出：加强纪律建设，把守纪律讲规矩放在更加重要的位置。规矩有党纪国法、党章党规、规章制度，又有党的优良传统、政治要求和道德规范。要知晓规矩、认同规矩、遵守规矩、维护规矩，明白哪些事该做、哪些不该做，哪些话能说、哪些话不能说，自觉规范和约束自己的言行，不缺位、不越位。

讲道德，有品行。道德是人性基础，是力量源泉，是勇气后盾，是纯洁保障，是抗腐良药，是服务动力。要严于律己，以身作则，讲党性，重品行，做表率。具体到工作中，就是要注重个人品德、家庭美德、社会公德和职业道德。

讲奉献，有作为。就是要树立积极、健康、向上的主观意识，时刻牢记吃苦在前、享受在后，将群众冷暖安危放在心间，坚持好群众路线，及时掌握群众所需、所想、所盼、所忧、所虑，将工作做细、做实、做深、做透。只有奉献才能充实人生，才能不愧于共产党员的称号。在工作中，要做到干工作不讲价钱，干工作不讲报酬，干工作不讲条件，干工作不讲回报。

自强不息，终有所报。

2021年3月22日

村部西侧千年石龟重新掩埋后的路面修复，共用商砼26立方米，单价390元。

村西枣园枣树种植后，周边垃圾和杂物的清理问题要提上日程，由专人负责。同时，枣树的日常管养一定要跟上，选2名公益岗专职负责。

农历二月十九为东高村古会，联系许昌市越调剧团来村演出。1月17日开始，19日结束，共9场。

2021年4月27日

禹州市扶贫办组织10多家自媒体及网友来村开展脱贫攻坚网友采风活动。

重点向大家展示了我村作为华夏高姓发源地的历史底蕴和以此为依托打造的村史馆，介绍了我村自2016年脱贫攻坚以来的沧桑巨变，参观了新修建的冬枣院，走访了拟开发的地坑院，并对拟修建的振兴路进行了踩线。

2021年6月30日

值中国共产党建党100周年之际，为进一步抒发孩子们知党、爱党、颂党的真挚情感，传承红色基因，弘扬革命传统，激发爱党爱国热情，凝聚起为实现中华民族伟大复兴中国梦而奋斗的强大正能量，从村小学选出25名孩子参加庆祝建党百年东高村小学"童心向党　逐梦成长"演讲比赛。

邀请市、镇部分领导出席、打分，并为孩子们颁奖。

2021年7月20日

今日大雨。走访村内重点户，房屋不漏雨，人员均安全。

在走访中发现，村西路口因红薯窖坍塌造成围墙倾倒隐患，需速速填充。另外，村内三条主要的水道有一条堵塞比较严重，需要清理；另一条转弯处水势过急，泥土流失严重，需修建堰坝；第三条因临近深沟，需设置警示物或遮挡物，以策万全。

2021年8月23日

今日天气晴朗，邀请新考录的9名本科生座谈。

新考录大学生名单：李佳雯、段佳钰、李煜钦、王培龙、李绍涵、张梦豪、杨苗青、杨洋、杨金珠。

会议由俊峰书记主持，邀请镇党委委员、宣传委员牛苗苗和包村干部郏建德参加，其他人员从严控制，戴口罩，隔位坐，控制规模，做好防护。

会议议程共3项：

第一项：驻村第一书记王彦浩同志致辞。

第二项：颁奖。

第三项：请学生代表段佳钰、李佳雯、李煜钦发言。

致辞如下：

同志们、乡亲们、同学们：

恭喜你们金榜题名。十年寒窗无人问，一朝成名天下知。正所谓：一士登甲科，九族光彩新。尤其是在实行新的中招、高考政策之后，考入一所本科院校，更是难能可贵！

都是从那个年代走过来的，你们内心的喜悦我自己也曾感同身受。恨不得：白日放歌须纵酒，青春作伴好还乡。更希望：人生得意须尽欢，莫使金樽空对月。恨不能：春风得意马蹄疾，一日看尽长安花。也许是：仰天大笑出门去，我辈岂是蓬蒿人？

在报到之前，甚至在报到之后的一小段时间内，你们有资格、有资本在法律法规、伦理道德、家庭条件允许范围内纵情狂欢，或许是昏天黑地地睡个痛快，或许是毫无顾忌地高歌一曲，或许是放飞自我地饱餐一顿，更或许是没日没夜地纵情"吃鸡"……

但请你们记住,能量守恒是永恒的定律!世界上没有免费的午餐;没有无缘无故的爱,没有无缘无故的恨;人的一生,有多少付出,就有多少收获;有多少辛苦,就有多少欢乐!

不过,无论如何,孩子们,十载学海苦泛舟,金榜题名占鳌头!在建党百年这个伟大的年份,你们成功了!再次恭喜你们!

期待你们再接再厉。新的起点,新的征程。欲穷千里目,更上一层楼。业精于勤而荒于嬉。虽比高飞雁,犹未及青云。革命尚未成功,同志仍需努力。雄关漫道真如铁,而今迈步从头越。

从古至今,没有一个古人,也没有一篇文章,在学习上让我们满足现状、止步当前,反而都是在劝告正确认识自己取得的成绩,客观看待我们的不足,要我们立足新起点,再启新征程。

作为你们的大哥哥也好、小老师也罢,有几句话请你们记住:在思想上,要有紧迫感,牢记"日月逝矣,岁不我与";在目标上,要立大志,牢记"欲穷大地三千界,须上高峰八百盘";在态度上,要虚怀若谷,牢记"虚心竹有低头叶,傲骨梅无仰面花";在方法上,要脚踏实地,世界上没有那么多的捷径可走,牢记"旧书不厌百回读,熟读深思子自如""操千曲而后晓声,观千剑而后识器"。

孩子们,诚心诚意地说,你们学的已经足够好,做的已经足够多,但与我党、我国和全球经济社会不断提高的需求相比,还有极大的提升空间,望你们在新的起点、新的征程中,谦虚谨慎、戒骄戒躁、再接再厉,在学习生涯中再创新辉煌!

希望你们学业有成。希望你们在接下来的几年内,学习上不要被"60分万岁"和"大学不恋爱枉费青春"之类的言论而误导,你们要一如既往地踏踏实实、勤勤恳恳、兢兢业业对待自己的学业,最终实现积沙成塔、集腋成裘;积跬步以至千里、汇小流而成江海。

希望你们在搞好学习、挣够学分的同时，多多参加院系活动，多多关心班级动态，多多增长社会阅历，让专业知识和社会技能并驾齐驱、并行不悖；要切实做到：长风破浪会有时，直挂云帆济沧海；大鹏一日同风起，扶摇直上九万里。切莫：黑发不知勤学早，白首方悔读书迟。

恳请你们勿忘乡梓。虽然大家要马上远离家乡，到郑州、西安、开封、信阳、安阳、新乡、许昌等地求学，但东高村作为故乡，你们一定要有感恩之心和思念之情！无论将来成就如何，无论将来定居何方，无论将来身居何处，切记切记，创造一切条件，多回家乡转转，多向家乡看看，多为家乡喊喊，多给家乡办办！切勿等求之而不得，惆怅满腹而发"君自故乡来，应知故乡事。来日绮窗前，寒梅着花未"，切勿觉得"露从今夜白，月是'他'乡明"，无病呻吟而发"春风又绿江南岸，明月何时照我还"，切勿思乡不归乡，徒呼奈何而发"若为化得身千亿,散上峰头望故乡"……而是要"他朝得遂凌云志，定叫东高披锦绣！"

2017年夏，一次微醺之后步行回家，路遇一群老人下象棋，虽不懂，但因其热闹无比，遂凑而观之，有感，醉意蒙眬间，一挥而就一首《无题》，愿与诸君共勉：

  人生如戏亦如棋，为人当做士和车。
  守家护国应如士，开疆拓土当如车。
  小士撑落胸有度，辗转腾挪护帅旗。
  大车一出风云动，纵横驰骋谁能敌？
  莫道人生不如意，更勿怯于小人欺。
  恪守本心行大道，无愧天地扬正义。

百尺竿头仍需进，厚积薄发定有期。

自信人生二百年，会当击水三千里！

王彦浩带孩子们参观村史馆并为其讲解村史

2021年9月13日

筹备九月九重阳节孝老敬亲饺子宴，协调赞助捐赠食材，协调新闻媒体报道，联系爱心团队义演。评选一定要实事求是、严格标准、公开公正，俊恒同志负责按照"四议两公开"程序进行。

新当选"好媳妇""好婆婆"共10人，拟按照每人500元标准发放奖品，由第一书记负责协调解决。

请朝军同志负责，带领帮扶队员，再次入户走访，对扶贫档卡进行完善，确保库、卡相符。

西北工作区等10个村的小额贷款在我村村部定点进行，由于群众较多，且均为建档立卡贫困户，文化程度相对不高，俊峰同志带国印、现领、俊恒、改芳提前准备好房间，做好现场秩序维护，协助周边村子群众填好相关资料。

另：东高村小学教师急缺问题，由于教育总支负责人调整，仍需要沟通、汇报、协调。

2021年10月21日

禹州市脱贫攻坚第二督导组来村督导。根据其反馈情况，下午召开村"两委"会，帮扶队员参会。

共性问题：

一是房屋标识牌问题，要准确、清晰，该更换的更换。

二是信息采集表问题，要准确、认真，周五之前完成。

三是脱贫户档卡问题，要及时、完善，两天之内完成。

四是贫困户沟通问题，要经常、深入。

五是户容户貌问题，要适当帮忙。

六是明白栏的填写和挂置问题，要规范填写，端正挂置。

七是再次入户确认帮扶信息和脱贫户信息。由我初审、俊召同志复审，周五之前完成。

个性问题：

村"两委"：值班要及时；情况要熟悉；陪同要经常；环境要整洁。

农机局：11月底之前，要全面备战，严格请假手续；户档一定要精准，更新一定要及时，收入核算一定要实事求是，做到不漏项、不多项；档案尽量别往家里带，一切工作在村部完成，防止遗失或缺失。

2021年10月27日

今日许昌督导组莅禹,三个小组三天时间。

我们的任务:村档户档完善,村部卫生整理,分散的档卡要集中存放。另:档卡填写要求有变,需变更资料。

禹州市农机局同志们下午到村,做好档卡完善、更新、装订等工作。

俊召书记带芳芳等2人填档卡,统一模板,统一口径,重新审核。

晚7点,同志们仍坚守在村部,俊召书记等仍然在帮忙审核档卡,甚是感动。

2021年10月28日

天气晴朗,微风,无云。

农机局同志们到村:结石、朝军、亚非、献军、艳玲、苏欣。

镇里俊召书记、建德同志现场指导大家规范填写档卡,纠正部分错误填法,同时将户档、存档分门别类装订,整齐存放。

下午2时左右,建德同志陪同华奎到村检查准备情况。共查看10户,普遍存在的问题是:房屋标识牌填写不规范(人口数未填写);无人居住标识牌未悬挂(新的标识牌尚未发放);户容户貌需整改。反馈意见后,召集村"两委"抓紧整改。

2021年11月8日

鸿畅镇政府三楼会议室参加会议。

今晚7点召开村"两委"会议,研究向铺转正、山上合同等事宜。

今日停电停水,晚6时来电,一天未见热茶,冷,胃疼。

2021年11月10日

今日帮扶日，召集农机局同志们开会。提纲如下：

一、统一格式，务必规范。

二、再次审核，确保真实。

三、深入农户，挂牌上墙。

四、反复检查，不犯低级错误。

五、提高认识，做好准备。

六、知识测试，认真复习。

要求：近期没事的话必须在村开展工作。

下午5时许，李琦书记到村组织考试。

2021年11月11日

今日周四，农机局帮扶队伍来村对档卡再次修改完善。

许昌市调研组莅禹调研，需做好准备。

禹州市金融工作局来村问户贷社管企用流程等（流程图不清楚，已反馈）。

中午12时许，黄河书记、叶丰副市长等领导带领督导组到村，现场查阅档卡，询问相关情况，指出不足，并提出要求。

晚10时28分，对农机局同志们负责的档卡再次审核，发现错误及低级错误多处，已整改，并通知到个人。

2021年11月12日

周五，农机局同志们按时到岗工作。市公路局王局长到访，调研村内道路建设情况（尤其是今年年初我们协调修建的振兴路）。

下午与医师约好，就肠道难受等问题进行认真检查，提前拿了泻药。4时许，遵医嘱开始戒食并清理肠道。向李琦书记和驻村办请假并报备。

2021年11月13日

今日下午5时许，麻药劲过大半，已到村。

晚上拟同朝军等同志一道修改新的扶贫档卡。

2021年11月22日

今日周一，节气：小雪，天气晴冷。

今日工作安排如下：

一、完善特殊户相关排查表格。

二、复习相关政策要点。

三、准备座谈提纲。

四、对相关数字进行再核准、再排查。

防返贫动态监测表要查补后放入档案，工作都做了但未收集归整的，再次整理一下。

2021年11月25日

凌晨2点多，收到了制作完成的村歌《东高颂》MV，第一感觉——十分惊艳。其中大部分的素材均取自本村自然景观和平日积累的一些照片素材，但还有一部分网络素材，略有遗憾。发个朋友圈，小小地嘚瑟一下。

自此，华夏高姓发源地东高村形象宣传曲《东高颂》MV隆重发布！感谢各位领导、各位老师、各位同学、各位同事、各位战友的无私赞助！

2021年12月7日

今日周二，查看环境整治。

西边枣园边上的排水沟、过路排水沟及排水管道，少钦家老宅门口杂物清理及房子西侧公共土地的返还问题，已解决。

另：沿街花墙坍塌的要重新修缮，枣园北侧（李奇门口）排水沟用泥沙混合后进行加固。

按照俊召书记反馈的问题（共7项）逐项整改，由向铺同志整理汇总。

与张庄裴军杰同志交流人居环境整治工作。

12月8日拟召开党员代表和群众代表会议。

2021年12月8日

帮扶日，召开全体村组干部、党小组长、妇女小组长会议，有部分群众代表参加，讨论商议人居环境整治事宜，同时还研究了集体经济部分事项。

和俊峰同志、文西同志、国印主任商讨新设立宣传版面背面宣传语的取舍等问题，拟定为：提高政治站位，把准政治方向，坚定政治立场，明确政治态度，严守政治纪律。

现领同志带领山上清运车，沿经济专用线进行杂物清运。

今天天气寒冷，明日气温在零下，提醒分包农户和贫困户要注意防寒保暖，进行一次走访很有必要。

下午3时许，同俊峰同志就村内资金使用原则问题进行探讨。俊峰同志将昨日下午会议精神、集体合作社领办企业的前景和打算进行了汇报，由律师操作，涉及税票等问题，不懂，但提醒他一定要合法合规。

傍晚，同俊峰、文西一起赴整治现场查看工程进展，提出整改意见，新修路段的沟渠要在北边再修一段。李涛组有乱倒垃圾现象（提出要求，找出具体人，提醒其不准再倒）。少钦家门口杂草、藤蔓要揪下来，清理干净。

2021年12月10日

周五，天阴寒。

党建阵地建设、村部党员活动中心改造工程开工。

与俊峰同志讲，经费使用及村内集体资产的使用，要注意专款专用，不得挂账、混用等，要确保安全、合法合规。

2021年12月15日

今日我感冒，头疼、咳嗽、咽痛，无法说话，嗓子已废，无法开展工作。

村内人居环境整治工作如火如荼，花墙及排水沟修砌正在进行，旧屋拆除及危房拆除正在动员，争取下周内完成重点户（拆除老旧房问题）动迁工作。

2021年12月16日

昨天有村民送来金钩如意草、莲子心、蜡梅花、甘草根等草药，分别尝试，老裴（张庄驻村第一书记）送来各类润喉片。昨晚难熬，一夜无眠，嗓子疼得无法呼吸。早起我找向铺同志扎针输液，希望尽快好起来吧。

今日工作,继续人居环境整治问题,涉及一根电线杆移位,已沟通,下午完成。

2021年12月28日

接上级协查通报,我村有两名次密接者,需动员隔离。

联系镇防范办、市隔离点,走访入户,动员隔离,顺利完成。

2022年3月7日

乡村环境整治,枣园枣树补栽。原种植300余棵,死亡100多棵,甚憾。

与镇里协调,带回石榴树苗50棵、杏树苗50棵、枣树苗100棵、核桃树苗50棵、柿树苗50棵,带领村公益岗及时栽种。

驻村路上谱写青春华章

漯河市临颍县石桥乡桥南村驻村第一书记　邱建锋

自 2017 年 10 月入村任第一书记起，我就怀着"实实在在为村里人办事"的想法，扑下身子，不断地在村里走访、调研，掌握村里的真实情况。如今皮肤早已被晒得黝黑，已经是一名地地道道的桥南村村民，村民也把我当成了自家人。

2020年11月4日（星期三）

打赢脱贫攻坚战，抓好党建是关键

驻村伊始，我就坚持把建好班子、带好队伍作为驻村工作的首要任务，注重发挥党支部的战斗堡垒作用，坚持用制度管人管事，规范了"三会一课"、主题党日等活动，先后组织党员赴南街村、兰考、新乡、信阳参观学习。通过对标先进，建立便民服务全程代理，增强党员干事创业的激情；通过无职党员设岗定责，做到村委引领、村民自治，把要求和制度体现到党员的自觉行动上；共培训干部 16 人次，培养村委后备干部 2 名，培养致富能手 9 名，为乡村振兴储备了人才。2020 年 10 月，临颍县作为村"两委"换届试点单位走在全省前列，作为临颍县的"第一方阵"，桥南村最早顺利完成"两委"换届工作，支部坚强有力，党员作用明显，"两率一度"

持续提升，为全省村"两委"换届工作贡献了桥南村经验，得到省里领导的肯定。

2020年12月7日（星期一）

巩固脱贫攻坚成果，发展产业是基础

今天我与支部书记王绍凡到扶贫基地调研生产和用工情况，安排人解决其前期反映的电路问题，听取了公司经理的生产情况介绍。

脱贫攻坚既要"输血"，更要"造血"。桥南村一直没有集体经济，我便牵头着手完善村里的产业扶贫基地，通过争取项目资金，两年累计建成2500余平方米的产业车间，招引企业签约入驻，为村集体带来25万元的年收入。

桥南村要发展，产业是基础，为了发展经济，经与村委班子筹划，我们组织成立了侨裕种植专业合作社，推出了特色品牌产品——"侨联桥"系列杂粮养生粥，协调河南省广播电视台与驻村第一书记联合推荐，在海外华侨的帮助下，桥南村杂粮、粉条、辣椒走向英国市场；与新郑市太湖镇车厘子种植大户联合打造桥南村车厘子种植基地，栽种错季果树5000余株，通过发展特色农业，带领群众致富增收。经过不懈努力和持续推动，各个项目都已初具规模，渐见成效。

2021年3月16日（星期二）

确保脱贫攻坚与乡村振兴有效衔接，多为群众办实事

为改善桥南群众的文化生活，省侨联为桥南村建了一座宽敞明亮的文化礼堂。经过多次协调，省侨联委员陈生出资为礼堂安装了

三台立式空调，又通过多种途径筹资安装了350套桌椅，让村民们有了学习和集会的场所，开会时更加舒心。此外，还建成了桥南村文明实践站，修建文化长廊260米、凉亭5座，安装无线喇叭35个，树立美观鲜活的社会主义核心价值观宣传版面35套，让桥南村的文化生活得到大幅度提升；协调省侨青会捐资10余万元建成了40平方米的室外电子屏，唱响了主旋律。如今走在桥南村的街头，想着桥南村的新老变化，看到桥南群众的由衷赞美，心中甚感自豪和欣慰。

在桥南村一直没有像样的卫生室，体弱多病的老人看病相当不便，很多群众向我反映并提出了诉求，我便与原驻村第一书记一起向省侨联申请资金建了标准化卫生室，在当地村级卫生室也算得上是"第一方阵"。随后，多次请省里的专家到桥南村义诊，让村民就近看病、拿药。

有村民反映，晚上到村文化广场跳广场舞，还要跑回自己家里上厕所，没有公厕十分不便。但在公厕选址上，我们又面临一大难题，有的村民认为公厕会带来"脏"和"臭"，存有抵触情绪，我就带领村委干部努力做工作，最终完成选址并建成了环保型公厕，原来反对的村民也纷纷伸出了大拇指。当听到村民讲"邱书记，真是给俺村办了实事"，我内心非常自豪。

2021年5月27日（星期四）

做好爱心助学，坚持文化育人

临近六一儿童节，按照工作计划，今天为孩子们发放了助学金。孩子能够接受良好的教育是桥南村每个家长最大的希望，也关系全村的未来。从2017年驻村开始，我便协调侨青会每年爱心捐款

3.60万元，资助学生13名，让孩子们在学校能够安心学习。

在完善村内基础设施建设的同时，我紧紧抓好精神文明建设这根弦不放松。村内已多年未响起浑厚热烈的豫剧唱腔，老人们对豫剧都十分怀念，我就召集成立了桥南村戏迷俱乐部，购买了乐器，联系民间豫剧团到桥南村进行文艺演出，让老百姓在家门口就能听到"刘大哥讲话理太偏……"。为营造文明村风，村里设立了爱心超市，放上爱心人士捐的物品，贫困户和村民都可以用积分兑换，使得贫困户由"要我脱贫"变为"我要脱贫"，懒汉变为勤快人，大大提高了村民独立做事的积极性，激发了村民的能动性，同时也备受大家的好评，效果明显。

2021年9月20日（星期一）

脚下沾有多少泥土，心中就沉淀多少真情

今天一早，天就一直下雨，按照工作安排，每个月的10日为固定的主题党日活动，起床后便开始准备今天的学习材料，重点有三个议题：一、学习习近平总书记关于巩固拓展脱贫攻坚成果同乡村振兴有效衔接工作的重要讲话；二、党员大会集体表决新纳入的监测对象；三、对村党支部拟定的环境整治工作进行讨论。

雨不温不火地下，一点没有减小的迹象，提前到达村室的党员开始讨论今天的天气，今年雨水还算丰沛，应该是个好年景，上周下了一场雨，水量不大，没有下透，烟叶和庄稼正是大量需要水分的时候，雨水缓解了旱情，但还差点火候。8：30开始开会，应到50名党员，实到35名。雨越下越大，瓢泼大雨让一些散会后的老党员滞留在村室，大家便你一言我一语地讨论着今年的墒情，分析着谁家的房子会漏雨，我们商议，等雨小一点，到群众家里走走，

看看是否有漏雨情况。

11：30左右，老党员张丙申就急匆匆地打来电话，"邱书记，我家严重积水，再不排水房屋就要泡塌，你们赶紧过来吧"。灾情就是命令，放下电话，我就联系支部书记和村主任及其他同志，蹚着水赶到张丙申家。张丙申是桥南村的老村委干部，已经74岁，老伴刚刚去世，现在由女儿照顾其生活，他的小院是一个洼地，水已经没到膝盖处，女儿正在从屋里往外舀水，整个房屋泡在水中，情况十分危急。见我们过来，他女儿的眼泪流了下来，"邱书记，您说咋办哩？"我们观察了房屋的地势，只有从西面院墙外侧别人家的红薯地挖沟排水。雨势很大，来不及犹豫，大家立刻行动起来，我找到和张丙申有矛盾的张四虎做工作，取得挖沟许可，史保昌和张现中现场排水，顺利排除险情。豆大的雨滴打在身上，衣服迅即湿透，每个人双脚深插在泥泞之中，雨水、汗水、泥水混在一起，事后老张握着我的手一直说："感谢邱书记，你真是我们的贴心人呀。"

驻村两年多，我见到过无数感动和被感动的场面，不留名的群众在门口放下的一把菜、一碗米、几个鸡蛋、一兜水果……都能触动我内心深处柔软的感动，让人久久不能释怀，农家的很多情感温馨而朴素，但它却是这个商海滔滔、物欲横流的现代社会中渐渐淡薄和失去的，又恰是我们心中渴望拥有的一种美好而温馨的情愫。作为驻村第一书记，我们是党为群众派来的勤务员，在我们的身上就代表党的形象和基层群众对党的依赖，这种风雨中的泥泞也许就是群众心中最亲近、最美丽的色彩吧。

从张丙申家出来，雨水有所减小，简单吃点东西，就与保昌、现中、自民分头入户查看群众的房屋安全和漏雨情况，我一直担心的是杜红昌的房屋，经实地查看，房屋虽旧，没有漏雨，没有安全隐患，我就放心了；查看到五保户王保欣家，感觉问题比较严重，他家里地势比较低洼，主房老旧，有渗水现象，东屋较好，先安排好王保欣的住处，确保老屋不住人，再叫张现中拉来"对口抽"，排出院中的积水，遂解除安全隐患。

桥南村是老官道中的驿站，村庄大，设施老，发展滞后，需要改进的地方多，帮扶的任务重啊。

2022年1月26日（星期三）

只有真心付出，才会赢得真心回报

再过三天，就是春节了，我要利用一天时间查看"三类户"的生活和过年物品的准备情况。早上我一推开门，发现有不知名的群众送来的青菜和鸡蛋，我非常感动。

群众利益无小事，一枝一叶总关情。驻村近五年，我几乎和桥南村所有的贫困户、重点户甚至普通户都产生过这样那样的交集，谁家孩子上学捎带东西，谁家人挂号看病，邻里矛盾调解都留下了自己的身影。行车里程15万公里，1000多个披星戴月的夜晚，穿梭于郑州与临颍之间，凝结了自己的梦想和汗水。我清楚地记得2019年8月，爱人得了眩晕症，正赶上扶贫督查，我只是去医院看了看便匆匆返回村里，留下8岁的大女儿在医院陪护妻子。五年驻村路，帮扶工作风风火火，得益于妻子的理解和支持，为了解除后顾之忧，让我全身心投入驻村工作，她支持我把母亲、弟弟和小女儿接到桥南村，却把相思之苦、母女情长留给了自己。每次从郑州返回桥南村，3岁的小女儿都不愿意离开妈妈，会从上车一路哭到许昌，直到睡着。每每想来，我便心酸不止，长期在无助和愧疚中徘徊，无法释怀。

　　有人说，驻村第一书记身上的汗渍美如画、艳如旗。我们用实际行动进行了全方位的诠释，用真心换回群众的真情和口碑，一桩桩、一件件贴心暖心的大事小情，村里老少爷们看在眼中、记在心里。2019年年底，当村民得知第一书记将要换岗的消息后，联名写信给省侨联要求我继续留任，鲜红的指印是对我驻村工作的充分肯定和对驻村第一书记的最高礼赞。

　　经邱建锋多方争取，河南省侨青会对桥南村的13名贫困学生进行定向资助，以改善其生活条件和学习环境。图为2021年发放助学金的画面

　　我深知，人生其实非常简单，只要树立一个单一而坚定的目标，往往能够成就一段幸福的旅程……

我的驻村日志

三门峡市湖滨区磁钟乡赵家后村驻村第一书记　刘晓春

2018年4月3日　星期二　晴

用真心换真情　以真情暖人心

今天,赵家后村四组脱贫户刘金才,手提着自己现磨的香油来到村委,专门来看望我们驻村工作队队员们。老刘激动地说:"感谢党和政府为我们老百姓所做的一切,感谢你们对我们一家的关心和帮助。"

回想老刘一家的遭遇,妻子袁秋红2017年参加了湖滨区"一村一警"招录考试并顺利走上了辅警岗位,没多久区医院来村为群众开展免费体检时,袁秋红被诊断患有严重的妇科疾病,需要马上手术。这一下可让一家人发了愁,一是害怕手术治疗费用高给家庭带来极大的负担,二是担心一旦手术需要3个月的恢复期,这样很可能会失去工作。

我们驻村工作队在入户走访的过程中了解到这一情况,立即找到袁秋红,向他们讲解了贫困户享受医保报销的政策,让她安心住院治疗,通过赵家后村党支部微平台远程诊疗系统为其联系了湖滨区医院的专家,帮助其做好了术前准备,并到医院看望慰问。为了让她安心治疗,驻村工作队还专门向其工作的会兴派出所领导说明情况，好让她安心看病，不用担心工作的事情。

很欣慰，手术非常成功，术后一周袁秋红就回到家中静养了，身体恢复得很快，出院时她一共花费了8750.71元，医保报销了6138.16元，自己仅支付了2612.55元（其中输血费用2418元）。

老刘拉着我们驻村队员的手说："你们的真心感动了我们全家，感谢你们为我们所做的一切！"

2018年5月1日　星期二　晴

今天《大河报》来采访我，内心的激动无法表达，觉得自己并没有做什么，能被采访感到十分荣幸，采访稿只是日常工作的剪影，还需要更加坚定信心，踏实努力地干好自己的工作。

回顾半年来的驻村生活，后悔过，后悔对孩子亏欠太多太多，双胞胎姑娘生下来两年时间，陪她们的时间少之又少，每天最幸福的时间就是晚上听孩子奶声奶气地叫声"爸爸，爸爸"，不知道孩子的世界里爸爸是什么样，也许她们心中的爸爸就是手机视频里的那个图像，不管怎样，孩子，爸爸爱你们，以后爸爸一定会加倍地补偿你们！

（后附采访稿）

驻村队伍中的"视频爸爸"

"我不是一个称职的好父亲。"一谈起自己的双胞胎女儿，磁钟乡赵家后村驻村第一书记刘晓春眼角便开始湿润，"但是我不后悔，对孩子们的愧疚我以后会慢慢补偿，现在做好驻村工作是我的第一重任。"

2017年12月被派往赵家后村担任第一书记后，面对繁杂的基层工作，刘晓春吃在赵家后、住在赵家后、干在赵家后，不断研究如何更好地落实农村党建、脱贫攻坚等工作。他把精力都奉献给了基层，分给家庭的时间相对的就几乎没有了，老家的长辈过世他也没能够及时赶到送最后一程，2岁的双胞胎女儿留给爱人在洛阳老家独自照顾，一年多的时间只是春节才能陪陪孩子，平时只有通过手机视频的方式才能一解想念之苦，村里人都亲切地称他为"视频爸爸"。村民们都待刘晓春如自己的孩子一样，知道他经常要加班到深夜，村民们就做好晚饭送到村委，每次上级调研或者脱贫攻坚考核，工作人员都会被刘晓春这种"舍小家为大家"的精神所感动。

一年多的时间，在刘晓春和驻村队伍、村干部们的共同努力下，赵家后村发生了翻天覆地的变化，各项工作成绩也都名列前茅。刘晓春说，作为村里的第一书记，村民们过得幸福，就是他最大的心愿。

2018年7月19日　星期四　晴

今天，省委组织部领导还特地前来学习，感到深深荣幸与自豪，自己的辛苦得到了认可。

回想之前，自己琢磨的用企业微信App小程序，推进"两学一做"学习教育，利用"互联网+党建"思维和信息技术手段，探索打造集学习、交流、服务、监督、展示为一体的"赵家后村党支部智慧平台"，实现了"微党乐"信息发布、党员积分申报、流动党员管理等功能，真是应了那句"学无止境"，要学的东西真是太多了。

2018年8月11日　星期六　晴

今天,驻村工作队联系的电影放映队终于来了,放的是关于脱贫攻坚的电影《十八洞村》,男女老少吃完饭都搬着小板凳提前去占位置,一个个看得津津有味,现在的美好生活真是来之不易,同时,更加感到身上的责任重大,作为第一书记的压力更大了,甚至关系着赵家后村的发展与未来。

电影还得再协调放几场,老百姓的文化生活太匮乏了,看场电影都很开心和满足。

2019年6月13日　星期四　晴

邀请医生上门服务　助力健康脱贫

今天,邀请医生上门服务贫困户,为慢性病患者测量了血压、血糖,并根据其身体状况指导用药及健康生活方式。在做好医疗服

刘晓春积极动手参与村里的各项大小事务

务的同时，还向贫困户宣传健康扶贫相关政策及自我防护知识，随着这种活动的开展，感觉和老百姓的距离更近了。

2019年9月17日　星期二　晴

好久没见到孩子了，驻村这么久，我这个"视频爸爸"想回洛阳看看孩子，今天在服务群众的过程中手背被割伤了，此刻多希望两个宝贝在身边叫一声"爸爸"，很想念她们俩。但是手头上还有一大堆活，还有很多材料需要梳理，还有很多群众的问题需要亲自走访，再坚持坚持，很快就能看到宝贝了。

希望二宝赶紧好起来，听媳妇说住进了重症监护室，爸爸无法亲自到身边照顾你，我的宝贝，别怪爸爸，爸爸爱你，快快好起来。

2019年10月22日　星期二　晴

明天要召开第一书记座谈会，要讲自己的工作经历，刘南昌书记也要参加，开始回顾这短短时间内自己做了什么，感慨万千，深感到自己还有所不足，还需要进一步努力。写完之后，时间已经过了凌晨，长长舒一口气，上了床，准备好好睡一觉，迎接新的明天。

（附上准备的发言稿）

大家好！我叫刘晓春，非常荣幸能够参加今天的座谈会，进行驻村工作经验交流，学习各村先进做法。下面将我们赵家后村的驻村工作进行汇报。

赵家后村位于湖滨区东郊，有205户、727口人，共有耕地1479亩，经济来源主要以种植、养殖和外出务工为主。村"两委"及监委班子共有8人，全村共有党员38名。2017年年底，当我接到驻村通知时，我刚刚为双胞胎女儿过完两周岁生日。说实话，当时我的心里有一些犹豫，我真的希望能够分成两半，一半干好驻村工作，一半陪伴女儿。爱人当时看出了我的犹豫，她鼓励我说："家庭的安稳是干好驻村工作的前提，我会照顾好两个孩子，你安心地干好村里的事吧！"家人的鼎力支持，更坚定了我干好驻村工作的信心。

一、以亲情为宗旨，提升为民服务能力

为详细掌握赵家后村的实际情况和村民的实际需求，驻村第一天起，我就深入田间地头，走访村民，查看环境卫生，摸排基础设施。我深深记得，在走访群众的过程中，我遇到了赵家后村一组的贾芳绸，老人今年已经81岁，早年随二儿子李拴丝将户口迁出，后因李拴丝意外死亡，儿媳也因病去世，留下有先天性疾病的孩子李盼东与老人相依为命。得知老人的难处，我真切感受到贫困群众的现状，当天我就联系三门峡泰禾农业开发有限公司，为李盼东找了一份配送的工作，解决了他们家的收入来源问题。

2018年春节前，赵家后村一组贫困户赵狗绪的妻子张鲜荣在家清扫房屋，不慎从凳子上跌落造成右腿髌骨骨折，在得到张鲜荣住院的消息后，我先帮助她拨打扶贫保险的报险电话为她及时报险，同时开车带她到市中心医院做各项检查，为她联系骨科专家安排好手术，离开医院已经是夜里11点了。张鲜荣通过医保报销和"2+X"扶贫保险报销，享受报销费用5599.61元，自己仅支付了3278.65元。这件事让赵狗绪夫妻深深感受到党和政府是实实在在为百姓们着想的。

二、以党建为引领，筑牢基层战斗堡垒

作为驻村第一书记，首要职责就是指导基层党支部"抓好班子、带好队伍"。一是着力提高村班子队伍能力。新选举出的村"两委"班子有2/3是新任村干部，文化基础和工作能力参差不齐。我着重从党性教育、业务能力、遵规守纪方面对村干部进行培养和锻炼，我坚信，班子齐、队伍整，只要肯学肯干，没有处理不了的问题。二是扎实推进农村"三年强基工程"。今年以来，赵家后村党支部围绕"三年强基工程"要求，充分利用"互联网＋党建"思维和信息技术手段，探索打造集学习、交流、服务、监督、展示为一体的"赵家后村党支部智慧平台"，通过指尖上的"微党建"，有效扩大党建覆盖，增强党组织活力，打造生动的学习平台。定期将《党章》、党的十九大报告、党课微视频、脱贫攻坚政策等上传平台，突出严谨性、趣味性和实效性，激发党员群众学习兴趣，增强学习效果。打造畅通的交流平台。在党支部微信平台建立前，党员与党员之间的横向思想交流不多，更不够深入。随着微信平台的开通，25名支部党员加入进来，交流频繁了起来，组织内部也更为团结。打造便捷的服务平台。平台建设不仅有效推动了党建工作，更提升了党支部的服务工作水平。同时，与湖滨区医院建立了应急联系渠道，开通网上问诊、视频服务，让贫困群众足不出户就能够与主治大夫实现沟通问诊，以这种方便快捷的方式为全村脱贫攻坚工作做好服务。打造高效的监督平台。以往的党员积分管理工作，只是对在村的党员们具有管理效果，对在外的5名流动党员缺乏一定的监督。而在开通党建平台后，支部全体党员均可以通过在线申报积分事项，并且全体党员都能进行互相监督，有效破解了流动党员管理难的问题，提升了基层党组织的创造力和凝聚力。三是强化营造党建引领氛围。我利用回洛阳探望孩子的机会,跑了12个街道社区,收集了党建样板资料300多份,拍摄党建硬件设施照片200余张,为赵家后村党建工作提供了有力参考。设计制作了党建墙版面20余块,现已全部安装到位,使赵家后村党建宣传氛围有了很大的提升。2018年7月,赵家后村党支部被湖滨区委组织部评为"五星党支部"。

三、以产业为支撑,发展壮大集体经济

去年以来,赵家后村积极争取上级扶贫资金140万元用于发展主导产业,种植优质花椒树500亩,葡萄100亩,建成阳光温室大棚11座,引进火龙果种植基地和草莓种植基地各一个,发展休闲采摘农业,辐射带动本村10户贫困群众务工就业。入股四家产业扶贫基地,通过入股分红模式增加贫困户收入,村集体经济也有了保障,2018年年底村集体经济收入将达到9.60万元。下一步我将通过以下几个方面更加深入地做好驻村工作,一是继续加强组织建设,带领农村党员群众深入学习党的十九大精神和习近平新时代中国特色社会主义思想,制定好符合本村实际的"三年强基工程"实施计划。二是利用好金融扶贫政策,积极申报村级担保试点村,为赵家后村新艺石膏扶贫车间和白芍种植推广项目争取金融扶贫项目资金;继续利用好蔬菜大棚种植项目,为现有的火龙果种植基地积极申报市级农业产业化龙头企业和申报"三品一标"无公害产品认证,并继续申报蔬菜大棚建设项目用以发展果蔬种植。三是依托赵家后村距离高速、省道和主城区较近的交通地理优势,结合农村三变改革试点工作,计划建设一个小型冷链物流园区,进一步增加村集体经济收入,带领群众增收致富。

大营镇寺古洼村小康日记

三门峡市陕州区大营镇寺古洼村驻村第一书记　杜　静

2019年3月15日,组织上通知我下村担任驻村第一书记的申请通过了。前天,我妻子接到住院通知书,临产期,必须住院。没有选择的机会。病床前,我给妻子小声说道:"我要下去干第一书记。"妻子只说了一句话:"去吧,孩子要生那天你请假回来就行。"话一说完,她把脸背了过去,哽咽起来。我拍了拍妻子的肩膀,离开了医院。

下午,我来到了村子里,村支书李双良介绍村里的干部,"咱这里一共9名干部,这位是老张,咱们村的主任""这位是咱村的妇女主任,张娟"。一一介绍之后,支书告诉我,"还有一个村委副主任,刘太平,今天没来""还有你一位战友,史跃民同志,老革命了,驻村工作队队员,也是咱乡文化站站长"。和史站长握手之后,史站长因有事就离开了。李书记说,慢慢你就适应了,你刚来,大家还不太了解你,咱这儿环境还可以,有空多转转。

2019年3月17日,寺古洼村来了一名新战友,广发银行的部门经理姜大玮来村担任驻村工作队队员。

2019年3月21日,接到医院电话,说我妻子马上要生了,工作日,没有办法,赶紧请了假往医院跑,到了医院已经是下午2点。

第二天中午孩子出生，我只在医院待了2天，后接到区里任务，需要返回村开展各项排查工作。

2019年4月，危房排查工作开始了。接到上级通知，开展大排查大提升工作，要求全面排查危房改造等方面存在的问题。经过排查，有20余家的房屋存在安全隐患。没过几天，区住建部门给乡里反馈有20户需要实施危房改造。村"两委"会上，村主任张佐谋说："杜书记，你这可给村里干了件大好事啊，20多处危房谁来给他们盖。"根据我之前掌握的政策，我说道："不是农户自己申请，鉴定通过后自己盖吗？"张主任说道："对呀，可是人家没钱，自己怎么盖？你出钱盖吗？还是让村里出钱盖？"这时，我才发觉问题的所在。当时，我不再做声，我说："好吧，我来想办法。"会后，我找到了驻村队员史跃民史站长，史站长对我说道："危房排查你到现场都看了吗？帮扶责任人说是危房就是危房吗？这样的事你应该多征求村里老干部的意见。现在这样你把人都惹了，以后你还怎么在村里干？"我当时有些不理解，可后来想想，自己确实也做得不到位。

晚上，吃过晚饭，史站长告诉我，要不你找村里刘副主任商量商量，他是村里能人、大聪明。

第二天我找到刘太平副主任。他黝黑的脸上透出精神，他告诉我说，你说的事确实挺难，但是你要是相信我，我去做做工作试试。我说，好，那这事就拜托你了。

为了落实20户的改造任务，我和刘主任一户一户做工作，半夜去到农户家，给家里在外打工的孩子做工作，给有钱的亲戚做工作，最终20户的危房改造工作全部完成，所有危房改造户通过验收后领取了危房改造补贴。

2019年6月，我所包的贫困户李新亚打来电话："小杜啊，你来我家，我给你反映个情况。"爬了1里山路，我到了李新亚家，这家夫妻俩都是残疾人。李新亚告诉我说，他老伴之前残疾鉴定是三级，他残疾鉴定是二级，可是他老伴行动比他还困难，看能不能再鉴定一下，可是他孩子在外打工，单凭夫妻俩到不了医院。安排了一下村里的工作，第二天我和村里干部开车载着李新亚的老伴去三院做残疾鉴定。下车之后，距离体检科只有60米的路程，但是大妈行动不便，我先租了一辆轮椅，然后才顺利将大妈送到体检科，大妈没带钱，我直接付了50元检测费。当天检测人员说，初步确定为二级残疾。我把这个消息告诉大妈，大妈激动地拉着我的手，连声说"谢谢、谢谢"。

2019年7月，我见到李新亚的手机坏了，当天我就给他买了部手机。平时李新亚老远见到我，总是热情地打招呼，拉我到他家里坐，把不舍得吃的土鸡蛋和蜂蜜往我手里塞。

2019年8月19日，早上在村，李书记和我说了一件事："杜书记，咱村有个想法，咱们村富士苹果、户太8号葡萄品质很高，但是老百姓都是散卖，你看看怎么能提高一下品质，或者有什么办法能增加老百姓收入。""注册商标，创立品牌，有品牌了把控品质销售一定能赚钱。""杜书记，你有这资源吗？或者你给咱设计设计商标啥的。另外，咱村有个干淘宝的叫张晓华的，你可以见见，他说他想给咱村搞个农村淘宝或者电商平台什么的。"第一次见到张晓华，他略有些口吃，但听他详细讲述他的经历，我觉得他还是有想法有闯劲的，他说自己之前在淘宝上卖过小蒜、蒲公英、白蒿等，而且他带我到村委后面看了看他的真空包装机等设备，我告诉他，如果真想好好干，寺古洼村的特色资源苹果、葡萄好好包装一下，就一定能挣到大钱。

后来我联系工商部门协助张晓华申请注册了"寺古洼高山苹果""寺古洼高山葡萄"两个商标。李书记说,你给咱这两个商标再设计两个箱子封面。一晚上没休息,几番调整之后,"寺古洼高山苹果""寺古洼高山葡萄"的箱子封面就设计好了。为了促进果农销售农产品,前期村委制作了两种类型果箱各3000个,以原价给果农。好多果农前期没钱就先赊给果农,等有钱后再还。为了不影响寺古洼村的品牌信誉,只要求一点,果农需要把关果品品质。

2019年9月果品展销会,张晓华销售带箱苹果1000余箱,单价达到了45元/箱(10斤装),把张晓华乐坏了,他有些语无伦次,但满面红光,不停地表示感谢,说谢谢李书记和我给他带了一条路,让他看到了干事创业的希望。我告诉他要再接再厉,以后寺古洼村农村淘宝、电商平台还需要他有一份事业心才能干好,不要看重小钱,一定要把眼光放远一些。

2019年10月,村里更换了包村领导,包村领导变成了徐天水,是分管扶贫的副乡长。之前我跟他有过不少接触,他原来就是镇扶贫办主任,很多扶贫政策他都能耐心解答,而且说得很明白。他的到来让我觉得村里的发展又多了一份助力。

2019年10月,村里的果品交易市场、1000立方米水池等施工前需要办相关手续,我和李书记在发改委、国土局为项目申报办理手续。一次经领导协调到市国土局申报办理手续时,市国土局的人告诉我,要想把项目的事情捋顺,需要作国土空间规划,大概需要十几万元,而且原则上这个钱是乡镇统一规划的,不是村级层面可以单独协调的,村里来市国土局办这个手续还是第一次。后来我和李书记又对接区国土局,多次咨询,只针对果品交易市场进行土地测绘勘界，办理了设施农用地手续。

2019年10月，拆违治乱开始了。前坪自然村是个重点，村民反映村里有个党员张怀森盖房占路。为了做工作，我和包村组长徐天水经过研究，决定找村干部张建英给他做工作，几天苦口婆心的劝说后，张怀森终于同意自己拆掉违建，给大家腾出一条宽敞的巷道来。

2019年11月，为了实施寺古洼村2019年饮水项目，前期需要寻找水源。村"两委"会上，李书记说需要有干部到大山深处地势高的地方找水源，而且今天还需要准备几项工作，全村收养老金、医保金，准备扶贫上报资料。大家都被排得满满当当的。张模军自告奋勇："我带村民去找水，这是个好事，辛苦点不怕啥。"当天他带着群众，带着馒头和水去到深山里，不时在群里发找水的照片，照片上满山荆棘，没有丝毫的通路，人员过处，用镰刀劈砍才有路。直到第二天凌晨，他发来照片说，虽然水量小，但是找到一处水源地，水质还不错。大家一致称赞张模军的义举。

2019年12月，通过努力我和村干部争创了"国家森林乡村"的称号。

2020年1月，本来临近年关，想着可能要放假，可接到乡里通知，说武汉发生疫情，有新型冠状肺炎病毒传播，过年不休息了，随时听从组织调配。

几天后，村里接到通知，因为疫情原因，需要村里设立卡点，盘查一切过往人员和车辆。卡点实施24小时值班制。一个下雪的夜里，1点多钟，村委群里发了一张图片，一个村民在卡点上冒着风雪值守。当时我看到了确实很惊讶，第二天我问村干部，他是谁。村委委员张建英说道："他叫张宝良，是个党员，人挺热心的，对村集体很关心，经常无偿献血，当志愿者，献爱心，但是人脾气比较怪，爱告状，别人做的他都看不过。"

后来，因为疫情，村里生活物资缺乏，我和李书记联系了临近村的一家商店保证村民生活物资供应。张建英也经常下去为村民购买物资，并送到村民家里，群众一致反映这样的村干部很贴心。

2020年3月，经过努力，果品交易市场、1000立方米水池正式完工。村干部都说这两件事值得称道。

2020年5月，我所包的贫困户李西安来到村里："杜书记，现在养羊有补贴没，我要养羊，申请补贴这事你给操个心。"考虑到他以前没有养过羊，我说道："李哥，你考虑一下，考察清楚了再干，养羊可是有风险的，不懂养羊的技术万一有啥问题就赔大了。""我不管，我就要养羊，现在在外打工也不自由，又有疫情，你要是不让我养羊，我跟你急。""你可要想清楚啊，想好了你来申报。"可他前脚刚走，就有群众来这里说，这家伙不是真心养羊，是为了骗国家补贴。后来几个村干部也这么说。后来在申报的到户增收名单上，李西安赫然在目。

2020年6月，危房改造工作开始，包村领导徐天水副镇长和我一起带着村干部，对所有居住在村的农户"户户过"，登记常住人口情况，并详细了解各户住房、收入情况，很多人提出的问题，尤其是住房政策，他都逐一耐心解答，并安排人员把全村住房情况尤其是存在安全隐患情况落实清楚，我更觉得自己多了一个扶贫路上的好战友。

2020年6月的一天我去了李西安家里，问了问李西安："李哥，你的羊准备养在哪里啊？""养到外面的废弃土窑里。""离你家有多远？""不远，2里路，在山上土窑里。""你这可能不行，一是废弃土窑不安全，另外，你离家这么远，验收的时候怎么证明是你的羊？""你们验收的时候说是就是了。""话可不能这么说，现在验收是几级验收，组里验收，村里验收，乡里验收，而且乡里纪委人员也要参与，享受国家补贴来不了半点假，骗取国家补贴达到规定金额可能要涉刑的。""别把话说得那么难听啊，我是那种人吗？你说这话是针对我吗？其他家也是这要求吗？""是的，这验收对谁都一个样，将来对照名单，户户验收，尤其养殖户，肯定户户过，不漏一户。验收的时候，需要实地看养的羊，有票据，购买记录，购买人的电话，我们要核实。""那行，让我想想。"

几天后，我正在和村干部整理到户增收申报资料，李西安打来电话说："杜，你来一下，来我家看看。"他打开了他家旁边的院子门，说道："这是我哥的院子，他不在家住了，这里正好有个圈子，这些羊花了我快3万元呢，羊耳朵上打有耳标，买羊我付的现金，这是对方给开的票，这不坑你。我就是实心想养羊。""好，这段时间刚好要做养殖户的到户增收的初验，你这就算是第一家。这几天我和村里要跑遍其他家，我们验收咱村民可以监督，欢迎全过程监督。""好了，我信你，既然你是我的帮扶人，我绝对支持你，但是你有啥帮扶政策得想到咱。""还有我买了羊，如果养不好能卖不？""你不能刚养就卖，真心想发展养殖我帮你联系专业人员教你，要干咱就干出个样。""好，真心干，后期我想申请扶贫金融贷款你给支持支持。""行。"刚走出院子，和我一起的村干部拉住我说："别答应得那么爽快，他想贷款基本不可能，这人在银行那边信誉不好。"

我联系了扶贫金融贷款的银行农村信用社，"田主任，您好，我想问一下,扶贫金融贷款都需要满足啥条件？需要啥手续？""这村里张娟都清楚,你想给谁贷款?""李西安。""不贷。""为啥?""这家伙之前用他哥名义贷款,还有2万块没还呢,说让他还没少费口舌,因为这还扣了我的绩效,你说我能贷吗?"

我又联系了李西安,"李哥,你能打一下个人征信吗?金融扶贫贷款,首先要个人征信没问题。"

几天后,李西安的征信出来了,没有不良征信,我对李西安说,"李哥,我帮你给银行担保,但是你贷款后按时足额还款,能行吗?""行,就凭你这句话,我肯定按时还。"我找到了农信社王行长,向他说明了情况,我说道:"希望最大限度贷款,最高5万元,能让他贷款尽可能让他多贷款,我帮他担保。"几番保证之后,银行终于同意给予贷款。

2020年8月,李双良书记在党员活动日上给群众强调要多出去学习,发展农村产业,尤其是特色农业。我和李书记作了深入探讨,李书记后来确定一定要走出去看看。

2020年9月,陕西杜阳红花椒基地董总来村实地查看,我和李书记带着董总、袁总来到村里详细查看了村委场地,尤其是介绍了村里产业发展情况,并且提出提供村委场地作为花椒基地的办公场地,安排村干部刘太平对接村民,签订租地协议发展花椒种植。

2020年10月的一天,中午12点,村里值班电话接到村民报告,说寺古洼村有大火,我和李书记接到报告后,迅速报告乡里,并组织村民到现场观看火势。火灾发生地距离道路较远,花了20多分钟才赶到现场,考虑到风较大,可能发生火势蔓延,一方面组织人员在安全位置进行土挡灭火,对已熄灭处进行覆土,避免死火复燃;一方面联系乡镇救援队,通知"119"进行专业灭火。在几百名群众和干部的共同努力下,火势得到控制,最终在下午7点钟火完全熄灭。事后，我们进行了火源溯源排查，并对发现的问题线索向公安机关上报。之后几天，我和李书记商量加强村干部巡防，对潜在火源及时进行扑灭。

2020年11月，花椒基地开始运行，租赁土地600余亩，花椒基地用工主要在村里选用长期在村的年龄较大的村民，不少贫困户都参与到花椒基地建设中。

2021年3月，花椒基地正式开始栽种树苗，60岁以上的劳动力也参与了进去，越来越多的村民参与到基地发展中。基地解决就业100多人次，好多老百姓都觉得这个项目算是选对了。

2021年5月27日，区里通知我说我被评为省级脱贫攻坚先进个人，29日到河南省人民会堂领取证书和奖牌。村干部听到消息，都表示高兴，李书记说："你去领奖是实至名归，这也是多年坚守和奉献的结果。"

2021年7月汛期开始，全村所有工作人员挨家挨户排查危房险窑。为了安全，我们挨家挨户规劝群众及时搬离危房，并上锁确保安全。

2021年10月，村民李占通反映其堂弟李宽善超范围盖房，影响到其住房安全和交通。我和村干部到了李占通家，给双方做了多次沟通，基本达成方案，最终化解了李占通和李宽善30多年的矛盾。

2021年11月，经过努力，申报的800吨冷库项目和滴灌项目终于开工实施，为了保证项目顺利实施，我和李书记连续10余天到施工现场看施工进度和施工质量，项目最终于12月中旬完工。寺古洼的苹果有了自己的冷库，花椒基地有了滴灌项目，花椒产业发展起来更容易了。

杜静在寺古洼村

从进驻寺古洼村至今,已经千余天了。回望走过的路,这其中有对家人的愧疚,也有对村民的挂念,更多的是对村干部的佩服、对他们支持的感激、对村里面貌发生的变化而感到自豪。驻村的千余个日日夜夜,我付出了很多,得到了更多,我收获了村民的信任和村干部的拥戴,这对于我来说,才是弥足珍贵的。

我的驻村工作日志

南阳市淅川县九重镇武店村驻村第一书记　刘　峰

2018年8月21日　星期二　晴

赴红旗渠干部学院观摩中浦院体验式教学

昨天下午，我和驻村所在地的南水北调干部学院教务科长李富国、带班老师杨帆赶到红旗渠干部学院。今天观摩学习中国浦东干部学院培训班拓展训练体验教学活动，使自己大开眼界、深受启发，有关情况和心得体会实录如下。

主要情况

上午，主要是参加微电影制作辅导培训。由专业辅导教师具体讲解远景、中景、近景镜头的拍摄和切换运用技巧，以及背景音乐的设置，反光板和手机手持稳定器的使用方法，演员的选取确定，对各小组剧本剧情的指导完善等。各组剧本都精心设计，很有创意，质量比较高。参与体验教学的学员大部分是博士文化程度，但基本上都没有演员和拍摄制作电影的专业背景，全部都是"零基础"起点，现学现卖、本色出演。

随后，进入实景拍摄环节，分成四个小组分头进行，各组分别以弘扬红旗渠精神"自力更生、艰苦创业、团结协作、无私奉献"中的一项内容为主题，设计还原当年相应劳动生活场景，分场地进行现场拍摄。其中两个组表演室内剧，模拟红旗渠方案设计和工程进展中的相关环节；另两组在室外的红旗渠干部学院施工现场，模仿当年热火朝天的劳动场面。十分生动，很有现场感，是一种深受学员欢迎的体验教育形式，而且也非常能激发学员的积极性、主动性和想象力、创造力。

下午，进行后期剪辑制作、手绘电影主题宣传海报，以及展播评比。各组学员先通过网上下载的"巧影"视频剪辑软件，对上午用手机现场拍摄的毛片镜头、配音、文字等进行统筹剪辑，以及黑白片、快慢镜头、插播影视资料、主题曲录制等后期制作。

接着，隆重举办"历久弥新，弘扬践行——红旗渠微电影节"，进行现场展播、分享、评选和颁奖。首先播出反映红旗渠干部学院2013年建院以来发展历程的微电影《绽放》，以一名带班教师的成长历程为缩影，烘托出全体干部职工与学院一起共同成长进步的过程。随后播放四个小组的参赛影片，分别是"无私奉献"小组的《红旗渠的儿女》，反映青年农民踊跃报名参加修渠、打锤扶钎时巾帼不让须眉的场景；"团结协作"小组的《协作》，反映在山路上推车行进中团结互助的场景；"艰苦创业"小组的《创业》，反映用红旗渠精神激励当代青年创办公司、拓展业务的场景；"自力更生"小组的《宝贝》，反映找到当年"宝贝"的场景——比奖状还要珍贵得多的脸盆和饭盒，也就是土专家自己设计制作的"水平仪"。在拍摄手法上，有的运用蒙太奇镜头切换场景，有的情节引人入胜、矛盾冲突十分激烈，有的穿越时空、梦回艰苦岁月，有的打扮成村支书、工地民工和村姑，也有的匠心独运，设计出许多悬念、抖出不少包袱。这些微电影朴实无华、感情真挚、妙趣横生，特别是身边人演身边事，以及一些穿帮镜头，更是令人忍俊不禁、开怀大笑，其中演到动情处，十分真实、非常震撼、打动人心，多次让人感动得热泪盈眶，可以说是一边笑一边哭着看完影片……

最后，经评委认真评选，共评出最佳摄影奖、最佳美术设计奖、最佳配乐奖和最佳编剧奖、最佳导演奖，以及2018年度巨献——最佳影片奖，还有影帝、影后，并举行颁奖仪式，由获奖者发表获奖感言，由导演、编剧等主创人员畅谈创作思路、感想等心路历程，由上海浦东干部学院、红旗渠干部学院领导和导演讲评指点，都非常诚恳、非常精准、非常到位，很见功力和水平。

晚上，听红旗渠干部学院副院长曹彦鹏教授讲课《永远的红旗渠精神——红旗渠的修建及其历史启示》。分三个部分讲，具体包括红旗渠修建的历史背景，伟大的红旗渠精神，对今天的启示。课讲得深入浅出，旁征博引，生动活泼，效果非常好。

心得体会

通过这次对情景体验教学的观摩学习，从"破冰"（自我介绍、互相熟识）到"拼画"（每人发一小块画板，画出红旗渠精神画作的一个局部，然后拼到一起），再到"微电影节"，形式新颖别致，让人脑洞大开、受益匪浅，关键是对"拓展训练"或"体验教学"概念内涵和外延的理解发生根本转变。充分认识到"拓展训练"或"体验教学"不仅仅意味着从室内走到室外、从书本走到实地，远不只是做几个队列、背摔、钻圈、降杆、攀岩、高空跨越等训练科目，甚至也不止于简单地体验种植、采摘、扬场、推车、打夯、车水、推磨等农业生产生活场景，最核心的在于进一步深化和拓展，从走进生产生活实践和大自然，深化和延伸到学员的头脑和内心，激发其主动地、发自内心地在灵魂深处触动思想和心灵。

总之，可以说对学员体验教育的拓展既是一个由室内到室外，再到思想深处提升的过程，也是一个由封闭到开放，再到深入内心灵魂的过程，还是一个由被动接受到现场感受，再到用心投入、主动创造、调动全身心力量和全部可利用资源来沉浸其中、忘我参与、热情洋溢、激情四射、兴奋难抑的过程，从以往在困难面前说"我不会、我不行"转变为信心坚定地说"我可以学、我可以学会、可以学精"。

通过这样的学习培训，真正让"自力更生、艰苦创业、团结协作、无私奉献"的红旗渠精神深深印刻在了学员的脑海和心灵深处，真正入脑入心，让人实实在在地感受到红旗渠精神历久弥新，也必然会在学习返回后，在工作学习中自觉运用和弘扬实践红旗渠精神。这次观摩确实不虚此行，许多创意值得认真学习总结和探索运用，要力争把观摩学习成果有效转化于推动武店村党性教育情景体验综合教学基地建设的生动实践之中。

这次中国浦东干部学院在红旗渠开展体验教学的成功探索实践，来自两家学院和拓展训练团队、全体学员的共同努力。为打造这次拓展训练系列活动，提前3个多月开始筹划运作，红旗渠干部学院院长专程到北京798工厂对面小餐馆，与创作团队沟通课程创意和设计，力求不落俗套、富有新意，让红旗渠精神融入当代社会生活，在"90后""00后"青少年群体中焕发出强大的生命力，在国内国际舞台上绽放出历久弥新、永不过时的思想光芒。这次体验教育，与以往最大不同之处，就在于直指人心、扣人心弦，身临其境、心入其境、触动灵魂、感人至深，其中一条基本思想或路径就是围绕一个预先设定的目标任务，先把学员"化整为零"，具体到每个学员都有责任分工；然后再"化零为整"，把每个人的劳动成果拼接组装起来，最终形成一个令人震撼的、超出心理预期的丰硕成果，如"拼画"和"微电影"拍摄制作等，促使每个学员突破自我，增强参与意识、团结协作意识和责任意识、大局意识，以及拼搏进取精神、无私奉献精神、创新创业精神，能够从"被动听"到"舒心看"，再到"用心想"、到"主动干"，把所学所悟创造性地、积极主动地运用到体验教学及工作生活实践当中。

有益启发

参加这次观摩学习，最大的启发就是党性教育天地广阔、大有可为、大有作为！开展党性教育，不是死板教条，而是没有破题；不是无路可走，而是没有找到出路；不是枯燥乏味，而是妙趣横生；不是倦怠厌烦，而是鲜活生动；不是老生常谈，而是常说常新；不是老气横秋，而是激情四射。可以说，党性教育就是一座开挖不尽的精神富矿，掘之愈深，见之愈奇，精妙愈绝，笃信愈坚，诚愿吾辈担当起职责与使命，奉党性为生命中的光和盐，在强化党性教育中发出应有的光和热。

2018年11月12日　星期一　大雾

途经许昌参观考察"一编三定"典型经验

早上7：00，组织武店村党员干部乘车赴濮阳市农村党支部书记学院学习，因为有大雾，高速公路封闭，至南阳卧龙站才上高速。

11：40到许昌，参观考察建安区前宋村无职党员设岗定责的"一编三定"典型经验，就是编员进组、定岗位、定责任、定奖惩，这一做法曾得到省委主要领导批示肯定。村支书宋子贤70多岁了，干了几十年支书，带领干部群众发展致富，种植杭白菊、黄金菊、玫红菊等各种菊花上千亩，正在建设菊花加工厂，村里排房整齐、井然有序，每条街道都展示一个宣传主题，有幸福街、文明街、环保街、和谐街等，较好推动落实了乡村振兴战略。核心做法是岗位设置实行"6＋X"模式："6"，即固定设置"服务发展组、便民服务组、流动党员组、文明建设组、矛盾调解组、廉政监督组"6个岗位，让每一名党员都有岗位、有职责、受管理、被评比，充分调动他们参与村里发展和各项事务的积极性，较好地实现了一个支部、一座堡垒，一个党员、一面旗帜。

下午19：00，到达濮阳市西辛庄农村党支部书记学院。

晚餐后召开班会，强调学习生活相关事项。

2018年11月13日　星期二　大雾

农村党支部书记学院培训

早上大雾，能见度20米，集体出早操，进行军训，包括体操、队列、唱红歌《团结就是力量》，增加学员的组织纪律性，提振了精气神。

早上，农业农村部安排的吉尔吉斯斯坦农业技术培训班学成离校，让人看到了学院培养"洋学生"的稀罕事，也看到了学院办学的国际化视野和扩大开放水平，甚为难得、可喜可贺。

上午，我到报告厅观看影像资料《平语近人》，印象比较深的是郑板桥《题画诗》："衙斋卧听萧萧竹，疑是民间疾苦声。些小吾曹州县吏，一枝一叶总关情。"《梁家河》："什么是为民？为什么为民？怎么样为民？"《管子·牧民·四顺》："政之所兴在顺民心，政之所废在逆民心。"清代万斯大《周官辨非·天官》："利民之事，丝发必兴。厉民之事，丝发必去。"

随后，举行开班仪式，我们与山西翼城和台前县的培训班一起开班。首先开展"学温唱"活动，就是"学党章、温誓词、唱《吃亏歌》"。学院副院长陈治致辞,讲了"4张名片、4个学院",就是濮阳之龙、濮阳之技(杂技)、濮阳之红(红色文化)、濮阳之城(古城、绿城、油城),建一所支部书记自己的学院、办一所接地气的学院、办一所精准培训的学院、办一所开放交流的学院,让学员对濮阳和学院有了大致了解。随后,举行了郑重的授班旗仪式。

后半时,进入"与连成面对面"环节,李连成作《共圆小康梦——与连成一起学习十九大精神》报告,主要讲了西辛庄村第一、第二、第三产业发展情况,发展股份合作制和发挥党建引领突出作用。李连成很爱思考,经常"琢磨来,琢磨去",51岁开始学认字,55岁开始学英语,记忆力好、脑子反应快,有善谋善成的"大智慧",被誉为"天才演说家"。他的名言就是"当干部就应该能吃亏""吃亏吃得众心归,吃亏吃得你人格闪光辉""我要是喝村里一口酒,就割我舌头;我要是吸村里一根烟、乱花村里一分钱,就刹我的手指头""毁了制度,就等于把眼睛给抠了"等,荣获"全国优秀共产党员""全国劳动模范"等荣誉称号,他还光荣当选为全国党代表和全国人大代表。在他身上,集中体现了不怕困难、艰苦奋斗的创业激情,吃亏奉献、务实创新的优秀品质,一心为民、造福群众的崇高境界,生动诠释了优秀共产党人的政治品格,树立了新时期基层干部的良好形象。在互动环节,我请教如何增强服务群众的大智慧,他说一要有思路,二要少私心,三要更勤快,这样才能不断完善提升、加快进步。

下午,进行现场教学,参观考察黄河边的公西集村,主要看孔子文化、孝道文化和种植业、养殖业产业发展;看马白邱村的"党建+扶贫+村头工厂";看西辛庄的村室、医院、文化广场、小学和幼儿园等。

晚上，进行影像教学，观看《吃亏书记李连成》纪实片。

2018年11月14日　星期三　晴

农村党支部书记学院培训（续）

早上，坚持出操、军训、唱红歌。上午，进行讲授教学，听《学党章、守规矩、讲纪律》，王献丽老师通过讲解《党章》和《中国共产党廉洁自律准则》《中国共产党纪律处分条例》，寄语学员要讲政治、有信念，讲规矩、有纪律，讲道德、有品行，讲奉献、有作为，立足岗位争做合格党员。

下午，进行现场教学。我们到国家级杂技文化特色小镇——华龙区东北庄参观考察，后到清丰县单拐村体悟冀鲁豫边区司令部旧址的古村红韵，在当时的组织部办公室门前留影，又到戚城公园参观中华第一龙出土文物蚌龙，领略中华龙乡风采。

晚上，开展"新时代乡村振兴讲习——村情推介"，合班进行，武店村由沙聚富支书推介，其语言表达能力不断进步提高。

2018年11月15日　星期四　晴转阴

参观考察新郑市泰山村

从濮阳返程途中，我们到新郑泰山村参观考察美丽乡村建设，令人大为震撼，有"三个没想到"：没想到泰山村发展得这么好！没想到支书乔宗旺这个典型这么突出！没想到收获有这么大！非常值得武店村在今后发展中借鉴吸收。

从2007年开始，泰山村为了摆脱贫穷落后的"帽子"，明确提出"林业立村、生态富村、旅游活村、工业兴村"的发展思路，结合泰山曾是黄帝会盟部落之地、黄帝文化资源丰厚的优势，积极开发特色旅游，打响特色品牌，牵动旅游、饮食、服务、产业、娱乐全方位发展，打造了红色文化一条街、上海风情一条街、农村民俗一条街和廉洁文化长廊、大汉地宫、游乐场、玻璃栈道等，极富创意和活力，比如把无塔供水罐包装成火车头、变压器装饰为售票房。同时，结合农村产权制度改革，有效增加了村民收入，提高了村民生活富裕程度。

最关键的是得益于乔支书致富不忘乡邻，头雁回归、艰苦创业、事业有成。他很有思想、很有文化、很有水平，是全省人大代表和郑州大学升达学院特聘教授。他说，群众难管，因为群众戴的是草帽，是自己编的，而干部戴的是礼帽，是组织上发的。村集体经济应当发展网状经济，这样抗风险能力强，而链状经济就比较脆弱。农村发展需要把握好四点：第一，田园是特色。不要盲目追求城里的洋玩意。第二，产业是基础。要把经济发展起来，要不然没有一把米，鸡子都唤不来。第三，文化是内涵。要有一定的思想深度和政治智慧。第四，综合是关键。不能搞单打一，要打组合拳。凡事要先干起来再说，"快骡子犁地"，对一些细枝末节的问题可以边干边完善。他在任村支书时，向镇党委、镇政府作出两项承诺：为了村里的发展可以倾家荡产，可以"不得好死"。后来，因为不被部分村民理解，还真是遭过绑架，被扔过炸弹。他倡导三个字：铸（铸就信仰）、规（懂规矩）、融（融入传统文化），为泰山村制订的发展目标是"家富、村美、民乐、人和"。在村委会座谈时，会议室标语中六个"慎"字给大家留下深刻印象：慎欲慎始慎躁，慎行慎友慎好。参观廉鉴春秋——泰山村廉政文化长廊，下层是阴曹地府、牛鬼蛇神，有对联"探地狱水深火热，观人间扬善惩恶"，全体学员在乔宗旺支书领宣下，重温入党誓词，受到生动的现场教育。

在返程途中，组织参加这次培训的党员干部进行讨论，每人发言，畅谈体会，一致认为收获很大，表示要学以致用、积极工作、作出贡献。

我主要讲到，渠首有四个优势：区位优势、生态优势、政治优势、政策优势，今后的出路在于农业旅游一体化发展。应当强化"四个依托"：南水北调干部学院、汤山湿地公园、北京小镇、软籽石榴田园风光综合体。进一步突出特色，就是"一二三四满堂红"，具体说：一个学院，二个中心（党性教育中心、商务运营中心），三个标识（地标、村标、光标），四个产业（小龙虾、黄粉虫、香菇、蔬菜），满堂红（软籽石榴）。下一步，关键是突破四个重点。一是找差距：对照先进，找到差距。西辛庄村集体经济2亿元、泰山村800万元，是武店村学习的榜样。二是理思路：集思广益，理清思路。动员群众参与，不站到干地上，探索推动农村产权制度改革和股份制运营。三是干事业：众志成城，善做善成。实行"快骡子犁地"，先干起来，尽快使村集体经济达到百万元级。四是抓党建：抓好党建，强化保障。把基层党组织和党员干部队伍建设好，切实做到一个支部、一座堡垒，一名党员、一面旗帜，发挥好战斗堡垒和先锋模范作用，团结带领群众走好脱贫致富道路。

2020年6月10日　星期三　雨转晴

发展新党员

为组织好这次武店村发展新党员、接收预备党员工作，今天开了4个会，终于搞定了这件村支书和村干部的头疼事、作难事。这次发展新党员工作非常难搞，指标少、人员多，竞争非常激烈，甚至有托人跑关系、找人拉票的。不过，经过淅川县委组织部和九重镇党委的指导支持,最终这项工作得以妥善完成,堪称是敢啃、能啃、善啃硬骨头,解决发展党员难题的成功案例,着实可圈可点。

在这次发展党员的对象中,写申请书的有9人,不足一年的2人、满一年以上的7人,他们非常珍视这次入党机会,竞争激烈程度空前,达到白热化。按照组织发展要求,递交申请书至少三个月后,才能确定为入党积极分子,培养一年之后才能确定为发展对象。所以这次先淘汰2名交申请书时间短的同志,然后把7名符合条件的人员列为发展对象推荐人选,由党员代表和村民代表进行一轮民主推荐,然后研究确定发展对象,再提交党员全体大会讨论表决。镇里的人武部长王清波和组工干部张清伟全程指导监督村里发展党员工作。今天4个会议的简要情况如下:

早上6:30,召开村党支部委员会(扩大)会议。"三大主干"之一的村委会副主任邹会飞列席支委会。讨论通过这次发展党员具体操作办法和工作流程。

上午8:00,召开党员代表和村民代表推荐发展对象会议。村支书沙聚富主持会议。先由入党积极分子逐个进行自我介绍,谈对党的基本认识、入党动机和主要打算等,村支书对入党积极分子逐人进行点评,然后进行无记名投票,逐人进行评价,为优秀、一般、差、弃权,本人得选票中选项只能有一种情形,每张选票上得优秀者不能超过3人,每人同时得两种情形、每张选票优秀超过3票的为废票。为保证填票者不受干扰,设立独立填票区。此轮得票较多者为邹会朝25票,范仁怀23票。

10:00召开第二次村支委(扩大)会议,进行拟接收预备党员有关纪检监察、计生、公安、宗教等方面的资格审查,并研究确定发展对象为邹会朝、范仁怀2人。

10：30召开全体党员接受预备党员讨论表决会议。将发展对象名单提交党员全体大会讨论表决。应到会有表决权的党员为58人，其中现场投票20人，电话联络投票38人。结果为邹会朝53票赞成、范仁怀50票赞成，均过半数。下一步，由村支部提交镇党委研究决定是否接收为预备党员。至此，这次发展党员各项议程顺利完成。

在这次发展党员中，有意识地做到"四个结合"：程序公正与事实公正相结合，事先谋划与临场把握相结合，规范操作与农村实际相结合，高度保密与民主公开相结合。会后，不管是入党积极分子还是全体党员，大家都一致评价这次发展党员做到了"公平公正公开"，树立了鲜明的选人用人导向和一股新风正气，就是不能让投机者得利、不能让找人者上位、不能让老实人吃亏，要切实让吃苦者吃香、有为者有位、埋头者抬头。总体来看，选举结果比较符合大众认知，群众的眼睛是雪亮的，今后要多注意发动群众评价群众，在斗争中求团结，这样才能真正消弭矛盾、纾解情绪、促进和谐。之所以能够顺利完成发展新党员任务，偶然中有必然，必然中有偶然，既有精心充分的准备工作和周密安排，也有选举结果比较符合心理预期。同时有些细节还有瑕疵，有待改进。比如以往对入党积极分子培养教育工作重视不够，造成发展党员时比较被动，下一步要有计划、有组织地超前扎实做好这项工作。

有感于武店村发展党员工作，我最后讲道：我们党是个伟大、光荣、正确的党，积极入党是件好事。在疫情防控期间不少入党积极分子为了让党旗高高飘扬在基层一线，参与疫情防控卡点值班，积极捐款捐物。大家积极向党组织靠拢，充分说明党组织的吸引力凝聚力战斗力明显增加了。党的大门永远都是敞开着的，发展党员的原则是成熟一个发展一个，不成熟、不发展。必须讲求质量、宁缺毋滥，在发展党员问题上不是排排坐、分果果，坚决不能滥竽充数、盲目发展。尤其是要教育引导入党积极分子在入党动机上一定要端正，充分认识到入党不是为了贪占便宜，而是要多奉献，党的根本宗旨是全心全意为人民服务，不能像个别党员那样还向组织伸手要党员补贴。有以下几点认识供参考：

——党员：不是用来私相授受的。必须要经过必要程序，由大家选举表决产生。每名党员手中都有神圣的一票，要公平公正地用好这一票。

——党票：不是用来捞取资本的。不能把入党单纯当成一种风风光光的事情，把党员扭曲看成一种政治资本，应当不断强化党员意识和党性意识，切实增强为人民服务的本领和效果。

——党龄：不是用来虚度时光的。不能有入党就是进了保险箱、船到码头车到站等消极思想，要做到"活到老，学到老"。同样道理，发展入党的条件，不能单纯以写申请时间长短为依据。

——党章：不是用来充当摆设的。要把党章刻在脑海里，印在心头上，成为定向领航、规范约束自己灵魂深处的指明灯和紧箍咒。

——党徽：不是用来装点门面的。光荣地加入中国共产党，戴上党徽，不是去炫耀攀比，而是要让党在胸前、党在心中。自觉认识到作为党的一分子，你强大，党便强大；你光明，党便光明。

——党性：不是用来挂在口头的。不能把入党当成应景作秀，应当实实在在地开展工作、取得群众满意的成效。总之，要通过加强农村基层党组织建设，以党风正社风带民风，从小做起，从早做起，从实做起，从严做起，敢于坚持正义，同不良现象作斗争，形成良好社会风气。

2020年6月10日　星期三　雨转晴

为先心患儿联系救助医院

我和王春旭（南阳师院省派驻淅川县毛堂乡老沟村第一书记）、王伟超（河南理工大学对口帮扶淅川县联络员、省派驻武店村第一团支书）一起，到武店村4组王雅（化名，后同）家看望了解先天性心脏病患儿小佳佳的情况，并联系协调省胸科医院进行慈善爱心救助，计划近期免费开展心脏手术，争取帮助患儿保证生命安全，尽快恢复体力和智力，促进正常发育成长。

晚上，接待河南省胸科医院到淅川县健康扶贫专家团队，他们计划明天在第二人民医院开展医师培训业务交流等活动。

另，武店村先天性心脏病患儿家长王雅计划明天上午到医院办理就诊和转院手续，下午14：00出发去河南省胸科医院住院手术。我明早7：40从武店送他们出发前往淅川县第二人民医院。新任驻村第一书记范志峰明晚7点在河南省胸科医院接住并安排他们一行，具体形象地体现新老驻村第一书记"爱心接力"。

2020年6月12日　星期五　晴

爱心救助先心病患儿

下午17：30，从南阳拼车回郑州。途中，收到省电视台《第一书记"接力"　先心病患儿获免费救治》新闻报道和9号直播间微博《携手第一书记，免费救助困难家庭先心病患儿》。晚20：00，先心儿监护人王雅给我发来微信："书记好！我知道你也有一颗善心，为了孩子们操心，昨天各处记者采访，我也发自内心地感谢，说到我们第一书记的名字，感谢您的关心和照顾！也确实特别地细心和周到。"读后令人心生感慨，其实自己也只是做了一些应该做的事情，人家却表示了那么多的感谢，这也是"赠人玫瑰，手留余香"吧。

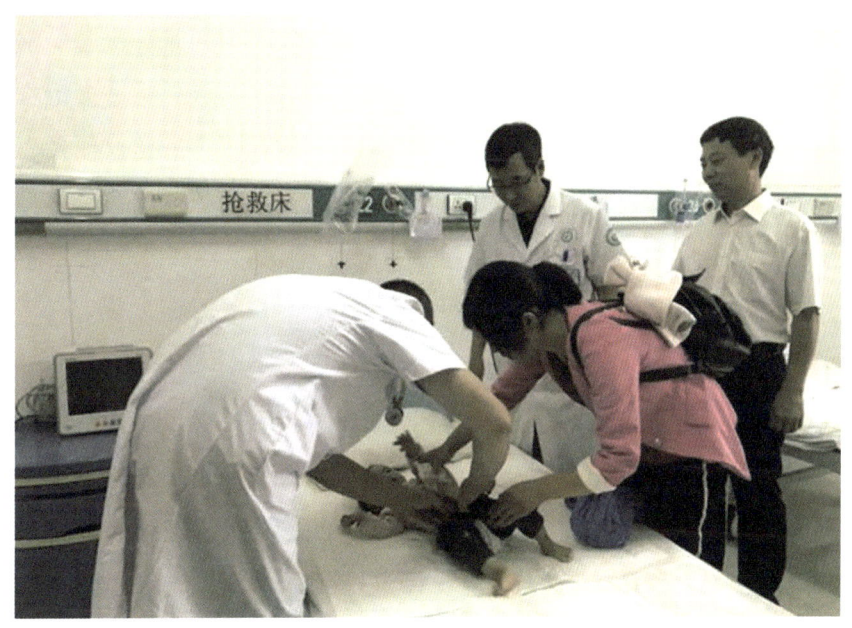

刘峰陪同患儿家属到医院为先心病患儿做检查

2020年6月15日　星期一　阴雨

再次探望小佳佳

早上7：30，我与范志峰会合，前往河南省胸科医院看望小佳佳。首先在护士站见到刘雅敏主任，我们一起来到病房，了解到孩子又有些低烧，需要退烧后才能安排手术。我们送去穿着粉红色花裙子的小狗布娃娃、乐高玩具和果篮等物品。

随后，医院的袁义强院长、院工会张玉芬主席等也赶来探望，送来了可爱的熊猫宝宝玩偶和小儿体温计等日常医护用品。

省电视台、《大河报》记者也早早赶到现场，进行采访报道。询问了解第一书记前期是如何与胸科医院联系对接的，现在还要做哪些手术前的准备工作，随后如何搞好跟踪服务。鉴于佳佳目前的情况，手术大概安排在周四或周五，我们约定到时再来，祝愿手术平安顺利，孩子早日恢复健康。据了解，这是全省驻村第一书记联系的"爱心行动"先心病手术第一例患儿，对于推广宣传这项爱心活动颇有意义。

2020年6月29日　星期一　晴
先心病患儿小佳佳成功接受手术

上午，村里的先心病患儿小佳佳做手术。8：00经手术室人员核对信息后，将患儿接到9楼，准备手术。在把小佳佳交给医生带去手术时，孩子的妈妈掉泪了，她说，心疼啊！的确，孩子因患心脏病本来就瘦小，一岁七个月了体重只有14斤，加上前几天发烧、拉肚子，又瘦了几斤，现在只剩11斤了，胳膊、腿都细小细小的，手和脚都是小小的，脖子上只剩下两根筋挑着脑袋，真的是让人可怜和心疼啊！幸好有省胸科医院社工部的人员及时开展心理疏导，帮助孩子的妈妈缓解紧张情绪。

随后，手术开始进行。由河南省胸科医院首席专家王平凡院长亲自主刀，为小佳佳实施手术。他从医36年，已经做了上万例心脏手术，尽管大家心里也比较紧张，但还是比较放心的。

11：10手术顺利完成。医生告知患儿家属，手术很成功、很顺利。哦！谢天谢地！这下大家悬着的心算是放到肚里了。随后，小佳佳被送到ICU病房。转入监护室"积极恢复"1—3天后，即可转入普通病房，预计一周后出院。医生介绍，随着患儿心脏的修复，身体其他器官将会跟上营养，出现追赶性生长，逐步达到同龄孩子发育水平。我们真心期待小佳佳苏醒后，能够有一种满血复活的精气神，重启健康向上的新的生活模式。

2020年10月14日　星期三　小雨

为先心病患儿复诊

今天，由我陪同引领王雅带上佳佳到河南省胸科医院，先后复诊了彩超、心电图、X光拍片，医师白大夫进行诊断后看着我说："恢复得很好，是不是，孩子他爸？"嗨！把我误以为是孩子的爸爸啦！于是赶快澄清，不是不是！俺可是驻村第一书记呀！

随后，帮她们娘俩买了高铁票，并将其送进车站，又联系协调了镇政府租车平台的车辆，帮助她们顺利返村。

门楼王之缘

商丘市柘城县岗王镇门楼王村驻村第一书记　谭性磊

2021年4月13日

与门楼王村的不解之缘

柘城县岗王镇门楼王村，多么熟悉的名字啊，在规划局办公室工作期间，我曾多次陪同领导来到该村，有时来慰问，有时来给驻村帮扶的同志送行，但终究让我没有想到的是，某一天我会以一名驻村帮扶工作者而且是第一书记的身份来到该村。真不知道，这是多少年修得的与门楼王村的缘分啊！

去年，受组织委派，我代表商丘市自然资源和规划局来到该村开展驻村帮扶工作。2020年是脱贫攻坚工作收官之年，2021年是乡村振兴的开启之年，在这样一个伟大的时代能够力所能及地参与到这两项伟大的事业中来，我感到无比荣幸和自豪，但同时也是心怀忐忑，如履薄冰。

去年3月16日，我作为一名驻村帮扶队员初次来到该村履职，一下车映入眼帘的，仍是似曾相识的记忆中的门楼王村室院落的大门，不同的是，门口的路由原来的泥土路变成了水泥路，周边村民新建了几栋房屋，村室院落比原来干净整洁了许多，其他倒也没有太大的变化，乡土气息还在，我不由得深呼吸了一口气，那是仍然带有部分泥土和树木那种曾经熟悉的味道。

2020年我是作为驻村队员开展工作，2021年我作为驻村第一书记开展工作，身份的转换、工作职责和内容的调整，更使我感到肩上那一份沉甸甸的责任。

在多次与村"两委"班子和部分党员、群众座谈时，我讲了这样几句真心话：

我生在农村、长在农村，对农村我怀有一份深深的、特殊的感情，对农村的记忆是深刻的、熟悉的。但同时我对现代的农村又是陌生的，我10来岁的时候就到城里去上学，长大毕业后一直在城里工作，这么多年没有回到农村，现在的农村已今非昔比，发生了翻天覆地的变化，对此我是不很了解的，更缺乏在农村、在基层的工作经验。这次组织安排我到农村来工作，这对我来说是一次绝佳的锻炼机会，从今开始，我就是门楼王村的村民，我就是门楼王村群众中的一员，我希望门楼王村的老百姓们能够接纳我、容纳我、宽容我，我将努力向大家学习。

我虽然缺乏在农村工作的经历和经验，我可能为咱村带不来资金、带不来项目，但我有这样一份激情、有这样一份责任、有这样一腔热血、有这样一份决心扎根农村，我不敢保证我能干出多大的成绩，但我将尽我所能为咱们村服务。

我这个人呢，干工作，好多想，好思考，驻村工作经验不足，可能在工作过程中理想化一点，也有可能不切实际，但我的出发点是好的，我的初心和使命就是想为咱村多干点事。希望村"两委"和老百姓发现我身上存在的问题要及时地、不讲情面地给我指出来，我将及时改正。同时，你们需要我做的、想让我做的那些事，无论对还是错，你们也不用考虑我能不能办成，只管向我提出来，我将尽我最大的努力去办好，当然，办不好的也请你们谅解。

可能有些老百姓认为，我们这些上级派下来的工作人员，就是来镀金的，混个几年，熬个资历，回去提拔。我想给大家说的是，由于我的个人身份原因，我干得再好也得不到提拔，因此我不需要镀金，也不需要这个资历，但我作为一个土生土长的农民，作为一名党员，我就想借这个机会，在这个激情燃烧的岁月里，怀揣我的一腔热情，为咱老百姓力所能及地做点事。

2021年4月14日

安排部署明天去村里开展义诊工作

开展义诊活动，是今年帮扶工作的一项重要内容。此前已与第二人民医院驻村联络员安岚同志进行了商讨，由她向院领导进行汇报。经多次协调，定于本周四组织医生和设备去村里开展义诊活动，今天与医院进行了沟通，明天医院派出 8 名医生随队出诊，早 8 点出发。主要检查血压、血糖、心电图、心理咨询等项目。

2021年4月18日

下乡义诊顺利开展

4月15日，联合商丘市第二人民医院到门楼王村开展义诊活动顺利进行并圆满成功。上午 8 点，二院 8 名医生和护士在柳主任和安岚主任的带领下从单位出发，上午 9:30 到达村室，立即开展工作。来检查的村民们一大早就来到村室等候，医生们来到后，村民们按照身份证号叫名排诊，非常有序，直到中午 12 点半左右，方义诊完毕。

为村民们安排这次义诊活动，既是这次党史学习教育活动中

"我为群众办实事"的一次具体举措，也是今年计划安排的一次驻村帮扶内容，更是促进群众身体健康、提高老百姓健康意识的一次重要活动。

4月15日，是市委安排部署的市、县、乡三级联动开展的"三五基层工作日"活动，该村未有市级联系单位，但我想，我作为驻村第一书记，我有责任、有义务按照有关要求开展好相关工作，尤其是基层党建工作更是要时刻抓在手上，以党建高质量统领门楼王村的整体。

2021年4月19日

今天被查不在村，但为村里协调成了一个事，调查明白一个事

今天是周一，上周义诊结束了，按照工作计划，趁着现在的天气不冷不热，我要尽快协调安排下一项工作。早前3月初，我就托请一个好朋友、局建筑风貌科副科长路绪亮协调市豫剧院安排送戏下乡活动，以丰富群众的文化生活。3月初，经过沟通，市豫剧院答应4月8日参加完专业比赛后优先安排我村的豫剧演出活动。但直到现在都没音信，再打电话联系，甚觉有些失礼，于是我决定今天不去村里，直接到局里找路科长。见到路科长，方知中间信息传递有误差，因此造成误会。于是，路科长马上联系他的好友、市豫剧院办公室主任耿笛，耿主任很客气，也很热情，解释道，现在正在进行商业演出活动，待商演结束后，优先第一个安排我村的义演活动。说句心里话，很感谢路、耿二位的帮助，同时，来到局里，见到了自己单位的老同事、老朋友，感到无比温暖。

还有一件事，一直在我心头萦绕，前一段时间在与党员群众代表座谈时，部分同志提出来，除了村里路的问题，就是机井问题需要解决，我们村3500多亩耕地，现有机井20眼，远远不能满足需要，大概还差30眼机井，目前还是靠天吃饭。说实在话，在我的潜意识里，一眼机井不就几千块钱吗，这个问题早应该解决了呀，怎么能拖到现在？

经了解，解决机井的问题，两种渠道：一是水利局的抗旱基金，二是农业农村局的高标准良田工程项目。可惜，县里的部门我不认识人呀，有点犯难。

既然来到局里，就要向我们科长汇报一下工作。赵运科长听完后提出了两个建议。一是把一年需要做的工作、解决的问题形成书面报告提交局党组，争取局党组的资金支持。二是关于机井问题，原来属于土地部门，后来划给了农业农村局。一眼机井建下来，需要配备泵站、变压器、平整土地等，要好几万块钱，关键是建好后由于没有配套的后续维护资金，乡镇、村都不愿接手，损毁严重。这是我所没有想到的，我在思索下一步如何解决这个问题……

本来，我还想找二支部商量一下能不能到村里开展党史学习教育"我为群众办实事"实践活动的问题，由于时间有限，下次吧……

今天虽然被查不在岗，但来到局里不虚此行。

2021年4月20日

脑瘫患儿，我该如何帮他

雨，虽然不大，但淅淅沥沥下个不停，时而变小，但也像雾一样，飘飘洒洒……

春节慰问脑瘫患者、低保户、贫困户王宁波的情形，时常在我脑中萦绕……

在我看来，王宁波还算是脑瘫比较严重的，生活不能自理，但精神还是比较乐观的，还学会了在抖音平台上刷小视频，在慰问的时候，我情不自禁地从钱包里拿出来200块钱交给他，以解燃眉之急，对我来说也算聊以自慰吧。我就在想，现在他的老母亲还能照顾他，可以后的他要靠什么生活？我该怎么帮助他呢？

爱人发我一个视频，教人如何利用抖音平台赚钱的办法，我不懂，也不知道管不管用，我把这个小视频转给王木华书记，嘱托他转给王宁波学习学习，但愿对他有所帮助。

2021年4月21日
门楼王村致富创业群今日建群，228人

为鼓励引导群众创业致富，按照今年工作计划，经与王木华书记商议，依托原村民群，自今日起，更名成立"门楼王村致富创业群"，现入群成员228人。该群成立后，将依托此平台，发布乡村振兴有关政策、农村致富创业信息等，凡是本村在外大中专毕业的学生、在外务工人员、有创业欲望的村民均可入群。

2021年4月23日
发布返乡人员创业政策

昨天没记日志，今天补上。

昨天往门楼王创业致富群转发了两条重磅信息，一条是《中共河南省委河南省人民政府关于全面推进乡村振兴加快农业农村现代化的实施意见》，一条是《商丘市人民政府关于推动返乡入乡创业高质量发展的实施意见》，并且我还特别标注了一下"鼓励村民创业，只要有好项目，大力支持，依程序上报"。群内反应不是很正面，个别村民说些风凉话，但我想，村民乍一接触新政策有疑虑，

很正常，但需要正确引导。

关于乡村振兴，目前是第一书记的热门话题，昨天与我局宁陵第一书记练以文同志通话近一个小时，最后商定，拟联合到亳州考察药材种植项目。与刘楼第一书记任长生就当前乡村文旅项目交换意见。

今天上午与市豫剧院接洽下乡义演事宜，给村里王木华书记进行了沟通，下周一、周二两天。

同时，在驻村群里看到永城十八里镇青麦仁加工项目，感觉值得考察。柘城申桥孟庄村养羊项目值得借鉴。

2021年4月26日

"我为群众办实事"文化下乡义演实践活动如期进行

为推进党史学习教育"我为群众办实事"实践活动深入开展，贯彻"学史明理、学史增信、学史崇德、学史力行"的总体要求，商丘市自然资源和规划局驻柘城县岗王镇门楼王村帮扶工作队联合商丘市豫剧院走进门楼王村开展文化下乡义演活动。

经过紧张的筹备，4月26日上午，义演活动如期进行，市豫剧院高度重视，派出了有50多名演职人员的庞大演出队伍，市豫剧院院长陈新琴同志亲自打电话到现场，提出相关具体要求。驻村工作队、门楼王村"两委"全力做好后勤服务和保障工作，岗王镇热心公益事业的爱心人士也给予了后勤保障资助，确保了义演活动顺利进行。义演活动共安排两天，四场大戏。

活动现场，门楼王村以及周边10公里范围内的群众纷纷前来观看演出，参与热情高涨，演员们的表演精彩纷呈，唱腔优美，不时引得群众掌声四起。

此次义演活动，丰富了老百姓的精神文化生活，弘扬了时代主旋律，反映了时代新风尚，密切了党群干群关系，是落实党史学习教育"我为群众办实事"实践活动的具体举措，激发了群众干事创业的激情。

2021年4月27日

村内道路让人忧心

早上起来，又到村里蹓跶了两圈，每每看到村内的"水泥"路，总是让我忧心忡忡。与一村民闲聊时，村民说，咱们村不知道啥时候能修点水泥柏油路，这样送孩子上学也方便点，最起码下雨下雪天不踩泥了。我安慰她说，现在有党的好政策，今年就准备修3公里的水泥路，慢慢会好的。

一直关心村里的海子寨沟和寨墙，据村里老人讲："以前是挖的海子的土垒起来的寨墙，寨沟8米宽，2米深，寨墙底宽5—6米，高4米多，还有寨门，毁于'文化大革命'期间，20世纪60年代的时候还有，目前寨墙还剩一点点尾巴，寨沟还断断续续地存在。"我沿着寨沟走了一圈，脑子里感受到的是那古老的村庄和朴实的农民。

2021年4月28日

整理2020年以来驻村资料交局办公室华运知

昨天下午5点多的时候，接局办公室华运知打来的电话，要求上报2020年以来驻村工作的相关资料。

今天上午把去年的驻村工作总结、村脱贫攻坚工作总结、各种活动和工作照片资料以及2021年的工作计划、各种开展工作的相关照片仔细整理后及时上报给华运知同志。

市驻村办要求上报照片、视频要达到一定要求，手机拍摄的不合格，看来还需要一台照相机，钱从哪出呢？

小麦抽穗已经很大了，但愿往后风调雨顺，颗粒归仓，再过一个丰收年！

2021年4月30日

《中华人民共和国乡村振兴促进法》颁布实施

昨天，习近平主席签署第77号主席令，《中华人民共和国乡村振兴促进法》已由中华人民共和国第十三届全国人民代表大会常务委员会第二十八次会议于2021年4月29日通过，现予公布，自2021年6月1日起施行。

共10章74条，下一步要好好学习学习。

2021年5月8日

酝酿开展六一活动

六一国际儿童节即将来到，门楼王村人口5000多人，目前在家的大都是老年人和孩子，成年劳力大都在外打工或经商，留守儿童数量不少。为了给予这些孩子更多的关心关爱和安慰，在今年六一儿童节期间决定开展一次留守儿童微心愿活动。

上午，我来到局里直接找到第二党支部（所在科室隶属支部）书记王丽同志，说明原因，同时建议王丽书记把开展这次活动作为党史学习教育"学史力行"和"我为群众办实事"实践活动的具体举措来抓。王丽书记表示将大力支持，待向徐建华局长汇报后再行商议具体细节。

2021年5月9日
学习党史贵在坚持

学习,是考验一个人毅力的事情,很多时候,往往"心有余而力不足",常常陷于立长志和常立志的矛盾纠葛之中。

党史学习教育开展以来,每天强迫自己坐下来看看书,或通过手机"学习强国"平台学习,但稍一疏忽,就坚持不下来,年轻时候的学习劲头哪儿去了?看来,学习也要有压力,或者有动力,这个压力和动力,或者来源于外部,或者来源于内心,外部和内心是有区别的,决定一个人的涵养,决定一个人对待学习的态度,决定一个人是否有严谨的学风,决定一个人是否有严于律己的自我要求。

2021年5月10日
今天一事无成

今天没去村里,准备办两个事,但一事无成。

一是准备向村里捐助村头大喇叭一事。前期经过了解,目前村里已安装了村头大喇叭,但数量不足,因此拟向村里捐助一部分大喇叭。一大早,我就开车到商丘商品大世界一音响店铺,但被告知,目前他们店里大喇叭和村里的主机匹配不上,只能到原来买主机的地方再次购买相匹配的大喇叭。村头大喇叭好处很多,村里有啥事通过喇叭方便通知村民,同时可以把大喇叭作为宣传阵地,加强党的政策、党史教育、党的知识的宣传。

二是筹备开展六一儿童节活动一事。周六下午下班时间,王丽给我打电话,告诉我已向徐局长汇报,徐局长表示同意。下午我就到局里找徐局长和王丽同志商议具体细节，但徐局长开会，等一下午也没等到，明天吧，明天再向徐局长汇报。

2021年6月9日
小麦收割已近收镰

下午5点半，到地里转了一圈，村北、村西已收割完毕，村南、村东南大概剩余30多亩，麦收已完成99%，即收即播，夏播也完成99%，村民正在抓紧浇水，下一步还要及时打除草剂。

算了一笔账，今年倒伏的麦收割按100元/亩，正常收割60元/亩，浇水8元左右/亩，平均亩产1000斤左右。倒伏的麦平均亩产800斤左右，加上收割费用相对贵一些，倒伏的麦等于减产25%—30%，和原来预计的差不多。

关于安全问题，与一老者闲聊，老人说：我想抽烟憋哩跟啥一样都没敢抽。听老人这样说，我一百个放心了。

天气预报，明天和周日有雨，农民浇地压力减轻，安全防火压力减轻，老天有眼啊！

2021年6月10日
期盼雨水的到来

目前，"三夏"大忙已基本结束，村民正在忙着浇地。浇地的费用大概在9—10元/亩。与村民闲聊，天气预报自12日开始将有雨水降临，我说，再等两天雨水来了，咱们就可省点力气省点浇地钱，但大部分村民并不死等雨水，仍然抓紧时间浇地。他们认为，机井浇地并不能把地浇透，只是一时缓解旱情。就是等两天雨水降临，现在仍然需要浇水，到时候雨来了，还不知道大小，但雨水来时，终究是大好事，会把地浇得更彻底。村民翘首企盼，雨啊，快点下吧！

2021年6月12日

商丘市不动产登记交易中心组织开展
"心系老党员，情暖端午节"走访慰问活动

端午佳节来临之际，为践行学党史办实事，让老党员充分感受到节日的氛围和党组织的关怀，6月11日上午，市不动产登记交易中心主任蔡英绍带领党员志愿者一行7人到柘城县门楼王村开展"心系老党员，情暖端午节"走访慰问活动，为老党员们送去节日的关怀和祝福。蔡英绍和党员志愿者们走进老党员们家中，同他们亲切交谈，详细询问他们的健康和生活状况，倾听他们当前生活上的困难和问题，叮嘱老人们一定要多保重身体，并为他们送上了粽子、米、面、油等慰问品和节日的祝福。大家一起坐下来与老党员"拉家常"，倾听老党员讲入党故事，学习他们艰苦奋斗的崇高精神。

此次走访慰问活动为基层老党员们送去了党组织的关怀和温暖，同时也学习了他们的英雄事迹和爱国精神，这将不断激励"中心"党员干部职工主动作为，大力推进不动产登记各项工作，以优异的成绩迎接建党100周年！

商丘市不动产登记交易中心
组织开展"党员领导干部为基层党员讲党课"活动

为迎接建党100周年，进一步激发基层党组织活力，增强广大党员的光荣感、使命感，6月11日下午，市不动产登记交易中心主任蔡英绍到柘城县门楼王村为基层党员讲党课，20余名党员代表参加了党课学习。在门楼王村"两委"会议室，蔡英绍作了题为

《深刻领悟"江山就是人民,人民就是江山"的丰富内涵》的专题党课,从党的百年历史、伟大征程和初心使命等方面诠释了"江山就是人民,人民就是江山"的丰富内涵和伟大意义,使全体基层党员代表受到了一次深刻的党性教育洗礼。

此次主题党课点燃了大家的炽热情怀,坚定了党员们的初心使命。大家纷纷表示,要以此次党课为契机,在学思践悟中坚定理想信念,在奋发有为中践行初心使命,用实际行动书写对党的忠诚与承诺!

2021年6月16日

雨水如约而至,村民们脸上笑开了花

连续几天,雨水断断续续、时大时小,老天真给力,这下,地里算是浇透了,非常有利于玉米的生长,真是一场及时雨、黄金雨。

2021年6月17日

咨询编制乡镇国土空间规划事宜

前几天,岗王镇党委书记李全超同志表示,准备对镇总体规划和控规进行修编,希望驻村工作队能够给予帮助。今天我专门到局里找到党组成员、总规划师柳永忠咨询相关事宜。柳总表示,根据省里统一部署,今年要完成乡镇、村国土空间规划编制工作。今后,为了使城镇建设规划和土地利用规划"双规合一",统一编制国土空间规划。我拨通李书记的电话,柳总和李书记进行了沟通,约定下一步见面商谈。

2021年6月18日

转发农业管理经验文章

今天在"今日头条"上看到两篇文章,《搞农业,要结合互联网新思维!案例:农民仅种两亩地,年赚60万元》和《河南荥阳新田地种植专业合作社开展托管的做法》,感觉很有借鉴意义,遂向门楼王村致富创业群进行了转发。

2021年6月21日

不见炊烟

记得小的时候,生活在农村,每当傍晚时分,各家各户点燃柴火,拉起风箱,开始准备晚饭。所谓的晚饭,就是煮一锅红芋,大家基本上都是一样的,吃煮熟的红芋,喝红芋煮的水,在我们豫东地区,这叫喝汤,村民见面的一句问候就是"喝汤了吗""喝过啦",简单的对话,我能感受到,那是老百姓对美好生活的向往和憧憬。在那个饥荒的年代,小麦、玉米、大豆、高粱等作物严重不足,那是老百姓口粮中的奢侈品,红芋因为高产,救活了很多豫东人,"红芋面,红芋馍,离了红芋不能活",民间流传的顺口溜就是那个年代的真实写照。

曾记得,傍晚时分,柴火燃烧的烟,从各家厨房袅袅升起,行至半空,各家的烟不约而同地连接成一条玉带,把整个村庄围裹起来,久久不愿散去,好像天上的仙女下凡,衣袂飘飘,守护着村庄,守护着村庄上善良的勤劳的人们!在外玩耍的我,每当看见这条玉带,总让我出神,浮想联翩,也总让我好像看到了锅中冒着热气的红芋面馍、煮熟的糯甜的红芋和那像糖水一样香甜的红芋茶,伴随着晚霞的逐渐消退和夜幕的降临,伴随着母亲那声声亲切的唤儿回家吃饭的叫喊声,我总是不自觉地咽着口水,跑着回家。

今天下午在村室工作,快7点了,我知道夜幕已经降临。忽然,我想起来小时候那从厨房冒出来的缕缕青烟,想起来那飘浮在村子半空中的袅袅玉带,也许,这就是乡愁,那难以忘怀的让我心起涟漪心生暖流的对以往乡村生活的回忆和思绪。

于是,我走出村室,走向村子中央,可是,再也难觅那从茅草厨房中冒出的缕缕青烟,等到晚霞慢慢被夜幕所遮掩,那条玉带还只是在记忆中浮现。与村中一老者唠家常,那份朴实还如同以往,所不同的是,那对生活的知足和满满的幸福感充实在那甜甜的朴实的笑容里!

2021年7月26日

一方有难,八方支援

在郑州、新乡等地发生特大暴雨灾害以来,灾区群众面临的困难大家感同身受,全省人民空前团结一致,发扬一方有难、八方支援的精神,社会各界纷纷捐款捐物,支援灾区人民渡过难关。门楼王村的很多群众也表达了支援灾区献一份爱心的美好愿望。因此,由村委会牵头,本着自愿原则,发动群众积极向灾区捐款,弘扬了社会正气,传播了正能量,发扬了中国优良传统。我本人也捐款200元聊表寸心。

2021年7月27日

全力做好防涝减灾准备

据天气预报,今天将有特大暴雨,借鉴吸取郑州、新乡等地经验教训，按照市委、市政府安排，全市人民紧张起来，采取针对性举措积极应对、严防暴雨致灾。村里按照镇统一部署，组织人员疏通河道、成立防涝减灾救援队伍、转移空巢老人、查看统计危房、购置救灾装备等，全力做好应急救灾准备。

2021年7月28日

大雨造成的灾害有限，只因是风水宝地

昨天夜里几乎一夜没睡，夜里12点左右，大雨倾盆而下，我所住的夹心板房房顶是铁皮瓦，雨点砸在铁皮瓦上，呼呼作响，偶尔有树枝掉落，犹如惊雷炸响，躺在床上辗转反侧难以入眠，我实在放心不下，还有谁家的空巢老人没有转移？还有谁家有危房？村里有没有积水？积水有多深？村里海子能盛下多少水？村里积水能顺利淌入村后的浍济河吗？村民家院子里会积水吗？庄稼会不会淹？

早晨起来，雨小了一些，我撑起雨伞走向村内，发现村内并没有出现积水现象，村内海子、坑塘内的水还很浅，与村民攀谈，村民说，像这样的雨下三天三夜，咱村也不会积水，我悬着的一颗心终于放下来了。

村民还说，这下地里算是浇透了，就是晴了天也能撑一阵子，今年秋天又是一个好收成啊。

该村北面有浍济河，南面稍远一点有蒋河，村内有寨沟（群众叫海子），还有几处坑塘，历史上还有寨墙，我不由得赞叹，真乃风水宝地也。

雨还在一直下，但并不是瓢泼大雨，我反倒很平静，夜里，躺在床上，数着雨点，犹如悦耳的音乐，蒙眬而眠。

2021年7月29日

这下庄稼喝水喝了个痛快

这场大雨从27日夜里12点左右开始一直下到今天上午9点左右，持续了近33个小时，雨量大且持续时间长，村内倒没有出现积水现象，没有出现危房倒塌现象，玉米只有个别倒伏，没有出现大面积倒伏现象，群众基本无人受灾。反倒这次大雨把地浇了个透，彻底缓解了旱情，对地下水也是一次很好的补充。上午到地里转了一圈，玉米在雨水的滋润下，愈加郁郁葱葱，绿油油的，长势良好。地里，包括路边沟里都没有积水，我很好奇，便在网上查看，结果原因没查到，反而看到很多其他村里庄稼被淹，地里积水严重。

最后还是支部书记王木华对我说出了村里没有积水的原因：咱村的土地是两合土，半沙半淤，下水非常快，地里一般不会存水。

2021年10月15日

走访脱贫户

今天重点是督促帮扶人入户走访，计算收入，认真模拟填写暖心卡。我所帮扶的三户贫困户，一户在家，一户在县城打工，一户出去游玩。低保贫困户李春芝老人身体尚可，满脸笑容，见到我一直在说，现在党和国家的政策好，赶上了好时代，国家给的够养老的了。看到老人很幸福、很满足，知道感恩党、感恩国家，我也由衷地替老人高兴、替老人的子女高兴，同样，我也感恩党、感恩国家、感恩这个伟大的时代。王因领和王木士由于不在家，我通过电话进行了了解。虽然生活谈不上富裕，但"两不愁三保障"是能达到的，日子倒也逍遥自在。

2021年10月16日

突出重点　有序推进

今天书记、镇长不在家，由镇人大主席张永兵主持召开工作部署会，重点安排了以下几项重点工作：一是小额信贷的办理，还要抓紧督促办理。二是暖心卡的填写要规范。三是防腐剂的发放清册表要抓紧上报。四是农家书屋要进一步完善相关制度、打扫好卫生等。

乡镇村工作就是这样，上面千根针，下面一条线，农村工作是比较繁忙的，因此说，农村是一个大熔炉，经过农村工作的历练，能够适应很多工作。

回村后，重点还是暖心卡的填写，王木华书记督促相关村组抓紧办理小额信贷，及时上报防腐剂的发放清册，工作间隙，检查了农家书屋的制度制定情况、借阅情况，并将卫生打扫了一下。

2021年10月17日

购置村头大喇叭，方便宣传党的政策

今天在柘城县购置了8个大喇叭，准备安装在各村组原喇叭未覆盖的地方，老板亲自运过来并进行调试，但愿能够调试成功。

个人认为，在农村村头设置大喇叭非常有必要，虽然现在新媒体微信很发达，但并不能做到全覆盖，在村头设置大喇叭，一是便于村委安排部署有关工作，二是便于宣传一些农技知识，三是便于宣传党和国家的政策，四是便于对村民进行党的历史等政治教育。总之，在村头设置大喇叭，好处多多，值得投入。

2021年10月18日

上午，付镇长主持召开脱贫攻坚成果与乡村振兴有效衔接后评估加压促进会。付镇长要求，第一书记要扛起责任，安排部署好村里工作，切实遵守好工作纪律，各类档案资料要规范，各项数据要有佐证资料，要得到农户的认可和满意，农户要能基本说出所享受的政策。对疫苗接种超过半年的从明天开始可以打加强针，各村成功人士通讯录要抓紧上报。医保边缘人口这两天统计完成。宋辉主任就后评估工作进行安排部署，收入计算要高于7000元，孩子给老人的钱算入孝善基金，种植和辣椒保险所有农户都享受，分别为124元和27元/亩，防返贫保险所有农户都享受，50元/人，人身意外险20元/人，团体健康险100元/人。会议还对近阶段的工作任务进行了明确，确保12月初国家后评估顺利通过。

会后，向各帮扶责任人进行了传达，分时段逐项落实。

2021年11月23日

下午组织脱贫户和监测户到村室召开恳谈会，会上，我向与会的群众进一步讲解了脱贫攻坚工作开展以来群众生活以及村里发生的巨大变化，讲解脱贫后当前的政策，现场了解群众的想法和诉求，同时，针对近期即将进行的后评估工作，要求脱贫户要实事求是地面对调查人员的询问，把自己家里的卫生搞好，衣服整理好，门口的卫生也要打扫好。很多群众表示感谢党和政府，如果不是目前的政策好，生活真不知道咋样过下去。

购置的100个垃圾桶下午4:30从商丘发货，到晚上7点多方才送到村里，组织部分群众进行卸货。

在卸货期间接到两个会议通知，一是局值班室通知，要求明天上午8点到局三楼党组会议室开会，不准请假，如若请假必须向局长请假，会议内容不详；二是县驻村办、镇政府通知，明天上午9点第一书记参加全县脱贫攻坚工作会议。分身乏术，县里会议只能暂时让王磊同志代替了。

2021年11月24日

干群夜话是沟通群众和群众参与村庄治理的好形式

11月24日晚上，门楼王村室气氛热烈，群众畅所欲言，大家围绕村人居环境整治、村庄治理、集体经济发展等建言献策。

这是驻村工作队会同村"两委"组织脱贫户代表、党员代表、致富能手和群众代表利用晚上闲暇时间召开的一次"干群夜话"活动。活动现场，与会人员话家常、谋发展、讲政策，驻村工作队和村"两委"面对面与群众解读上级关于巩固脱贫攻坚成果与乡村振兴有效衔接的各项政策措施，解答群众的疑惑，现场解决群众提出的问题，认真倾听群众所思所想所盼。尤其令人感动的是，与会群众的觉悟和大局意识明显增强，大家抛开个人私利，站在全村发展大局的角度思考问题。一直要求加大村庄环境治理力度，垃圾桶要明确专人负责，垃圾要及时清运，不能随意倾倒垃圾，尤其白色垃圾严重污染村内环境，要集中清运，对乱倒垃圾者要给予惩罚。要引导村民养成讲卫生、讲文明的良好习惯。要加大对村民创业的支持力度，积极争取上级有关扶持政策，壮大经济发展规模。同时要发展集体经济，壮大集体经济收入，为建设美丽乡村夯实基础。活动持续到8点多方才结束。

"干群夜话"活动拉近了党群干群关系，让群众的心里话有地方说，让群众的意见有地方表达，让群众的好点子有地方落实。

谭性磊走访空巢老人

2021年11月25日

今天镇政府召开会议，就后评估工作进行安排部署。按照会议要求，对相关资料进行查漏补缺，对2021年以来工作开展情况进行总结，同时，对第一书记的访谈问题，我也抽空写了一个提纲，对可能问到的问题我也客观地提纲挈领地总结了一下。

2021年11月26日

今天镇工作推进会上宋辉主任通报了今天检查中发现的问题。

付镇长在讲话中强调：一是今天统计的危房户全部纳入监测户，尽快完善相关手续；二是项目库资料尽快完善，后天调度，第一书记提供；三是九类户人群未纳入监测户的佐证资料尽快完善，明天调度；四是群众家中摆放的佛像、神像以及相关的挂画等要劝诫，并让其清理，明天调度会上帮扶队长进行汇报；五是责任组长每日汇报帮扶人的工作情况；六是上报临时救助人员和相关资料截止到明天，抓紧上报；七是召开九类人员恳谈会；八是加大人居环境整治力度；九是加强疫情防控工作力度。

2021年11月27日

按照镇里要求，一是对今年实施危房改造的孟学芝完善了相关资料，并及时交宋辉主任审核；二是完善了项目库资料，送交宋辉主任审核后进一步进行了修改完善，在下午的调度会上宋辉主任将整理打印规范的项目库资料交我；三是对九类户人员未纳入监测户的情况进行了说明，在晚上召开的调度会上要求第一书记提交，但发现只写出情况说明是不行的，还要提供具体的佐证资料，因此，在调度会上我没有提交，待明天进一步完善后再交；四是统计整理临时救助人员资料。

2021年11月28日

上午，召开帮扶人、村组干部会议，分组对九类户人员进行排查，认真搜集未纳入监测对象进行帮扶的佐证资料，在排查的同时，要对群众家中摆放的佛像、神像以及相关的挂画等进行劝诫，并让其清理。

下午2点，镇里紧急召开会议，一个主要任务就是监测户、脱贫户收入信息采集表、暖心卡全部输入电脑后打印，原手写的全部换掉。按照要求，下午组织三班人马利用三台电脑同时工作，争取两天时间完成任务。

2021年12月16日

农村工作是琐碎的，上面千条线，下面一根针，周一镇里安排的几项工作要逐项落实，14日开会进行了布置，近两天主要是垃圾费的征收，按照镇里安排，5天内完成。村内交给各组组长通知征收，沿街门店、企业的征收，则由镇里抽调部分工作人员配合村里征收，自安排这项工作以来，进展顺利，估计能超额提前完成任务。

2021年12月17日

今天到市驻村办报销今年的经费，对我来说这是第一次。驻村办同志非常热情，陈宇科长不厌其烦地教我如何贴票、如何写情况说明以及注意事项，耐心解释哪些能报哪些不能报，这让我非常感动、感谢！

2021年12月20日

今年捐赠村里的大喇叭，经过多次调试、反复校正，截止到今天，全部安装完毕，至此，村头大喇叭已经覆盖全村所有区域，拟于早7:30—8:30、晚5:30—6:30，每天两个小时进行播报，期待村头大喇叭能够真正发挥应有的作用。

2021年12月21日

每年，驻村第一书记有20万元的带贫资金，本来说非贫困村第一书记没有，经过争取，非贫困村第一书记与贫困村第一书记同等标准。我想借此机会为村集体、为村民办点实事，经过多次与村里商量并征求意见，参考其他村子的经验，考虑到山羊在养殖过程中不易生病，好防疫，且价格高，持久又稳定，计划利用这20万元带贫资金建设一座山羊养殖场，为村集体带来持久收益。

2021年12月22日

为帮助大家深入学习领会党的十九届六中全会精神，综合有关资料，徐建华局长编撰完成了《党的十九届六中全会精神学习问答一百题》，今天发到党建群里，阅后，感觉非常实用，简洁明了，对快速学习领会党的十九届六中全会精神具有很大的帮助作用。下周拟在村里召开党员大会，专题学习党的十九届六中全会精神，可以作为学习内容之一。

2021年12月25日

组织学习党的十九届六中全会精神

党的十九届六中全会是在重要历史关头召开的一次具有重大历史意义的会议。全会最重要的成果是审议通过了《中共中央关于党的百年奋斗重大成就和历史经验的决议》(以下简称《决议》)。《决议》通篇融汇了百年来中国共产党践行为中国人民谋幸福、为中华民族谋复兴的初心使命所进行的奋斗、牺牲和创造，深刻揭示了"过去我们为什么能够成功、未来我们怎样才能继续成功",是一篇马克思主义的纲领性文献,是新时代中国共产党人牢记初心使命、坚持和发展中国特色社会主义的政治宣言,是以史为鉴、开创未来,实现中华民族伟大复兴的行动指南。全会确立了习近平同志党中央的核心、全党的核心地位,确立了习近平新时代中国特色社会主义思想的指导地位,反映了全党全军全国各族人民的共同心愿,对新时代党和国家事业发展、对推进中华民族伟大复兴历史进程具有决定性意义。因此,学习传达会议精神至关重要。前段时间由于迎接检查等各种原因未能组织学习,今天补上这一课。

上午,所有村组干部和在家的部分党员参加了学习。首先通过下载"学习强国"微信朗诵版,原汁原味地聆听《中共中央关于党的百年奋斗重大成就和历史经验的决议》,然后由我带领大家学习了《人民日报》刊载文章《深刻认识"两个确立"的重大意义》和我局徐建华局长整理撰写的《党的十九届六中全会学习辅导材料》。通过学习,大家对党的十九届六中全会精神有了基本的理解,为下一步工作开展提供了强大的思想基础。

我的小康日记

信阳市息县谯楼街道徐庄社区驻村第一书记　田　强

2017年5月6日　星期六　阴

入户调查、填写档卡，忙碌了一天，躺在床上回想起这段时间发生的事，真是思绪万千，百感交集。

4月初，儿子在和同学打闹玩耍时导致对方手腕骨折，为了不影响孩子们之间的感情，不让儿子有负罪感，我和妻子多次看望儿子的同学，并且拿钱让其治疗。为了孩子尽快痊愈，我们主动要求到上级医院治疗，所有费用均由我们出。本以为这样可以让对方家长满意，但孩子治疗出院后对方家长又狮子大张口地要营养费、护理费、误工费及后续治疗费用，并且天天打电话要钱。我告诉对方这段时间正是精准识别的关键时期，等忙完了这一段我们双方再坐下谈，但对方依然不依不饶。

4月下旬，妻子在检查身体时被查出肿瘤，在县城几家医院复诊都确定是恶性肿瘤，考虑到经济负担，妻子不愿再去市级医院复查治疗。经过多次劝说后，5月1日我请假带着妻子到市中心医院复查，结果依然是恶性肿瘤。本来儿子的事已经让我们焦头烂额，又检查出这个病，并且妻子还怀有身孕。在市中心医院的三天里，村里的电话一个接一个，询问识别程序及标准的，要求吃低保当贫困户的，举报别人的，妻子看我实在太忙执意要回家。经过咨询医生，妻子这种情况不能手术、不能化疗，还不能吃有刺激性的药，可以回家慢慢疗养一段观察观察，如果持续恶化就不能考虑孩子，必须得做手术了。

5月3日夜晚回到家后考虑到经济压力和妻子的身体状况，我有点打退堂鼓，不想再继续驻村了。但妻子告诉我："你该上班去上班，我在家吃药静养，你热爱这份工作，我不能成为你的负担，明天就回去上班吧。"

第二天下午我找朋友借了3万块钱，解决了儿子的事后就赶回到村里上班。一个月的时间，我和妻子足足瘦了十来斤，想想感觉真失败，年近40了，儿子的事就弄得我猝不及防，还有妻子的身体，更是让我心生愧疚，但正如妻子所说，我热爱这份工作，更放不下那些因病、因残等致贫的群众，想着他们期盼的眼神和面临家破人亡的困境，我又坚定了信心，家人以后有机会再补偿，可贫困群众这次失去了国家政策的扶持，以后可能就没机会了，希望自己跟贫困群众一样，顺利渡过眼前的困难，迎接更美好的未来！

2018年3月15日　　星期四　　晴

今天是个令人激动的日子，因为接到通知，省人大常委会副主任、市委书记乔新江同志在县委书记金平的陪同下，要到社区来实地考察。这是我驻村三年来迎接的最高级别领导，心里还有点忐忑不安。

上午9点半，乔书记一行来到社区易地扶贫搬迁安置点，乔书记下车后就和路边的搬迁户亲切地交谈起来，询问他们的生活情况、政策落实情况及帮扶工作情况，搬迁户们都洋溢着幸福的笑容，纷纷表示："现在生活太好了，不但有吃有住，能干活的村里还给安排打扫卫生，每月都能领到工资。村里还经常在文化广场放电影、唱戏，真是感谢政府、感谢共产党啊！"

搬迁户骆树银还主动邀请乔书记到他家参观，来到骆树银家中，迎面张贴着习近平总书记和夫人的照片，还有习总书记的讲话标语。乔书记分别查看了厨房、卫生间的使用情况，对良好的居住条件十分满意。接着又对墙上张贴的政策落实明白卡中的内容逐项询问，在得知政策均已落实后乔书记满意地点点头，鼓励骆树银要依靠党和政府，与其他搬迁群众一起奔向小康生活。

从骆树银家中出来乔书记又径直来到搬迁户李文政家中，我一下紧张起来，因为这是我帮扶的贫困户，虽然政策落实及日常帮扶

2018年3月15日，省人大常委会副主任、市委书记乔新江同志在县委书记金平、谯楼党工委书记刘辉及支部书记的陪同下，在徐庄社区易地扶贫搬迁安置点视察。通过实地查看和与群众交谈，乔新江同志对安置点的工作开展情况给予了高度肯定

工作很扎实，但心里还是有点紧张。在交谈中，乔书记了解到李文政两个月前因病住院花费了9500多元，实际自费才450元。县委书记金平同志向乔书记介绍息县医疗保障政策的实施情况，并根据政策立即核算出李文政的报销比例达到95%以上，通过实施医疗保障政策可有效消除因病返贫因素。乔书记十分满意，对李文政的家庭卫生给予表扬，对社区易地扶贫搬迁后续帮扶工作给予了充分肯定。临走时金平同志也对社区工作开展情况给予了高度评价，并准备在社区召开现场观摩会。

两位领导的话让我们既欣慰又振奋，这既是对我们工作的肯定，同时也是对下一步工作提出了更高的要求。今后我们一定按照乔书记、金书记的指示，扎实开展工作，为贫困群众脱贫致富奔小康而努力奋斗！

2018年4月17日　星期二　晴

今天社区文化广场上人山人海、热闹非凡，在我和社区"两委"精心准备下，徐庄社区"孝善敬老基金募捐启动仪式"暨"孝善敬老饺子宴"活动徐徐拉开帷幕。

活动在《朝阳沟》等革命戏曲中正式开始，作为主持人，我首先对此次活动的背景及意义作了讲述，然后进行第一个议程：带领社区党员重温入党誓词。在300多位老人的注视下，看得出来，党员们个个都热血澎湃，宣誓完毕后，很多党员都说这种形式好，感觉特别有使命感和荣誉感。第二个议程：由支部书记翟耀平宣布"好婆婆""好媳妇"及"文明卫生家庭"等获奖名单，并对获奖人员及家庭进行颁奖。为了体现孝善敬老的优良传统，我们还特地为社区8位90岁以上老人颁发了敬老礼品。

接着开始了孝善基金募捐活动,首先是社区"两委"、党员还有我们驻村人员带头捐款,在我们的带动下,现场的老人、得知消息的群众、帮扶责任人都纷纷捐赠。有位老大爷在家人的搀扶下,颤颤巍巍地来到募捐台前说:"你们这是做好事啊,我这点钱都捐了。"说完从贴身的衣服里掏出一个小布包,打开后里面全是零钱,五毛的、一块的,最大面值是两张十元的,经过清点,布包里共计128元。这应该是老大爷很长时间一点一点积攒下来的,此时此刻我和在场的所有人都深受感动,甚至有部分尚未脱贫的贫困户也来到台上捐款,将募捐活动推向高潮。

那边文化广场上是感人的募捐现场,这边会议室里刚刚评选出的"好婆婆""好媳妇"及志愿者正热火朝天地拌馅包饺子,大家有说有笑,一派祥和景象。说实话,在今天早上我和支书还在担心活动能不能顺利开展起来,但现在活动的氛围远远超出我们之前的预期,看来人人都有爱心,都有向善敬老之情,只是平日生活压力、生活琐事等因素把这种心情压抑在了内心深处,只要遇到释放的平台,沉淀了几千年的中华优秀传统就会迸发出强大的力量。

在烧水煮饺子的同时,我宣读了"徐庄社区孝善基金会"的人员构成及责任、财务管理、公示公告等制度,并号召大家对基金会的运行进行监督。在基金会成员现场对募捐的善款进行清点时,志愿者们也将热气腾腾的饺子端到了老人面前,看着老人们像孩子一样开心地吃着饺子,我问他们饺子咸淡怎么样?好不好吃?老人们纷纷伸出大拇指说:"好吃,比家里做的都好吃,你们这些干部真细心,共产党真是好啊!"

经过现场清点后,我宣布本次募捐活动共筹集善款23,510元,下午将各项开支明细张榜公示,余额存入专项账户用于日后的孝善敬老活动，最后大家一起合影留念，今天活动圆满结束。下午清理场地，统计各项开支后将捐款名单及开支明细打印张贴在公示栏，接受群众监督。

几天的努力没白费，虽然很累，但真的是累并快乐着！

2018年8月20日　星期一　晴

今天莉莉到村部说入学时需要上交的几张表格填不好，让我帮她参考一下，我一边看着她填表，一边回想起她家的变化。

莉莉是村里搬迁户张霞的孙女，今年刚考上河南理工大学，她们家是我驻村以来最先接触的贫困户。

2015年9月我刚驻村就有人反映她家生活困难，因为没有固定住房，祖孙两人在县城到处流浪。经过几次寻找我来到她家，映入眼帘的是破旧的房屋，还是临时居住在别人即将拆迁的房子里，屋里就一个小灯泡，房主遗弃的床铺上堆放着祖孙俩的衣服，已经在读高一的莉莉在昏暗的灯光下，正趴在一张残破的小木桌上写作业，厨房就是在门口用三块砖头支起一口锅，下面烧着在工地上捡来的木柴。莉莉的学费及祖孙俩的生活，全靠张霞捡破烂维持。当时真不敢相信自己的眼睛，在这个年代还有这么困难的家庭！

后来时任县委宣传部部长的余金霞同志，在得知张霞的家庭情况后，立即带着爱心企业家为她送来了生活用品及生活费，并叮嘱我一定要帮助她们渡过难关。

在我和妻子的努力下，2016年1月莉莉成为我们息州义工第一批接受"一对一"助学资助的贫困学生，高中时每月给500元，大学时每月给800元，直到完成学业。2017年4月精准识别以来，通过落实国家扶贫政策，张霞享受的产业帮扶每年达4000元，五保、低保每年近 6000 元以及医疗、电力等扶持政策。为了让张霞有稳定的收入，村里又安排她打扫易地搬迁安置点卫生，每年可得报酬 4000 余元。特别是在 2017 年 7 月，张霞祖孙俩被识别为易地扶贫搬迁户，按照国家规定，祖孙俩分到一套 50 平方米的房子，并于 2017 年 12 月底搬迁入住。作为帮扶责任人，县委统战部李建光部长自费为她们购置了衣柜、床等生活用品，我和妻子为莉莉添置了学习桌椅等学习用品，并对莉莉的房间进行了简单装饰，使莉莉有了温馨的私人空间。

现在张霞的家庭人均纯收入已经达到 8000 余元，住房、教育、医疗及安全饮水都有了保障。张霞逢人就说："我原来想着这辈子能有一套自己的房子，就是死也心满意足了，没想到现在真的有了自己的房子，莉莉今年又考上了省重点大学，我就像在做梦一样。多亏有共产党有政府还有这些扶贫干部的帮助，要不然现在还不知道在哪流浪呢。"

张霞的家庭只是村里脱贫攻坚的一个缩影，在党和国家扶贫政策的扶持下，越来越多的贫困群众拔掉了穷根，过上了幸福美满的生活。虽然驻村三年来遭受过误解、打击甚至谩骂，但看到贫困群众生活得越来越好，作为驻村第一书记，有幸参与到这项事业，真的很骄傲自豪，很有成就感。

2019年7月13日　星期六　晴

春暖花开阳光明媚，安置区内一派欣欣向荣的景象。今天到女儿玲子家看看最近情况怎么样，玲子其实是搬迁户翟耀兵的女儿。由于妻子的网名叫"久久"，翟耀兵的女儿翟玲管我叫久爸，管妻子叫久妈，我们也亲切地叫她玲子。

来到她家门前，映入眼帘的是盛开的鲜花，五颜六色迎风舞动，像是在欢迎我的到来。进到屋里地面一尘不染、物品摆放有序，墙上挂着玲子妈妈自己做的珠绣，玲子的爸爸正坐在椅子上打盹。

看到眼前的景象，真的让我感慨万千。

记得第一次到翟耀兵家中时，是在2015年11月，当时正值壮年的翟耀兵重病在身，生活不能自理，家中还有老母亲和一个上学的女儿，全家只能靠妻子谢梅一人支撑，而谢梅也患有直肠癌，手术后正在吃药疗养。在交谈中了解到，翟耀兵患病已经好几年了，虽然谢梅精心护理，但身体状况还是一年比一年差。女儿翟玲正在上初三，乖巧懂事、成绩优异，但考虑到家庭情况，孩子有外出务工减轻家庭负担的想法，乐观而坚强的谢梅在谈到这些时愁容满面、眼圈发红。我安慰她说："孩子是家庭的希望，现在这个时代没有文化是没有出路的，孩子上学的事我来想办法，你先照顾好自己和家庭就行了。"

回到办公室我和同是义工的妻子联系，介绍了翟耀兵家庭情况后，通过我们息州义工多方努力，从2016年1月开始，对翟玲进行"一对一"的助学资助，初中、高中时每月给500元，大学时每月给800元，一直供到大学毕业能自力更生为止，这样就消除了玲子辍学打工的念头，她更有学习的劲头了。

2017年4月按照相关程序，翟耀兵一家四口被识别为建档立卡贫困户，并相继落实了医疗、民政等各项扶贫政策，翟耀兵一家的情况逐渐好转起来。

2017年7月，经过本人申请，社区"两委"、驻村工作队核实等程序后，翟耀兵一家又被识别为易地扶贫搬迁户，并于2017年12月搬迁入住新房。为了减轻他家的负担，我和妻子为玲子购置床、课桌，并使用贴纸、壁画等把她的房间布置得温馨而可爱。

翟耀兵的安置房是上下两层，三室两厅，一厨两卫，前后阳台共计100平方米，分别居住着翟耀兵夫妻俩、翟耀兵母亲和他女儿四口人。住在干净整洁的新房，有家人的悉心照料，有扶贫干部的关心帮扶，有党的好政策支撑，翟耀兵身体也逐渐好转起来，虽然神志仍偶尔有些模糊，但已能站立行走，并做一些简单的家务了。谢梅在距安置区500米的产业扶贫基地务工，每月最低能拿到1500元劳动报酬，由于扶贫基地是半日制企业，谢梅还兼职打扫村里卫生，每月能拿到基本工资355元。

通过自力更生及各项扶贫政策的落实，和我们驻村工作队、社区"两委"、帮扶责任人的共同努力，翟耀兵一家于2018年12月光荣地脱贫。

让翟耀兵一家激动不已的是女儿翟玲于2019年6月考入新乡计算机与信息工程学院。这个被我们息州义工资助顺利完成初中、高中学业的小姑娘，终于不负所望，成为易地搬迁点飞出去的"金凤凰"，也为这个家的美好未来带来更多的希望。更让我感动的是，刚拿到录取通知书，翟玲就主动找到我要求停止资助，她说："久爸，我感觉现在家里生活已经好很多了，我也考上大学了，在大学里我可以利用节假日兼职，来贴补自己的费用，还有很多家庭生活不如我的，这笔钱更应该用在他们身上。"

多懂事的孩子啊！正是我们扶贫干部和息州义工们默默无闻的奉献精神，不断感染和激励着她要做一个感恩善良的人。

每当被问起现在的生活怎么样时，谢梅总说："多亏了扶贫干部的帮助，真是太感谢党和政府了！以前我家的过道、厨房都是用土坯盖的，一到下雨就往下掉土块，主房虽是砖瓦的，但由于地基下沉，墙壁和屋顶有很多裂缝，住在里面每天都担惊受怕的。现在好了，不但吃住不愁还能挣钱，看病也花不了多少钱，要不是共产党的政策好，做梦也想不到我们家能住上这么好的房子啊！"

由于翟耀兵家庭在勤劳致富、卫生整洁、孝善敬老方面表现突出，在社区举行的评先创优活动中，多次被评为"文明家庭""卫生整洁户"，市、县各级领导在视察中，也对翟耀兵家庭事迹给予了充分的肯定。

翟耀兵家庭是众多搬迁户中的一个样板，当初为了实现搬迁群众"搬得出、稳得住、能致富"的目标，我们通过产业扶贫基地带贫与就业，解决公益性岗位，充分发挥后续帮扶的关键性作用，让搬迁群众家庭中有就业意愿和能力的劳动力，至少有1人实现稳定就业。对无劳力搬迁群众，通过政策兜底及社会保障等措施的落实，让搬迁贫困户生活上有坚实的保障。

为了切实增强搬迁群众的获得感和幸福感，我们在安置点成立了管理中心，负责搬迁群众的日常管理与服务，帮助搬迁户解决生活困难，管理中心给搬迁户中12名全自理特困供养老人专门配备两名护理人员，时刻关护特困供养老人的生活起居。中心还建立便民服务登记簿，对安置区内群众日常反映的各种问题进行登记，并指派专人负责解决，切实提高搬迁户的满意度。自38户99人入住安置小区以来，从他们口中听到最多的就是："感谢党、感谢政府、感谢习近平总书记！"

后家村小康日记

周口市淮阳区黄集乡后家村驻村第一书记

王耀辉

序 章

自 2017 年在后家村驻村帮扶以来,我在这里度过了最为充实的 5 年,和村里的群众同甘苦、共克坚,发展产业、招引项目、学习技术,感受困境的苦辣辛酸,铭记逆境图强的坚强意志,感恩党的关心关怀,收获脱贫攻坚的喜悦幸福,和这里的群众结下了深情厚谊。回首后家村的小康发展历程,一桩桩驻村期间的往事,历历在目……

2019年2月11日 多云

村内建扶贫车间,助推留守劳动力就业增收

人勤春来早,奋进正当时。猪年春节假期画上了句号,人们陆续返岗就业。在黄集乡后家行政村扶贫车间内,车间机器轰鸣生产忙,30 余名群众专心致志地操作机器,制作纸质用品,打捆、包装、入箱、装车,发往国内市场,现场一派繁忙景象。

2017 年 5 月,我被县人民医院派到后家村任第一书记,扛起扶贫重任。入村 5 个月,我走遍了 580 户群众,掌握了各户的基本

情况。后家村青年劳动力大多在外务工,但村里仍有很多劳动力,就业较为困难,由于缺乏产业支撑,村集体经济薄弱。

  在对产业发展进行调研后,我组织村"两委"召开专题会议,研究讨论建立扶贫车间的可行性,以及能否给群众带来收益。经过讨论,发现最困难的是找不到合适的地块。我和村干部多次走访,选中一处废弃宅基地,多次做群众的思想工作,跑县里,到乡里,和发改委、扶贫办等部门对接,功夫不负有心人,最终建成扶贫车间。

后家村扶贫车间引进服装加工企业,带动30余名群众家门口就业,人均月收入3000余元,村集体经济年均增收2万元

车间建成了，企业入驻才能发挥效益。我积极联系本地劳动密集型加工企业，打电话、发短信，邀请他们实地查看，经过两个多月的辛苦奔波，锦潇实业有限公司成功落地，投入生产。项目的投产为村民增加30余个就业岗位，村级集体收入年均增加2万元，村民年增收10余万元，有效解决了村内剩余劳动力就业问题，拉动了村集体经济发展。

"村里办起工厂，我在家里也有钱可挣了，而且家里有事可以随时回去，不耽误农活，还能照顾孩子。"后家村留守妇女吴桂荣笑着说，自己每月能挣4000元左右，不比在外面打工赚得少，过上了好生活，要感谢共产党。

扶贫工作没有什么诀窍，只要村里需要什么，我就去干什么。扎扎实实地为村民干实事，总会有收获。

2019年12月3日　阴转多云

建设光伏电站，助力群众致富增收

黄集乡后家村村头的坑塘边，方正整洁的蓝色发电板在阳光下闪闪发亮，闪耀着致富的希望。

2019年，黄集乡后家行政村光伏电站建成投用，这项工程所带来的定期收益将源源不断地进入村集体账户，彻底改写后家村集体经济薄弱的历史。

俗语说："手里没把米，叫鸡鸡不来。"由于村集体没钱，基础设施建设、村庄美化绿化、为民办事服务等方面困难重重，村级组织凝聚力、战斗力减弱。为解决这一难题，我作为第一书记，带领村"两委"前往周边乡镇村庄学习，结合光照充足、雨热同期的气候特征，最终选定将光伏项目作为产业发展的突破口。

突破口找准了，如何推进又是一个难题。

由于受到光伏项目建设用地的限制，在落实扶贫项目建设用地的时候，驻村工作队、村"两委"遇到很大阻力。"群众因担心辐射、影响风水等因素不愿意项目落户。"很多人无奈地劝道："土地是村民的命，要用来建设光伏电站，这是不可能的，算了吧。"

听到大家的劝说，我感觉很无助、懊恼，很不理解这么好的事情，群众怎么就是不同意呢？这个项目是经过深思熟虑且能有效帮助贫困户脱贫增收的项目，怎能轻易放弃？

我坚信办法总比困难多。通过同群众拉家常、掏心窝、讲政策，我梳理出村民不同意项目落地的四个症结：群众对扶贫工作队还不熟悉、不信任；对光伏项目不理解，有很多顾虑；部分群众思想意识较低，担心影响风水等；项目落地后的自然村集体经济增收不明显。

找准攻坚方向，驻村工作队员逐一突破，深入走访村民群众，组织群众实地参观，联系外村群众切身交流，借力乡贤能人广泛宣传、答疑解惑，引导群众转变思想观念，赢得村民理解和支持，终于落实了后家村光伏扶贫项目建设用地。经过近两个月的忙碌施工，装机容量299千瓦的村级扶贫电站终于建成，30户65个贫困村民每人每年能够分红不低于1000元，村集体收入每年增加5万元。全村的党员群众都深感振奋，大家觉得属于后家村的好日子就要来临了。

入村以来，我们聚焦村民的"急难愁盼"，组织开展结对帮扶，开展道路硬化工程，协调为村集体捐赠办公设备，为村小学捐赠教学设备，真心实意地为群众办实事、解难题。

2020年6月29日　晴

工作队助力脱贫增收 "蒜"出致富路

在黄集乡后家村，到处可见摆放整齐的大蒜，它们不仅是人们餐桌上的"熟客"，现在更成了我们后家村种植户们的"致富蒜"。

以前，后家村以种植小麦和玉米为主，产业结构单一，一年到头挣不了几个钱，村民种地没有积极性。

如何让群众种地多挣钱，成为我深深思考的一个问题。思来想去，最后选定种大蒜。大蒜产量高，一亩地3000斤；好管理，没有病虫害；价格好，蒜薹块把钱一斤，大蒜两三块一斤。

群众没有种植经验，种植意愿不强烈。我们请求扶贫办和农业部门派专家来进行技术指导，在田间地头办课堂、开讲座，手把手地传授技术。又组织群众到刘振屯乡张老家村学习，学选种、学播种、学覆膜，跟着菜农整地施肥、拌药播种、破膜拎苗，学得认认真真，学到了真本领。

村里老人常彩芝年龄大了，想要种植蒜，可家中没有劳动力，我和村里知道后，由我们驻村干部带头下地，从播种、浇灌、施肥，到除草、收获，全程负责，当我们把卖蒜的钱交到常老太手里的时候，她激动地说："谢谢驻村工作队和村里的帮助，感谢党和政府让我过上了小康的生活。"

大蒜种植的成功，增加了我带领群众脱贫致富奔小康的信心，我们将带领群众发展特色种植，成立合作社，对农产品进行深加工，增加产品附加值，带动村民增收致富。

2021年3月6日　多云

种植羊肚菌家家发"羊"财

3月,正是羊肚菌收获的季节。在后家村种植大棚里,一朵朵羊肚菌破土而出,错落地盛开在菌垄上,白色的菌柄顶着棕褐色的菌盖,鲜嫩而肥厚,煞是喜人。

2020年9月,后家村建成日光温室3个,占地面积3000平方米,各项配套设施齐全,可一直未找到合适的种植项目。我和村"两委"干部看在眼里,急在心上,经过多次外出学习考察,最终选定了羊肚菌高效种植项目。一方面由于羊肚菌人工种植处在起步阶段,市场稀缺;另一方面,羊肚菌营养价值和药用价值都很高,不愁销路。

"这个棚有8分地,一年种一次能产两茬。头一茬产了1200斤湿菇,二茬能产400斤左右。"正在组织工人采收羊肚菌的种植户李俊华算起了经济账:"按现在行情,湿菇卖到60块钱一斤,一个棚大概能收入7万元。"另外,忙时,每天要雇用村里10多名劳动力,带动村里剩余的劳动力就业。在菌棚帮工的村民贺连英一个月能挣到2000余元。

小小的羊肚菌培育了大产业。这次后家村成功引进羊肚菌种植项目后,在高效种植之路上越走越有自信,将来能让更多群众发"菌财"。今年,村委与20余户农户签订种植合同,准备将后家村打造成200多亩地、150个棚左右的羊肚菌种植基地,为村民致富增收开辟新路径。

2021年6月14日　多云

"小冷库" 大效益

"村里建立了温室大棚种植羊肚菌,村民种植大蒜,发展村里经济,让原本荒废的土地利用了起来,村民流转土地有租金,到大棚做工每天还有100多元收入,生活更有盼头了。"6月11日,正在后家村新建村大棚蔬菜种植基地覆膜的村民李公亮欣喜地说。

另一边,今年1月建成的冷链仓储基地无疑给新建村所有种植户、养殖户打了一剂强心针。"有了这个冷库,我的羊肚菌就可以存起来慢慢卖,可帮了我们大忙了!"种植户李俊华哼着小曲儿在自家种植基地清园锄草。

"我们刚驻村时,村里无资产、无资源、无企业。发展集体经济是村里面临的突出问题。"我回忆起过去。

有难题就解决难题。2019年以来,驻村工作队同村"两委"一起,依托交通便利的地理优势,建立扶贫车间,发展光伏产业,建立日光温室,发展特色种植羊肚菌。根据实际需要,投入149万元建设总规模620平方米的冷链仓储基地,将冷库出租,开展反季节性销售,让新型经营主体和农户收益最大化,村集体从中提取销售服务费,实现集体增收。

春风助勤人。蔬菜大棚内劳作的工人穿梭在田野林间,种植户、养殖户燃起了新希望。冷链仓储基地处,驻村工作队和村"两委"一边忙着培训冷库管理人员,一边积极拓宽市场,四处寻找新销售渠道。"我们现在货源、货物存储都有保障了,下一步就是要把村里的货都漂漂亮亮地卖出去,这样大家才有真盼头。"村支部书记李彬坚定地说。

下一步，我们准备改造升级冷库，冬天储存水果蔬菜，夏天储存羊肚菌，壮大村集体经济，助力乡村发展，使我们农民富起来，走上小康之路。

2021年10月26日　阴转多云

生态养殖　致富正当时

乡村要振兴，产业必兴旺。选择发展对路的产业是一个头疼的问题。一个月下来，我走遍全村10个村民组，倾听了村干部和在外成功人士对产业发展的意见和建议。

"我们以传统玉米、小麦种植为主，解决温饱没有问题，但要富起来就难了。"当我兴致勃勃地与村"两委"干部商量如何发展产业时，村支书李彬给我泼了一盆冷水。

"我们就利用良好的生态环境养殖土鸡。"我认真地对村支书提出建议。其实，我这个想法不是一时冲动。走访中，我发现后家村群众除了一部分人外出务工外，大多数留守老人都有利用房前屋后空地养殖土鸡的习惯，少则几十只，多则上百只。这些年来，农户以林下散养土鸡为主，而且以玉米、青菜、杂草喂养出来的土鸡毛色鲜艳、肉质甜美，是原生态土鸡。而且，目前随着生活水平的提高，农村土鸡在城里也非常受欢迎。

"我们养的土鸡基本自产自销，卖得很少。"村里的贫困户何明华多次提醒我，由于销路不畅，农户养出来的土鸡不值几个钱。

"销路不畅，是我们缺乏营销策略。"在后家村产业发展讨论会上，我胸有成竹地提出自己的构想，说服村"两委"干部。

功夫不负有心人。在我的不懈努力下，村"两委"决定发挥后家村股份经济合作联合社优势，采取"合作社+农户"的养殖模式发展土鸡养殖，农户分散饲养，合作社集中养殖并负责提供技术服务、购销支持。村民认为此办法不错，能有效解决产销问题，个个情绪高涨，户户争相加入合作社。

有了农户的积极参与，村里的土鸡养殖产业不断发展壮大，目前全村有40户农户存栏肉鸡5000余只。

资源有了，如何让土鸡变"凤凰"卖出好价钱？我们决定上门推销，到城区3家酒店、2家超市推介销售。由于这些酒店、超市的供应商已经固定，且出价远低于我们的预期，我们无功而返。

大酒店、大超市无法合作，我们就将目光投向小区生活超市、工厂、散户、机关等地方，采取微信群宣传、发布朋友圈、试吃等办法，推行"线上+线下"同步宣传和销售，销路好的时候，一天能卖出100余只。

随着养殖规模不断扩大，村干部联系各行政村红白理事会进行推销，进一步扩大销售渠道。今年第一季度，实现销售收入50,000余元。

为进一步拓宽市场，合作社和农户有计划地错开饲养，确保土鸡供应正常。同时，我们也积极申请注册商标，打造后家村土鸡养殖品牌，让村里的土鸡变成"金凤凰"飞向市场。

土鸡养殖的成功，让全村上下树立了发展集体经济的信心。村里决定扩大生产规模，今年下半年养殖10,000只以上，再加上羊肚菌种植和大蒜种植两个已成熟的项目，预计后家村2022年集体经济收入将超过30万元。这些产业的发展将有效提升后家村集体经济的造血能力，为后家村乡村振兴打下坚实基础。

驻村日记

驻马店市上蔡县南大吴社区驻村第一书记　廖　伟

2020年3月10日　星期二　上蔡县　晴

　　初春的上蔡，生机勃发、柳吐新芽。带着省委选派办和厅党组的信任和重托，厅机关车队的甘斌同志送我来到了驻地南大吴社区。顾不上收拾行李，在村部会议室召开见面会，与等候多时的现任第一书记姚胜利，办事处分包领导、武装部部长朱世俊，村支书雷大举等进行了座谈交流，沟通了情况，作了表态发言，表示个人会尽快转变角色、尽快深入群众、尽快开展工作，为巩固南大吴社区脱贫攻坚成果和推进实施乡村振兴战略贡献力量，自觉维护省厅风清气正的良好形象。

　　在村部隔壁的艾滋病防治卫生所，我向工作人员了解了药物发放等情况，步行察看了村民组和居民点分布状况、社区道路配套设施建设。在乔庄自然村，蒋老汉正在修葺围墙，我们便攀谈起来，得知他的三个儿子中，两个都走了，因为卖血得那个病。老汉很坚强，80岁了，仍劳作不息，计划在小院里趁春光种下一些蔬菜，忙得不亦乐乎。两间低矮的偏房旁边，是最后一个儿子的两层小楼。老汉偏要一个人住，不给孩儿添麻烦，这也可能是中华传统文化中多数老人的思维。我能为他们做些什么？心里的那种沉重感，挥之不去。

2020年3月13日　星期五　上蔡县　阴

昨晚，乡村的风呼啸了一夜。早上阴云密布，仍是春寒料峭。

近几日，一直在谈乔庄居民区那条似渠非渠、似沟非沟的沟渠。很多年了，这条沟渠从居民区中间穿过，两侧居民生活污水直排入沟，沟底一段干枯，一段聚水，坑坑洼洼，污水片片。虽然管控后对居民生活垃圾进行统一收集，环境有所改观，但仍是一桩心头病。我和姚书记一边走一边谈，是通过农村人居环境整治来解决，还是采用生态环境恢复治理，或者争取纳入全省全域综合整治试点，需要精心谋划、深入论证、审慎抉择。

我突然想起时任省长陈润儿曾经讲过的一句话，心中有定力，手上有办法，一些工作急不得，也慢不得，必须掌握实际情况，多方协调汇报，寻求资金支持。

步行来到村部北侧的一片空地。这里曾经是一处废弃的枯塘，去年通过修复治理，已经填土推平，环境改观很大。三四亩的面积，能不能上个什么项目？建个草莓大棚，或者花卉园艺基地？有没有生产技术基础？有没有合适的承包路径？有没有科学的管理机制？这些都要深入了解、认真思考。健全造血功能，壮大集体经济，带动脱贫致富，还是要从每一寸宝贵的土地精打细算，激活内生动力和发展生产力。

2020年3月16日　星期一　上蔡县　多云转晴

清晨，与小石榴挥手告别，我转身走进电梯。我知道，新的一周很多工作要做，村情了解得仍然不够，贫困户走访还要继续，回村的路上，正好可以向姚书记多多请教。

一路上，从南大吴集体经济收入到贫困户雷二民的家庭情况，从其他省直单位帮扶驻村典型案例到南大吴亟待解决的问题，从刘书记现场办公会筹备工作到涉农补贴资金种类，我们边开车边聊天，两个多小时后来到村口。

下午，我和姚书记驻足于村部东边的葡萄园，谈起特色农业发展问题。近几年，村部周边的果园已初具规模，葡萄园、桃园、樱桃园、梨园如雨后春笋，集聚效应正在形成。我们找到正在给樱桃树浇水的吴老汉，得知去年种下的树苗长势良好，计划今年再培育一年，修整树形，打好基础，明年挂果。我们告诉吴老汉，如果种植中遇到了难题，我们将负责协调省林科院的专家免费上门指导。同时，村里的冷库今年可以投用，以后樱桃储藏将不再是难题。吴老汉很高兴，表示如果明年收益好，会尽快扩大种植规模，带动更多的村民致富。

农业结构调整是一篇大文章，采取行政命令和强制手段是行不通的。政府要帮助农民算清大账，强化技术支撑特别是病虫害防治等服务保障，通过适当的宣传和引导，让农民自己动手，尝到丰收的甜头后，才能构筑竞相发展、良性循环、共同致富的格局。

在樱桃园的对面，是一片桃林，星星点点的桃花正在春风中摇曳。我突然发现桃园门口，主人计划修建的看护房地基已经出土，调整农业结构、发展特色农业是好事，但设施农用地备案也不能忽视，去年部里新发的文件简化了备案流程，提醒主人抓紧备案，可不敢马虎。

2020年3月27日　星期五　上蔡县　多云

上午，我们请来办事处葛云亮主任和村支书雷大举同志，就昨晚我们驻村工作队初步商议的今年重点工作征求意见。我将初步意见一一道出：编制一个规划（加快编制多规合一的实用性村庄规划）、建设一座园区（加快推进冷库、商铺、超市、洗浴中心建设）、整治一条沟渠（综合整治乔庄居民区沟渠）、营造一片绿地（利用空闲土地建设休闲游园）、培育一方果园（引导培育发展林果业）、布设一套天眼（新建覆盖全社区的视频监控系统）、争取一批产业（积极引进花卉苗木、蔬菜制种、卫材、休闲食品等加工企业）……

葛主任和大举同志对我们的意见很感兴趣。大家越谈越热闹，思路不断拓展，细节更加完善。如，依托果园举办鲜果采摘节，鼓励贫困户调整种植结构并适当补贴；发挥"天眼"监控平台全覆盖的震慑作用，推进平安社区建设；邀请省林科院专家指导果树种植，对果农集中免费培训；等等。

蓝图初绘。唯有躬身实干，才能品尝到收获的果实。

2020年4月3日　星期五　上蔡县　多云

吴俊清该怎么脱贫是近期我们研究最多的问题。通过公益岗位就业、低保补助、光伏发电补贴、艾草种植收益、林下经济和农作物收益及其他各种补贴，人均可支配收入达到脱贫标准基本可以实现，但要持续增加家庭收入还要统筹考虑。我们与大举、建伟商议，吴俊清早年曾经养过猪，掌握着一定技术，院子里砌有四间猪圈，如果他有养猪的意愿，我们可以提供仔猪，若担心影响生活环境和邻里关系，其实养羊也可以考虑。这些谋划关键还要看他本人的意愿，内生动力才是改变命运的第一源头，可以让建伟先去做做工作。

省直三院党委委员、护理部主任张桂仙同志是吴俊清的帮扶责任人。我们决定由伊丁丁同志负责将相关情况向张桂仙同志及三院党委进行汇报，严格落实帮扶责任和措施，共同促进吴俊清坚定信心，确保今年脱贫。同时，要进一步征求吴俊清的意见，整修小院，加固院墙，清理废旧杂物，对主房山墙外的小棚子进行改造，尽力提升和改善人居环境。

2020年4月9日　星期四　上蔡县　晴转多云

昨天中午接到县局局长张炳辉的电话后，我向厅执法局局长何涛进行了汇报。县里计划明天召开全县耕地保护和土地利用管理工作推进会，准备请我就严格耕地保护、强化土地执法监管宣讲一下政策。得到何局长同意后，我起草了宣讲提纲。既要完成好驻村帮扶任务，也要宣传好自然资源管理政策法规，两者都是我义不容辞的职责和使命。

下午，我们来到吴俊清家中，施工队正准备修缮小院和猪圈。再一次对接了整修方案，要求施工队抓紧施工，按照主人的合情合理的意愿，该拆的拆，该建的建，该修的修，该补的补，努力改善环境面貌。

离开吴俊清家，我们来到乔庄渠南的麦地，实地查看小麦长势和品质。按照县里的统一部署，今年贫困户种植小麦符合良种标准的，每亩地将补助200元，由村里组织检查，办事处组织抽查，县里组织验收，这对于受疫情冲击较大的贫困户来说，又是一个利好消息。千方百计增加贫困户的家庭收入，坚决防止返贫，这将是我们今年工作的重中之重。

2020年4月22日　星期三　上蔡县　晴

今天继续开展大走访。乔庄村贫困户关平元擅长养殖，我们请社区文书雷建伟共同参加，决定先去他家走访一下。

老关今年73岁，视力不好，属于四级残疾。老关的老宅里，养了30多只波尔山羊、10多只兔子和20多只荷兰猪。正好，可以从他家买两只羊，送给未脱贫的吴俊清，既解决了老关的销路问题，又能让吴俊清发展庭院经济增加收入。

雷永军一家3口，上午到县城打零工了，大女儿雷俊灵在外务工，只有小女儿雷俊杰在家里，我们没有打扰她上网课，又来到雷建设的家中。

雷建设常年在驻马店市建筑工地务工，妻子张粉是村里的保洁员，每月有固定的收入，"两不愁三保障"已不是问题。

昨天不在家的李晓华，今天正好在路上碰到。在她家里，我们见到了她的儿媳妇贾亚丽。小贾是社区的社保协管员，还在某公司兼职，从事线上培训。李晓华的小女儿雷春荣正在读高三，今年参加高考，我们叮嘱李晓华，要鼓励女儿坚定信心，克服疫情影响，争取在高考中取得优异成绩。

我们来到雷大超家中，见到了他的大孙女雷彩萍。雷大超今年73岁，在重度残疾人托养中心居住，基本生活主要由政府保障。从事网上销售家纺用品的雷彩萍今年23岁，南通大学英语专业毕业，准备今年报考公务员。我们鼓励她，只要心怀梦想，持之以恒，坚持不懈，一定会实现自己的理想。

52岁的张梅花家中没有人，门口张贴着喜庆的春联，儿子雷干春节期间刚结婚，已到外省务工。张梅花的爱人邓礼万是湖南人，也去了外省务工。

在雷玉峰家中,我们见到他的儿子雷劲杨。劲杨今年23岁,在驻马店市职业技术学院读大专,计算机专业。我们鼓励他,一定要学好专业,重点关注App开发、大数据、云计算等前沿信息和发展趋势,争取能够专升本,有什么困难可以找我们帮助解决。

下午,伊丁丁同志从老关家中挑了两只母山羊,付了款,细心地系上铃铛,我们一起给吴俊清送去。

看到我们送来的山羊,吴俊清全家喜出望外。我告诉老吴,这是他的帮扶责任人——省直三院行政党支部,专门委托驻村工作队买来送给他的,要精心照顾,通过发展山羊养殖,再为家庭增加收入,确保年底前脱贫。

2020年4月23日　星期四　上蔡县　晴

今天的大走访从赵满良、梁耐老两口家开始。老赵今年74岁,老伴梁耐今年76岁,女儿都出嫁了,只剩下两位老人晚年做伴。

老赵一早儿外出不在家。梁耐老人接待了我们。小院中摆上木凳,我们拉起了家常。老人说,现在不缺吃、不缺穿,房子牢固不漏雨,很感谢党的好政策。朴实的话语道出了她的心声。

吴建华一早儿去买菜了,我们正准备离开时,老吴回到了家。他是社区的保洁员,视力四级残疾,也是分散供养的五保户。我们详细询问了他近期的吃穿用情况,老吴表示现在生活很好,一个人没负担,一直夸党的扶贫政策好。

冯毛、李存二位老人已经70多岁,女儿出嫁后,他们晚年相伴,正准备在小院里搭架子种豆角。冯毛听力残疾,戴着助听器也听不清楚,必须喊着说话才能让他听清。

马秀也是社区的保洁员，2008年爱人因HIV去世，留下5个女儿。孩子们很争气，学习成绩都很好。老大、老二大学毕业后在郑州务工，老三、老四正在读大学，小女儿还在读高一。我们安慰她，困难是暂时的，要培养教育好孩子，需要解决什么问题，驻村工作队会全力帮扶。

吴俊清正在家里摆弄小院里的杂物，我们专程去就是要提醒他，昨天送去的两只山羊的养殖注意事项。刚养的山羊前几天要喂麸糠类的精饲料，之后就可以喂青草了。同时，波尔山羊易患寄生虫病，还要请兽医驱驱虫。

在昨天的走访中，我们了解到贫困户雷大超的大孙女雷彩萍，父母去世较早，今年23岁，南通大学英语专业毕业，计划今年参加省里的公务员考试。我们特意准备了一套复习资料和题库，送到她的家里。翻阅着这套资料，小雷很开心。我们勉励她，机会永远属于有准备的人，只要认准目标，成功并不遥远。如果复习中遇到什么难题，可以随时到村部找驻村工作队员沟通交流。

小雷的姑姑雷献春只有42岁，得上了强直性脊椎炎，手术后换了双侧人工胯骨，术后恢复良好，目前在村里重度残疾人托养中心做护工，每月2000元工资，日常生活有了保障。来自省直三院的驻村队员伊丁丁，认真询问了她的手术和患病情况，就日常生活注意事项作了提醒。

2020年5月19日　星期二　上蔡县　晴

"三夏"期间，防火重如泰山。上午我们沿着生产路向乔庄巡查防火工作，沿途中金色的麦浪在风中翻滚，路边不时可看见张贴的防火宣传标语。

老汉蒋玉柱家中的小麦，因为天旱，今年收割早，正在门前晾晒，我们攀谈起来。由于今年雨水少，小麦有所减产。下半年的花生、玉米等秋作物是否丰产，还要看气候条件，不确定因素很多，还要及早谋划群众的增收渠道。

贫困户蒋毛妮正在院中翻晒小麦，尚未开学的女儿也来帮忙。虽然减产影响了收入，但不会造成返贫，特别是作为我厅助学帮扶的对象，毛妮的两位女儿上学资助不会间断。

我们来到沟渠综合整治现场，直径1.8米的污水管道铺装顺利，下一步将修建检查井，个别渠段正在晾晒从沟底翻起的淤泥，待晾干后再用于铺垫渠底。

"感谢你们捐赠的电脑，这真是雪中送炭啊！"支部书记雷大举在简朴的捐赠仪式上向省煤田地质局物探队测绘院陈薪同志表示感谢。

中午时分，受刘发发院长委托，陈薪一行专程到社区捐赠电脑等物资。前不久，刘发发院长了解到南大吴社区办公设备短缺，网络设施陈旧，难以保障正常工作需要，专门筹措了资金，今天向社区捐赠了戴尔电脑两台、交换机一部，进一步缓解了南大吴社区办公设备紧张的压力。

下午，我们来到南大吴自然村自来水故障排查现场，通过近日的努力，已基本确定故障路段，综合考虑维修成本等因素，决定在路边开槽，铺设约80米的新管道，替换埋在水泥路面之下的旧管道，预计明天下午可完工。

2020年5月27日　星期三　上蔡县　晴

上午8时，我们与支部书记雷大举共同对昨天的走访工作进行了总结，重点对肖愧、雷志民等贫困群众提出的困难和问题进行了研究，分别明确了解决意见。

会议结束后，我们直奔吴俊清家的土豆地。大家顶着烈日，挥动着铁耙，热火朝天地抢收土豆。

吴俊清家里缺少劳动力，土豆不愁销路，但抢收成为摆在面前的一道难题。自星期二下午走访得知情况后，这件事就一直牵挂在心，目前天气炎热，如果不尽快刨出土豆，恐怕会烂在地里。

通过两个多小时的劳动，吴俊清家的土豆都从地里刨了出来。大家分工合作，效率很高，装箱的装箱，搬运的搬运。看到打包好的一箱箱土豆，老吴激动地说："谢谢驻村工作队！你们辛苦了！如果没有你们的帮忙，这些土豆就换不成钱了。"

2020年6月29日　星期一　新县　阴

巍巍大别山，烈烈党旗红。6月29日，我们组织社区党员和"两委"干部，赴大别山革命老区新县，开展"将军故里迎七一、不忘初心跟党走"主题党日活动，追寻红军足迹，缅怀革命先烈，在红色教育中喜迎建党99周年的到来。

新县是著名的革命老区，素有"红军的故乡、将军的摇篮"之称，2001年被中宣部命名为全国爱国主义教育示范基地。南大吴社区20余名党员、干部首先拜谒了鄂豫皖苏区首府烈士陵园，瞻仰了烈士纪念碑，并面对鲜红的党旗，庄严地举起右手，重温入党誓词。随后，大家参观了鄂豫皖苏区首府革命博物馆，认真聆听鄂豫皖地区波澜壮阔的革命历史，深切感受大别山人民和革命先烈坚定不移的革命信念和无所畏惧的革命意志。在鄂豫皖苏区将帅馆，同志们驻足瞻仰一位位红军将领的风采，革命先烈们奋勇向前的英雄气概和可歌可泣的红色故事，震撼了心灵，洗礼了灵魂，也深深鼓舞着在场的每一名同志。在许世友将军故居，大家详细了解了许世友将军的生平事迹，实地感悟将军不畏艰苦、敢于奉献的革命精神和"生为国尽忠，死为母尽孝"的忠孝情怀。

通过此次主题党日活动，全体党员干部受到了鲜活生动的党性教育。大家纷纷表示，要时刻牢记习近平总书记去年视察河南时的谆谆嘱托，时刻铭记共产党人的初心与使命，把在新县的所学、所思、所感、所悟，贯穿到打赢打好脱贫攻坚战和落实乡村振兴战略的生动实践中去，以实际行动继承先烈遗志，传承红色基因，大力弘扬大别山精神，为南大吴社区经济社会发展做出新的贡献。

2020年7月14日　星期二　上蔡县　雨

雷继光养鸽场贷款一事今天有了新的进展。朱世俊部长终于了解到农民自主创业政府贴息贷款审批部门。

负责此项工作的部门不是财政局，也不是农业局，而是人社局。农民自主创业的项目，只要有两名财政供养人员提供担保，即可申请15万元创业资金贷款，免费使用资金一年。

我立刻打电话把这个好消息告诉了小雷，并请他把县人社局负责此项工作的联系人姓名、电话记下来。小雷很高兴，找两名财政供养人员提供担保，需要他自己在同学、朋友、亲戚中想想办法。

雷翠萍丈夫医疗费的问题也有了眉目。社区社会事务中心主任刘耀华负责在其完成其他途径救助后，再从临时救助中协调解决部分费用。雷大举同志也表示，今年年底，按规定程序审查后，可从村集体收益中适当予以照顾。我把解决办法告诉了雷翠萍，她表示感谢，她说将在丈夫出院后，抓紧办理新农合医保报销手续，然后再向民政部门申请临时救助。

2020年7月20日　星期一　上蔡县　晴

今天是脱贫攻坚国家普查第一天，新蔡县普查员昨天已达上蔡，普查指导员郭俊丽将带领12名普查员，先到南大吴社区开展普查，同时对本组全体普查员进行现场培训。

原本每个村只有4名普查员，为了统一标准，进驻重阳办事处、芦岗办事处和卧龙办事处的全体普查员，今天都要深入南大吴社区进行普查试点。

早上7点多，办事处帮扶责任人陆续抵达村部，朱世俊部长对普查注意事项再次作了讲解和动员。8点多，郭俊丽一行来到社区，简单说明工作目的后，即入户开展普查工作。

在上蔡县委书记胡建辉、县委副书记李超的陪同下，新蔡县普查组组长、县委组织部部长何春辉也来到普查现场。对建档立卡贫困户雷大超、张梅花家统一普查后，将12名普查员分为六个组，分别深入其余51户贫困户家中开展工作，整体工作组织严密、有条不紊、井然有序。

通过一整天的紧张工作，截至晚上7点半，受人员外出、普查系统网络信号等因素影响，尚有7户未能完成普查工作，将在本周三于谢庄社区普查时同步完成扫尾工作。

2020年8月20日　星期四　上蔡县　小雨

早上6点多，天阴沉沉的，天气预报今天小到中雨，不利于活动的开展，但是已经顾不上天气了，我们开始组织大家搬运桌椅、布置展台和环境消杀，体温检测点由村医负责，老雷家的 300 箱葡萄也运到了展会现场。

8 点左右，展台基本布置完毕，主会场的音乐四处飘荡，驻上蔡县省派第一书记"促进消费扶贫、助力脱贫攻坚"农特产品展销会渐渐有了氛围，我们邀请的领导、嘉宾和省派第一书记们陆续来到现场，顾不上寒暄，我们组织大家戴好口罩，保持间隔距离，列队等待开幕式的到来。

展销活动开幕式 9 点准时开始。媒体记者、中原直播、网红达人纷纷上阵，闪光灯、摄像机同时工作，把现场热闹场面传向四面八方……

感谢天公作美！随着上蔡县委常委、副县长马高峰宣布展销活动正式开幕话音落地，天空中才飘洒起细细的雨丝，但这并未影响现场的气氛。

马县长带着嘉宾逐一参观展销的农特产品，不时询问企业生产、销售等情况。驰崇多肉花卉基地负责人葛计划正在抖音上直播，看到马县长来到展台，热情地要送一盆多肉盆栽，被马县长微笑着婉拒。

办事处党工委刘卫华书记带着第一书记和嘉宾们来到海军葡萄园，现场采摘葡萄，并过秤扫码付款。县驻村办主任陈阳、省发展改革委驻籽粒村第一书记孙文生等在活动现场分别接受了县电视台的采访。

厅扶贫办李玉洁同志现场购买了鸽蛋 8 箱，我也购买了阳光玫瑰葡萄 20 箱，南大吴社区组织展销的葡萄、肉鸽、鸽蛋成了抢手货，不到 1 个小时全部售罄。有的商家因为备货不足，又紧急调运产品，现场气氛进入了高潮……

中原直播开通了网络直播,观众也越来越多,大家纷纷点赞支持,充分肯定了我们组织的本次活动。截至直播结束,点击观看人数达17,100余人次。

2020年9月29日　星期二　濮阳市　晴

今天上午9点,我们来到濮阳县庆祖镇西辛庄村,村支部书记李连成亲切地接待了我们。

大家先后参观了该村村史展览馆,考察了扶贫产业发展、新农村建设取得的新成就,聆听了李连成书记带领群众脱贫致富的感人故事。

"当干部就应该能吃亏。党员干部只有能吃亏、愿吃亏,才能赢得群众的信任,增强感染力、凝聚力和号召力,才能真正带领群众谋事创业。"李连成书记的话引起了大家的共鸣和深思,更明白了工作上的短板、思想上的差距、目标上的偏差。

大家表示,这次学习观摩和考察交流,增长了见识,开阔了思路,进一步深化了加强党的建设极端重要性的认识,更加坚定了以党的建设高质量推动脱贫攻坚和乡村振兴高质量的信心,将把学到的好经验、好做法,贯彻落实到带领群众巩固脱贫成效、推动乡村振兴的生动实践中去,真正为老百姓谋实事、解难事、干好事。

2020年10月9日　星期五　上蔡县　多云

因车辆限号,早上6点半,我和伊丁丁、张道轻同志便从厅里出发,赶在7点前离开了市区。

上午9点,我们来到村里,办事处包村领导朱世俊部长、村支部书记雷大举正在安排贫困户退出公示有关工作。我们简单碰了头,沟通了假期秸秆禁烧、农村乱占耕地建房摸底排查等工作情况,对近期重点工作进行了研究。

下午,我们实地查看了冷库、商铺、洗浴中心项目建设进度,向洗浴中心项目施工负责人程俊威详细了解工程总体情况、当前面临的困难以及下一步施工方案,叮嘱他要统筹安排工序,交叉施工,抢抓进度,特别是下水管网施工、地热井用水手续、洗浴中心营运手续等,要提前谋划,力争年底前洗浴中心开业运营。

在村东的乡道路口,吴天朋家里的冬桃刚刚上市,正在摆摊推销,品质不错。我们建议他采购一批包装箱,争取在下周五厅里组织的帮扶村农产品采购活动中争得一席之地。

2020年11月10日　星期二　上蔡县　晴

休闲小游园项目建设抢天夺时,进展迅速,休闲步道水泥路基已完工,人造微地形中的乔木、灌木多数已栽种,停车位、健身器材地基已建成,凉亭基底也已完成。下一步,要重点推进步道基面的木板铺设、凉亭组装、健身器材安装、绿植四个浇水取水点布设等工作。对于步道采取彩色涂装还是防腐木铺装,我建议要认真核算一下成本和工程造价,一是不能超出预算,二是不要脱离实际、奢华浪费。

办事处朱世俊部长和村支书雷大举来到村部,专门商谈金丝皇菊项目选址和注册成立村办企业等事宜。初步达成一致意见后,我们来到南大吴自然村村西的围村林,实地查看选址现场。

经对比,大家认为路南地块较为平整,紧邻出村主干道,下一步发展乡村旅游的优势明显,地价预计较其他地块每亩多出200元,但今后的发展空间大，适合作为金丝皇菊项目区。选址是否合适、土地能否顺利流转，还要征求致富带头人孙松广的个人意见以及二组群众的意见。

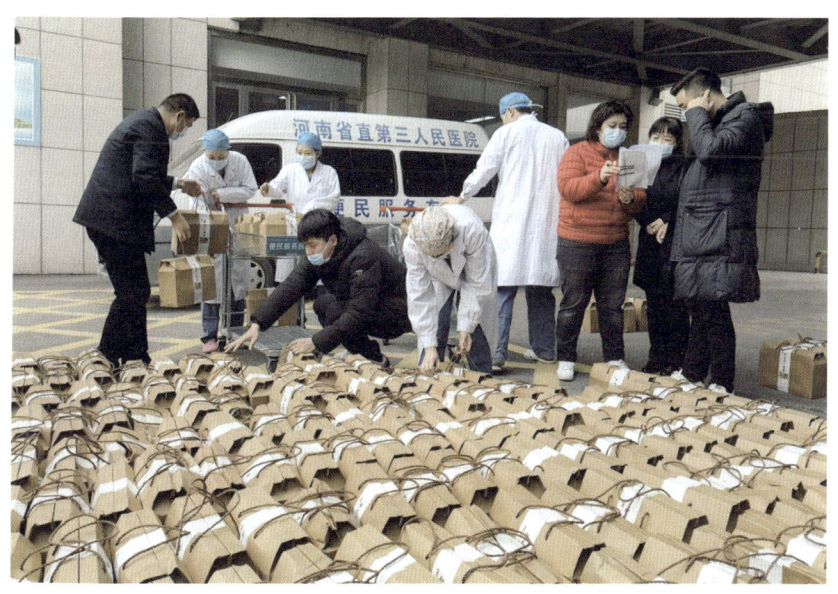

2020年12月，省自然资源厅定点帮扶村——上蔡县南大吴社区小黄姜喜获丰收，厅属单位省直三院迅速动员干部职工"以购代捐"，助力南大吴脱贫攻坚。12月7日，价值3.1万元的620箱上蔡特产小黄姜运达省直三院东院区

2020年12月29日　星期二　上蔡县　雪

一大早，漫天纷纷扬扬的雪花如期而至，虽然不是银装素裹的世界，但是气温也降到了入冬以来的最低点。村里居民家的空调、电暖器同时开启，用电压力骤然加大，村部的电路似乎也怕冷，开始闹脾气，总是时断时续。

南大吴自然村的建档立卡贫困户王付安是个单身汉，智力有些障碍，经常闹出笑话，生活尚能自理，但也不能让人放心。前些年，社区将他家的房屋纳入危房改造项目，进行了全面修缮。这么冷的天，王付安穿得暖不暖，盖得厚不厚，吃得够不够，只有去实地看看才能放心。我们叫上支书雷大举，直奔王付安家。

叫醒还没有起床的王付安，捏捏被褥，掀起锅盖，逐一查看生活状况。房屋修缮后没有安全隐患，锅里还有昨天晚上的剩饭，只是被褥有点薄。我叮嘱雷大举同志，再给王付安准备一床新被子，确保平安温暖过冬。

村医雷现友到邻村出诊了，他的爱人正在诊所里忙碌着。近期返乡人员多不多，发热病人如何处理，健康码如何使用，我们一边了解情况，一边宣传疫情防控政策。要求诊所严格落实上级工作部署，用好健康码，不能接诊发热病人，为保护南大吴群众生命和健康安全织密筑牢防护网。

曾庄村的小康日记

济源市大峪镇曾庄村驻村第一书记　成富营

2015年8月28日

济源市选派机关优秀干部到村任第一书记工作动员部署暨培训会召开。组织部仝柯峰部长、孔庆贺副市长参加了会议。全市共选派了105名第一书记，其中贫困村第一书记58名。会上领导讲了很多，我记得最清楚的四句话，也就是驻村的四项主要任务，即建强基层组织、推动精准扶贫、落实基础制度、办好惠民实事。这四句话将是我驻村工作的指南。

从今天开始，我有了另一个身份——济源市委宣传部驻大峪镇曾庄村第一书记。对于曾庄，我不是很陌生。从原先的支部书记周丰科到后来的支部书记薛龙生都曾见过两面，村里的情况也略有了解。

虽然从小生活在农村，但在农村生活和到农村工作还是两码事，长期在机关工作，农村工作怎么抓，心中也挺忐忑。会后，给军星部长、张伟副部长作了汇报，两位领导的鼓励给了我信心。想想也是，自己是大山的儿子，习惯了走山，山就成了平地。驻村工作，也没什么了不起的。

2015年8月31日

今天上午,大峪镇里开了第一书记会议。这是这么多年来第一次作为工作人员在镇里开会。没有在镇里工作过,一切都比较新鲜。

十个贫困村的第一书记全部到齐,他们是发改委驻仙口村第一书记李泽江、教育局驻林仙村第一书记王贞、粮食局驻三岔河村第一书记张国禄、省交投集团驻王庄村第一书记刘剑君、文广新局驻小横岭村第一书记贾卫平、水利局驻偏看村第一书记薛天印、市委党校驻鹿岭村第一书记翟希仁、工商局驻王拐村第一书记杨文朝、交通局驻上寨村第一书记苗和平。

镇党委书记张林、副书记陈涛、副镇长杨志强和大家见了面,并分别讲了话。张林书记看起来似乎不苟言笑,讲起话来才知道挺有思想。譬如在谈到建强基层组织时,他说,第一书记抓党建是第一要务,要学会"温水煮青蛙",经过几年的驻村,留下一支永远不走的精准扶贫队伍。这恐怕也算是"温水煮青蛙"的另一种理解。

到大峪,才知道大峪分为东山和西山,我所在的曾庄属于东山。东山有五个贫困村,西山有五个贫困村。下午,带着行李到曾庄报到,和曾庄支部书记薛龙生进行了详细的交流。他介绍了曾庄的情况,村委主任是黄慎强,会计是王克军,监委李应战,计生专干韩换玲,村里有党员22人,村民代表30人,人口706人,贫困户45户。有6个居民组,分别是曾庄、赵庄、蛇沟、前楸树沟、后楸树沟、古墓洼。主要经济来源是蔬菜制种、外出务工、各种养殖等。省级以上荣誉有省级生态村、省级卫生村、全省农村清洁家园行动先进村。

龙生支书给我安排了住的地方,村部最东头的一间房,原是计生室，计划生育的标语还在。这间不足十平方米的小屋，就是今后办公、住宿、做饭的地方了。一张床、一张办公桌、一把椅子、一个档案柜、两个凳子、一个小茶几、一个电磁炉……足矣！

这天，曾庄给了我一个下马威。31日下午，"黑云翻墨未遮山，大雨倾盆水连天"。风雨过后，返济，刚出曾庄一二里，一大榆树被风刮断，断枝横在路上，如拦路虎。本想给支书打个电话过来帮忙，想想还是算了，还是自己一个人处理吧。好不容易又搬又拉又折，终于过来了；未曾想在张苏线上又遇多处山石滚落，着实惊险。

成富营组织开展"入党纪念日"活动，全面加强基层组织建设，留下一支永远不走的工作队

2016年2月24日

今天，阴历正月十七，大峪曾庄的阳光格外明媚。社会主义核

心价值观的灯笼还挂在村口的柿树上，门口"私人定制"的对联还散发着年的味道，在这淡淡的年味里，曾庄迎来了一批尊贵的客人。济源籍著名作家、中国现代文学馆常务副馆长李洱先生在济源市作协主席葛道吉先生、济源市作协秘书长刘爱珍女士、市群艺馆副馆长李睿芳女士的陪同下，来曾庄采风。

千年古村曾庄和大作家李洱先生的对接注定不同寻常。一本介绍曾庄历史文化、发展变化的小册子引起了李洱先生的注意。曾庄村源于曾子、庄子在此游学，绝断山、药王庙、上马石、下马石、七仙女的神话传说，让这个名不见经传的小山村充满了文化的气息，特别是文化人、大作家李洱先生到这个千年古村，更增添了这里的文化氛围。

世上从来不缺少美，而是缺少发现、缺少想象。在曾庄的传统古民居前，每一面石墙，每一口古井，每一个石碾、石磨，甚至每一片旧瓦都让李洱先生兴趣盎然。在千年古槐树前，李洱先生讲，能不能赋予这棵树更多的文化内涵、更多的美好的想象、更多的美好的愿望；在那片古民居前，他或驻足良久，或步履匆匆，或仔细地询问，或静静地思考。在那里，他谈到保护的问题，谈到开发的问题，谈到开发是为了更好地保护。在这里，能够让人回到过去的时光，能够真正忆得起乡愁。他感叹古时人们居住地的选择，前面四季长流的小河，而今依旧清澈见底；依山傍水，沿河而居，日出而作，日落而息，忙时"锄禾日当午"，闲时"把酒话桑麻"，这样的日子过得何等滋润，何等惬意。也许当年，曾子、庄子正是在这样的一种悠闲的氛围中，交流思想和学问，成就了"曾庄"的来历；也许当年，七仙女和董永正是在这样的一种浪漫的氛围中，感情逐渐升温，成就了千年的爱情佳话。

在曾庄居民组，一个关于文明节俭办理红白事的宣传版面引起了李洱先生的关注。红白事，人所难免，但当前许多大操大办、铺张浪费、低俗恶搞，已经偏离了传统，偏离了文明，偏离了节俭，成为无形中的一根绳索，紧紧地拴在了人们的脖子上，情愿也好，不情愿也罢，都得入乡随俗，照此办理。当他得知曾庄村成立红白理事会后，一场事下来能节省 1 万元左右的时候，不住地点头，说这个做法很有意义，值得学习，值得宣传，值得推广，这个事情抓好了，是实打实的民生工程。

在药王庙，李洱先生详细了解了药王庙的"前世今生"。药王庙里，能看到的最老的一块石碑是清嘉庆二十一年立的。嘉庆二十一年，是 1816 年，距今正好 200 年。曾庄附近的百姓对药王庙很是尊崇，每年三月初六的庙会，每月初一、十五的香火，层层叠叠或求子成功、或求婚成功、或求学成功、或生意成功的锦旗，足以说明药王庙的地位和价值。当李洱先生听说下马石（庙前 500 米下马）、上马石（庙后 500 米上马）的传说后，说建庙是中国的传统，那是人们的一种尊崇，一种信仰，一种对美好生活的向往，这个药王庙和大多庙一样，都体现了老百姓最朴素的情感、最简单的对美好生活的向往和对人生、对神灵的敬畏，有些时候，这种传统文化对构建和谐社会会有很多的作用。他嘱咐大家，一定要把这些传统文化保护好。

李洱先生对曾庄村下一步的发展，提出了很好的建议。一是要建好基础设施，特别是道路建设要抓住机遇，真正与外界实现互联互通；二是要保护发展好传统文化、山水美景，把这个地方真正打造成望得见山、看得见水、记得住乡愁、忆得起童年的地方；三是要发展产业，要把文化资源转化为文化产业，突出文化特色开发乡村旅游。

2016年4月5日

　　今天，清明节后第一天。告别短暂的假期，又开始了新的一天的驻村工作。这一天也许和往常一样，忙并快乐着，累并充实着；这一天也许有它自己的特色，因为每一天都是新的……

　　1. 早上8：40，济源市公交车站。今天，我第一次坐公交去曾庄。从2015年8月起，我开始担任大峪镇曾庄村的第一书记，帮助这个村实现精准扶贫、精准脱贫的任务。曾庄是一个省级贫困村，目前还没有通公交，只能找寻和它同方向的往寺郎腰去的公交。好几年没坐过公交，在车站显得有点茫然。从东看到西，从西看到东，还是没有看到要乘坐的车次，实在有点不知所措。心里着急，头上就不自觉地渗出汗来。问扫地的大妈，她很热情，说往寺郎腰方向的车很快就来了，9：10发车，一天两趟，还给我指了车停靠的位置。

　　2. 上午9：10，公交车上。车上乘客不多，半路上又陆续上来十多位，他们大多彼此比较熟悉，相互打着招呼，我这样一个陌生人就引起了他们格外的注意。这些老乡很是可爱，喜欢刨根问底，问我是哪村的，谁家的，到什么地方去，做什么的。当得知我是驻曾庄村的第一书记，是为老百姓服务的时，他们大都敞开了心扉，打开了话匣子，谈起了他们家里的情况，谈起了他们的困难，谈起了他们的期待。"我家里还有我老两口，孩子们都在城里，大儿媳不在家，我每周末去城里帮忙带孙子，平时和老伴在家养20多只羊，还有1头牛，今年羊的价格很便宜，也没挣着钱"，一位家住王庄化坡的60多岁的大妈如是说。"我们村的道路不行，还有泥路，一下雨非常不好走"，一位槐姻的村民如是说。"我在城里饭店打工,听说我们村也正在开发乡村旅游,我准备回村里开个农家乐",一位家住砚瓦河的年轻小伙说……大家你一言、我一语,谈笑间,一个多小时的行程就过去了,这一路就像一个小型的座谈会。他们是主角,我是配角;他们是老师,我是学生。和老乡闲聊当中,收获多多,从他们的微笑中感受到了幸福,从他们的爽朗中感受到了淳朴,从他们的期待中感受到了责任,从他们的痛苦中感受到了不易……快下车了,让售票员帮我和大妈合个影,也算是给这次坐公交留的纪念。

3. 上午10:15,从槐姻幼儿园步行去曾庄。不经意间,发现去往曾庄的路上,处处都是风景。或偶尔一树雪白梨花点缀绿意之中,或半人多高的偏蓝已满是金黄,或不知名的野花竞相开放,或绿油油的麦苗让人心旷神怡……曾庄,怎么感觉越来越美了?如果老乡走在路上,会想到什么?也许他关心的不是这些风景,而是什么时候能够享受便利的交通。听说镇里已经把村里的道路拓宽列入今年的规划,我想通公交的日子不会很远了。

4. 上午10:40,曾庄古墓洼居民组千年夫妻树。古墓洼,一听名字就是非常有故事的地方,我更惊奇于这里的两棵千年夫妻树。这两棵皂角树,枝繁叶茂,青翠欲滴,树枝相望,树根相连,据说,是为纪念一对看守古墓的恩爱夫妻所栽。在这里,有传统古民居悄然而立,还有鸡鸣、犬吠、鸟叫,还有那只大公鸡悠闲地散步,时不时地扑腾着翅膀。下一步要抓紧策划,先把两棵树保护起来,然后建设爱情广场、爱情小屋,在这里举办情定七夕诵读等活动,从而带动曾庄整个乡村旅游的发展。但是这里的环境卫生还不尽如人意,回头得和村里商量商量,尽快制定一个清洁家园的长效管理办法,让曾庄真正美丽起来、干净起来。

5. 上午11：00，博康家庭农场。这是曾庄计生专干韩环玲办的一个特色养殖场。除了散养土鸡之外，还有鸵鸟、火鸡、珍珠鸡等。正好她的老公也在家，他俩兴致勃勃地给我讲起下步的打算。先搞一个特色养殖长廊，在现在的基础上，再增加一些乌鸡、孔雀等，让更多的人来这里观赏、体验，从而带动散养土鸡和土鸡蛋的销售；然后开个自助式的农家乐，让客人自己炖土鸡，体验地锅的味道，感受回家的温暖。有这样的想法很好，我得帮助他们尽快把想法变成现实。博康家庭农场和千年夫妻树之间，步行只有五六分钟的路程，两个点连起来，非常有开发价值。

6. 中午12：00，蔬菜制种基地。原本答应就在博康家庭农场吃香椿鸡蛋捞面条，但突然接到一个电话，河南绿茵种苗公司副总王国强问我是否在村。王国强是我的初中同学，我笑称是不是来查岗了。见到老同学，他已经在地里开始现场指导，他介绍，今年曾庄种的品种，是目前公司最好的、收益最大的品种。关于下一步的合作，我们在老乡家边吃捞面条边聊，老同学表示，绿茵种苗公司要把曾庄作为一个重点村，扩大种植面积，加大技术培训，提高农民收入，助推精准脱贫。感谢老同学对我的关心支持，其实在曾庄，之所以能做成一些事情并取得不错的效果，很大程度上都是朋友们支持的结果，比如新乡市济源商会大峪曾庄扶贫助学基金的成立，比如河南凌峰律师事务所大峪曾庄法律帮扶中心的成立。

7. 下午2：00，曾庄至太行周庄道路施工现场。这是改善曾庄交通条件的一个非常关键的工程，这条路修通之后，曾庄村将由交通死角村变成交通要道，曾庄的老百姓期盼了很多年。在工地，看到挖掘机正在紧张施工，但施工难度远远超过了预想，有的地方薄薄的黄土下面多是坚硬的岩石，挖掘机也无能为力，只能另想办法；

看到了支书、村主任等村干部为了工程进展，奋战在工地第一线的感人画面；看到了黄心忠、韩温庆等几个村民自发到工地给司机送水送茶的动人场景。什么是惠民实事？这样的工程就是惠民实事。村干部如此用心，老百姓如此支持，这条路必须得修好。但当前，最大的问题还是资金问题，村集体经济非常薄弱，支书、村主任已经先行垫了一部分，在为村干部点赞的同时，还得抓紧时间协调解决修路资金问题。

8. 下午3：30，曾庄药王庙。三月初六（4月12日）是药王庙的传统庙会，今年的庙会除却传统的祈福祈平安之外，我们还将开展戏曲、文学、摄影、法律、卫生、公益骑行"六进"曾庄活动，开展"逛庙会、看大戏、祈平安、忆童年"乡村游活动，让古老庙会融入更多的文明新风。距离庙会没有多长时间了，准备看看庙里筹备得怎么样了。交流之中，发现有两个问题——安全和卫生。回头应尽快想办法解决，一定要把药王庙庙会办成最有文化、最干净、最安全的庙会。

9. 下午4：30，特色养貂场。这个养貂场我以前来过两次，但都因主人不在，未能进入。这次见到主人，他大约40多岁，貌不惊人，话语不多。但说起他心爱的貂，无论是谈习性、谈饲养，还是谈形势、谈发展，他都讲得头头是道。看来，村民致富的关键是要有想法，有想法才会有办法。为这样有想法的村民点赞，也祝愿他的效益越来越好。

10. 下午5：40，老支书黄心忠家。黄老今年71岁，精神很好，声如洪钟，思路清晰，在村里干了40多年，光支书就当了27年，现在还担任村里红白理事会的副会长。他甚是热情，捧出一碗白糖水，娓娓讲述一段段曾庄的故事，有曾庄的历史变革，曾庄的山山水水，曾庄每个时期的发展……—谈起曾庄，他就像谈自己的孩子一样有说不完的话题，只因为他太熟悉曾庄，太关心曾庄，他简直就是曾庄的活字典。聊了曾庄，他给我谈起村里目前每个村干部的特点，谈起如何做好农村干部，如何做群众的思想工作，如何抓大放小，如何说了就做、不放空炮……他谈得很兴奋，我听了很受益。高手在民间，这样的老干部就是一种财富，每次和他们交流，都会有意想不到的收获。作为一名第一书记，需要学习的地方还太多太多。

11. 晚上8点，村主任黄慎强家。时间太快，不觉间天完全黑下来了，曾庄的夜越发显得静谧。今晚在村主任家里吃饭，村主任不好意思，说开饭太晚了，媳妇们在地里干活回来得晚。其实，当年自己的父母，何尝不是日出而作、日落而息，哪顿不是就着星星月亮用的晚餐。晚餐很丰盛，肉多菜少，手工馒头很好吃，就连小米汤也米香味十足。好吃！简直可以开个农家乐。村主任媳妇说，正在谋划这件事呢，现在来观光旅游的人多了，村里还没有农家乐，她准备开第一家。太好了，有这么好的手艺，就是要带头搞农家乐，领着乡亲们一起致富。

12. 晚上9：30，曾庄村部。饭后，村主任骑摩托把我带到村部。未曾想村部还亮着灯，支书薛龙生、会计王克军还在村部加班。在曾庄驻村半年多来，村干部们的那种干劲感染了我，那种团结感染了我，那种付出感染了我，尽管他们身上也还存在着这样那样的缺点，也会时不时地发发牢骚。我们开始闲聊，聊着聊着又聊起曾庄的党员管理，聊起曾庄的精准扶贫，聊起曾庄的道路建设，聊起曾庄的乡村旅游……

山村的夜，愈来愈深，愈来愈静，村支书、村主任、会计三人回去休息了。在这寂静的夜里，我静下心来记下今天的工作日志。今晚没有月光，我想着曾庄，曾庄成了我的家乡……

2016年8月30日

驻村整一年。一年来，经历了下乡后的许多"第一次"。

下乡后的第一顿午餐，是在一位老乡家吃的，鸡蛋手擀捞面，我和老乡边吃边聊，老乡很是抱歉，说这里离集市比较远，还有七八里的路程，没有什么招待我。无意中发现，我的这一碗捞面，面条下面是一层厚厚的炒鸡蛋，面条上面还有厚厚的一层；而这位老乡，他的碗里基本没有什么炒鸡蛋，只是浇了些蒜水而已。一碗捞面条，让我感受到了村里人的实诚，感受到了村里人对于脱贫致富的渴望。

下乡后的第一个电话，是村里的村委委员打来的。他说看电视时听说现在种楸树有扶贫政策，村里有很多野生的楸树，想让我问一问市里有没有这方面的政策，如果有，村里就可以发展这个产业。后来，我又陆陆续续接到村民的许多电话，不是给我讲村里的优美的神话传说，就是让我帮忙寻找客商来村里投资发展旅游产业；不是给我讲想让市里畜牧业的专家来村里搞个培训，就是想让我帮忙把最后两个居民组的有线电视给解决了……许许多多的问题，许许多多的想法，有些是个人的，有些是村里的；有些是眼前的，有些是长远的。感谢这些可爱的乡亲，是他们让我更加了解了农村，了解了农民，农民对美好生活的向往，就是我们工作的最大动力。

下乡后的第一件"实事"，是村里成立红白理事会，开始文明节俭办理红白事了。有时，越是贫困，可能越是好面子、好攀比。和村民交流，谁想打肿脸充胖子啊，可是你不这样办人家笑话呀，丢什么不能丢面子。于是,红白理事会应势而生,村民们纷纷赞同的同时,又在观望,这么多年形成的习惯能一步改革到位吗?红白事新规定之后的第一场白事,在红白理事会的料理下,一切都出奇地顺利,原来的吹手、演出变成了一曲曲哀乐,原来的宴席变成了大烩菜,原来给帮忙人员的盒烟变成了支烟……礼节简化了,费用节约了,仔细一算,一场白事下来竟省了1万余元,相当于这个贫困村两个人的纯收入啊。文明就是动力,节俭就是惠民,随之而来的,是村民们对于红白理事会的信任,是当地报纸、电视对这个小村文明节俭办理红白事的持续关注,是微信的传播,是在全镇、全市的推广……

下乡后的第一次调解,是因为蔬菜制种产业。这个村是蔬菜制种基地,村民这几年尝到了蔬菜制种的甜头。今年几个居民组都想发展蔬菜制种产业,可是种什么品种,和什么公司合作,意见不一致。因为蔬菜制种和其他作物不一样,不同的品种之间需要有一定距离的隔离,如果协商不好,就会影响这个产业。如果互相理解,各退一步,就会实现双赢。发展的问题,发展的烦恼,这样的问题是老百姓对致富的向往,只要目标一致,总会有解决的办法。和支书、主任一道,和公司结合,和农户结合,实地查看,坐下商谈……前两天,当看到村民忙碌育菜苗的时候,似乎看到了他们明年丰收的喜悦。

下乡后的第一次"招商",是成立了新乡市济源商会大峪曾庄扶贫助学基金。为了解决这个村贫困学生的求学问题、响应习近平总书记提出的教育扶贫的号召,我积极利用新乡市济源商会2015年12月成立的契机,利用商会想做社会公益的想法,充分酝酿、沟通,最后形成了一致意见,成立了新乡市济源商会大峪曾庄扶贫助学基金，并在商会成立大会上签订了合作意向书。2016年1月8日，在大峪曾庄举行了成立大会，商会先拿出启动资金2万元，从2016年起每年注入资金不少于1万元，最终使基金总额达到20万元。成立那天，村里的父老乡亲来了，他们的脸上都洋溢着笑容，洋溢着生活的希望。

2021年2月25日

2021年2月25日，作为济源扶贫人的代表，我有幸在京参加全国脱贫攻坚总结表彰大会，现场聆听习近平总书记的讲话并合影留念，无比激动、无上荣光，备受鼓舞、倍增信心。激动之余，回想走过的扶贫之路，更多的是感动、感谢、感恩、感慨。荣誉不仅仅是我个人的，更属于所有把星光、月光、灯光看作诗和远方的扶贫人，属于和自己一起披星戴月、披荆斩棘，一起累并充实着、累并快乐着的战友们。

这一刻，我感受到了作为一名扶贫人的骄傲和荣光。全国脱贫攻坚总结表彰大会上，习近平总书记庄严宣告："经过全党全国各族人民共同努力，在迎来中国共产党成立100周年的重要时刻，我国脱贫攻坚战取得了全面胜利，现行标准下9899万农村贫困人口全部脱贫，832个贫困县全部摘帽，12.80万个贫困村全部出列，区域性总体贫困得到解决，完成了消除绝对贫困的艰巨任务，创造了一个又一个彪炳史册的人间奇迹。"扶贫人，一个响亮的名字；扶贫人，因共产党的初心使命、因总书记的为民情怀而显得很高很高。有幸参与扶贫这一伟大事业，是人生的幸运；党中央、国务院以这种高规格的礼遇致敬扶贫人，是每一个扶贫人的荣光。亲身经历从习近平总书记"立下愚公移山志，打赢脱贫攻坚战"的激情号召,到"全面打赢脱贫攻坚战"的庄严宣告,激动之情,难以言表。2015年8月,向建档立卡贫困村派驻第一书记在全国展开,当时在市委宣传部办公室工作的我,和济源其他58位第一书记一起,义无反顾地背上行囊奔赴脱贫攻坚第一线。原来想着,扶贫只是自己人生中的一段经历,感受过、体验过就行了;未曾想,在扶贫战线一干就是六年,由一名新手干成了一名扶贫老兵。就这样,自己开始和脱贫攻坚这项伟大的事业有了不解之缘;就这样,对扶贫人、贫困群众有了更深刻的理解和感受,有了许许多多亲身经历的扶贫故事……

  这一刻,想起了一起并肩奋斗的战友们。在脱贫攻坚一线,和战友们一起拼搏,一起奋斗,一起在田间地头问民情民意,一起在农家小院听百姓心声;在王屋愚公移山群雕广场,一起发出"立下愚公移山志,咬定目标,苦干实干,坚决打赢脱贫攻坚战"的铮铮誓言;在第一书记座谈会上,堂堂七尺男儿说起驻村工作的不易竟泣不成声,泪洒会场。这一刻,我想起了从2015年8月开始驻村,至今仍坚守在第一书记岗位的陈建政、王友世、王国平、胡爱国、林运法、任晓晓等第一书记们,是他们的坚守,让愚公移山精神有了更好的注脚和诠释;想起了张珊霞、张姣姣、张莉、聂云、卢利娟、王素琴、李自琴等驻村的女第一书记们,她们克服了更多生活上、家庭中的困难,把遗憾和愧疚留给了家人,把青春和热血奉献给了村民。这一刻,我想起了在扶贫办一起加班加点的同事们,无论是国务院大督查期间基本连续一周的不眠不休,还是起草重要会议讲话时的通宵达旦;无论是带着病没有时间去医院看病的"铁人"贺双福秘书长,还是家中有病人顾不上照看的任豪豪……这一刻,我这么多年来所有的汗水、所有的辛苦、所有的委屈都化作了最灿烂的笑容，化作了最幸福的泪水。

这一刻，我想起了那些关心、支持扶贫的人们。行业扶贫、专项扶贫、社会扶贫，脱贫攻坚这一伟大的事业，正因为有了全社会方方面面的支持参与，才汇聚起了强大的合力。这一刻，想起了成立曾庄扶贫助学基金的新乡济源商会，是他们用爱心善举奖励资助曾庄学子，帮助孩子阻断贫困代际传递；我想起了发起成立曾庄产业发展扶持基金的市委宣传部、市新华书店、国电豫源公司，是他们用小基金撬动了曾庄群众特别是贫困群众发展产业、发家致富的大动力；想起了成立曾庄法律帮扶中心的河南凌峰律师事务所，是他们用免费的法律宣传、法律咨询、法律帮扶为曾庄群众普及法治知识、提升法治观念、解决打官司难题；想起了济源市作家协会，是他们数次走进曾庄，体验曾庄的风土人情，感受曾庄的发展变化，挖掘曾庄的扶贫故事；想起了那位为曾庄捐款1万元而不留姓名的神秘好人，想起了走进曾庄的一位位志愿者……这一刻，我想起了一次性捐赠3000万元成立济源扶贫基金的济源钢铁公司，想起了在百姓家门口建立数十个富民车间的济源巨力钢丝绳厂，想起了免费为贫困群众和扶贫干部发放春联、福字的丰之源公司，想起了用彩绘文化墙助力脱贫攻坚的各学校的文化志愿者，想起了走进59个贫困村集中采风的各位作家、摄影家，想起了开展情系愚公故里文化扶贫的北京大学、北京师范大学的书画家们……

这一刻，我想起了可爱的父老乡亲。金杯银杯不如群众的口碑，金奖银奖不如群众的夸奖。他们质朴，他们直率，他们热情，他们像亲人一样，关心着我们扶贫干部，让我们有家的温暖，有家的感觉。下乡途中，他们会拿出最高的礼遇，说是让你等会儿给你烧点茶喝，不经意间，就会给你端上冒着热气、放着蜂蜜或白糖的荷包蛋。他们喜欢在田间地头同扶贫干部聊天，或讲风土人情，或谈种地经验，或聊扶贫政策；他们喜欢在农家小院，给扶贫干部做乡间美食，或手擀捞面条，或甜面片蘸蒜，或蒸野菜、烙油饼；他们喜欢亲切地称呼第一书记为"老李""老王""老成"；他们喜欢把自己种的萝卜、白菜、黄瓜等绿色无公害蔬菜悄悄地放到驻村干部的住室门口；他们喜欢向扶贫干部倾诉遇到的困难、分享脱贫后的喜悦……驻村的日子，也许你只是做了你应该做的事，尽了你应该尽的责任，但是我们可爱的父老乡亲会深深地记住你，会用他们的方式给予你很高的褒奖和肯定。

这一刻，我想到了一种精神，那就是愚公移山精神。"立下愚公移山志，打赢脱贫攻坚战"是习近平总书记在2015年11月27日中央扶贫开发工作会议上发出的重要指示，"咬定目标、苦干实干、锲而不舍、久久为功"这一新时代愚公移山精神的内涵已深深地成为脱贫攻坚的精神支柱。无论是带领乡亲们历时7年在绝壁上凿出一条天路的重庆市巫山县竹贤乡下庄村党支部书记毛相林，还是35年如一日行走太行，用科技力量打开百姓致富之门的河北农业大学教授李保国，他们都是当代新愚公的代表。其实，每一名扶贫干部都是脱贫攻坚战线上的"新愚公"。这一刻，聆听习近平总书记讲到的脱贫攻坚精神，"上下同心，尽锐出战，精准务实，开拓创新，攻坚克难，不负人民"，倍感激动，备受鼓舞。伟大的时代需要伟大的精神，伟大的事业孕育伟大的精神，伟大的扶贫人创造伟大的精神。脱贫攻坚精神，是中国精神、中国价值、中国力量的具体体现，脱贫攻坚精神写满了扶贫人的付出和汗水，写满了扶贫人的骄傲和自豪。

这一刻，我深深地感受到了脱贫攻坚带来的变化。基础设施建设带来的乡村面貌的改变自不必说,"幸福都是奋斗出来的""脱贫摘帽不是终点,而是新生活新奋斗的起点"已在乡村特别是贫困群众心中深深地扎下了根;扶贫干部把心血和汗水洒遍千山万水、千家万户,"脚上沾满泥土,心中装满百姓",党员干部群众因扶贫走得更近,党群干群关系因扶贫而更加密不可分;听党话,感党恩,跟党走,"吃水不忘挖井人,脱贫不忘共产党"已成为脱贫群众说得最多的话。让人感受最深的还是我们贫困家庭的孩子,他们一个个"心中充满希望,眼中充满渴望,脚上充满力量",阻断了贫困代际传递的他们必将成为我们明天的更大的希望。

这一刻,我们归零。所有的荣誉、所有的付出都成过往,一切过往都成序章。这一刻,我们期待。新时代已经到来,脱贫攻坚全面胜利,乡村振兴,未来可期。这一刻,我们奋斗。征途漫漫,唯有奋斗。从脱贫攻坚到乡村振兴,从攻坚战到持久战,让我们一起抖落脱贫攻坚的征尘,披上乡村振兴的战袍,弘扬愚公移山精神和脱贫攻坚精神,当好孺子牛、拓荒牛、老黄牛,以归零的心态、奋斗的姿态,投入新的征程,谱写新的篇章。

后　记

为全景纪录和展现全面建成小康社会的伟大历程，发挥"存史资政、教化育人"重要作用，按照中共中央宣传部统一部署，中共河南省委宣传部组织编写了反映河南全面建成小康社会奋斗历程的"纪录小康工程"地方丛书。

丛书编写工作在河南省委常委、宣传部部长王战营主持下进行，曾德亚、谭福森、尹书博具体负责，刘汉征、董林、王承哲、郭跃丽、方国根、李文平分别就各册图书编写工作给出了宝贵意见。丛书编写工作得到了中共河南省委办公厅、中共河南省委组织部、中共河南省委党史和地方史志研究室、河南省总工会、河南日报社、河南省社会科学院、河南省乡村振兴局、中原出版传媒集团等单位的大力支持，河南"纪录小康工程"工作专班审订了书稿。在此向所有参与丛书编纂工作的同志表示感谢。

《全面建成小康社会河南变迁志（上、下）》作为丛书之一，选取了来自基层一线的鲜活事例，纪录了党的十八大以来，全省各地脱贫群众、扶贫干部和广大农村地区众志成城、齐心协力战胜贫困的伟大历程。方国根主持本书编写工作。参加编写的有宋技明、曹路、赵振永、李梓领、王霞、朱雅琳等。

后 记

由于编者水平有限,难免有所疏漏,恳请广大读者批评指正。

本书编写组

2022年6月